U0141375

思想史

Intellectual History

一衣帶水：近代日中思想文化互涉史專號

13

2024 年 12 月

目錄

　　本期專號爲中央研究院補助，主題研究計畫：《西方經驗與近代中日交流的思想連鎖》（計畫編號：AS-106-TP-C01）、《近代中國的東學閱讀史，1894-1919》（計畫編號：AS-TP-112-H02）之部分成果，謹此致謝。

引論

潘光哲（中央研究院近代史研究所研究員）

近代中日思想文化交涉的「價值重估」

　　對二十世紀中國思想文化界影響巨大的胡適，引徵了尼采
（Friedrich Wilhelm Nietzsche）的觀點，來解釋什麼是「新思潮」。他
認為，現今是一個「重新估定一切價值」（transvaluation of all values）
的時代；「重新估定一切價值」八個字便是「新思潮」裡懷持評判的
態度的最好解釋。[1]研究近代中日雙方的思想文化交涉，也不例外。惟
其入手方案，實應「入乎其內，出乎其外」，恰若當代西方政治思想
史研究領域的「劍橋學派」（the Cambridge School）或所謂「新政治
思想史學派」的名家之一：昆廷・斯金納（Quentin Skinner）之提
醒，關於我們生活世界裡的那些制度安排，好似永恆真理
（"timeless" truths），根本不過只是我們的「在地的」歷史與社會結構
的偶然產物（contingencies of our local history and social structure）；其
實，根本不存在這等好像永恆真理的概念，相對的，僅只存在著與各
種不同社會相應而生的各等概念。[2]研究近代中日思想文化交涉，亦當

*　　本文為中央研究院補助，主題研究計畫：《西方經驗與近代中日交流的思
想連鎖》（計畫編號：AS-106-TP-C01）、《近代中國的東學閱讀史，1894-
1919》（計畫編號：AS-TP-112-H02）之部分內容。

1　胡適，〈新思潮的意義〉，《胡適文存》（上海：亞東圖書館，1921），卷
四，頁152-153。

2　Quentin Skinner, "Meaning and Understanding in the History of Ideas," idem.,
Regarding Method, *Visions of Politics*, Volume 1（Cambridge: Cambridge

不將既存的知識／觀念／課題視為固定不居者，而宜掌握（廣義）西方／日本／中國的本來脈絡，不當展現「無絡化」的歷史書寫；個別人物的角色，更不該被「神聖化」或被「漫畫化」。

　　倘若從歷史的宏觀視野切入，述說19世紀以降的（廣義）西方／日本／中國互營共繫的思想連鎖關係，觀察本來脈絡與其前後轉折，如以概念圖示，略可現其粗略大概：

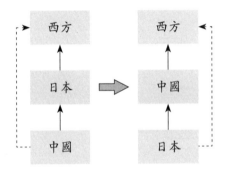

（實線表示這段歷史的直接脈絡；虛線表示這段歷史的其他脈絡）

　　然而，觀其大者，往往可能以犧牲歷史本來面貌為代價，後來者豈可不慎。

　　例如，近代中國創生的詞語概念對於日本的影響，彰明昭著；[3]卻不能不追問：那是中國自身創生的嗎？例如，普魯士傳教士郭實獵（Karl Friedrich August Gützlaff）主持編纂事宜，1833年8月1日創刊於廣州的《東西洋考每月統記傳》，確是魏纂輯《海國圖志》（1842

University Press, 2002），pp. 88-89。

3　參考：陳力衛，《東往東來：近代中日之間的語詞概念》，《學科、知識與近代中國研究書系》（北京：社會科學文獻出版社，2019）。

／百卷本1852）的資料依據之一。[4]當魏源《海國圖志》1851年傳入日本，至少出現21種「和刻本」與「和解本」。[5]又如徐繼畬的《瀛環志略》（1848）乃是日本帝国大學（現在東京大學）第二任「総長」的加藤弘之撰著《鄰艸》（1862年12月完成）的資料依據之一，[6]他假大清帝國之情勢而呼籲日本自身推動改革，意義深遠。至如馬禮遜（Robert Morrison）編纂的《華英・英華字典》（1815年至1823年間出版），提供的概念翻譯，是中國創造、流入日本（乃至東亞）的濫觴，德國傳教士羅存德（Wilhelm Lobscheid）編纂的《英華字典》（1866～1869），對現代漢語的形成乃至漢字文化圈影響深刻，日本也不例外，乃至日本著名哲學家井上哲次郎的《訂增英華字典》

---

4 《東西洋考每月統記傳》刊出關於世界地理之論作35篇，《海國圖志》百卷本徵引18篇，凡28處（但頗有刪略潤飾，乃至改動人名、地名音譯之處），見：黃時鑒，〈《東西洋考每月統記傳》所載世界地理述論〉，氏著，《東西交流史論稿》（上海：上海古籍出版社，1998），頁270-273。

5 參考：阿川修三，〈『海国図志』と日本（その2）─和刻本、和解本の書物としての形態とその出版意図について─〉，《言語と文化》，号24（埼玉：文教大学大学院言語文化研究科付属言語文化研究所，2012年3月），頁1-34。

6 劉岳兵認為，加藤弘之《鄰艸》描述英國制度的辭彙「爵房」、「鄉紳房」，即援引自徐繼畬《瀛環志略》。劉岳兵，〈日本における立憲政体の受容と中国──加藤弘之の『鄰草』をめぐって──〉，《北東アジア研究》，　17（島根：島根縣立大學北東アジア地域研究センター，2009年3月），頁94、101；不過，《東西洋考每月統記傳》在1838年刊出之〈英吉利國政公會〉系列文章，言及英國「國政公會」，已使用「爵房」與「鄉紳房」兩個辭彙，徐繼畬《瀛環志略》對英國政體構成之述說，其實本乎《東西洋考每月統記傳》，參見潘光哲，〈追尋晚清中國「民主想像」的軌跡〉，劉青峰、岑國良（主編），《自由主義與中國近代傳統：「中國近現代思想的演變」研討會論文集（上）》（香港：香港中文大學出版社，2002），頁136（「表1《東西洋考每月統記傳》與《瀛環志略》關於英國「職官」體制的述說對照表」）。

（1884）則是羅存德辭典的翻刻版，商務印書館還參照井上訂增的
《英華字典》編輯了《華英音韻字典集成》（1902）。[7]

　　因是，要對近代中日雙方的思想文化交涉開展「價值重估」的事
業，實在不能不盡量逼近歷史本相；此舉或不免「事實拜物教」之譏
（The nineteenth-century fetishism of facts was completed and justified by
a fetishism of documents. ……）；[8]然從具體釐清思想根源脈絡／與文本
展現之道，至少庶幾或免誤人誤己。

逼近歷史場景的可能

　　研究近代中日雙方的思想文化交涉，期望可以逼近歷史的本來場
景，雖非易易，「遠路不須愁日暮」，總有突破之道，端賴識者慧心。

　　例如，不必假手傳教士而由日本知識人親自翻譯的西方著作，影
響所及，同樣覆蓋日本和中國雙方。中江兆民動手將盧梭（Jean-
Jacques Rousseau）的《社會契約論》（Social Contract）譯爲《民約
訳解》（1872年；是著非爲《社會契約論》全帙之翻譯）；在日本的
盧梭接受史上，還存在著服部德翻譯的《民約論》（1867年）與原田
「譯述覆義」的《民約論覆義》（1883年）。楊廷棟依據原田　的
《民約論覆義》譯成《路索民約論》（1902年），竟可成爲劉光漢（師
培）與林獬的「思想資源」，合作《中國民約精義》（成稿於1903
年，1904年出版），爲晚清中國發動「革命」提供了相當的思想動

7　沈國威，〈近代英華字典環流：從羅存德，井上哲次郎到商務印書館〉，
　　《思想史》，期7（台北：2017年），頁63-107。
8　E. H. Carr, *What is History?*, with a new introduction by Richard J. Evans
　　（Basingstoke: Palgrave, 2001〔40th Anniversary edition〕）, p. 16。

力。《中國民約精義》，勾勒所示，既承襲既存的述說，復引據「盧騷《民約論》」的理論，以之做爲判準標尺，正是雜糅新舊辭彙與概念之展現。

就「民約之成立」來說，他們指出，即如《呂氏春秋》「置君非以阿君也，置天子非以阿天子也，置官長非以阿官長也」、「群之可聚，相與利之」諸語，正說明了人類社會爲什麼需要成立「民約」，建立「國家」，推擁「君主」的道理，因爲「生民之初，無不惡勞而好佚，歷時既久，遂人人各舉其權利投之國家，而君主以立」，可以說，「立君所以利民」，特別是取「盧騷《民約論》」爲證，是理益彰：

> 《民約論》不云乎：「一己之力，不足以去人人之國之害，遂以人人之力，共去人人之國之害，其事半，其功倍，實天下之至便」。是民約之成立，皆由於人民自利之謀，即《呂覽》所謂「群之可聚，相與利之」也。是國家之立君，乃一國之民之利而非君主一人之利也。《呂覽》言立君非以阿君，其此之謂……。（卷1）

在盧梭的本來論述裡，以建立社會契約的「行動」來完成政治社會的建構，[9]除了保護個人之外，還要保有「自由」，這一點卻完全在《中國民約精義》的關懷視野之外。追根溯源，遮蔽他們這等認識的原因，在於楊廷棟翻譯的《路索民約論》根本未嘗言及，而楊廷棟譯筆的「失誤」，則來自於原田　「譯述覆義」的《民約論覆義》，其實是自做文章。即便《中國民約精義》裡的述說未必完全符合盧梭的本

---

9 蕭高彥，〈從共和主義到激進民主——盧梭的政治秩序論〉，蔡英文、張福建（主編），《自由主義》（台北：中央研究院中山人文社會科學研究所，2001），頁5。

來關懷，劉師培他們構思「民約」的淵源，不能不追溯於日本。[10]

　　彌爾（John S. Mill）為象徵的英美傳統與近代中日思想，亦是錯綜複雜。本來，彌爾的思想世界，廣泛之至，猶如百科全書，對比於日本知識界的吸收汲引，中國知識人的關心視野，多少僅及於一隅。試初步整理20世紀之前日本翻譯彌爾的著作如下：

　　On Liberty →中村正直譯，《自由之理》（1872）／高橋正次郎譯，《自由之權利》（1895）【嚴復譯《羣己權界論》（1903）／馬君武譯《自由原理》（1903）】。

　　Principles of Political Economy →林董、鈴木重孝譯，《弥児経済論》（1875開始刊行）／西周譯，《利　》（1877）／部分內容：松島剛譯，《弥児教育論》（1885）【漢語世界無譯本】。

　　Considerations on Representative Government →永烆秀樹譯，《代議政体》（1875；非全譯）／前橋孝義譯，《代議政体》（1890）【漢語世界無譯本；張君勱以「立齋」為筆名，略述其要旨[11]】。

　　Subjection of Women →深間内基譯，《男女同権論》（1878；只譯出原書4章的第1-2章）【漢語世界無譯本；馬君武撰〈彌勒約翰之學說〉，自1903年4月起刊諸《新民叢報》，譯為《女人壓制論》，引述是著[12]】。

　　A System of Logic →大関将一譯，《論理學體系》（1949）【嚴復

---

10 本段論述，參考：潘光哲，〈《中國民約精義》探源初論：盧梭《社會契約論》的漢譯影響研究（之一）〉，《翻譯史研究（2015）》（上海：復旦大學出版社，2015），頁164-187。

11 立齋，〈穆勒約翰議院政治論〉，《新民叢報》，期90（1906年11月1日），頁35-70。

12 馬君武（著），莫世祥（編），《馬君武集（1900～1919）》（武昌：華中師範大學出版社，1991），頁135-152。

譯《穆勒名學》（1902）】。

　　顯然，中日之間的思想關係，絕對不會是一對一的場景，其間的啓承轉合與斷裂，總可能與兩方知識人置身於具體處境的現實關懷，是否可以同聲共應，密切相關。粗略總括，或可以概念圖示如下：

Mill in Japan and China

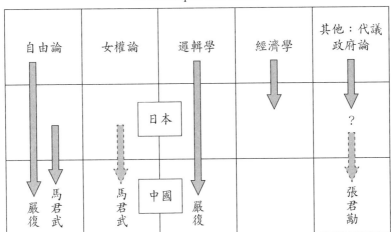

　　可以說，日本傳來的辭彙，浪潮濤濤。面對這樣的勢頭，即便嚴復批判不已，他自己又那能例外？[13] 嚴復固然必須斟酌的解釋再三爲什麼 "liberty" 必須翻譯爲「自繇」而不應該是「自由」，[14] 前此他發表

13 沈國威考證，當時廣受批判的 205 個源自日本的辭彙，除了「場合」、「檢查」之外，都在嚴復筆下出現過，見：沈國威，《一名之立　旬月踟躕：嚴復譯詞研究》，《學科、知識與近代中國研究書系》（北京：社會科學文獻出版社，2019），頁 160-161。

14〈譯凡例〉，嚴復（譯），《群己權界論》，《嚴譯名著叢刊》（北京：商務

政論之際，則是對於「自由」二字，信手捻來：

> 夫自由一言，眞中國歷古聖賢之所深畏，而從未嘗立以爲
> 教者也。彼西人之言曰：唯天生民，各具賦畀，得自由者
> 乃爲全受。故人人各得自由，國國各得自由，第務令毋相
> 侵損而已。侵人自由者，斯爲逆天理，賊人道。其殺人傷
> 人及盜蝕人財物，皆侵人自由之極致也。故侵人自由，雖
> 國君不能，而其刑禁章條，要皆爲此設耳。……[15]

　　進行 On Liberty 譯事完畢之後的嚴復，抒發政見，也不會特別注意究竟該用「自繇」還是「自由」，他在1906年時舉引英國憲政的歷史爲例，好讓人們瞭解「立憲精旨」，即如是曰：

> ……議院者，歷史之一大問題也。其制度之所從起，其權
> 力之所由增，與有時其制之所以變滅，西史所書，大半謂
> 此事耳。且所謂民權自由者，亦以此爲之職志……。[16]

　　嚴復沒有辦法堅持自己的譯詞，不是沒有理由的。在思想／言論市場上，「自由」一詞不脛而走。好比說，栽育新生世代而廣泛流行的教科書裡普遍採用，受其薰染，自然而然。例如由出洋學生編輯所譯述，早在1902年初版的《西洋歷史教科書》就特別肯定了「自由」

　　印書館，1981），頁 vii-x；參考：黃克武，《自由的所以然──嚴復對約翰彌爾自由思想的認識與批判》（台北：允晨文化實業股份有限公司，1998），頁48-49。

[15] 嚴復，〈論世變之亟〉，《直報》（天津：1895年2月4～5日），汪征魯、方寶川、馬勇（主編），《嚴復全集》（福州：福建教育出版社，2014），卷7，頁12。

[16] 嚴復，〈論英國憲政兩權未嘗分立〉，《外交報》，期153～158（1906年9～10月），《嚴復全集》，卷7，頁263-264。

的價值：「民人新思勃發，民權自由平等論，大行于世」。[17] 這部《西洋歷史教科書》譯自日人本多淺治郎的《西洋歷史教科書》，[18] 足可顯示來自日本的譯本對於近代中國思想世界的影響。日本化／日本製的詞彙／概念席捲而來，在東瀛栽植的詞語密林裡，身處其境者，俯拾所得，或是照章全收，或是自出機杼，班班可考。

　　即如梁啓超流亡日本時期，使用來自扶桑的辭彙概念，更是不知凡幾；仰仗日本知識界／學界的供應，讓他得以筆走龍蛇，暢論天下古今，議論述說西方思想家思想學說之概略，如他撰述的〈霍布士學案〉、〈盧梭學案〉、〈近世第一大哲康德之學說〉等等，依據所在，是中江兆民翻譯的《理學沿革史》（1886年刊）；[19] 梁啓超自《清議報》第25冊（1899年8月6日）打出「飲冰自由書」的旗號，徵引了彌爾的話來命名自己的這部作品：

> 西儒約翰彌勒曰：人群之進化，莫要於思想自由、言論自由、出版自由三大自由，皆備於我焉。以名吾書。

其實，他這部分篇撰述連載的論著，最重要依據，是當時日本言論界要角德富蘇峰的系列作品。[20] 梁啓超吸收引述彌爾思想的面向，亦復

17　參考並引自：章清，〈「自由」的界限：「自由」作為學科術語在清末民初教科書中的「呈現」〉，孫江（主編），《概念・文本・方法》《新史學》，卷2（北京：中華書局，2008），頁47-75（引文見頁59）；章清未說明是書原作依據。

18　李孝遷，《西方史學在中國的傳播（1882-1949）》（上海：華東師範大學出版社，2007），頁28-29。

19　宮村治雄，〈梁啓超の西洋思想家論──その「東学」との関連において〉，《中国──社会と文化》，号5（東京：東大中国学会，1990年6月），頁206-212。

20　參見：石川禎浩，〈梁啓超と文明の視座〉，狭間直樹（編），《共同研究梁啓超：西洋近代思想受容と明治日本》（東京：みすず書房，1999），

如是，尤以在日本的彌爾接受史上居首驅地位的中村正直（敬宇）苦心譯出的《自由之理》（1872年刊行），[21] 正是他發表於1902年3月的〈論政府與人民之權限〉[22] 一文引據「英儒約翰‧彌兒所著《自由原理》」（即彌爾《論自由》）以開展述說的源泉。[23] 1901年冬天抵達日本，協助梁啓超編輯《新民叢報》，並自行開始翻譯事業的馬君武，[24] 置身於同樣的環境裡，同樣以《自由原理》做爲翻譯 *On Liberty* 是著的書名。

　　略可言之，日本學界的山室信一創造「思想基軸」、「思想連鎖」、「投企」（project）的分析架構，討論闡釋東亞地域的思想互動而開創的「思想空間」。[25] 只是，「思想空間」之創生，其實也是觀念鬥爭的場域。自由一辭，漢語古已有之，要與 "liberty" 畫上等號，豈是中村正直譯出《自由之理》、嚴復譯成《群己權界論》之後，便即「水到渠成」？非僅嚴復爲如何譯爲漢語，煞費苦心；與中村同時

　　頁126（註21）。

21　彌爾（著），中村敬太郎（訳），《自由之理》，明治文化研究会（編），《自由民権篇》，《明治文化全集》，卷2（東京：日本評論社，1955），頁1-84；參考：彌爾（著），中村敬太郎（譯），《自由之理》，5卷，6冊（静岡：木平謙一郎，1872）【檢索自：国立国会図書館デジタルコレクション／檢索時間：11/23/2023】。

22　梁啓超，〈論政府與人民之權限〉，《新民叢報》，號3（1902年3月10日），頁25-32，《飲冰室文集》之十（台北：台灣中華書局，1978〔台2版〕），頁1-5。

23　參考：土屋英雄，〈梁啓超の『西洋』摂取と権利‧自由論〉，狹間直樹（編），《共同研究梁啓超 —— 西洋近代思想受容と明治日本》，頁139-141。

24　小野和子，〈馬君武的翻譯與日本〉，王政、陳雁（主編），《百年中國女權思潮研究》（上海：復旦大學出版社，2005），頁62。

25　山室信一，《思想課題としてのアジア：基軸‧連鎖‧投企》（東京：岩波書店，2001）。

代之福澤諭吉、西周、津田眞一郎、加藤弘之等等，同樣極力避免採用「自由」爲譯語。[26]凡是諸端，當可想見，將 "liberty" 翻譯爲「自由」，欲爲定案，其間之歷程，蜿蜒曲折，當代學人，自宜審愼而爲。

　　值此史料大量出土並查閱徵引愈形方便之際，近代中國／日本思想文化交流互動史的宏觀綜合及其書寫，更稱易易。是以，如何擺脫「類書」與「教條」的框框，有待後起者。正如傅斯年當年檢討甲骨文研究的綜合業績，批判號稱「以綜合自許」，其實根本是「不觸類而引申，憑主觀以遐想」的作品，認爲不過是「類書耳，教條耳」。況且，那些當代的「教條家」，根本是連「辨證教條並未熟習」，反而卻「強讀古史原料以爲通論通史」，即使「可以嘩眾而取寵於無知之人」，結果只帶來無窮弊病，「正爲學術進步之障耳」。[27]

　　那麼，具體釐清思想根源脈絡，展現文本的類同變異，盡可能精確描摹近代中日的思想文化交涉之圖景，或可逼近歷史本來相貌；從而使吾輩創生的歷史知識與智慧，應該可以建築在比較堅固的磐石上。

「現在／現場主義」的「知識生產」

　　當然，歷經後現代思潮挑戰與洗禮的歷史學界，傅斯年當年的樂觀：「我們只是要把材料整理好，則事實自然顯明了」，[28]應該不會再

---

26 柳父章，《翻訳とはなにか：日本語と翻訳文化》（東京都：法政大学出版局，2003），頁111-112。

27 傅斯年，〈《殷曆譜》序〉，《傅斯年全集》（台北：聯經出版事業公司，1980），冊3，頁217-218。

28 傅斯年，〈歷史語言研究所工作之旨趣〉（1928），《傅斯年全集》，冊4，頁262。

篤信不疑了；即便做爲歷史探尋工程之基礎的文本俱在，「什麼可以成爲歷史證據」的問題，絕非眾皆率同；[29]況乎倘若借鑒於立場傾向於後現代的（激進）史家之倡論，所謂「做爲歷史的過往」（the-past-as-history），與史家的敘述，實在不可須臾或離。[30]那麼，近代中日的思想文化交涉，做爲「史」的事業，創生知識的過程與結果，必然遭遇到的問題，與任何歷史知識的創生過程與結果，應該沒有什麼不同，都得面對歷史再現（historical representation）／歷史敘述（historical narrative）與重建過往（the past）之間的問題。

只是，與其耗精費神和這些（形而上）問題糾纏不清，不如老老實實的承認，一己參與推動的歷史知識生產事業，確實難免生活處境裏此刻特定關懷之制約。然而，取「現在／現場主義」（Presentism）[31]的「知識生產」立場，藉由「過去」知曉「現在」，願從「現在」探究「過去」，乃是史學工作者的職分；[32]同樣在實證功夫

---

29 參見：王汎森，〈什麼可以成爲歷史證據——近代中國新舊史料觀點的衝突〉，《新史學》，卷8期2（台北：1997年6月），頁93-132。

30 如Alun Munslow指稱：「我認爲歷史就是歷史學（history is historiography），因爲歷史學本質上是敘述的成品（the making of narratives）。換句話說，我描述歷史事業是『做爲歷史的過往』，意在指稱，歷的地位，不只是對於過往的敘述（a narrative about the past）。」見：Alun Munslow, *The New History*（Harlow & London: Pearson/Longman, 2003）, p. 157；相關議題之述說檢討和辯論，不可勝數；本文無意細究。

31 「現在／現場主義」（Presentism）承襲François Hartog的論説：François Hartog, *Regimes of Historicity: Presentism and Experiences of Time*, translated by Saskia Brown（New York: Columbia University Press, 2015）；參考：Christophe Bouton, "Hartog's Account of Historical Times and the Rise of Presentism," *History*, Volume 104, Issue 360（2019）, pp. 309-330.

32 這是François Hartog對法國年鑑學派領軍人Marc Bloch與Lucien Febvre之史學立場／宗旨的詮釋，見：François Hartog, *Regimes of Historicity: Presentism and Experiences of Time*, p. 110.

上展現技藝（craft），毫無現實關懷的「斷爛朝報」，與我們無緣。近代中日思想文化交涉史，「作爲歷史的過往」，正有待願意懷持「現在／現場主義」的同好，奮力攜手。

本期《思想史》，以《一衣帶水：近代中日思想文化交涉史專號》爲題，是同志之士合心共力的研究成果；諸篇大作，自有心得，爲近代中日思想文化交涉多彩多姿的歷史圖像，增益多筆細描濃抹的彩繪。諸篇佳作之精華，各有摘要，不待筆者一一辭費。整體觀之，本期專號既是近代中日思想文化交涉史領域的最新研究；有心之士，意欲發動一己的知識探險工程，執此一編，細膩揣摩，必可假借諸篇佳構的示範，做爲腳前的燈，路上的光。

【專號論文】

江戶小說《忠臣水滸傳》的創作方法——如何妙用白話翻譯抄本《忠臣藏演義》

信州大學名譽教授。研究領域爲日本江戶小說、中國古典小說、日中比較文學。主要論文有《唐代傳奇〈離魂記〉虛與実》（2015）、《試論『剪灯新話』的對偶結構》（2021）、《重讀〈任氏傳〉—長安城内的西域女性—》（2018）、《才子佳人小說的類型化—以〈双嬌斉獲〉中的女性関係爲中心—」（2001）、《西遊記與上田秋成的文業》（1992）等。譯著有《我是貓》（2019）、《東洋的理想》（2018）、《日本人的心理結構》（2006）、《雨月物語・春雨物語》（1990）

江戶小說《忠臣水滸傳》的創作方法 ——如何妙用白話翻譯抄本《忠臣藏 演義》

閻小妹

摘　要

　　《忠臣水滸傳》是江戶時代山東京傳創作的「讀本」小說，他巧妙地將中國的白話章回小說《水滸傳》與日本淨瑠璃劇本《假名手本忠臣藏》撮合而就。迄今為止的一系列先行研究，主要論證該小說與《水滸傳》原本、日本的和刻本、用日語翻譯的通俗本以及唐話詞典等的關係。

　　本文將論證迄今為止日本與中國的學者未曾提到的《忠臣水滸傳》的新出典，即由日本唐通事將《假名手本忠臣藏》翻譯而成的白話譯本《忠臣藏演義》。以此重新討論山東京傳在引用改編《假名手本忠臣藏》時，為何會出現不少不見于其他文本的白話詞彙及文章段落，且通過山東京傳對該抄本的白話詞彙與白話文的具體運用，探討它如何直接影響了《忠臣水滸傳》的創作。

關鍵詞：山東京傳、《忠臣水滸傳》、《忠臣藏演義》、唐通事、唐話詞典

一、序

《忠臣水滸傳》（寬政十一（1799）年）是江戶時代山東京傳創作的「讀本」小說，在日本文學史上被譽爲巧妙地將中國的白話章回小說《水滸傳》與日本淨瑠璃劇本《假名手本忠臣藏》撮合而就的成功之作。由此，開啓江戶後期長篇小說的新時代。迄今爲止日本已有麻生磯次爲代表的一系列先行研究，主要是論證該小說與《水滸傳》原本、日本的和刻本、用日語翻譯的通俗本以及以解釋白話詞彙爲主的唐話詞典等關係的論文。[1]同時，還有學者從小說的結構方面論述《忠臣水滸傳》與《假名手本忠臣藏》之間的關係。[2]但就其白話文體，至今除了《水滸傳》以外并未提到是否存在其他出典的問題。而對《忠臣水滸傳》中直接引用《假名手本忠臣藏》的部分也存有不少白話詞彙及文章段落，日本學者認爲很可能是山東京傳仿照《通俗忠義水滸傳》並根據唐話詞典翻譯而成的。

本文首先介紹一部白話抄本《忠臣藏演義》，它是由日本唐通事

1　麻生磯次《江戶文學と中国文学》（東京：三省堂，1955）；中村幸彥，〈讀本展開史の一齣〉，《中村幸彥著作集》第五卷（東京：中央公論社，1982）；橫山邦治，《讀本の研究 江戶と上方と》第2章〈全盛期の讀本〉（風間書房，1974）；徐惠芳，〈《忠臣水滸傳》の文体について—《通俗忠義水滸傳》の影響を中心に—〉《文芸研究》，53号，1985）；德田武，《山東京傳全集讀本1》解題（東京：ぺりかん社，1994）；井上啓治，〈京傳讀本《忠臣水滸傳》その《水滸傳》引用と翻訳ぶり〉，《国文学解釈と鑑賞》，2010；大高洋司，《忠臣水滸傳》解題（東京：和泉書院，1998）；大高洋司，《京傳と馬琴〈稗史もの〉讀本樣式の形成》（東京：翰林書房，2010）；石井忠則，〈《忠臣水滸傳》攷—白話語匯めぐって—〉等。

2　野口隆〈《忠臣水滸傳》の演劇的趣向〉，《国語国文》，64号（1995年9月）。

將《假名手本忠臣藏》翻譯而成的，[3] 這部白話抄本作為《忠臣水滸傳》的新出典是迄今為止日本與中國的學者未曾提到的。本文以此來重新論證山東京傳在引用改編《假名手本忠臣藏》時，為何會出現不少不見于其他文本的白話詞彙及文章段落，且通過山東京傳對該抄本的白話詞彙與白話文的具體運用，同時探討它如何直接影響了《忠臣水滸傳》的創作。

二、用白話翻譯的《忠臣藏演義》

眾所週知，元祿時代赤穗藩被廢藩，淺野家的舊家臣大石良雄等47人替主子報仇雪恨的故事，被人們津津樂道贊譽為武士道的典範。《假名手本忠臣藏》便是以「元祿赤穗事件」為題材的日本淨瑠璃（木偶戲）劇本，也是之後歌舞伎的代表性劇目，通稱《忠臣藏》。這個劇本在江戶末期用白話翻譯為小說《忠臣藏演義》，僅存一抄本，收藏於早稻田大學圖書館。杉村英治曾在論文〈海外奇談─漢譯假名手本忠臣藏〉中對該抄本進行過詳細介紹。[4] 因抄本題簽上有「譯官周文次右衛門著」的字樣，杉村推斷應是唐通事周文次右衛門翻譯的稿本。杉村對周文次右衛門也進行了考察：其祖父周辰官為福建省泉州人於正保元年（1646）來日，明和三年（1766）周文次右衛門授予通事見習官職，寬政三年（1791）升至小通事末席。這部抄本

3　注1中的一系列先行論文中，尤其多提及白話文體的徐惠芳，〈《忠臣水滸傳》の文体について─《通俗忠義水滸傳》の影響を中心に─〉（《文芸研究》，53号，1985）。以及石井忠則，〈《忠臣水滸傳》攷─白話語彙めぐって─〉等皆未提到《忠臣藏演義》抄本的存在。

4　杉村英治，〈海外奇談─漢訳仮名手本忠臣藏─〉，《亀田鵬斎の世界》（東京：三樹書房，1985）。

在文化十二年（1815）以刊本出版，改名爲《忠臣庫》，添加了龜田鵬齋的序言，還加了鴻蒙陳人寫的〈忠臣庫題辭〉，提到忠臣庫的譯文拙劣，自己又加以潤色訂補等。後又改爲《海外奇談》、《日本忠臣庫》刊刻發行。三種刊本《忠臣庫》《海外奇談》《日本忠臣庫》都晚於山東京傳創作的「讀本」小說《忠臣水滸傳》。[5]固然《忠臣藏演義》之後的刊本出版的經過尚有很多難以說清的地方，有待今後繼續討論。在此僅將四個本子比較後所發現的異同之處列出幾例：[6]

（表1）

	假名手本忠臣藏	忠臣藏演義	忠臣水滸傳	海外奇談
第二回	橋杭で鼻を打て即座にぴり～～と死にます。	硼著橋根就死。	橋根に硼て就死す。	硼著橋柱就死了。
第六回	一文字屋	一文樓的鴇子	一文楼的鴇子	文字亭的鴇子

5　如果相信文化十二（1815）年刊本上題辭寫的寬政六年（1794）的話，那麼京傳的《忠臣水滸傳》因爲是在此之後，京傳也有可能看到了刊本《忠臣庫／海外奇談》。但經過對照《忠臣水滸傳》、《忠臣藏演義》、刊本《忠臣庫／海外奇談》文本，我們發現《忠臣水滸傳》與《忠臣藏演義》的文辭是一致的，也就是說京傳確實參考了抄本《忠臣藏演義》，並未參考刊本《忠臣庫／海外奇談》。

6　本文《假名手本忠臣藏》原文引用岩波日本古典文學大系本，《忠臣水滸傳》原文是和泉書院《讀本善本叢刊》，《忠臣藏演義》是早稻田大學所藏的抄本。

	假名手本忠臣藏	忠臣藏演義	忠臣水滸傳	海外奇談
	蹴立て、鼻いからして	前爪後腳、踢起泥水亂草	…前爪後腳、泥水を踢起し。	前蹄後腳、踢起泥水亂草
	天の與へと押戴押戴。	拿了布袋頂々戴々。	頂々戴々…依旧布袋に	拿了財布頂頂戴戴。

　　從上述比較中可以看出《忠臣水滸傳》的文辭多與抄本《忠臣藏演義》同，而與刊本《忠臣庫/海外奇談》相差甚遠。

　　下面我們就先來介紹一下抄本《忠臣藏演義》的情況。

　　首先，唐通事周文次右衛門翻譯的《忠臣藏演義》具備中國白話小說的文體。[7] 從形式上看，《假名手本忠臣藏》有十一段，而《忠臣藏演義》省略了第八段的〈道行〉，按照中國白話章回小說的形式改成十回。同時，依照章回小說的習慣把章題都改成對偶句。《忠臣藏演義》全十回的章題如下：

　　第一回　尊氏公拜納義貞盔　高野候乱罵桃井候

7　研究唐話的日本學者奧村佳代子在《江戸時代の唐話に関する基礎研究》（関西大学出版部，東西学術研究所研究叢刊28，2007年）中對《忠臣藏演義》以及刊本《忠臣庫/海外奇談》的白話詞匯進行了詳細的對照，並推定譯者周文次是在明和三年任通事見習期間（1766～1800）翻譯了《忠臣藏演義》。但奧村佳代子的著作以及其他論文都未涉及山東京傳的《忠臣水滸傳》中白話文體的問題。本文確認了京傳創作《忠臣水滸傳》時利用了《忠臣藏演義》，因此進一步可斷定《忠臣藏演義》在寬政十年（1798）之前翻譯已經完成。

第二回　塩冶候使命差力弥　桃井候密語傳本藏

第三回　桃井耐心放執政　塩冶忿怒鬧殿中

第四回　塩冶領諭自刎死　忠臣含淚共分離

第五回　勘平打獵遇同僚　定九剪徑殺老人

第六回　佳兒爲君夫賣身　勘平因冤屈殺身

第七回　大星揸色欺冤家　小野貪心背旧主

第八回　本藏施計嫁愛女　力弥誤怒刺岳丈

第九回　義平保辨買器械　大星使人剪婦鬢

第十回　義臣輕生打讎家　報讎雪恨祭灵牌

而且每一章回的前面都有「卻說」或者「話說」、章回的末尾有「畢竟…怎地」、「畢竟…到去甚処」、「畢竟…後来如何」、「且聽下回分解」等，像《水滸傳》一樣運用章回小說的定式說法。奧村指出，《忠臣藏演義》的白話翻譯中隨處可見唐通事所使用的白話文特徵以及日語式的白話詞彙，多是在唐通事的唐話教科書《譯家必備》中出現的詞彙，也是唐通事在日常生活中使用的白話。[8]儘管如此，對京傳來說，《忠臣藏演義》無疑就是中國白話小說的一種典範樣式。

三、從淨瑠璃《假名手本忠臣藏》到長編讀本小說《忠臣水滸傳》

下面我們再來看一下山東京傳創作的長篇小說《忠臣水滸傳》的章題：

第一回　夢窓国師祈禳天災　高階師直誤走衆星

8　奧村佳代子，〈亀田鵬斎と《海外奇談》―白話小説風「忠臣藏」の成立をめぐって―〉，《アジア文化交流研究》第5号，2010。

第二回	妍娘娘羞謎襲衣篇	塩廷尉誤入白虎庁
第三回	桃井候大鬧足柄山	郷衛門夜渡天竜川
第四回	塩冶竜馬三鞭千里	寺岡神行一脚百歩
第五回	貞九郎剪径得蒙汗薬	賀古川監押送金銀擔
第六回	韓平寓山崎售肉包	千崎過西岡殺野猪

以上前編五卷

第七回	奪密書僄児死節	擲釵児大星示號
第八回	重太郎月夜會武森	戸難瀬雪天鬪土兵
第九回	本藏短笛吹別鶴曲	力彌長鎗得雪佛頌
第十回	了竹奪休園児	由良試探義平
第十一回	大星琵琶湖大聚義	兼好國見山夢降石

後編五卷、共十一回，前後合爲十卷

如上所示，《忠臣水滸傳》的章題和《忠臣藏演義》都是使用對偶句形式，將凈瑠璃中的「段」改爲章回小說的「回」數。《忠臣水滸傳》不僅是章題，連每一章的開始也和《忠臣藏演義》一樣有「話說」、結尾有「畢竟…怎地」、「畢竟…到去甚処」、「畢竟…後來如何」、「且聽下回分解」等。[9] 雖然故事情節皆沿用《假名手本忠臣藏》，但在形式上還是讓江戶時代的讀者看上去像似白話小說，頗有

9　石川秀己，〈《忠臣水滸傳》における〈付会の論理〉（上）〉，《国際文化研究科論集》9号，2001年12月。石川認爲「章回末尾的文辭是京傳有意識地仿照白話小說的叙述法」。前揭徐惠芳的論文中表示，《忠臣水滸傳》在每一回的題目上採用對偶句，以及章回小說起始與末尾的常見文辭，與其說參考了《通俗忠義水滸傳》，不如說京傳所依據的是《水滸傳》原文。但實際上應該說京傳是直接依據了翻譯小說《忠臣藏演義》。

新鮮之感。至今日本的學者還認爲京傳在撮合《假名手本忠臣藏》與
《水滸傳》故事時主要是參考了和刻本的翻譯《通俗忠義水滸傳》，
但《通俗忠義水滸傳》只有卷數，沒有回數，章題也是放在各卷卷
首，並將對句拆開，用了單句形式。開始與末尾也都沒有固定的白話
章回小說的形式，如「話說」、「畢竟…且聽下回分解」等文辭。[10]京
傳雖然知道《通俗忠義水滸傳》的目錄，但最終採用了與《忠臣藏演
義》同樣的對偶句形式。值得注意的是《忠臣水滸傳》到了後編，與
前編顯然有所不同，開始減少訓讀，章題的對偶句形式也不那麼整齊
了。例如：

　　第七回「奪密書僄児死節　擲釵児大星示號」
　　第十一回「大星琵琶湖大聚義　兼好國見山夢降石」，

　　第七回是將主語後置；第十一回雖然是動詞句，但動詞不統一，
既出現雙字的自動詞，又有單字的他動詞。

　　眾所週知，將淨瑠璃劇本和《水滸傳》撮合起來的作品在《忠臣
水滸傳》之前，已經有曲亭馬琴的《高尾船字文》。[11]曲亭馬琴在內容
上借用並吸取了《水滸傳》的部分故事情節，但在形式上依舊屬於
「洒落本」（江戶中期以花街柳巷爲題材的通俗小說）的樣式，[12]並未

---

10 比如卷之一的目錄《水滸傳》原文的第一回和第二回合在一起，成爲四句
　　「張天師祈禳瘟疫　洪太尉誤走妖魔　王教頭私走延安府　九紋龍大鬧史
　　家村」，而卷之二則是「史大郎夜走華陰縣　魯提轄拳打鎮關西　趙員外
　　重修文殊院　魯智深大鬧五臺山　小霸王醉入銷金帳　花和尚大鬧桃花
　　山」把第三回、四回、五回都合併起來了。

11 以上提到的大高氏著《京傳と馬琴—讀本樣式の形成—》第1編〈稗史も
　　の〉補注2里說《高尾船字文》原本是京傳的構想。

12 郡司正勝氏在〈山東京傳の讀本の展開〉論文中認爲京傳與曲亭馬琴的處
　　女作《高尾船字文》都同樣是改編淨瑠璃劇本的，但是一是成功之作，另
　　一個卻無人問津。其勝敗的原因在於京傳所具備的一雙慧眼，他認准時代

吸收白話章回小說的結構和語言要素。而山東京傳在《忠臣水滸傳》中，不僅是內容上，同時還吸取了白話章回小說的文辭及文學樣式，在此基礎上開創了嶄新的江戶讀本長篇小說。可以說，白話小說《忠臣藏演義》在京傳創作《忠臣水滸傳》過程中，起到極為重要的作用。

《假名手本忠臣藏》原本是純粹的日本淨瑠璃劇本，但當被翻譯成白話章回小說以後，首先在文體上打開了與白話章回小說《水滸傳》之間的通道，減輕了京傳在撮合《假名手本忠臣藏》與《水滸傳》兩種完全不同的文本時的障礙。也就是說，被翻譯成白話章回小說的《忠臣藏演義》是京傳創作《忠臣水滸傳》的一個重要媒介。

下面我們來探討一下京傳具體是怎樣利用《忠臣藏演義》的。

四、《忠臣水滸傳》中利用《忠臣藏演義》的具體情況

在《忠臣水滸傳》中隨處可見使用《忠臣藏演義》的痕跡，但每個場景使用的方法卻不同，並不統一。以下僅介紹兩種方法，第一種方法是漢文訓讀，多在較正式的場合或議論時，將白話文用「漢文訓讀」的方法解讀，比如第一回，在幕府的江戶城內，執事高武藏介師直、雲州刺史鹽冶廷尉高貞就新田義貞的盔帽發生爭論的場面。第二種方法是通常所說的「熟字訓」，即在白話文或詞彙上面用假名標出來淨瑠璃的讀法，這種方法在第七回妓院的對話場面以及第九回女

的潮流，也就是當時日本文人間興起的《水滸傳》熱潮，以及深受民眾喜愛的淨瑠璃《忠臣藏》，挺身隨波逐流。該文收於《国文学研究》12號，昭和14年6月。

子之間圍繞訂婚的一些對話中使用。

四·一

　　以下我們來對照《假名手本忠臣藏》《忠臣藏演義》《忠臣水滸傳》三種文本，具體看一下第一回執事高武藏介師直、雲州刺史鹽冶廷尉高貞就新田義貞的盔帽發生爭論的場面中京傳是如何使用漢文訓讀法的。（以下將《假名手本忠臣藏》《忠臣藏演義》《忠臣水滸傳》分別略稱爲《假名》《演義》《忠》）。

（表2）

| 假名 | 奉納の義然るべからず候と。①遠慮なく言上す。左様にては候まじ。此若狭助が存るは。是は全尊氏公の御計略。新田に徒黨の討洩され御仁德を感心し。②責ずして降参さする御方便と存奉れば。③無用との御評義卒尒也と。…④義貞討ち死したる時は大童。死骸の傍に落散たる兜の数は四十七。⑤どれがどふとも見知らぬ兜。そふで有ふと思ふのを。⑥奉納した其跡でそふでなければ大きな恥。⑦なま若輩な形をしてお尋ねも無き評議。⑧すっこんでお居やれと御前よきまゝ出る儘に。 |

演義	拜納之命不当穩便、並①<u>不忌憚回覆</u>。桃井候道不然、據下官愚見、這全然大將軍最好計謀、就是推敬新田氏的遺盔、那敗殘軍兵要感仁德②<u>不動干戈、只招他帰降的門路、③阻当之議、殊覚非礼</u>。高野候怒道、對我称ケ非礼甚是杭（作者按，應作抗）拒下官、就是④<u>義貞死時蓬頭乱髪、落在死骸之邊頭盔四十七</u>、⑤<u>那ケ認得真假、若要將就揀去拜納</u>、⑥<u>後來若不是真的、惹出人笑</u>。⑦<u>況且你是年輕之輩、胎髪還存、敢有插口議論</u>、⑧<u>須要閉口而退、只托著威勢隨口說破</u>。
忠臣	…此儀不當勅命（このぎあたらざるちよくめい）にて候と。いさゝか①忌憚（いみはゞから）ず申覆（しんふく）（まうしあぐる）せり。…他們をして北朝の仁德を感佩（かんばい）（ありがたがらす）なさしめ。②干弋（かんくわ）をうごかさずして。自然同朝（おのづからたうてう）に帰降（きごう）いたさすべき計策（けいさく）（はかりごと）ならん。殊に新田家は清和帝（せいわてい）の昆裔（こんえい）（しそん）として。同家とは原是兄弟の家（いへ）なり。一番（ひとたび）確執（かくしつ）となるとも、豈（あに）ながらく対敵（たいてき）とすべきいはれあらん。③執事（しつじ）の阻當（そたう）（へだてこばむ）の議論（ぎろん）。畢竟違勅（ひつきやうゐちよく）の非礼（ひれい）にやあたらんと。言（ことば）を励（はげまし）て申けり。師直（もろなほいかり）怒て云。足下（そっか）我を違勅の罪人（つみんと）とするは是胡乱（これこらん）（めったな）の一言（いちごん）なり。④すでに義貞死せる時（とき）は。蓬頭乱髪（ほうとうらんばつ）（おほわらは）にして、骸（かばね）の辺（へん）に落在頭盔四十七（おちとゐるかぶとしじゆうしち）あり、乃此（おさむ）なる鎧韓櫃（よろひからびつ）に収（おさむ）。⑤いづれをか真假（しんか）と認得（みしりう）べき。若（もし）うたがはしきをもって決定（けっちやう）し、⑥後来（こうらい）（のちゞ）是ならざるときは。天下（てんか）の笑具（わらひぐさ）とならん。⑦足下年輕（としわか）（ごへんねんけい）の徒（ともがら）として。挿口の議論（さしぐちのぎろんなにいけん）何異見かあらん。⑧口を閉（とぢ）てしりぞくべしとて。

　　從上面的場面雖可看到《忠臣》基本上是依據《假名》的情節展開的，但他採用了不少白話文小說《演義》的文字，並直接沿用了整段文字。在這種情況下，京傳使用了漢文訓讀的方法，一方面是翻譯，說明是什麼意思，一邊是訓讀，即加上讀音。例如③「阻当」這個詞在《水滸傳》原文裡也是有的，但「你們眾道士阻當宣詔」、「阻當他」是按照動詞使用的，《通俗忠義水滸傳》也是按照動詞翻譯的。《演義》則翻譯爲「阻当之議」，當作名詞了，這種譯法顯然不太規範。但京傳卻沿用《演義》加上了「阻當の議論」讀音。在解釋「阻当」的意思時同時參考了《忠義水滸傳譯解》等水滸辭典。[13]又如⑦「插口議論」的「插口」是動詞，京傳參考白話辭典《中夏俗語藪》的讀音，以名詞的連體形式修飾「議論」。再看④，將《假名》淨瑠璃的「大童」改寫爲白話「蓬頭乱髮」，並在右邊加上讀音、還不忘記在左邊附上淨瑠璃「大童」的讀音「おほわらは」。

　　如上所見，京傳在利用《演義》的白話詞彙時，還通過和刻本的翻譯，即通常所說的「通俗本」以及其他白話辭典，再註上讀音和意思。

　　另外抄本《演義》的第一回裡尚有「返點」，但在第二回中途之後就沒有了。京傳在前編第二回以後利用《演義》的段落明顯減少，[14]僅僅停留在利用個別白話詞彙或短文上。這抑或與白話《演義》

---

13 《演義》中使用的簡體字均爲原文。
14 在注2的野口隆論文裡說到：比如就第七回整體而言，大量沿用原作七段目的〈祇園一力の場〉的文辞、在第九回後半部的九段目〈山科閑居の場〉，以及第一、第四、第六、第十各回裏邊都出現了整段依據淨瑠璃《忠臣藏》的現象。

的理解程度有關。[15]

四・二

　　以上所見的訓讀式的翻譯到了後編開始有所改變。後編多使用的是「熟字訓」的方法，即在白話文上邊直接附上淨瑠璃的讀音。主要出現在第七回妓院里的會話場面以及第九回女子圍繞訂婚的會話部份。恰恰同野口曾指出的開始更多地吸收《假名》的語詞相一致。其實，後編隨著更多地利用《假名》的同時，也開始大段地利用《演義》，並放棄了訓讀讀音法，所以使人感到後編比前編更加柔和易讀了。下面我們就來看看第七回的三個段落。

四・二・一

　　師直的刺探九太夫爲觀察由良助的行動來到妓院，下面是九太夫與妓院酒保的一段對話。

（表3）

假名	是は忙しいは。どいつ樣じゃ。どなた樣じゃ。斧九太樣。御案内_{あんない}とはけうといゝゝ。①初てのお方を同道_{どうどう}申した。②きつう取込_{とりこみ}そふに見へるが。一つ上ます座敷が有か。ございますとも。③今晩は彼由良大盡_{こんばん}_{だいじん}の御趣向_{しゅかう}で。名有色達を掴込_{つかみ}。下座敷はふさがってございますれど。亭座敷_{ちん}があいてございます。④そりゃ又蜘の巣_{くも}だらけで有ふ。又惡口を。⑤よい年をして。女郎の蜘の巣にかゝらまい用心_{ようじん}。

---

15 中村幸彦，〈通俗物雜談—近世翻譯小說について—〉，收入《中村幸彦著述集》第7卷（東京：中央公論社，1984）。該論文對此有詳細論述。

演義	酒保我只道是那个新來的客官、却原是九大官人、何消的叫我引進就請進來。九太夫說道①請一位新到的客人来要吃両盃、②看見有許多客人、另外有一个耳房空也不空。主人道自然有是有了、只因③今晚由良大老官带許多名妓來、客庁裡坐滿了、只有一个空樓。九太夫道恐怕④這空樓裡有的多淂是蜘蛛窩。主人道不要取笑。九太夫道⑤我年高的人只怕落在嫖子的羅網。
忠臣	九太夫がいへらく、①今日は一位の新到的客人を請来せり。両盃すゝめ申さんとおもふに、②看見許多きゃくある光景なり。耳房にもあれ別外一个の空処はなきや。保児が曰、③今晚は彼由良大老官あまたの名妓（なあるいろたち）を包てあそび給ひ、客廳は都て坐滿ぬ。只一个の空楼あり、所せくおぼされんが、枉てあそび給ひなんや。④九太夫がいへらく、その空楼はさだめて蜘蛛窩こそおほからめ。保児がいへらく、相公悪訕をいひ給ふな。九太夫が曰、⑤我年高て只嫖子的囉網（ぢよらうのくものす）におちんことを怕るなりと。

　　這段遊客（嫖客）與酒保的會話是原劇本《假名》一段流暢地道的口語體翻譯，也正是長崎的唐通事周文次在《演義》裡能夠張顯語言才能的場面。所以京傳乾脆就把這段白話文照搬到自己的《忠臣》裡來，不去顧及是否合乎漢文訓讀的語法。如①「一位新到的客人」「到」是動詞，作爲「客」連体修飾語加上「的」是白話文的一個特點。京傳直接把這句話照搬爲「一位の新到的客人」，上面又標出原

劇本《假名》浄瑠璃的讀音。[16]例②也同樣「看見（みれば）許多
（あまた）きゃくある」，「看」是動作動詞，後面加上結果補語「見」
合爲「看見」，也是一個典型的白話詞彙，京傳把賓語「客人」沒有
放到動詞前面，而是照搬白話文的語序。又如③「客庁裡坐滿了」這
句白話文，在《演義》裡重視強調動詞「坐」後面的補語「滿」，而
日語通常是省略動作動詞，所以白話文上面直接附上浄瑠璃原文表示
動詞中的結果動詞的讀音，成了客廳（きやくざしき）は都（すべ）
て坐滿（ふさがり）ぬ。另外，在前編「年軽」是按照訓讀讀音「ね
んけい」，左邊又加上詞義「としわか」的。而後編例⑤「年高」的
音讀被省略，直接翻譯爲「としより（老人）」。這樣的撮合方法即
可引起讀者的興趣，又讓讀者產生一種新鮮感，或以爲自己能看懂白
話文似的。

四・二・二

　　下面是九太夫觀察由良助是否隱藏著復仇心，並勸其吃飯的場
面。

---

16 除此還有「有名的妓樓」「嫖子的囉網」「有趣的情書」等。

（表4）

假名	久しぶりだお盃。又頂戴と會所めくのか。指しおれ呑は。呑おれ指すは。てうと請おれ。①肴をするはと傍に有合鮹肴。はさんで　ずっと指出せば。手を出して。足を戴鮹肴。②呑いと戴て喰んとする。③手をじっと捕へ。④由良助殿。明日は主君塩冶判官の御命日。取分け逮夜が大切と申が。見事其肴貴殿は喰か。食べる〉。⑤但主君塩冶殿が。鮹になられたといふ便宜が有たか。愚智な人では有。⑥こなたや俺が浪人したは。判官殿が無分別から。恨こそあれ精進する氣微塵もごあらぬ。お志の肴賞翫致すと何氣もなく。只一口に味はふ風情。⑦邪智深き九太夫もあきれて。詞もなかりける。…⑧ほんに誠に大馬鹿者の證據。嗜の魂見ましょ。扨錆たりな赤鰯。
演義	由良道只要吃満一杯、①九太夫把快子夾了傍辺的鱔魚与他过酒、②由良兄只称敬領、將要到口③九太夫欄住了手便道、④由良你也淂知、明日是主公的斎日、該从今夜要做斎戒沐浴、把這魚菜不該吃、由良助道、自然吃⑤你可听見主公轉身輪廻鱔魚麼、你还想不到⑥我和你做了白身的起根是为那主公的短見，沒主張倒有冤恨、並無斎戒之心、你既美情、給我的魚菜、難道不吃、只一口裝做有味的樣子吃了、⑦這陰謀賊智的九太夫也看淂呆了、話也說不出。…⑧九太夫道刀是護身之物、刻不離手的、他竟不省、就是獃子的證兒、我同你看刀身、阿呀、這般銹了、真ケ白鉄刀。

忠臣

大星なほ盃を接たるとき、①九太夫快児を把、碟仔に盛たる章魚を夾て大星にあたふ。②大星これをうけて、「敬領」といひつゝ、やがて吃とす。③九太夫手を攔住て曰、④大星兄明日は故主の斎日にて、今宵は乃宿忌なるを、斎戒はせずして却て這魚菜を吃給ふ、その意いかん。大星が曰、老兄は愚痴なる事をいふ人かな。⑤主公輪廻（うまれかはる）して身を章魚（たこ）に転じたるさたをきかず。よくおもひ給へ、⑥老兄とそれがしと、今かく白身人となること、起根はみなこれ主公の短見によるならずや。されば冤こそあれ少くも托庇はあらず。などて斎戒する心あらん、此魚菜くらふともいさゝか妨なしといひて、こゝろよく味ひければ、⑦陰謀賊智の九太夫も只是呆たるばかりなり。…大星が腰刀を把、抜はなちて見るに、⑧刀身都て錆を生じ、真个の白鉄刀（あかいわし）也。九太夫おもへらく刀は是身を護ものなるを、己に如此なるは、誠に獣子の証児なりと…。

　　在這裡京傳將白話文《演義》的②「敬領」照搬，並在上面用浄瑠璃常用的寒暄「忝い」。③的動詞加補語的白話「攔住」被準確地翻譯爲「おしとゞめる」。「斎日」、「魚菜」、「白身人」、「主公」、「起根」、「短見」、「斎戒」等詞彙都是沿著《演義》的白話文直接譯成日語，再附加上劇本《假名》浄瑠璃的讀音。此外「刀是護身之物」「刀は是身を護ものなる」、「獣子的證兒」「獣子の証児」、「眞个白鉄刀」「眞个の白鉄刀也」的證兒「白鉄刀」等罕見的詞彙則參照《中夏俗語藪》翻譯過來。④「這魚菜」還出現了幾種不同的翻

譯，如「このなまくさもの」、「このさかな」、「ぎょさい」，賦予「魚菜」多種形象及意義。

四・二・三

下面我們來看由良助訓斥九太夫背叛領主的場面。

（表5）

假名	目通へ投付れば、起立せもせず由良助。①髻をつかんでぐっと引寄。獅子身中の虫とは儕が事。我君より高知を戴。②莫大の御恩を著ながら。敵師直が犬と成て有事ない事よう内通ひろいだな。③四十余人の者共は。親に別れ子に離れ。一生連添女房を君傾城の勤をさするも。④亡君の怨を報じたさ。寐覺にも現にも。御切腹の折からを思ひ出しては無念の涙。五臓六腑を絞ぼりしぞや。⑤取分け今霄は殿の逮夜。口にもろ〱の不淨を言ふても。愼に愼を重る由良助に。⑥よう魚肉をつき付たな。否と言はれず應と言はれぬ胸の苦しさ。⑦三代相恩のお主の逮夜に。咽を通した其時の心どの様に有ふと思ふ。五躰も一度に脳乱し。四十四の骨〲も砕る様に有たはやい。⑧獄卒め魔王めと。土に摺付捻付て。無念。

演義	由良助①拉著九太夫的頭髻扯在面前說道、這廝好与他主公將恩報讐、又害一流之人。你說怎地②累世多蒙主公的鴻恩、領了許多錢糧、受了莫大的恩典、你甘为讐家的細作、胡乱有的沒的、顛倒真假報首、好〃与他通同③我等四十餘人、或者離了爺娘、或者別了兒女、一生一死結髮相聚的妻子、也賣了倡家、這也是④只要替他主公報讐之心。窊寐、也只想著主公遇害之事、流下淚来、悲哀無窮之冤、真ケ絞破五臟六腑的苦、況且⑤今晚是与他亡君要做宿忌、雖說口中不潔之言、心內重加謹慎的、由良助偏主⑥你夾了魚菜給我吃、奈緣做声不淂、只一口吃、越想越腦、⑦遇著三代恩主斎戒之夜、把魚菜吞淂落肚之間、宛似口中潅下热汁一般、⑧覺我身子四十四骨碎做万段的苦楚、⑧口称這廝千賊万賊、把他頭髻按在地下、擦来擦去。
忠臣	大星就勢に一脚をとばせて地上に蹴倒し、①頭髻を抓ひき、（中略）②累世主公の鴻恩をかうふり、あまたの銭糧を領したる莫大の恩をわすれ、讐家の細作となりて、胡乱有的没的よくも告報けるな。③我們幾十余人、或は爺娘にはなれあるひは妻子にわかれ、百折千磨（いろいろのなんぎ）をうくる事、④只是主公の仇をむくはんがためなり。⑤今晩は是亡君の宿忌にて、⑦三代の恩主斎戒（しやうじん）の夜なるに、⑥魚菜を把て我にあたふ。⑦これを吃肚中は、あたかも熱鉄汁をそゝぐかとおぼえて、這身子の四十四の骨を、萬段にくだくかとばかりくるしかりぞ。⑧這廝千賊万賊」と罵つゝ、くびすぢをとりて地上にうちふせ、……擦来擦去して

　　這個段落基本是沿用《假名》淨瑠璃的劇情發展，而京傳的《忠臣》幾乎完全採納了《演義》的白話文，使得文章整體極具新穎之感。②整句話都用《演義》的白話文，「細作」根據唐話辭典的漢字表記，讀音是「シノビノモノ忍者」，而京傳爲了突出原文淨瑠璃《假名》的讀音，使用了「いぬ犬」。又如②「錢糧」、③「爺娘」、⑤「宿忌」這類特殊的白話詞彙，都附上通俗易懂的淨瑠璃《假名》中的讀音。像⑧「千賊万賊（せんぞくばんぞく）」這樣的語句雖然較罕見，但一般讀者從漢字字面上也能看懂，所以就僅標出漢字讀音。又如，「擦来擦去（すりつけ）」這句話，漢字照搬過來，讀音則用的是淨瑠璃《假名》。這種變化多樣的語言表現對江戶的讀者來說無疑也是頗有刺激性的。

四・三

　　下面再舉第九回中女子對話較多的兩個場面。首先是戶難瀬母子終於找到由良助家，與其妻子阿石見面，希望盡快讓女兒小波和由良助的兒子結婚的場面。

（表6）

假名	庵の戸口①頼ませう。と云聲に。襷はづして飛で出る。②昔の奏者今のりん。どうれと言ふもつかうどなる。③大星由良助様お宅は是かな。左様ならば。加古川本藏が女房となせでござります。誠に其後は打絶ました。④ちとお目にかゝりたい様子に付遥〃参りましたと。傳られて下されと。言ひ入させて表の方。乘物是へと昇寄させ。娘爰へと呼出せば。⑤谷の戸明て鶯の梅見付たるほゝ笑顔まぶかに。著たる帽子の内。力弥様のお屋敷はもふ爰かへ。私ゃ恥しいと媚かし。…お尋に預りお恥しい。あの改たお詞。⑥お目にかゝるは今日始なれど。先達て御子息力弥殿に。娘小浪を云号致したからは。
演義	端端整整直到門前說道①相煩要問一句。聽得丫頭慌忙出來相迎、②比先門役管的事、今当煮飯使女的了。托那設道、③這裡就是大星由良公的府上是麼、若在此居住、替我說、加古川本藏的老婆托那設、自从本郷搬房之後、絕無活息、務要相見④遠遠地尋到此間。只教丫頭去報說這話、就向門外要扛轎子進來、又教女兒走出轎內。⑤那女子却似黃鶯初出谷口直尋到梅花樹上一般、半喜半羞、所戴編帽露出半臉。便道已到奴官人的家裡来呀、女兒羞恥不过。（中略）⑥雖然今日初来相見、从前把女兒許嫁在令郎、將来要彼此相熟来往、何消得見外之心。（中略）⑦只見托那設端端正正对活以石道、今天到這府上、不為別故、就這女子从前許嫁之後、主君塩冶候因有不料之衬、後来尋不著由良公住在甚処、千尋万問纔知搬房到山科地方居住。…万望見他由良公、要肯做親、⑦奴家也是放心、幸喜今天黃道好日、懇求准備做親…。

> 忠臣
>
> 小波此ぞ力弥が家裡なりときゝて、⑤黄鶯はじめて谷口を出て、梅花樹上に尋到たるに一般、半喜半羞（中略）。かくて両人たゞちに門首にいたり、①「相煩」と案内しけるに、②うちより一個の煮飯使女出て、あないし玉へるは何人にはしますぞといふ。戸なせいへらく、③這裡は由良公の府上なり麼。しからば加古川本藏的老婆戸難瀬といふ的。④遠々地たづねまゐりつるよしをきこえつぎたまはれといへば（中略）。扨互に⑥初来相見の礼をのべ、一回の閒話をはりければ、戸なせ端々正々していへらく、奴家母子今日しも府上にまゐりたるは、他の事にあらず、前年令郎力弥兄と、小女小波と、許嫁しつるのち（中略）、とく親事をととのへて、⑦おや子放心下たく要、かくおしてまゐりつるなり。けふしも幸ひ黄道吉日とか好日なれば、由良公と議し玉ひ、その准備し玉ひてよ、是非に煩申すといふ。

這個段落比前面更自如地挪動了白話文前後的語序。但也使用了不少較生疏的白話語詞，如「煮飯使女」、「半喜半羞」、「令郎」、「放心下」（應是「放下心」或「放心」）「黄道吉日」、「相煩」、「這裡是由良公的府上なり麼」、「初来相見」等，在白話文上面附加淨瑠璃《假名》的讀音。

四・三・一

以下是戸難瀬母女的哀求遭到阿石拒絕，決定自殺的場面。還有阿石索要戸難瀬丈夫首級的場面。因篇幅關係，在此僅抽出幾處短句進行比較。

（表7）

	假名	演義	忠臣
①	貞女両夫にまみへず	<u>自古道一女不吃両家茶</u>	一女両家の茶を吃ずと^{いつぢよりやうけ ちや きつせ}やらん。
②	母様の手にかけて私を殺して下さりませ。去られても殿御の内爱で死れば本望じゃ。早う殺して下さりませ。	<u>一味守著列女之心、（中略）只求母親下手而死、縱虽被休、在大星家中死也瞑目。</u>	夫の家に死するは原是本意とするなればこ^{ほ い}ろよく瞑目べし、万望^{め をふさぐ のぞむらく}は母親みづから下手^{はうへ て をくだし}て、奴家を殺してたび^{わら は ころ}玉へと一味に烈女の道^{いちづ れつぢよ}を守る。
③	そなた計殺しはせぬ。此母も三途の供。そなたを俺が手にかけて。母も追付跡から行。覺悟はよいかと。	<u>並不要殺你一人我這母親也要同你到黄泉之下、先要殺你頭我死同去</u> 果有此心麼。	你ひとりは殺さじ。母^{なんぢ ころ は}も共にむなしくなり、^{とも}泉下までおや子苦楽を^{めいど くらく}ともにすべし。<u>果有這心麼</u>^{かくごはよ き}
④	御無用と。聲かけられて思はずも。	聽見要歇、<u>不覺心中漫了。</u>	今要歇とよびたるは彼^{ごむよう かの}笛のことならんに、我^{ふえ われ}おぼえず<u>心漫了</u>。^{たゆみたり}

	假名	演義	忠臣
⑤	祝義の小謠白木の小四方。目八分に携出。	推開暖簾唱起昇平曲、又把白木臺盤恭〃敬〃拿出来。	紙門(ふすま)をひらき、昇平曲(しうぎのこうたひ)を唱つゝ白木(しらき)の台盤(さんばう)を把て恭々敬々(とり いや たじう もち)拿いでたり。
⑥	引出物の御所望ならん。此二腰は夫が重代。	聴浔母親有些放心、把那刀仍旧収在鞘內（中略）這両把是从祖上傳到拙夫的宝刀	戸なせ聞て、且一二分(まづ ぶん)の放心下刀(こゝろをやすめかたな)を把て(とり)鞘(さや)に収ていへらく(をさめ)、「此両鞘(このふた)の腰刀(さや かたな)は祖上(せんぞ)より伝道(ゆづられ)たる拙夫的宝刀(を つと ちやうはう)にて侍り。
⑦	言はぬ計の贅引出。御所望申は是ではない。（中略）此三方へは加古川本藏殿のお首を乗て貰たい。	我不要這般聘礼（中略）這臺上要盛著你丈夫的首級。	奴家(わらは)がのぞむ聘礼(むこひきで)はそれ等の物にあらず。此(この)台盤(さんばう)におんみの丈夫(をつと)本藏公(どの かうべ)の首級(のせ)を盛てたまはり候へ
⑧	尖き詞の理屈詰。親子ははっとさしうつむき途方に。くれし折からに。加古川本藏が首進上申。お受取なされよと。	聴浔母子二人叫苦一声、低著頭呆了做声不浔、当時就从門口高叫一声道、須要呈上本藏的首級。	母子(ぼし)両人(たぐむね)只胸つぶれて、叫苦一声(はあはつと ばかり)に頭(かうべ)を低(たれ)、声(こゑ)を做(なさ)ずしてぞ居たる。此時しも門口(かどぐち)より本藏的首級(がくびしんじやう)晋呈すべし、いざ接候(うけとり)へ」とたかやかに叫て(よばり)。

　　山東京傳在自己的《忠臣》裡，如③「果有此心麼」的句子之上的「かくごはよきか」，其實是可直接用的，但京傳還是使用了白話文中的表記，再附上《假名》浄瑠璃的讀音。④的「要歇」讀作「ごむよう」、⑤的「昇平曲」讀作「しうぎのこうた」、⑧的「叫苦一声」讀作「はあはつとばかり」也都一樣。均是用《演義》的漢字配以《假名》的讀音，以便更容易從視覺上和聽覺上加深理解。

五、小結

　　如上所述，我們可確認京傳在創作《忠臣》過程中，在吸取《假名》內容的同時也將其台詞（讀音）全面利用到白話文翻譯的《演義》漢字表記上。除了以上列舉的例子以外，還有許多照搬抄本《忠臣藏演義》中的白話詞彙與白話文，下邊再補充一些。

（表8）

假名	演義	忠臣
	只怕打滅了燈火、把雨衣的前襟遮掩…	只灯火を打滅を怕て、雨衣の前襟を把て遮掩来りが…
在所に惜しき姿なり。	埋没村落之中	村落の中に埋没。
途中でお茶さへ得進ぜぬと。	只因路中不能勾請你一盞茶。	只是路中なるにより、一盞の茶だにも請がたし。

假名	演義	忠臣
飼い犬に手を嚙まれる	正是養狗倒来嚼恩人	正是養狗倒来恩人を嚼（かひいぬにてをくはれる）
言ふ声もはや四苦八苦。	說著一絲両気、四苦八苦	かくて四苦八苦一度来り、一糸の両気たえんとして。
九大夫は肩先七顛八倒し、それ引き出せもの。	九大夫就在底下傷殺了、肩背七顛八倒し、手脚乱動	九大夫は只七顛八倒し、手脚乱動て死にけり。
力弥取て押戴開き見ればコハいかに。目録ならぬ師直が屋敷の案内一	展開看、……是師直衞門裏引路之圖	看一看、是乃師直衞門裏引路之圖本也。

　　或者可以說，山東京傳在構想《忠臣》時，因讀到白話章回小說《演義》，才有了將日本的淨瑠璃劇本與中國的白話章回小說《水滸傳》這兩種在文體、內容上都完全不同的文本完美地撮合在一起的可能。用白話文翻譯的《演義》在京傳的《忠臣》中被再次翻譯為日文，且根據不同的場面隨機應變，盡可能地吸取豐富多彩的表達，這種手法從未有過，新奇獨特。能夠做到這點與京傳的生活環境，即多元的語言文化空間亦不無關係。京傳的這種具有個性的文體雖然並沒

有完全被後人傳承下來，但通過他的探索實踐，其獨特的表達也逐漸廣泛認可，並爲後期江戶長篇小說的創作開闢了新的樣式。也就是說，京傳及時地捕捉到當時自京都到江戶都盛行的白話小說浪潮，[17]特別是在水滸傳驟然興起的這個時機，利用白話翻譯的《演義》，把江戶民眾間最有人氣的淨瑠璃劇本《假名》全盤托出，並嘗試著向長篇小說發展，在這一挑戰中，他發揮了「戲作家」的語言才能，有許多出人意料的構思發想，獲得成功。當然除此之外，早有許多先行研究已經證明，京傳在創作中還參照了《水滸傳》原文，和刻本的各種翻譯以及相關的唐話辭典等。

京傳利用白話文《演義》，不但開創了長篇小說的結構框架，還有新的文體。一方面保留演劇的意向特點，吸取新的白話詞彙等；一方面保留了大眾文藝的娛樂性魅力，新創了漢文文體與雅俗融合的和漢混淆文體。可以說，正是京傳以這種新奇的和漢混淆文體創作長篇小說，之後又由曲亭馬琴繼承下來，江戶的長篇讀本小說才逐漸走向成熟。

---

17 江戶時代隨著朱子學在日本蓬勃興起，加快了四書五經等儒學基本經典的學習步伐。各地方藩校等都從學習漢文入手，對漢文文章的理解也逐步加深；日本人的漢文寫作水平整體得到提高，頗有一種漢文盛世再來之感。特別是對朱子學持批評態度的荻生徂徠一派，認爲日本傳統的漢文訓讀是一種翻譯，主張學習同時代的中文，否則無法真正理解朱子學的神髓。他們跟岡島冠山學習唐話（即中國話），這股精神的發揚光大，使得原本僅限於通商貿易口譯的唐話，從偏居一隅的長崎解放出來，波及到近畿及江戶。由此，日本的漢文在文章修辭等方面也開始與中華同步，達到一個新的水準。這一熱潮同時波及到文化方面，除了直接學習漢語口語外，白話小說作爲教材開始被大量閱讀，其情節構成与描寫手法在日本得以消化、吸收。詳見本期章清、陳力衛，〈作爲近代知識的日本漢文〉，《近代日本漢文文獻叢刊》序。

　　以上僅確認了京傳首次創作長篇讀本小說的一種手法，並未涉及到《忠臣》作品的具體內容。今後尚需要繼續調查京傳是否參照了《水滸傳》以外的其他資料。例如唐話辭典《中夏俗語藪》是如何被利用的，[18]同時要釐清京傳當時與唐通事以及江戶文人圈特別是與太田南畝文人的交流關係。因唐通事周文次右衛門和他的《演義》抄本上鈐有「桂川之印」，說明京傳是從森島家借來的（這是一家和漢洋貫通的學問世家），至於他怎樣借到手以及之後的刊本與京傳是什麼關係，都是尚未解決的問題。

　　日本的淨瑠璃劇本被翻譯成中國白話文，其意義究竟何在？以往多認為這是為了給來到長崎的清國人看的。[19]那麼，給白話章回小說《演義》再加上漢文訓讀，增添漢詩，又假託為清人所譯，在進入明

---

18 京傳利用《忠臣藏演義》，獨自加上日語翻譯的過程中使用了唐話辭典，特別要指出的是《中夏俗語藪》。因為這部辭典是按照日語五十音圖的順序，所以對京傳來說極為便利。至今對《忠臣水滸傳》中的一些錯字問題，學者多認為是誤刻或記錯。例如「鳥晦氣」「彆著鳥氣」等，而「鞶襖」這類較偏的漢字寫法則要通過《康熙詞典》去證明京傳的用法是正確的。其實對照一下《中夏俗語藪》會發現是辭典本身的錯誤或使用了特殊的漢字寫法。石井忠則氏在論文〈《忠臣水滸傳》考–白話語彙をめぐって–〉中，考察了一些在《通俗忠義水滸傳》《忠義水滸傳解》《忠義水滸傳抄譯》的白話詞彙也找不到例句的情況，但是我們都在《忠臣藏演義》或《中夏俗語藪》中可看到，例如「麪斿」、「天催地搨」等。由此可推斷京傳利用《忠臣藏演義》時，身邊應該放著這本辭典。有關京傳利用《中夏俗語藪》的詳細論證筆者於今年六月三十日在北京大學高等人文研究院召開的學術研討會《語境和語義的力量：影響百年中國的關鍵詞》上以《唐話詞匯的近代性演變：以《中夏俗語藪》為例》的題目進行了口頭發表。

19 目前中國僅有一部《海外奇談》的刊本收藏於國家圖書館（國家圖書館網上可看到全文）。實際上《忠臣庫/海外奇談》的讀者都是日本人，從《水滸傳》三十卷本封皮上日本人專門抄錄的《忠臣庫》詞彙也可看出日本人熱衷閱讀《忠臣庫》的程度。

治時代後還不斷再版刊行的《忠臣庫》以及改題本《海外奇談》、
《日本忠臣庫》這樣一系列有計畫的出版行為，又該怎樣解釋呢？問
題恐怕並非那麼簡單。或許我們可以這樣推測：日本人不但喜歡讀白
話小說，他們還有自己撰寫白話小說的願望，如同讀漢詩，寫漢詩，
讀漢文，寫漢文，最後還要跟中國人比個高低。這或許就是日本人在
白話小說方面的一個挑戰吧。

附記

　　本文在平成二十九年度（2017）日本近世文学秋季大会（於鹿児
島大學）的口頭發表的基礎上做了若干修改。本研究也是日本文科省
JSPS基盤研究（C）（18K00315）〈日本文学における白話訳につい
ての研究〉成果的一部分。此外，該論文從構思階段就得到日本文學
協会近世部会的同人、特別是已故的木越治先生的諸多幫助。今以此
文，謹向升入天國的木越先生做一彙報。

徵用書目

專著

大高洋司，《京傳と馬琴：〈稗史もの〉読本様式の形成》（東京：翰林書房，2010）。

中村幸彦，《中村幸彦著述集》（東京：中央公論社，1982），卷5：近世小説様式史考。

中村幸彦，《中村幸彦著述集》（東京：中央公論社，1984），卷7：近世比較文学攷。

麻生磯次，《江戸文学と中国文学》（東京：三省堂，1955）。

　村佳代子，《江戸時代の唐話に関する基礎研究》，《関西大学東西学術研究所研究叢刊》（大阪：関西大学出版部，2007），28。

論文及專文

中村幸彦，〈通俗物雑談：近世翻訳小説について（関西大学東西学術研究所創立三十周年記念講演）〉，《関西大学東西学術研究所紀要》，卷15（吹田：1982年3月），頁1-22。

中村幸彦，〈読本展開史の一齣〉，《国語国文》，卷27號10，（京都：1958）頁9-23。

井上啓治，〈京伝読本『忠臣水滸伝』、その『水滸伝』引用と翻訳ぶり〉，《国文学：解釈と鑑賞》，卷75號8（2010年8月），頁72-80。

石井忠則，〈《忠臣水滸伝》攷—白話語彙をめぐって〉，收入千葉大学文学部日本文化學會（編），《千葉大学日本文化論叢》，號6（千葉：2005年6月），頁1-16。

石川秀己，〈《忠臣水滸伝》における〈付会の論理〉（上）〉，《国際文化研究科論集》，號9（宮城：2001年12月），頁246-230。

杉村英治，〈海外奇談—漢訳仮名手本忠臣蔵—〉，《傳記》，輯1（東京：1978年9月），頁1-6。

徐惠芳，〈《忠臣水滸伝》の文体について—《通俗忠義水滸伝》の影響を中心に—〉，《文芸研究》，號53（東京：1985年3月），頁2-89。

郡司正勝，〈山東京傳の讀本の展開〉，《国文学研究》，期12（東京：1939年6月），頁157-183。

野口隆，〈《忠臣水滸伝》の演劇的趣向〉，《国語国文》，卷64號9（京都：

1995年9月），頁28-43。

村佳代子，〈亀田鵬斎と《海外奇談》―白話小説風「忠臣蔵」の成立をめ
　　ぐって―〉，《アジア文化交流研究》，號5（大阪：2010年2月），頁
　　201-215。

徳田武，〈解題〉，收入山東京傳全集編集委員會（編），《山東京傳全集》
　　（東京：ぺりかん社，1994），卷15：読本1，頁572-580。

橫山邦治，〈全盛期の読本〉，《読本の研究：江戸と上方と》（東京：風間
　　書房，1974），第2章，頁382-385。

The Methods of Creating the Edo Novel 'Chujin Suikoden'(忠臣水滸傳): How to Make Good Use of the Vernacular Translation of 'Zhongshenzang yanyi'

Yan Xiaomei

Abstract

The Chujin Suikoden(忠臣水滸傳)is a novel created by Santou Kyouden in the Edo period, who cleverly combined the Chinese vernacular novel Shuihuzhuan(水滸傳)with the Japanese script Kanatehon Chujinkura(假名手本忠臣蔵). A series of pioneering studies to date have demonstrated the novel's relationship between the original Shuihuzhuan, the Japanese version, Japanese translations of popular texts, and the vernacular dictionaries.

In this paper, we will argue that the new source of "Chujin Suikoden" that has not been mentioned by scholars in Japan and China so far, namely the vernacular translation of "Zhongshenzang yanyi" translated from "Kanatehon Chujinkura" by Tang Tongshi. This article aims to revisit why Santou Kyouden used many colloquial vocabulary and paragraphs that were not found in other texts when citing and adapting the "Kanatehon Chujinkura". Through the specific use of colloquial vocabulary and language in this manuscript by Santou Kyouden, this article explores how it directly influenced the creation of "Chujin Suikoden".

Keywords: Santou Kyouden, 'Chujin Suikoden', 'Zhongshenzang yanyi', Tang Tongshi, vernacular dictionaries

孫中山「民生主義」的理論建構：西方的學術理論與亞洲社會的具體實踐

黃自進

黃自進，日本慶應義塾大學法學博士，現任中央研究院近代史研究所研究員。著有《吉野作造對近代中國的認識與評價：1906-1932》、《北一輝的革命情結：在中日兩國從事革命的歷程》、《和平憲法下的日本重建：1945-1960》、《蔣介石と日本：友と敵との狹間で》、《蔣介石與日本：一部近代中日關係史的縮影》、《圍堵在亞洲：日美同盟關係的深化（1960-1972)》、《冷戰格局下亞太安全體系的建立與「中日和平條約」之締結》等專書。

孫中山「民生主義」的理論建構：西方的學術理論與亞洲社會的具體實踐*

黃自進**

摘　要

　　孫中山的土地政策，深受外國理論及多國的殖民事例的啓發，前者可歸納爲亨利・喬治的「土地公有」論；後者得自德國在膠州灣及荷蘭在印尼爪哇所推展的土地政策。而這一些概念經由整合，並逐一轉化爲孫中山土地政策之論述，始自1902年終於1924年，歷經22年之久。其最關鍵時期，集中於1902年至1906年。他首先提出「平均地權」反對土地壟斷，復次主張「漲價歸公」爲「平均地權」標示出擬戮力之方向。至於晚年所提倡的「荒地」與「熟地」應有不同徵稅標準等等論述，皆屬於補充觀念之層次，已非重點所在。

關鍵詞：孫中山、民生主義、平均地權、土地公有、漲價歸公

*　本文是中央研究「西方經驗與近代中日交流的思想連鎖」主題研究計畫成果之一，特謹致謝忱。
**　中央研究院近代史研究所研究員。

一、前言

　　三民主義的要義，以「民生主義」為重，而民生主義的要旨，又以「平均地權」為首。是故，以平均地權為研究線索，探索孫中山撰述三民主義的真諦，一直是海內外學術界，歷久不衰的熱門議題。

　　以日本為例，早在 1950 年代中期，就有一連串的論文，追溯孫中山民生主義理論建構的思想脈絡，認為他的土地政策之論述，除師承亨利・喬治（Henry George）的「土地公有」論述以外，宮崎民藏的「土地均分」論[1]或約翰・密勒（John Stuart Mill）的「加重地租稅」的影響亦不可忽視，[2]而此一研究脈絡，一直持續到 90 年代，只是討論的層次更廣泛。例如至 1960 年代時，則有新的研究，開始指陳孫的核心理念為「土地國有化」，在追求土地正義的公平性上，較接近亨利・喬治的「單稅論」（Single Taxation），而非約翰・密勒的加重地租稅。此外，孫中山的土地政策應有早年、晚年之別，早年他是提倡「平均有權」，晚年則是已改提「耕者有其田」，此一改變，除了反映他的關注點已縮小到只想解決農業問題，已無意要調整整個社會結構，充分反映他的資本主義革命家之本色。[3]

　　至於到 1980 年代，則將孫中山在土地政策上的思想原素更擴

1　參照永井算巳，〈孫文における初期民生主義の形成について〉（上），《日本歷史》，1956 年 9 月號（1956 年 9 月）；永井算巳，〈孫文における初期民生主義の形成について〉（下），《日本歷史》，1956 年 11 月號（1956 年 11 月），頁 8-18；頁 44-51。

2　波多野善大，〈初期における孫文の「平均地權」について〉，《社會經濟史學》，期 21（1956 年 5 月），頁 63-81。

3　保志恂，《中国革命と土地国有論：孫文「平均地權」とブルジョア土地国有論》（東京：アジア經濟研究所，1968），頁 32-39。

大，認爲應將他的「平均地權」論述的思想脈絡分爲三個不同層面，首先他的地利共享論是來自於亨利‧喬治的啓發，他的漲價歸公論是援用約翰‧密勒的土地共有論，至於他的平均地權政策的終極目標是要達到「土地國有」的境地，讓所有農家皆能有地耕耘，而此一論述則是承襲華萊士（Alfred Wallace）的土地國有論。[4]

　　除此之外，關於孫中山與日本土地改革運動有志之士的交流，至90年代時，也開始成爲日本學術界的關注議題。例如亨利‧喬治的土地公有論，如何影響孫中山及宮崎民藏、安部磯部等人對土地改革的想法。[5]其次，也有討論孫中山與宮崎民藏在土地改革上的異同之處。[6]更有甚者，將孫中山的論述與台灣現行的土地政策相結合，指陳「地盡其利」、「地利共享」是「平均地權」的核心理念，而其落實則須仰仗「自報他價」、「照價微稅」、「照價收買」、「漲價歸公」等四個不同配套措施的相互援用才可成。然此一力求土地正義的政策，雖在台灣曾取得巨大成就，並可稱許爲世界楷模，但到1980年代末期，卻已處處顯得力不從心，已無法有效遏制台灣都市房價的高漲，年輕人一房難求的困窘。其原因在於孫中山的土地政策，主要是針對19世紀區域性發展差距不大的中國農村社會，可是當台灣社會進入工業化，人口不斷向都市集中，但都市的發展卻又因區域的不同，而有不同的需求時，僅憑全國齊頭式的土地政策，是無法有效抑止區域

4　久保田文次，〈孫文の平均地權論〉，《歷史學研究》，期487（1980年12月），頁29。

5　參照伊原澤周，〈孫中山的「平均地權」論與宮崎民藏的土地均享思想〉，《歷史研究》，1991年第4期（1991年），頁29-41。

6　參照伊原沢周，〈日中有国におけるヘンリー‧ジョージの思想の受容--主として孫文‧宮崎民藏‧安部磯雄らの土地論をめぐって〉，《史林》，卷67號5（1984年9月），頁79-111。

性都會的土地飆漲。[7]

　　相較於日本學術界對孫中山土地政策思想淵源探討的熱衷投入，中國大陸學術界對此議題的關注程度，亦不遑多讓，只是起步要到中國開始倡導改革開放的 1980 年代初期。而渠等開始的著眼點，也與日本學術界相似，是從亨利‧喬治的土地論述在中國的開展為起點。只是相較於日本學者集中強調亨利「土地公有」論對孫中山的影響，中國方面則選擇亨利的「單稅論」為論述主軸。[8]

　　此等嘗試從正面角度評述西方學術理論對孫中山思想形塑所帶來的影響之同時，亦有援用列寧對亨利的批評，認為亨利所嚮往的「土地國有化一方面是資本主義範圍內的局部改良，另一方面是消滅阻礙資本主義充分發展的壟斷權」，故以秉持亨利思想為念的孫中山土地改革理論，是內含維護資產階級統治之實的要素，不僅不符合中國國情，也無法成為解決「中國封建土地所有制」矛盾的有效政策。[9]

　　此等認為「孫中山的社會主義是資產階級的社會主義」的論述，一直持續到 1990 年代。[10] 不過，當進入 2000 年代後，新起的主流論述，則開始強調孫中山晚年土地政策的論述軸心已從「平均地權」改為「耕者有其田」。其中，有將孫中山思想的轉折，得利於共產黨員

7　參照川瀨光義，《台湾の土地政策：平均地権の研究》（東京：青木書店，1992）。

8　參照夏良才，〈亨利‧喬治的單稅論在中國〉，《近代史研究》，1980 年 1 月號（1980 年 1 月），頁 248-262；夏良才，〈論孫中山與亨利‧喬治〉，《近代史研究》，1986 年 12 月號（1986 年 12 月），頁 38-55。

9　參照陳映芳，〈平均地權與亨利‧喬治的「單一稅」——兼談孫中山理論與實踐結合之失誤〉，《史林》，1986 年第 2 期（1986 年 10 月），頁 79-83。

10　張海鵬，〈孫中山社會主義思想研究評說〉，《歷史研究》，1991 年第 5 期（1991 年 10 月），頁 62。

林伯渠、彭湃所主持的農民部於1924年所提供的農村調查材料，這
些讓孫中山深刻理解農村剝削狀況的資料，可謂是促使孫中山於
1924年8月《民生主義第三講》中，開始強調要實施「耕者有其
田」，解放農民增加生產的關鍵因素。而此等轉變除讓孫中山的土地
政策不僅能與中國農民革命相結合，也爲三民主義與共產主義的統一
戰線奠基。[11]

　　易言之，認爲應全面客觀評價孫中山的「民生主義」以及「平均
地權」，才能符合當前建設中國特色社會主義的時代需求，[12] 則是進入
21世紀以後，中國大陸學術界的新訴求。在此一呼籲下，認爲評論
孫中山，應依照其終極目標，尤其是孫中山一生所盼，就是建立社會
主義國家和創造共產世界。他的民生主義論述，「雖然有別於科學社
會主義，也應屬於社會主義的思想範疇」[13] 在此一思維下，孫中山的
「耕者有其田」政策，被視爲是要使「農民成爲具有獨立經濟地位和
獨立人格的自耕農」，[14]「使農民真正成爲土地的主人」。[15]

　　相較於2000年代對孫中山「耕者有其田」政策的情有獨鍾，
2010年代以後，新的論述主軸又重新回到「平均地權」，但重點改爲
探討土地公共權益的保障，以及「平均地權」的推動實例。其中，亦

11　盧孔德，〈「耕者有其田」：孫中山的土地革命綱領〉，《雲南師範大學學報
　　（哲學社會科學版）》（2002年5月），頁57-61。
12　沈渭濱，〈「民生主義」研究的歷史回顧——孫中山「民生主義」再研究
　　之一〉，《江海學刊》（2007年8月），頁177。
13　黃彥，〈試論孫中山的社會主義思想〉，收於王杰，《辛亥革命與中國民主
　　進程》（廣州：燕山出版社，2001），頁241。
14　沈渭濱，〈「平均地權」本義的由來與演變——孫中山「民生主義」再研
　　究之二〉，《安徽史學》（2007年10月），頁69。
15　嚴國海，〈孫中山的土地國有思想及其現實意義〉，《上海財經大學學報》
　　（2005年10月），頁54。

不乏質疑「平均地權」實用性的研究，認為孫中山民生主義的本質，是要發展「國家資本主義」。但在國家並非由人民當家做主的情況下，國家資本主義只會走向官僚資本主義，並產生更加嚴重的社會矛盾。因此只憑民生主義，不可能解決資本主義社會的貧富懸殊現象。[16]

　　但更多的研究，仍將孫中山「平均地權」的論述，特別是地利共享的理念，為解決中國大陸都市高房價民怨的最佳範例。他們認為目前中共雖推行土地社會主義公有制，將城市土地劃歸為國有、農村土地為勞動群眾集體所有，[17]但又允許地方政府將土地使用權在有償、有限期的條件下，出讓給土地使用者。此等社會主義體制下的市場經濟政策，不僅讓地方政府可隨時低價徵收城鎮周邊的農村集有地，也讓地方政府可隨意將土地開發的特殊權利委託給建商；而建商可利用市場供需不足的狀況，將蓋好的房屋陸續用高價出讓給一般市民。[18]

　　當中國大陸的城市開發史，就等於一部城市房價高漲史的同時，孫中山所倡導的「漲價歸公」論述，自然就成為近年來在都市居住不易的情況下，中國學術界檢驗建商是否可以獨享土地開發暴利的主要根據。按此一視野，孫中山所追求的地利共享之理念，在他們的筆下，就被定義為「歷久彌新」[19]，被視為「在今天看來仍然切合實際

---

16 左玉河，〈國家資本主義：孫中山民生主義的本質〉，《史學月刊》（2016年11月），頁12。

17 孫家紅，〈再回首已百年身：孫中山「平均地權」思想探析〉，《社會科學論壇》（2013年1月），頁72。

18 劉峰，〈從「徵地制度改革的歷史回顧與思考」一文涉及的若干問題看孫中山先生平均地權、土地漲價歸公主張的現實意義〉，《土地問題研究季刊》（2011年10月），頁16-17。

19 孫家紅，〈再回首已百年身：孫中山「平均地權」思想探析〉，頁62。

的、充滿中國本土氣息的中國式社會主義的土地理論和主張」[20]，或被評爲「力求緊密結合中國實際，反對照搬外國模式，爲時人及後人提供了一個極有敎益的範例」[21] 等等。

　　重新探討國民政府在大陸執政時期，如何試行推展孫中山土地政策理念的論文，近年來也開始在中國大陸出現。此一現況，代表從具體的實例來檢驗孫中山土地政策的可行性，已成爲新的研究趨勢。[22]

　　至於國內，從學術性的角度評析孫中山土地政策的論述，要到1980年代以後才陸續出現。其中，以孫中山土地政策的論述爲經，在台灣具體落實土地政策的過程爲緯，檢驗土地政策成效的研究較居大宗；而探討孫中山土地改革政策思想泉源或質疑孫中山土地改革政策可行性的論文，則皆屬少數。

　　以前者論，有的研究認爲平均地權的精義爲「漲價歸公」，而能落實的要件爲「自報地價」及「照價收買」的相互爲用。然按實際的執行經驗來看，因政府不具備無限財力收買土地，故當地主有意低報地價時，政府也無力防範。再則，所謂地價的評定，若無一基準，更是爭議無窮。是以，所謂「自報地價」，實屬窒礙難行。

　　此外，「漲價歸公」的前提，在於土地所有買賣，皆由政府經手，政府掌控所有資訊及錢財的流通才有全面落實的可能。但此等前

20 劉峰，〈從「微地制度改革的歷史回顧與思考」一文涉及的若干問題看孫中山先生平均地權、土地漲價歸公主張的現實意義〉，頁21。
21 宋德華，〈孫中山民生主義的再認識〉，《廣東社會科學》（2018年1月），頁103。
22 羅旭南、陳彥旭，〈民國十九年土地法研究：以民生主義爲視角〉，《廣東社會科學》（2012年10月），頁136-142；王瑞慶，〈平均地權與南京國民政府城市土地制度改革：以杭州市爲例〉，《華南理工大學學報（社會科學版）》（2015年12月），頁116-121。

提，不適用於土地買賣原本就屬國人私權行為的自由經濟體國家。再則，漲價歸公的認定，在執行技術上，亦有困難。例如，土地增值具有追溯性，而究以何時地價為計算增值基數，尤其是時間若相隔久遠，前後幣值不同，生活指數變異等等皆是不能忽視的面向。

　　強調今後推展土地政策的核心準則在於如何落實孫中山所倡導的「地利共享」理念，而非墨守成規，過度拘泥於孫中山所曾建議過的執行細則，故應繼續維持定期重新規定地價及公告現值地價，地價稅則應採累進稅，而課徵土地增值稅時，應依漲價總所得而非現行的土地漲價倍數作為課稅基準。[23]

　　也有的研究，認為台灣現所推行的土地政策，基本上皆能忠實孫中山對土地政策所堅持的理念，只是執行細則上稍有調整。而今後為堅持「地利共享」的核心理念，主要的挑戰，則來自於如何課徵「空地稅」，以求遏制財團囤積土地以求暴利。復次，如何擴建國宅，讓國民皆能有棲身之地。[24]

　　另有研究指出，要讓孫中山的「地利共享」理念在台灣能具體落實，首先要廢除以公告地價為課徵土地增值稅之依據的法令，改以實際買賣價格為基準。[25]

---

23 參照王全祿，《平均地權》（台北：三民書局，1986）。

24 孫子和認為，目前政府雖有「公告地價」，但地主可選擇按此一價格申報，再依此依價格為基數，選擇往高提20%以及往低下降20%的範圍內的任一價格申報，讓孫中山當年所主張的地主「自報地價」之精神仍能保持。孫中和，〈中山先生平均地權主張之省思〉，收於中華民國中山學術文化基金會，《中山先生建國宏規與實踐》（台北：中山學術文化基金會，2011），頁337。

25 宋繼榮，〈國父平均地權的本旨之研究〉，《公民訓育學報》（1983年6月），頁217。

　　除了上述以台灣實際土地政策為案例的研究以外，還有少數探討孫中山民生主義思想形成過程之研究。這些研究指陳孫的土地政策思想，除了他所承亨利·喬治的「單稅論」以外，更重要的是他繼承了十九世紀末二十世紀初美國所興起的進步改革主義。這亦是他在主張平均地權以外，也不曾忘懷倡導節制私人資本、發達國家資本的緣由所在。[26]

　　在國內全面讚揚孫中山的土地政策立意純真、見識遠大的研究著作中，近年來也有持全面否定的論文出現。這些論文強調，中華民國政府所秉持孫中山理念而推行的土地政策，無論在中國大陸或台灣，其成果皆乏善可陳。由此可見，此一理念不具現實可行的落實基礎，充其量只能評為一個虛構的神話。[27]

　　綜合以上所述，可知以民生主義為研究線索，評析孫中山思想歷史定位的既有研究，已累積相當成果。然從思想史脈絡重新檢驗孫中山民生主義的建構過程時，卻可發現尚有以下四點具體史實及面向急待釐清：

第一，相較「民族主義」與「民權主義」，早於1894年就得以成為革命綱領，「民生主義」的完整提出，卻晚了將近12年；復且，在「民生主義」的建構過程中，無論是「平均地權」或是「漲價歸公」等眾多「民生主義」的重要核心概念，皆是在日本發表。箇中事實與本相，又應如何解讀？

第二，按孫中山的自述，他的「平均地權」理念的成形，主要是受到

---

26 張忠棟，〈中山先生的民生主義與美國進步主義〉，張忠棟等著《近代中國的變遷與發展》（台北：時報文化，2002），頁313-320。、

27 張景森，〈虛構的革命：國民黨土地改革政策的形成與轉化（1905-1989）〉，《台灣社會季刊》（1992年11月），頁169-194。

　　　　亨利‧喬治的「土地公有」論，以及參考德國在中國膠州灣、
　　　　荷蘭在爪哇所推行的土地政策等具體事例之啓發。然這三方面
　　　　的資訊，又是如何整合？如何一一轉化爲孫中山的核心理念？
第三，孫中山對平均地權的論述，早年只聚焦於「地利共享」，而晚
　　　　年時則開始強調「耕者有其田」，其中的轉折，又應如何解
　　　　讀？尤其孫中山思想的轉折，除了與孫對土地政策的思考從淺
　　　　入深有關，是否更涉及對現實政治的深刻掌握。易言之，從北
　　　　伐成功到政府遷台，中華民國政府的土地改革政策，無一不是
　　　　先擱置平均地權，改爲首推耕者有其田。此等政府的實際做
　　　　爲，與孫中山晚年思想的轉折，是否有因果關係？
第四，政府將土地改革政策的落實順序改爲首推耕者有其田，有意擱
　　　　置平均地權的作爲，與1980年代台灣都市房價政策全面失
　　　　控，是否有因果關係？
　　　本文即針對上述四個主題逐一探討，期能縝密論述孫中山土地思
想的成形過程之際，亦進而對孫中山民生主義的時代意義，能有更深
層的掌握。

二、「平均地權」理論的建構

　　　綜觀孫中山從事革命的生涯中，首度將「平均地權」納入革命綱
領，可溯至1903年7月開辦軍事學校於日本東京之時。當時孫要求欲
入該校的14名成員，舉手宣誓曰「驅除韃虜，恢復中華，創立民
國，平均地權，如有不遵，應受懲罰」。[28] 此一誓詞相較於1894年11

---

28 陳錫祺，《孫中山年譜長編》（北京：中華書局，1991），上冊，頁292。

月，在檀香山成立興中會時的「驅除韃虜，恢復中國，創立合眾政府」[29]之誓詞，就層次及內涵上已有重大轉折。

　　除了平均地權是新加入的概念以外，並將「中國」易為「中華」，將革命成功後的新政府定位為「民國」，皆為誓詞所呈的新意境。特別將最初僅只是驅除韃虜恢復漢族傳統山河的種族革命，藉由「中國」更易為「中華」，而得以五族共和，並全面繼承清廷版圖。

　　何故要加入「平均地權」此一新的理念，同年12月17日他在針對友人詢問時所撰的覆函，應可推測蛛絲馬跡。

> 若吾國既未以機器施於地作，生財之力，尚待人功，而不盡操於業主之手，故貧富之懸隔，不似歐美之富者富可敵國，貧者貧無立錐，則我之措施，當較彼為易也。夫歐美演此懸隔之慘境，他日必有大衝突，以圖適劑於平。蓋天下萬事萬物，無不為平均而設，如教育所以平均智識，宮室衣服所以平均身體之熱度，推之萬事，莫不皆然。[30]

　　按此封回函，得曉孫中山認知中，以追求經濟地位平等乃落實正義之首務。歸諸土地分配的不均，斯為人類社會貧富不均的首惡。所幸的是，中國因向未進入產業社會，故中國也沒有出現能同時壟斷土地與生產技術的大資本家。此際歐美等國皆因貧富懸殊而造成階級對立，若中國事先就能在土地政策上防患未然，當可為中國創造一平等均富的社會，一躍歐美等國所嚮未達之大同社會。

---

29 羅家倫、黃季陸主編，秦孝儀、李雲漢增訂，《國父年譜》（台北：中國國民黨中央委員會黨史委員會，1994），上冊，頁78-79。
30 孫中山，〈述平均地權與在檀香山苦戰保皇黨致國內同志函〉（1903.12.17），收入國父全集編輯委員會編，《國父全集》（台北：近代中國出版社，1989），冊4，頁32-33。

　　蓋追求中國革命，不應獨漏經濟議題，既然是孫中山長年推展革命運動後的新體認，此一體認自此也就落實成爲其推動革命運動時的具體綱領。例如同年秋天，他赴美國檀香山重整興中會時，對新加入成員所要求的宣誓誓詞，因此一律改爲「驅除韃虜，恢復中華，創立民國，平均地權」之16字。[31]

　　依此一16字的誓言，爾後不僅成爲於1905年8月20日在東京成立的中國同盟會之宗旨，亦爲孫中山倡導「三民主義」的核心理念。例如孫中山於同年11月26日，在同盟會的機關報《民報》撰刊詞時發微云：

　　　余維歐美之進化，凡以三大主義，曰民族、曰民權、曰民生。羅馬之亡，民族主義興，而歐洲各國以獨立。洎自帝其國，威行專制，在下者不堪其苦，則民權主義起。十八世紀之末，十九世紀之初，專制仆而立憲政體殖焉。世界開化，人智益蒸，物質發舒，百年銳於千載，經濟問題繼政治問題之後，則民生主義躍躍然動。二十世紀不得不爲民生主義之擅場時代也。是三大主義皆基本於民，遞嬗變易，而歐美之人種胥冶化焉。[32]

　　當「平均地權」已奉爲同盟會之宗旨，並在理論層次上已昇華爲「民生主義」之核心理念以後，至於如何闡揚此一理念，以爭取國人認同，以及如何與政治實務相結合，以求落實之可能性，遂成此一階段，孫中山戮力以赴之重點。

　　孫中山不獨將「土地國有」納入民報本社簡章中的「六大主

31　馮自由，〈同盟會四大綱領及三民主義淵源〉，收入馮自由，《革命逸史》（台北：台灣商務印書館，1969），冊3，頁206。
32　孫中山，〈發刊詞〉，《民報》，期1（1905.11），頁1-2。

義」，成爲《民報》每次出刊時必刊載的訴求。進而要求同仁翻譯民
生主義之經典著作，或撰文介紹民生主義在歐美等國的發展概況，則
是其第二步的推廣宣揚策略。前者以廖仲愷摘譯美人亨利・喬治於
1879年所撰的《進步與貧困》（*Progress and Poverty*）爲代表；後者
則是馮自由在香港、日本等地撰寫「民生主義與中國政治革命之前
途」爲標的。[33]

廖的摘譯，著重以詮釋本書「何以生產之勢力增大而庸之賤乃幾
於赤貧」的問題意識爲重點，其內容首先否定英人馬爾薩斯
（Thomas Robert Malthus）於1798年所發表的「人口增加論」
（Population Growth）論述，亦即是所謂「當人口是以幾何數的方式
倍增，而食物卻只是以算術級方式增加時，這其中的差異所產生的人
口過剩，則將會使人類社會永遠無法擺除貧窮魔咒」之說法。

他認爲百年來人類的實際生活經驗，已證明科技文明所帶來的食
物增產，足以應付人口的增長壓力。但卻導致富者富可敵國，貧者無
以立錐的現象之產生，則應歸咎於允許私人壟斷土地之人爲制度。

當科技文明利用大自然的力量爲人類創造生活便利性之餘，土地
則因其爲自然界惟一不易再生產之要素，也讓其成爲吸收財富的最佳
工具。尤其是土地價格隨著社會的發展而倍數飆高以後，土地成本自
然水漲船高，而其他成本所佔的比率自得以縮小以肆應，其中最受影
響莫過於生產者的薪資以及投入資金的利息所得等等。易言之，當生
產力之增加，不僅不能降低土地成本，反而會提高土地成本之時，薪
資自然成爲被犧牲的選項，這亦是「貧窮與科技文明進展同步，薪資
卻隨著生產技術的提升而不斷降低」的奇特現象在現代社會出現之緣

---

33 馮自由，〈同盟會四大綱領及三民主義淵源〉，頁216。

由」。[34]

　　至於馮的大作，其主旨在於闡揚惟有採用亨利‧喬治的單稅論，方才能讓中國防範於未然，不讓歐美等國目前所面臨的國家分裂、階級對峙之現象在未來中國重現。基此一理念，馮首先論述，歐美等國目前所面臨的困境，層出不窮的罷工抗爭以及社會主義政黨勢力的日增月長，皆在反映基層民眾對改變現狀的殷切期盼。不過，此等為爭生存平等而掀起的一波波抗爭活動，雖與時俱進，然面臨政府運用一切公權力，為既存社會秩序所築起的一道道防火牆時，固然讓他們的抗爭雖然在節制資本的議題上，得以寸進。例如包括在日本在內的先進國家，目前皆在檢討要將鐵道、輪船、電信等攸關國民生活福祉的服務業收歸國有等新思維之出現，雖皆是反映國內社會運動長年訴求之有成，但對眼前生活日漸困窘的勞動者而言，並不能發揮立即改善生活的功效。

　　然就1895年的英國為例，國民總收入為1,350,000,000英鎊，其中有500,000,000英鎊為勞動者的工資所得，佔總收入比率的37%。不過，英國的勞工人數就佔有全部就業人口的7/8。因而一換算，則變成12.5%的人口比率的資本家，卻可享有63%的總收入。相較於英國，資本壟斷在美國社會呈現更加地嚴重差距。以1906年為例，國內總產值約為65,000,000,000,000,000美元，人口約80,000,000。按目前財富集中的趨勢推測，至本世紀下半期，25,000名的資本家，足以囊括全國3/4之財富。也就是說，0.0031比率的人口，卻可獨享全國75%的財富。

---

34 Henry George, 屠富譯，〈進步與貧窮〉，《民報》，期1（1905.11），頁123-130。

　　當科技文明所產生的財富，皆爲土地增值所吸收以後，科技文明專爲地主創造財富，便成爲工業化社會的普遍現象。尤其是地主與生產機器的相互結盟，不僅促成新興資本家的誕生，更提供他們壟斷財富的機會，在彼等利用其財富創造權勢，進而操縱國家官僚體系以專爲彼等利益服務之際，所謂富者愈富、貧者愈貧，遂成爲工業化國家普遍面臨之難題。

　　有鑑於此，馮文認爲革命後的中國，若不欲覆徹重蹈，惟只有實施土地國有政策，並採用土地單一稅，將土地增值之利益列爲稅收，歸諸全國國民所共享，才能釜底抽薪，一舉解決今後工業化所可能帶給中國社會階級對立的困境，便成爲本文的結論。[35]

　　以上是孫中山藉眾同志之助力，利用《民報》廣爲宣傳民生主義中的「平均地權」思想之時代背景。除此之外，孫中山於1906年秋冬之際，爲因應國內革命運動之需，特與黃興、章太炎等人在東京編制《革命方略》，就其中所擬定的〈軍政府宣言〉中，將「平均地權」正式列爲革命四大綱領，並揭示其主要內涵爲：「文明之福祉，國民平等以享之。當改良社會經濟組織，核定天下地價。其現有之地價，仍屬原地主所有；其革命後社會改良進步之增價，則歸於國家，爲國民所共享。肇造社會的國家，俾家給人足，四海之內無一天不獲其所。敢有壟斷以制國民之生命者，與眾棄之。」[36]

　　至於此一「平均地權」，與其他革命綱領之間的關係，孫中山也於1906年12月2日，乘《民報》舉行一週年紀念會上演講「三民主義與中國民族之前途」時，特云「我們革命的目的是爲眾生謀幸福，

<hr>

35 馮自由，〈錄中國日報民生主義與中國政治革命之前途〉，《民報》，期4（1906.05），頁1-26。
36 陳錫祺，《孫中山年譜長編》，上冊，頁382-383。

因不願少數滿洲人專利，故要民族革命；不願君主一人專利，故要政治革命；不願少數富人專利，故要社會革命。……達了這三樣目的之後，我們中國當成為至完美的國家。」[37]

然而應如何具體落實「平均地權」，他於此演講中，則特別提及：

> 兄弟所相信的是定地價的法，比方地方有地價值一千元，可定價為一千，或至多二千，就算那地將來因交通發達，價漲至一萬，地主應得二千，已屬有益無損，贏利八千，當歸國家。這於國計民生皆有大益，少數富人把持壟斷的弊竇，自然永絕。[38]

從以上論述，可知孫中山的「平均地權」論述中的核心概念出自「漲價歸公」，亦即是土地因社會文明進步而得以漲價之部分，全部歸公。[39]至於「漲價」的基準，該如何核定？政府應率先實施何種機制方能確保土地政策以達到公平、公正的分配原則？

所有相關的配套措施概念，隨著孫中山對土地問題更加深層認識，則愈趨成熟運用。例如他對於中華民國成立後的 1912 年 4 月 1 日，在南京演講「民生主義與社會革命」時，所主張新政府開辦民政時，首要之務莫過於推廣「照價徵稅」以及「照價收購」。前者是因「從前人民所有土地，照面積納稅，分上中下三等」，但「因地之不同，不止三等」，故惟有按實價收稅，方能求取社會公平。至於後者，則是政府在頒發地契時，「應批明國家當須地時，隨時可照地契

---

37 孫中山，〈三民主義與中國民族之前途〉（1906.12.02），《國父全集》，冊3，頁12-13。
38 孫中山，〈三民主義與中國民族之前途〉，頁12。
39 王全祿，《平均地權》，頁27。

之價收買」。故認為有此兩項政策，加以相互交錯使用，則可讓政府掌握土地的實價。[40]

　　蓋政府在確保可掌握實際的土地行情以後，對地價的原始設定，亦即是所謂的「照價基準」，按孫於同年10月11日至13日，在上海演講「社會主義之派別及方法」時的說法：

> 即調查地主所有之土地，使其定價，自由呈報，國家按其地價，徵收地價百一之稅。地主報價欲昂，則納稅不得不重；納稅欲輕，則報價不得不賤。兩而相權，所報之價，遂不得不出之於平。國家據其地價，載在戶籍，所報之價即為規定之價。此後地價之增加，咸為公家所有，私人不能享有其利，地主雖欲壟斷，其將何辭之可藉哉？[41]

　　按以上的論述，可知地價是按地主自我呈報的方式核定。不過，「地價」即便被核定以後，但也因是否是開墾過的「熟地」或「荒地」、或土地是否還經過其他的改良方式，因之有不同的處理方式。例如「稅率」不同，就是一顯著實例。按孫中山於1920年3月1日，所撰寫的「地方自治開始實行法」，就主張熟地是：

> 以地價之百分抽一，為地方自治之經費。如每畝值十元者，抽其一角之稅；值百元者，抽一元之稅；值千元者，抽十元之稅等是也。此為抽稅之一方面，隨土地之報多報少，所報之價，則永以為定。此後凡公家收買土地，悉照此價，不得增減。而此後所有土地之買賣，亦有公家經

40 孫中山，〈民生主義與社會革命〉（1912.04.01），《國父全集》，冊3，頁27-28。
41 孫中山，〈社會主義之派別及方法〉（1912.10.11-13），《國父全集》，冊3，頁110。

手，不得私相授受。[42]

關於荒地處理方式，孫中山則主張：

> 荒地有兩種，其一為無人納稅之地。此等荒地，當由公家
> 收管開墾。其二為有人納稅而不耕之地。此種荒地，但科
> 以價百抽十之稅，至開墾完竣之後為止；如三年後仍不開
> 墾，則當充分由公家開墾。凡山林、沼澤、水利、礦場，
> 悉歸公家所有，由公家管理開發。[43]

除了稅率隨之土地性質不同，而有不同的稅率之外，對於土地上的人為建築，孫中山也隨之年代不同，故而提出不同層次的見解。在1912年6月9日，亦即是民國甫成立時，他於廣州與各界舉行〈地價抽稅問題之研究〉座談會時，就大力主張實施單稅法，倡導視「地價之貴賤，為抽稅之多寡」，並「聲明祗收其他之天然稅。至於建築樓房等之人為稅，一概免納。」[44]

蓋孫中山此一論述主要目的，著重介紹他理想的「地價稅」單就針對土地性質，對於土地上的建築物，並不在他所討論的「土地政策」之範疇內。此一基本主張，等到他往後推展土地政策時，基本概念沒有更動，只是對土地上的建築物之處理方式，有了更明確的想法。例如，他於1924年8月10日在廣州演講〈民生主義第二講〉時，就強調：

> 地價是單指素地來講，不算人工之改良及地面之建築。比

42　孫中山，〈地方自治開始實行法〉（1920.03.01），《國父全集》，冊2，頁346。

43　孫中山，〈地方自治開始實行法〉，頁347。

44　孫中山，〈地價抽稅問題之研究〉（1912.06.09），《國父全集》，冊2，頁455。

方有一塊地，價值是一萬元，而地面的樓宇是一百萬元，
那麼照價抽稅，照值百抽一來算，只能抽一百元。如果照
價以買，就要給一萬元地價以外，另要補回樓宇之值一百
萬了。其他之地，若有種樹、築堤、開渠各種人工之改良
者，亦要照此類推。[45]

　　從以上所述的孫中山在其宣揚「平均地權」理念的過程中，所陸
續增添「漲價歸公」、「照價徵稅」、「照價收購」等概念乃逐步產生
外，也從早期地上建築物不與土地價格掛鉤，等到晚期地上建築也納
入土地的計價範疇等等一連串的改變，在在說明孫中山的土地政策，
是隨著他對中國革命的投入由淺入深，而愈趨嚴謹。尤其是早年他的
土地政策，大都是藉由演講衍義，足反映他是爲應付眾人的質疑而作
的回應，其思考的深邃程度，自然不能與晚年相比，甚至與正式落實
爲國民黨的宣言及建國綱領時期相提並論。

　　例如1924年1月20日，中國國民黨召開第一次全國代表大會，
會後並發表宣言，在「民生主義」一節中，謂：

國民黨之民生主義，其最重要之原則不外二者：一曰平均
地權；二曰節制資本。蓋釀成經濟組織之不平均者，莫大
於土地權之爲少數人所操縱。故當由國家規定土地法、土
地使用法、土地徵收法、及地價稅法。私人所有土地由地
主估價，呈報政府，國家就價徵稅，並於必要時依報價收
買之，此則平均地權之要旨也。[46]

　　除有此等正式宣告外，孫中山還特於1924年4月12日，正式公

---

45 孫中山，〈民生主義第二講〉（1924.08.10），《國父全集》，冊1，頁155。
46 〈中國國民黨第一次全國代表大會宣言〉（1924.01.31），《國父全集》，冊
　　2，頁136。

佈〈建國大綱〉，其中第十條有：

> 每縣開創自治之時，必須先規定全縣私用土地之家。其法
> 由地主自報之，地方政府則照價徵稅，並可隨時照價收
> 買。自此次報價以後，若土地因政治之改良，社會之進步
> 而增價者，則其利益當爲全縣人民所共享，而原主不得而
> 私之。[47]

中國國民黨第一次全國代表大會的〈宣言〉與〈建國大綱〉本爲
一體之兩面。前者代表國民黨將藉黨的改造，堅持「以黨救國」，並
以籌組國民政府的方式，向全國民眾宣示將以武力推翻北方政權之決
心；後者爲國民政府的執政藍圖，代表國民政府對全國民眾的許
諾。[48]是以，孫中山的「平均地權」，藉由以上述的國民黨黨內的各種
程序，不僅成爲黨的公約，爾後也藉由國民政府的立憲程序，得以垂
諸中華民國憲法。[49]

「平均地權」取得憲法條文化之後，更益彰顯孫中山在土地政策
上的崇高理想。不過憲法條文，畢竟只是綱領，所欲掌握憲政體制中
「平均地權」的全貌，尚未眞正落實。北伐成功後，國民政府於1930

---

47 孫中山，〈建國大綱〉（1924.04.12），《國父全集》，冊1，頁624。
48 羅家倫、黃季陸主編，秦孝儀、李雲漢增訂，《國父年譜》，下冊，頁1434-1435。
49 例如中華民國憲法第142條：「國民經濟應以民生主義爲基本原則，實施平均地權，節制資本，以謀國計民生之均足」。第143條：「中華民國領土內之土地屬於國民全體。人民依法取得之土地所有權，應受法律之保障與限制。私有土地應照價納稅，政府並得照價收買。附著於土地之礦，及經濟上可供公眾利用之天然力，屬於國家所有，不因人民取得土地所有權而受影響。土地價值非因施以勞力資本而增加者，應由國家徵收土地增值稅，歸人民共享之。國家對於土地之分配與整理，應以扶植自耕農，及自行使用土地人爲原則，並規定其適當經營之面積」。

年制訂的〈土地法〉、〈土地登記法〉、〈土地使用法〉、〈地價稅法〉、〈土地徵收法〉等相關條文的細則陸續出爐。然有鑑於此等法律，雖屢次制訂，但因國內戰亂頻繁，並未執行。[50]此一理想眞正落實則是到中華民國政府遷居臺灣，等到1956年正式執行「實施都市平均地權條例」。[51]

從1903年「平均地權」的提出，直至1956年才得以實踐，歷經53年的歲月，無非就是一部國人追求土地正義的歷史過程。追溯此一歷史，可知孫中山的「平均地權」，則有賴於「規定地價」、「照價徵稅」、「照價收買」、與「漲價歸公」等四個綱領，同時配合共同實踐。此一四個綱領的執行細則，又可歸納出以下原則。[52]首先在「規定地價」方面：

（1）地價由地主自行申報；

（2）全面實施申報地價；

（3）所報地價永以爲定；

（4）土地之買賣、繼承、贈與、均須由政府登記，不得私自辦理。

其次有關「照價徵稅」方面：

（1）照價徵稅是以素地爲準；

（2）稅率爲値百抽一；

（3）對荒地課徵重稅，實施値百抽十；

（4）行土地單一稅制。

此外對於「照價收買」方面：

（1）國家須用土地或地主低報地價時，政府照價收買；

---

50 川瀨光義，《台灣の土地政策：平均地權の研究》，頁97。

51 王全祿，《平均地權》，頁7。

52 王全祿，《平均地權》，頁24-27。

（2）實施照價收買，可採分期分區給價之辦法；[53]

（3）地上改良物應一併收買。

　　最後在「漲價歸公」方面：

（1）土地因地主施以勞力與資本之漲價，歸地主所有；

（2）土地因社會文明之進步的漲價，全部歸公。

三、「平均地權」在日本的發軔

　　何以要提倡「民生主義」並將「平均地權」納為革命綱領，孫中山於1919年所發表之《孫文學說》中，曾做如斯回顧：

> 倫敦脫險後，則暫留歐洲，以實行考察其政治風俗，並結交其朝野賢豪，兩年之中。所見所聞，殊多心得，始知徒致國家富強，民權發達，如歐洲列強者，猶未能登斯民於極樂之鄉也，是以歐洲志士猶有社會革命之運動也。予欲為一勞永逸之計，乃採取民生主義，以與民族、民權問題同時解決，此三民主義之主張所由完成也。[54]

　　不過若根據孫中山年譜上所展現的行蹤，再詳加考察，可知這一段在倫敦「考察政治風俗」期間，並不如其個人所述的兩年之久，實際上只有8個多月（1896年10月23日至1897年7月2日）。[55]而這段期

---

53 孫中山於1921年10月10日公佈的「實業計劃」中，針對國家的今後土地開發政策，有以下建言：「政府可以先將地價稅照現時之全額限定，而僅買取所須用之地，其餘之地，則作為國有地未給價者，留於原主手中，任其使用，但不許轉賣耳」。孫中山，〈建國方略實業計劃第二計劃〉，《國父全集》，冊1，頁441。

54 孫中山，《孫文學說》（1919.05.20），《國父全集》，冊1，頁412。

55 孫中山是1896年10月1日，抵倫敦，而於10月11至22日，被清吏誘禁於倫敦清使館，但於23日恢復自由。爾後，他是在1897年7月2日由英啟程

間，又有2個月是在倫敦大英博物館撰寫〈倫敦蒙難記〉。[56]換言之，所謂他真正投入思索「國家富強」之道，只有6個月。以社會經濟學的複雜性而言，6個月的考察，要創建一個新的社會主義理論，誠屬不易，因而民生主義的成形，除了倫敦的考察經驗以外，勢必還有其他的背景。[57]

然按孫中山日籍好友宮崎滔天之子龍介的說詞，則認為從孫的「平均地權」論述，與以「平民使者」自許，[58]亦即是他伯父宮崎民藏[59]在日本主持「土地復權」運動時的主張，如出一轍，因而他敢斷

轉赴加拿大。羅家倫、黃季陸主編，秦孝儀、李雲漢增訂，《國父年譜》，上冊，頁104-123。

[56]〈倫敦蒙難記〉是在1897年1月21日出版，根據羅家倫撰寫的《中山先生倫敦被難史實考訂》，孫中山於1896年12月7日至31日，這一段期間皆在埋頭撰寫此稿。陳錫祺主編，《孫中山年譜長編》，上冊，頁128。

[57] 例如亨利・喬治的兒子喬治二世（Henry George II）於辛亥革命時期，接受紐約時報記者訪問時，雖曾提及他早已耳聞孫中山之事，尤其是孫曾讀過他父親所撰寫的〈進步與貧窮〉，深深信奉他父親所倡導的「單稅論」，並擬今後在中國推行他父親所倡導的土地改革政策等等。此外，孫中山早年對他父親的關注是得助於傳教士馬林（William Edward Macklin）在中國報刊的介紹。按夏良才的研究，馬林在《萬國公報》介紹亨利・喬治的單稅論，是在1895年1月，這些事實，顯然不足以說明僅憑馬林對亨利・喬治「單稅論」的介紹，就能讓孫中山即刻建構一部民生主義史觀。"SINGLE TAX ATTRACTS ORIENT: Dr Sen's Advocacy Due to Missionaries, says Herry George, Jr., *New York Times*, April 6,1912, p. 12。夏良才，〈論孫中山與亨利・喬治〉，頁44。

[58] 山室信一，《アジアの思想史脈：空間思想学の試み》（京都：人文書院，2017），頁74。

[59] 宮崎民藏是日本熊本縣人。自幼酷愛歷史，除喜好閱讀美國獨立史以外，更以美國國父華盛頓的崇拜者自居。17歲起，他開始隨傳教士學習英、法兩種外語。20歲時，正式考入中江兆民所創辦的「仏學塾」（法文學堂），接受正規的西方教育，也藉此奠基他的西方語文基礎。宮崎家本是熊本縣荒尾村世家，代代靠收取佃租為生，但1884年適逢熊本縣大災連

定，孫的「平均地權」論，得諸於他伯父的啟發。[60]

　　關於宮崎龍介的論述，基本上獲得日本學術界層次不一的認同。既然僅憑孫中山的自我陳述，仍無法對孫中山土地政策成形過程提供完整答案，故欲解答此一迷思，仍有待回溯到歷史脈絡，根據不同面相的線索，重新再探究。

　　如同前文所述，可知孫中山將平均地權理念，開始具體落實為革命目標，是在1903年7月在東京成立軍事學校時，亦即是他自1897年8月到達日本，並且在日本各地旅居生活6年以後的事。

　　然自「平均地權」到「民生主義」，甚至包括「三民主義」等眾

續不斷，翌年全村毫無收成，民藏因父親、長兄皆長逝，時年20歲的他，不僅要主持家務，更要應付每天川流不息，希望能減納租佃的佃農。認為日本農村生活的貧困，主兇是來自於重重剝削，是他此刻持家時的新體驗，這亦是激發他開始鑽研土地問題的起點。1897年2月，他為了考察歐美社會主義，曾遠赴美、英、法等國，在異鄉遊學及工作達3年之久。回到日本以後，他因胞弟宮崎寅藏（滔天）的介紹，開始走入日本僑界，除先後在橫濱的大同僑校擔任教職，以及在東京同文書院擔任中國留學生的督導以外，亦與孫中山等革命黨人來往。1902年，他在東京創設「土地復權同志會」，主張每一成年男女皆應享有同等持分的土地之權利。其撰書闡揚土地改革政策以及派員調查全國農村佃農生活狀況之餘，宮崎亦親自投稿《民報》，表達對孫中山「平均地權」論述的伸援。然因親友松尾卯一太捲入1910年6月的「暗殺明治天皇」事件，並與社會主義運動家幸德秋水並列被告。為了避禍，其不得不解散「土地復權同志會」，爾後並終生在日本不敢再論及土地改革。及至辛亥革命爆發，民國成立之後，他於1912年2月，乃構思撰寫《土地均想法案》，並將譯成中文，攜往上海，希望他的土地改革法案，能有朝能在中國落實。但革命後的中國，尚且百廢待舉，尤其是孫中山旋辭臨時大總統職位，讓孫頓失政治舞台的現實考量之下，宮崎往中國尋夢之旅，不僅徒留遺憾，也讓中日兩國有志之士共謀土地改革大業的合作友誼關係，自此劃上句點。

60 宮崎龍介，〈父滔天のことども〉，收入宮崎滔天著，宮崎龍介、衛藤瀋吉校注，《三十三年の夢》（東京：平凡社，1985），頁271。

多有關孫中山革命論述的核心理念，皆是在日本發表，此等事實，無
非在在證明孫中山革命理念的成形過程中，日本至少扮演提供空間的
地緣角色。

　　孫中山於1897年8月16日安抵日本橫濱。這是他從同年7月從英
國啓程赴加拿大，遍訪加拿大東西海岸後，擬赴法屬安南，重整中國
革命時的行程。但不料於9月初，突逢日本外務省中國事務的約聘調
查員宮崎滔天的來訪，業經宮崎之勸說，故而暫留日本爲發展中國革
命之基地。[61]

　　雙方見面時，曾留下一些用漢字寫的筆錄，這些筆錄皆各自收錄
於個人的全集中。[62]不過，除上述內容可資辨認的37頁筆錄以外，尚
有1頁內容不明，但卻散見於十幾處書寫Henly Jorge的英文字句。按
上村希美雄的解析，此是宮崎滔天在介紹家族史時，刻意以他的二哥
民藏爲話題。特別是民藏心儀亨利・喬治的「土地公有」之論述，
已在同年2月25日赴美，希望藉此議題引發孫的興緻拉近與孫的距
離。[63]

　　根據孫的行蹤紀錄，他是在同年11月，應宮崎之約和他一起同
赴熊本縣荒尾村老家渡假一週。按宮崎夫人つち子的回憶，荒尾村是
一人口只有7百多戶，面對有明灣的偏僻漁村，無論各方面設施皆乏
善可陳。荒尾村渡假期間，孫大部時間皆是專心一致地閱讀民藏留在

61　黃自進，〈犬養毅與孫中山革命運動：援助動機的探討〉，《中央研究院近
　　代史研究所集刊》，期19（1990.06），頁236。

62　孫中山，〈與宮崎寅藏筆談殘稿〉（1897.08），《國父全集》，冊2，頁382-
　　398。宮崎滔天，〈筆談殘稿〉，宮崎龍介、小野川秀美編，《宮崎滔天全
　　集》（東京：平凡社，1976），冊5，頁164-174。

63　上村希美雄，〈宮崎滔天兄弟と孫文：その精神のルーツを求めて〉，《孫
　　文研究學報》，號6（1987），頁5-6。

老家的英文著作，當渡假結束時，他們也應孫的要求，將這些英文書籍打包，讓孫帶回橫濱。[64]

上村根據以上資料，認爲這些書籍中，不僅包括亨利・喬治的成名作《貧困與進步》一書以外，其他還包括當時主張土地國有化運動的其他名著，例如約翰・密勒、李嘉圖（David Ricardo）、華萊士等等。[65]

有鑑於宮崎夫人並沒有細列書單，故而僅憑上述史實，尚難斷定孫之開始專注土地改革，尤其是他開始閱讀亨利的著作，皆因是得力於民藏的藏書。[66]不過，上村的研究，至少可以證實，孫對民藏研究有興趣、對民藏的藏書有興趣，這些一連串的興趣，也可視爲孫不排斥與日本主張土地國有化政策，並與關心此議題同好交流。[67]

兩人第一次見面，是在1901年1月下旬的日本橫濱，[68]這是因雙方皆長期不在日本。[69]宮崎民藏在2個月前，亦即是1900年11月28日，才在去國3年9個月遍訪歐美社會主義俊才後，得以重返故

---

64 宮崎つち子，〈亡夫滔天回顧錄〉，宮崎龍介、小野川秀美編，《宮崎滔天全集》，冊5，頁507。

65 上村希美雄，〈宮崎滔天兄弟と孫文：その精神のルーツを求めて〉，頁6。

66 早在上村提出新證據的31年前，波多野善大就撰文，認定孫文第一次接觸亨利・喬治的著作，就是在宮崎的荒尾老家。波多野善大，〈初期における孫文の「平均地權」について〉，《社會經濟史學》，卷21號5（1956.05），頁490。

67 例如1903年孫中山將「平均地權」列入「革命綱領」後，即有他與日本社會主義運動家幸德秋水交往的記載。段雲章編著，《孫文與日本史事編年》（廣州：廣東人民出版社，1996），頁260。

68 陳錫祺主編，《孫中山年譜長編》，上冊，頁264。

69 宮崎民藏是1897年2月25日赴美，1901年11月28日從倫敦回日本神戶。上村希美雄，《宮崎兄弟傳：アジア篇》（福岡：葦書房，1996），中冊，頁70。

國。[70]孫中山卻是從去年6月6日起，爲籌備惠州起義，即馬不停蹄奔
波於香港、西貢、新加坡、神戶、上海、長崎、基隆、台北、東京之
間，也是在2個多月前，亦即是1900年11月19日，因惠州起義失
敗，故而重返橫濱住處。[71]

　　有鑑於雙方見面，並沒有留下交談相關紀錄，故無法正確掌握雙
方談話的具體內容，但從雙方見面一年之後，孫中山有關土地問題論
述，才陸續出爐，而民藏也是同在一年後，於東京創設「土地復權同
志會」，彼等在土地問題上，幾乎同步出擊；再則，當《民報》於
1905年創刊後，民藏於第2期、第4期皆分別投稿，以介紹日本及歐
美等國的土地改革，此等積極作爲與中國土地改革運動相互聲援的舉
動，似可爲兩人在土地改革政策上，互爲盟友的惺惺相惜，提供見
證。以下僅以時間順序爲主軸，逐一對此兩人在同一時期對土地問題
上的所見所思及所行。

　　孫中山在與宮崎民藏相識1年1個月後，亦即是1902年2月下旬
至3月初間，他在橫濱與章炳麟討論中國改革之路，首度表達他對土

---

70 在美國逗留三年三個多月的期間，宮崎民藏是邊赴農場工作邊賺生活費及
　路費，因而可謂是深入美國基層農村社會。他原本是爲了見亨利・喬治
　而赴美，但不料亨利卻在同年過世，讓他與亨利失之交臂。有幸的是，他
　見到了另一單一稅主倡者查爾斯・紀德（Charles Gide），以及因倡導無政
　府主義而亡命美國的德國社會運動者約翰・摩斯（Johann Most）。然他到
　英、法兩國時，他得與英國社會民主同盟負責人亨利・翰曼（Henry
　Mayers Hyndman），以及法國「新時代」雜誌社（Les Temps Nouveaux）
　的領導人尚・格哈夫（Jean Grave）等同好交流。牛山敬二，〈解題「土
　地所有論集：明治期の土地私有否定論をめぐつて」〉，收入近藤康男
　編，《明治大正農政經濟名著集24》（東京：農山漁村文化協會，1977），
　頁48。
71 黃自進，〈利用與被利用：孫中山的反清革命運動與日本政府之關係〉，
　《中央研究院近代史研究所集刊》，期39（2003.03），頁121-130。

地問題的所見。孫的論述，按照章的紀錄可節摘爲：

> …夫貧富斗絕者，革命之媒。雖然工商貧富之不可均，材也。……彼工商廢居有巧拙，而欲均貧富者，此天下之大愚也。方土者，自然者也，自然者，非材力，席六慕之餘壤，而富斗絕於類醜，故法以均人。後王之法，不躬耕者，無得有露田場圃池沼。得與廄養比而從事，人十畝而止。露田者人二十畝而止矣，……夫不稼者不得有尺寸耕土。故貢徹不設，不勞收受而田自均。……[72]

從上述談話，可知此時刻孫之論述，只聚焦於探討如何限制土地兼併，認爲爲求均富，首要之務莫非還是求耕者有其田。是以當天的討論結果，依章炳麟擬定均田法：「凡土，民有者無得曠。其非歲月所能就者，程以三年，歲輸其稅什二，視其物色而衰征之。凡露田，不親耕者使鬻之，不饁者鬻諸有司。」[73]

蓋1902年孫中山反對壟斷土地的態度，可從1903年他開始將「平均地權」列入革命綱領一事，看到他的堅持。但從往後他所提出一連串「漲價歸公」等相關論述來看，他與章炳麟的交集處，只限於「均田」。也就是說，反對壟斷土地，反對排他性的個人利益等基本立場，[74]他雖與章一致，但對於如何具體實施，雙方的意見，更加是北轍南轅。對孫而言，當中國已融入世界村，成爲世界經濟體的成員時，工業化的資本主義先進國的具體經建，更具參考價值。這也是他

72　羅家倫主編，黃季陸、秦孝儀、李雲漢增訂，《國父年譜增訂本》，上冊，頁192-193。

73　章炳麟著，徐復注（2000），〈均田法〉，《訄書詳注》（上海：上海古籍出版社），頁633-634。

74　溝口雄三，《〈中国思想〉再発見》（東京：左右社，2013），頁104-109。

與擬從中國歷史經驗中找出路的章炳麟，根本的歧異。

在孫開始逐步表達他反對壟斷土地，主張「平均地權」之時，宮崎民藏則於1902年4月6日，在東京成立「土地復權同志會」。[75]該會「以回復人類之土地平等享有權，確實各個人獨立之基礎為目的」。「以人工造成者歸勞力者享有，天然力生成者歸人類平等均有為原則，且期于實行」。接著該會再提出以下三個訴求為綱領：

其一、各個人之土地享有額，以人口與面積較計均分定之。

其二、各個人之土地享有權，男女達丁年者即獲得之。

其三、各個人之土地領受照，其等分額之若干，將加于該土地之人工價格，價還于過等分額所有者，即可獲得。[76]

認為土地，是上天所賜，本應為全民所有，是宮崎民藏對土地問題的基本立場。這也是他主張全國人民，不分性別，於年滿20歲時，就應分得其應有持分土地，並抱此一訴求定位為「土地復權」運動的緣由。

該會成立後，主要工作分為兩大項：一是四出遊說政府要人及社會賢達，希望能推動立法，讓全國的成年男女，皆能分到土地。另一是調查全國農村佃農的生活狀況，希望藉此呼籲當局能對佃農當前困境的重視。[77]

---

75 伊原沢周，〈日中兩國におけるへンリー・ジョージの思想の受容：主として孫文・宮崎民藏・安部磯雄らの土地論をめぐつて〉，頁90。

76 本文是抄錄自宮崎民藏刊登於《民報》的投稿，文中的「丁年」是年滿二十歲之意。此外，綱領中的第三條，若翻為口語，則是「若擁有土地超過其應有持分者，在從土地持分未夠者取回其為經營土地而曾付出的人工代價成本後，得轉讓土地。」日本土地復權同志會，〈土地復權同志會主意書〉，《民報》，期2（1905.11），頁2-5。

77 伊原沢周，〈日中兩國におけるへンリー・ジョージの思想の受容：主と

　　與孫只提出反對土地壟斷，但卻沒有提出具體步驟相較，宮崎民藏對土地問題的掌握及投入，自然超前孫甚多，而宮崎在日本推動土地改革運動的實務經驗，對孫自有參考價值。

　　在宮崎正式投身土地改革運動的翌年，孫提出「平均地權」，又三年後，再提出「漲價歸公」，讓他的土地改革政策之輪廓得以清楚呈現。易言之，「平均地價」作爲一個概括性的理念陳述，若沒有實質性的執行綱領，則無法掌握孫在土地改革上的眞正意圖。「漲價歸公」論述之價值，在於清晰呈現孫的土地改革政策的範疇。亦即是他無意打破現有的階級秩序，他所有的改革皆是在承認現有的基礎上進行調適，他也無意打破貧富藩籬，改革的目的，只求改善貧富的差距。

　　蓋在孫中山的土地政策，乃於1906年漸次成形之際，宮崎在日本所推動的「土地復權運動」更是如火如荼展開。他首先於同年3月，出版專書《土地均享人類大權》（土地均享人類の大權），大肆宣揚他的土地改革理念。書中大要可歸納爲以下五點：
第一、引「天賦人權」爲理論依據，藉此要求土地重新分配；
第二、反對土地國有政策；
第三、不贊成亨利‧喬治的「單一稅」；
第四、認爲社會主義、共產主義、無政府主義皆不可取；
第五、主張土地重新分配時，需採用賠償原則。[78]

　　宮崎長年所推展土地運動所見所思因以成書，有其傳承亦有其創

して孫文‧宮崎民藏‧安部磯雄らの土地論をめぐつて〉，頁90。
78 糸屋壽雄，〈明治の土地問題：宮崎民藏の土地復權運動を中心に一〉，收入氏編，《宮崎民藏「人類の大權」》（東京：實業之日本社，1948），頁32。

新之處。本書襲自亨利‧喬治的「大地是神的恩賜」之論述，故反對私人壟斷土地，認爲個人有權利要求自己應有的土地。其創新是在於他拒絕繼承亨利的「單一稅」，故而主張政府應立法重新分配土地。此外，他也主張在重新分配土地時，應適用賠償原則，亦即是土地持分不夠者，當從土地過多者拿回土地時，得參照市價的計算成本賠償原地主的損失。不過，對市價的計算，宮崎有其獨特的考量。他認爲土地市價可包括兩部分：一是原地主在土地上的人工改良及地面建築，另一是世人對土地所認可的價值。

有鑑於世人對土地所認可的價值中，包括對眾多公眾附加價值的肯定，例如生活機能、交通便利性等等因素。既然這些因素，是得力於社會的進步，故這因社會進步所帶來的價值，不應獨歸原地主一人，而應與新繼承者共同分享。按此等邏輯，在宮崎所倡導的土地改革法案中，原地主在讓出超過持分應有的土地時，可取回的代價，是對土地的人工投資成本以及世人認可價值的一半金額。[79]

至於爲何他繼承亨利‧喬治的「大地應爲人類共享」的基本論述，而不接受亨利所採用高額徵收「地價稅」的方式，來終結壟斷土地所帶來的貧富懸殊。按宮崎之解析，蓋運用高稅率的地價稅，足讓地主無利可圖，不僅可達到遏止土地兼併的效果以外，還因高額地價稅可歸全民分享，讓地主階級坐享地主虛名，而無地主應有實惠等亨利的理論，無法解決現有土地分配不均的現象。一則，現有的地主階級，大都兼營工商企業，土地非他們惟一收入，高額地價稅並不一定會逼使他們出讓土地。再則，人類社會講究「名正言順」，所謂「有

---

79 宮崎民藏，《土地均享　人類の大權》（東京：實業之日本社，1948），頁108-113。

名就有實」或「有實就有名」，才眞正能在社會長存，所謂僅憑一道「土地稅」改革，就能讓地主階級「有名無實」，無異是「癡人說夢」，太低估地主階級虛應故事的能耐。[80]

除了在日本出書，積極宣揚自己的理念以外，宮崎民藏亦開始投稿《民報》，表達擬與中國同好交流的期許。第一份稿是〈土地復權同志會主意書〉，介紹該會成立的宗旨、規章及會員的權利義務。[81]第二份稿是〈歐美社會革命運動之種類及評論〉，細數歐美社會革命運動各種流派的興起經緯，及彼等主張的異同。他認爲歐某社會革命運動，可約分爲社會主義、無政府黨及土地均有黨等三大流派，強調平等、自由、博愛、人道，可謂是三大流派的共同主旨。除此之外，三大流派在成員的組合上，因有：（1）重視民生主義、（2）排斥貧富歧視、（3）提倡男女平權、（4）反對種族歧視等四項特徵，故也展現出與以往的政治運動迥然不同的風貌。

認爲三大流派無論在信念以及成員的組合上，皆擁有眾多共同的特質。不過因對落實理想的方法有不同見解，故爾後發展出三個不同的流派。社會主義認爲社會的各種矛盾，皆因社會貧富懸殊過大而起，這亦是因現代的社會太重視個人權利，放任自由競爭之故。主張國家應控制生產工具，特別是土地與資本，便成爲此派的主張。

無政府黨則強調，蓋國家若控制一切生產工具，則會造成政府萬能，讓人民的自由權無保障，故主張以個人合意之方式，組織自治團體，生產工具應歸個人能控制的社團所共管。

土地均有權者，則認爲無論是國家壟斷或自治團體壟斷生產工

---

80 宮崎民藏，《土地均享　人類の大權》，頁106-108。
81 日本土地復權同志會，〈土地復權同志會主意書〉，《民報》，期2（1905.11），頁2-5。

具，皆是對自由權的一種侵犯，況且個人的財富多寡，本應隨個人的意志及努力來決定，不應由第三者代為硬性統籌。故渠等主張只要遏止土地壟斷的惡狀出現，讓全民能共享土地所能帶來的財富，以達到維護人權的基本正義。

「破貧富之障，蘇人民之生，衡權利於平等，保幸福於正當，吾得一法焉，不能不推土地均有說為妥善也」，是他針對三流派學說優劣之總評。不過對於土地均有權的論述代表，無論是主張「土地國有化」的華萊士，或是倡導「單一土地稅」的亨利・喬治，皆不敢主張將土地逕自還諸人民，此為他認為美中不足之處。鼓勵大家閱讀他的新著《人類之大權》，則是他在本文的結論。[82]

除了直接投稿《民報》以外，並加盟「革命評論社」，作為宮崎民藏與中國同盟會成員交流另一管道。

革命評論社成立於1906年8月，作為一個專門介紹中國及俄國革命的雙週刊雜誌。主事者包括民藏的胞弟宮崎滔天，以及支援中國革命而聞名於世的池亨吉、平山周等「支那浪人」。

這個被稱為「中國革命黨的日本本部」的評論社，原本就是為了呼應中國同盟會的成立而創設。[83]從中國同盟會中只有8個日本友人被列為正式會員，其中8人中有7人是「革命評論」社的主事者，當可得知該社與同盟會之間的相互密切支援關係。[84]

---

[82] 宮崎民藏以「日本巡耕」之筆名撰寫。日本巡耕，〈歐美社會革命運動之種類及評論〉，《民報》，期4（1906.04），頁1-11。

[83] 上村希美雄，〈『革命評論』研究試論〉，收入熊本近代史研究會編，《近代における熊本・日本・アジア》（熊本：熊本近代史研究會，1991），頁244。

[84]《革命評論》社的七個主事者為宮崎滔天、萱野長知、清藤幸七郎、和田三郎、池亨吉、平山周、北一輝。上村希美雄，〈『革命評論』研究試

　　按1906年9月《革命評論》創刊號附錄上所刊載〈土地復權同志會紀事〉的說明，可知該社正在籌設會刊，在會刊出版之前，特別情商「革命評論」，刊載相關會務資訊。

　　《革命評論》社自創刊起到終止，雖只出刊10期，前後達六個多月。[85]然這10期中，附錄欄上〈土地復權同志會紀事〉，從未中斷。尤值特書之處，是「革命評論」停刊不及3個月，宮崎已於1907年6月20日創辦《熊本評論》，讓「土地復權同志會」會刊正式出爐。[86]

　　從《民報》、《革命評論》、《熊本評論》等三個不同性資的雜誌上，皆可看到宮崎民藏在積極闡揚反對私人壟斷土地，主張重新分配土地之論述此一具體事實，無非說明在推動土地公有政策的理念上，此三份雜誌已形成相互支援，且超越國界的事業夥伴。

　　這種理論與資訊的交流，當然有助於提升上揭三份雜誌核心主幹們對土地問題的深思熟慮。宮崎在土地問題上的耕耘啓發，尤其是明治時代的日本隨著農地可自由買賣以後，抵制土地壟斷的反抗思潮也一直成爲催生日本自由民權運動的主要動力之際，[87]宮崎在土地問題上的所見所行，對孫中山以及對《民報》、《革命評論》等孫中山周邊的幕僚們，所能發揮的補充觀念之作用，自然不容輕視。

　　綜合以上所述，可知從孫中山自1903年將「平均地權」列入「革命綱領」、1905年將「平均地權」提昇爲「民生主義」之核心理

論〉，頁244。

85　第1期是在1906年9月5日發行，而最後一期是在1907年3月25日發刊。

86　伊原沢周，〈日中兩國におけるへんりー・ジョージの思想の受容：主として孫文・宮崎民藏・安部磯雄らの土地論をめぐつて〉，頁91。

87　稻田雅洋，《日本近代社會成立期の民眾運動：困民党研究序說》（東京：筑摩書房1990），頁5-7。

念以及1906年提出「漲價歸公」作為「平均地權」實踐藍圖等,一連串由淺入深由簡而繁的土地政策理論建構過程中,宮崎可說無役不與,尤其是他在《民報》為孫的土地改革政策所扮演的解惑及聲援角色,在在為其發揮樞紐作用,提供見證。

四、「平均地權」理論的繼承與創新

蓋孫中山對土地政策的所見所思,依其發表的時間順序,分別按圖索驥,則可歸納出以下七個階段:第一、1902年與章炳麟談土地問題時,首次表達反對壟斷土地的基本立場。第二、1903年將「平均地權」列入「革命綱領」。第三、1905年將「平均地權」提昇為「民生主義」的核心理念。第四、1906年提出「漲價歸公」,作為「平均地權」實踐藍圖。第五、1912年提出「自報地價」、「照價徵稅」、「照價收購」為「漲價歸公」逐步落實步驟。第六、1920年開始針對「荒地」與「熟地」而有不同的徵稅標準。第七、1924年將地上建築物也一併納入土地計價的一部。

按上述七個階段,足以反映出孫中山有關土地政策的具體化過程,若依不同特徵加以區分,1902年至1905年為萌芽期,此一時期孫已揭示反對土地壟斷,故而主張「平均地權」,然對如何落實,尚沒有具體的實踐藍圖。復次,於1906年至1912年的定型期時,提出「漲價歸公」的概念作為孫的「平均地權」政策朝向落實的方向。最後,1920年至1924年的成熟期時,則主張依土地分類性質不一,而應有不同的肆應方式,讓他的改革方案更貼近現實環境,為其創造更多的可行條件。

至於在孫中山土地政策的形成過程中,其與外在世界的互動關係

應如何解讀？按其三個發展階段過程中所透露的資訊，可以簡略歸納如下：首先，在1902年至1905年的萌芽期，他主要論述，痛陳歐美的一般社會現象，強調土地政策的不公平，所造成的貧富懸殊，已嚴重傷害歐美社會一般民眾的基本生活福祉，故針對土地改革，中國宜有未雨綢繆之打算。[88]然對於理論方面的鋪陳，此一階段尚未觸及。

然到1906年至1912年的定型期時，孫的論述，已從探討貧富懸殊的社會現象，提升到從經濟學理論中以探究病源之所在。他認為現代經濟學是由英人亞當‧斯密（Adam Smith）一手所創建而成，尤其是他所倡導的「自由競爭」思想，後為英國的功利派借用，遂成為「個人主義」的重要理論依據，尤其是與隨之興起的達爾文（Charles Robert Darwin）進化論（Theory of Evolution）枹鼓相應之後，更是成為新時代寵兒，進而為資本主義理論奠基。

按亞當‧斯密的論述，所謂經濟，亦即是生產與分配兩大項目的組合。兩者是一體之兩面，不可分而述之。兩者共同的原素皆是土地、人工及資本。三方面原素組合而產生商品的過程，則定義為生產；商品誕生後則依三原素之分量配成定例的過程，則歸類為分配。

易言之，任何商業成品所換得的利潤，皆應分成三等份，分別由地主、資本家及工人得取。但此一各取三分之一的分配方式，卻因工業革命所帶來的科學文明，而遭到挑戰。原因是機器的不斷推陳出新，不僅增加產值，也能代替人工。當生產的三要素，只有工人成為可以代替的因素以後，不斷運用機器代替人工，便成為新的產業秩序。

對工人而言，當工作機會不斷被機器剝奪之際，為求安身立命起

---

88 孫中山，〈述平均地權與在檀香山苦戰保皇黨致國內同志函〉，頁32-33。

見，自然只有降低工資一途。其影響所及，無非就是工資所得日漸低落，而地主及資本家的所得卻是逐日提升。當地主及資本家，既然已成為不可代替的原素以後，地主益壟斷其地權，資本家益壟斷其利權，法律成為保護資本家與地主專利的工具，而多數工人雖盡其勞動之能力，反不能生存於社會，便成為工業化社會普遍面臨的現象。[89]

而此刻達爾文理論的出現，所謂「弱肉強食，優勝劣敗」的論述，更為這些地主及資本家的壟斷財富，提供合宜理論基礎。借用孫中山的話，就是「資本家既利用機械而增加產額，又以賤價雇用良工，坐享利益之豐，對於工人飢寒死亡之痛楚，漠然視之，以為天演淘汰之公例應如此者」。[90]

不過，凡此等動物之強弱，植物之榮衰，雖可歸之於物競天擇，但人類畢竟異於禽獸，誠以「強權雖合於天演之進化，而公理實難泯於天賦之良知」。[91]故挑戰亞當・斯密的學說者，因之源源不絕。其中，尤以馬克思（Karl Marx）以及亨利・喬治的學說，足證世人對社會不平之反思。

兩人的共同點，皆在於求社會正義。前者主張資本公有，後者主張土地公有。依馬克思的論述，將來之資本為機器，故他主張機器公有。他以蒸汽火車發明者史蒂文生（George Stephenson）及蒸汽機發明家詹姆斯華特（James Watt）為例，若按亞當斯密流派學說的界定，蒸汽火車及蒸汽機既為二人所發明，則兩人就可獨享此兩項發明所衍生出的所有利益。

不過，究其實質，機器雖為個人所發明，然所以能有此等成就，

---

89 孫中山，〈社會主義之派別及方法〉，頁 99-120。
90 孫中山，〈社會主義之派別及方法〉，頁 102。
91 孫中山，〈社會主義之派別及方法〉，頁 99。

並不能全歸功於本人的天賦，其他如社會所給予的各種知識及協助，也皆是彼等天賦能盡情發揮的主要關鍵。彼等之所成就，既然有相當成分勢必仰仗社會的群策之力，故彼等發明成果所得之利益，理應屬社會公眾所有，故其只能取得其勞心勞力的酬勞部分。

相較於馬克思聚焦於資本累積，亨利的焦點更是集中於土地擁有，認為土地價格的高漲皆得力於交通發達及社會進步等因素，故地主獨享社會進化的果實，自然有違程序正義，故他所主張土地累積的利益，應歸大眾共享。而讓公眾分享利益的最佳方法，莫過於實施地價由什抽一。國家也因有此等高額地價稅的收入，其他稅收皆可酌量刪減，蓋土地所累積的實惠，既然能忠實回饋於一般民眾，達到社會平等的真意，自然也能浮現。

孫文有鑑於兩者皆求社會正義，但因中國向未經歷工業革命之洗禮，故中國也未有地主壟斷地權的弊病。認為趁中國的地價尚未起飛，若能預先佈局，中國未來就可避免類似歐美工業社會所曾經歷過的地價高漲，使地主坐享其成，無土地者就無恆財，有無土地亦成為貧富階級的分界線，成為製造階級矛盾與對立的原凶。

易言之，對孫文而言，無論是資本公有或土地公有，其目的皆在追求社會正義，其立意之善，皆可肯定。但因參照中國今日現狀，預防性質重於除弊。故他認為在資本公有方面，只有將鐵路納入國營一項，建立國營企業經營社會事業的先河，適足達到遏止資本家壟斷私利之效果。[92]至於土地政策方面，他倡導「平均地權，漲價歸公」，主張搭配地主的「自報地價」，以及政府的「照價徵稅」、「照價收買」

---

92 孫中山，〈社會主義之派別及方法〉，頁103-110。

等相關執行細則，就足以達到土地公有的實質成效。[93] 除上述理論方面的鋪陳以及政策的宣導以外，他還特舉了德國在膠州灣以及荷蘭在印尼爪哇所曾推行過的土地政策為例，認為我國今後的土地政策足以借鏡。[94]

相較於上述的定型期，到1913至1924年時的孫中山，其主要論述圍繞在「規定地價」及「照價收買」等細節上，這些觀念性的適時補充，雖代表他對現行土地運作狀況有逐步深層之理解，但對理論建構上已了無新意。

綜合上述三個階段，按孫中山自述的資料，在其歷經22年間（1902-1922）的土地政策之形成過程中，頻受外界理論的啟發及所參考的事例，前者可歸納為亨利‧喬治的「土地公有」論；後者是德國在膠州灣、荷蘭在印尼所推展的土地政策。

職是之故，若能對上述的理論及事例有一全面性的整理，尤其是與孫中山的述說進行比對，自然更能釐清孫在土地政策上的傳承與創新之處。

亨利‧喬治生於美國賓夕法尼亞州（Pennsylvania）的費城（Philadelphia）。少年生活窮困，14歲時就得放棄學業，進入職場負擔家計。18歲時移居西部，在舊金山（San Francisco）擔任印刷工人。不過，亨利富於文采，因而在27歲時，亦即是1866年展開賣文維生，隨即轉到報社工作。

1868年，為了應報社要在紐約（New York）設電報通訊室的需求，他轉赴該市工作，在此地他開始體會到工業化的都市文明生活，

---

93 孫中山，〈三民主義與中國民族之前途〉，頁12-13；孫中山，〈民生主義與社會革命〉，頁27-28；孫中山，〈社會主義之派別及方法〉，頁110。
94 孫中山，〈三民主義與中國民族之前途〉，頁12。

其中有一擲千金面不改色的富裕階層，也有勞碌終日卻仍不免窮困潦倒的貧苦大眾，這種同一屋簷，卻有兩種極不協調的生活型態之並存，迫使他思索何謂社會正義？

翌年，他回到西部，適逢美國東西橫貫鐵路完工之時。當時鐵路的終點站是設在加州（California）的沙加緬度（Sacramento），然鐵路自此還將向西延到奧克蘭（City of Oakland）的傳言一出，原本無人問津的荒地，卻在一夕之間變成1英畝有1,000美元的行情。當他本人在奧克蘭親眼目睹這種一夜致富的奇蹟事跡以後，同時讓他領悟到土地炒作才是造成貧富不均的萬惡泉淵。[95]

1871年他出版了《我們的土地與土地政策》（*Our Land and Land Policy*）一書，開始倡導私人壟斷土地所造成社會的危害，主張加州應對新開墾區推行土地設限制度，每一新移民者不得超過擁有40畝地。此外，州政府應考慮提高地價稅，以便增加投資者的投資成本及風險，藉此遏止土地投機。[96]

這本書是針對加州的現狀而寫，出版後頗受好評，並有1千本的銷售成績。根據市場的初步反應，對他而言，皆有鼓舞作用。自此以後，他更熱衷投入土地問題的探討。尤其是1873年後美國因過度的鐵路投資，所導致經濟過度膨脹後的急速冷縮。美國社會面臨前所未有的經濟蕭條時，工人為抗議減薪，罷工及暴動便成為美國各地接連不斷的社會現象。這些動盪不安的社會現實，也迫使亨利非要將視野從加州擴及到全美不可，探討的重點也開始從表面的社會現象提升到

---

95 山嵜義三郎，《ヘンリー・ジョージの土地制度改革論》（大阪：泉屋書店，1961），頁1-4。

96 山嵜義三郎，《ヘンリー・ジョージの土地制度改革論》，頁4。

經濟理論之層面。[97]

　　1879年出版的《進步與貧困》，副標題之所以訂爲「不景氣以及
財富的累積與貧窮擴大之間互動關係等原因的探討：其救濟方案」
（An inquiry into the cause of industrial depressions and of increase of
want with increase of wealth；the remedy）[98]，足以反映亨利當時的心
態，希望這本書能一舉解決工業文明所帶來的社會不均問題。

　　本書共分十章，[99]除了延續上一本有關反對私人壟斷土地的一貫
立場以外，主要的新意在於理論的鋪陳，重申自然法（Natural Law）
以及重新建構經濟上的分配理論，爲其訴求重點。

　　在前者部分，莫過於他搬出美國獨立宣言，[100]再度重申「造物者
創造了平等的個人，並賦予他們若干不可剝奪的權利，其中包括生命
權、自由權和追求幸福的權利」。

　　對他而言，所謂人類擁有追求幸福的權利，亦即指有追求平等
（equality）的權利。他認爲平等（亦可解釋爲正義），不僅是創造人
類社會進步的原素，也是符合自然法的精神。[101]人類社會只要能按此

97　山嵜義三郎，《ヘンリー・ジョージの土地制度改革論》，頁4。

98　Henry George, *Progress and Poverty: An Inquiry into the Cause of Industrial
Depressions and of Increase of Want with Increase of Wealth; the Remedy.*
(New York: Robert Schalkenbach Foundation, 1955).

99　十章的內容分別如下：第一章 工資與資本，第二章 人口與糧食，第三章
分配的法則，第四章 物質文明進步對財富分配的影響，第五章 問題的解
決，第六章 救濟方案，第七章 救濟方案的公正性，第八章 救濟方案的運
用，第九章 救濟方案的效果，第十章 人類進步的法則

100Henry George, *Progress and Poverty: An Inquiry into the Cause of Industrial
Depressions and of Increase of Want with Increase of Wealth; the Remedy*, p. 545.

101Henry George, *Progress and Poverty: An Inquiry into the Cause of Industrial
Depressions and of Increase of Want with Increase of Wealth; the Remedy*, p.
508.

等法則的自由運作空間，人類即可享有無限的成長機會。[102]

　　按此一論述，如實反映到他的土地政策時，莫過於強調土地公有概念。他對約翰・密勒於1848年所發表的《政治經濟學原理》（*Principles of Political Economy*）中的主張，土地既然不是由人類所創造，土地自應歸諸人類所共有（No man made the land. It is the original inheritance of the whole species）之論述，[103] 持認同立場。[104]

　　既然他認為土地本應屬於全民公有，然對於地主壟斷土地，獨享土地所帶來的財富，斷然不能接受。就其解析而言，市場上商品的價值由地租、薪資及利息的三方因素所共同組成，亦即是亞當・斯密所說的土地、人工及資本的成果累積合成。但有鑑於此三原素中，除土地是惟一不可取代的生產要素，故套用數學的演繹公式時，反映至現實的社會，商品≠地租＋薪資＋利息，反而是商品－地租＝薪資＋利息。[105]

　　易言之，只要地主壟斷地利，地租永遠與生產技術的提升採同步升級時，商品的擴增與薪資的成長彼此不會形成連鎖關係，然科技文明的進步，只會擴大人類社會貧富的差距，所有科技文明所帶來的利

102山嵜義三郎，《ヘンリー・ジョージの土地制度改革論》，頁40。

103John Stuart Mill, edited with an introduction by Johnathan Riley, *Principles of Political Economy: and, Chapters on Socialism* (Oxford; New York: Oxford University Press, 1994), pp. 40-41.

104Henry George, *Progress and Poverty: An Inquiry into the Cause of Industrial Depressions and of Increase of Want with Increase of Wealth; the Remedy*, pp. 360-362.

105Henry George, *Progress and Poverty: An Inquiry into the Cause of Industrial Depressions and of Increase of Want with Increase of Wealth; the Remedy*, p. 171.

潤，最終只會變成地主階級獨享的戰利品。[106]

　　爲了打破地主的壟斷體制，亨利主張實施高額地價稅，讓地主無利可圖，同時能讓全民共享地主所帶來的財富。再者，有鑑於工業革命以後，社會所累積的財富，皆爲土地價格所吸收，故而政府惟有在土地價格上嚴格把關，僅憑此項稅收，當足夠支撐所有開支，其餘項目的稅收，皆可停徵。[107]故他也將高額地價稅政策，簡稱單一稅制。

　　按他的解析，對政府而言，專收地價稅，有以下兩項的便利。一則是容易徵收，因土地不能隨意搬遷，也無法隱藏，故無法逃稅。二則是土地稅是針對地主，不會增加一般民眾的負擔，故不會有帶動物價上漲的風險。[108]

　　亨利論述之精髓，直指出私人壟斷土地是製造工業社會貧富不均的元兇，故他認爲解決土地問題，則可改善貧富差距，進而消除階級對立的矛盾，而徵收高額地價稅，讓全民共享土地所帶來的財富，則是他的解決方案。[109]

　　若將孫中山的土地政策與他的論述作一對比，很明顯的，孫接受他的理論，但對實施方案，卻持有保留態度，雙方的差距，在於亨利的高額地價稅方案，是針對現有的市價，而孫的「漲價歸公」，則是

106山嵜義三郎，《ヘンリー・ジョージの土地制度改革論》，頁6。

107Henry George, *Progress and Poverty: An Inquiry into the Cause of Industrial Depressions and of Increase of Want with Increase of Wealth; the Remedy*, p. 406.

108Henry George, *Progress and Poverty: An Inquiry into the Cause of Industrial Depressions and of Increase of Want with Increase of Wealth; the Remedy*, pp. 414-416.

109伊原沢周，〈日中兩國におけるへんリー・ジョージの思想の受容：主として孫文・宮崎民藏・安部磯雄らの土地論をめぐつて〉，頁80-81.

針對未來的土地行情。易言之，亨利的地價稅政策，首重是除弊，希望藉課徵重稅的大手筆動作，而一舉奪回地主手中常年所累積的不義之財，以為創造平均社會財富奠基。至於孫，則是因中國尚未面臨地價高漲的問題，在防弊重於除弊的實質考量下，故他選擇針對規範未來土地行情的「漲價歸公」政策。

　　關於孫的「漲價歸公」政策，與約翰・密勒的主張，[110]頗為類雷同，故也有不少學者，認為此一政策的原始觀念是來自密勒的啟發。[111]有鑑於亨利的論述中，多次提及約翰・密勒，[112]故孫對約翰自然不會陌生。不過，若要談直接證據，孫中山曾提及的荷蘭在印尼爪哇及德國在膠州灣所推行的土地政策，似乎更具參考價值。

　　其中，「土地國有」、「以地價稅為國家唯一之稅收來源」等概念，應是受荷屬印尼土地政策的影響。[113]此一土地政策，係源於英國占領爪哇時期（1812-1816），[114]英國殖民官員萊佛士（Sir Thomas

---

110 John Stuart Mill, edited with an introduction by Johnathan Riley, *Principles of Political Economy: and, Chapters on Socialism*, pp. 184-186.

111 久保田，〈孫文の平均地権論〉，《歷史學研究》，期487（1980年12月），頁28。川瀨光義，《台湾の土地政策：平均地権の研究》，頁25-29。王全祿，《平均地權》，頁20。

112 亨利除了在本文中對約翰・密勒的土地公有政策，有具體討論以外，在探討「資本」的定義、以及「生育人口管制」等相關議題時，也會介紹密勒的想法。Henry George, *Progress and Poverty: An Inquiry into the Cause of Industrial Depressions and of Increase of Want with Increase of Wealth; the Remedy*, p. 35, 71, 111.

113 孫中山，〈三民主義與中國民族之前途〉，頁12。

114 1795年1月，荷蘭境內成立「巴達維亞共和國（Batavian Republic）」，受法國支持。原荷蘭國王威廉五世（William V）逃到英國，指示荷蘭殖民地官員向英國投降，以免殖民地為法國佔領，英國逐漸掌控部分荷屬東印度領土，於1812年起正式佔有爪哇島，至1816年8月19日始返還荷蘭。陳鴻瑜，《印度尼西亞史》（臺北：國立編譯館，2008），頁231-236。

Stamford Bingley Raffles）之治理方針。[115] 爾後，當荷蘭勢力於1816年重返印尼時，仍繼續沿用萊佛士的方針。[116] 萊佛士之土地政策可歸納爲以下五點：

第一，所有的土地都是屬於國家的財產，國家才是至高無上的土地擁有者。

第二，政府係將土地租給平民，平民向政府繳交地租。地租（土地稅）應該取代其餘稅收（如強制勞動之成本、私人徵收之稅、貢獻給村落頭目的禮金），成爲政府絕大部分的稅收來源。

第三，根據換算，地租（土地稅）應等於平民在該土地耕作收入的五分之二。

第四，土地應根據其生產力加以分級。

第五，沒有耕作事實的平民，改收取住宅稅（人頭稅）取代。[117]

　　至於膠州灣方面，緣起於德國1897年11月出兵佔據膠州灣，並於翌年3月與清廷政府簽訂「膠澳租借條約」，據此取得對該地區99年的租借權利之後，乃於同年9月2日公佈了以下內容的土地法規：

1. 德國政府對該地區所有土地，可依據占領前之市價，行使購買權。此外，該地區所有土地的移轉，皆需經過政府當局核備同意。

2. 經政府收買的土地，除充當公共用途以外，也能以公開競賣的方式再出售。

---

115 而此方針參考自英國殖民當局施行於孟加拉（Bengal）之方法，見 J.S. Furnivall, *Netherlands India: A Study of Plural Economy* (Cambridge: Cambridge University Press, 1967), p.78.

116 J.S. Furnivall, *Netherlands India: A Study of Plural Economy,* p.76.

117 J.S. Furnivall, *Netherlands India: A Study of Plural Economy*, pp. 70-76.

3. 從政府手中所購買的土地，若欲再出售時，政府可針對其所賺取的差價中，徵收1/3的土地增值稅。此外，政府可依據地主所申報的土地轉讓價格，行使優先購買權。

4. 對所有保有土地者，徵收6%的土地稅。此一課稅標準將依1902年1月1日前政府所曾出售的土地價格而訂，而屆滿此一時期後，政府可定期更換公告地價。

5. 參與政府舉辦的土地競標活動時，得提出對該土地的開發計畫，當地主取得土地，卻沒有按原計畫落實時，政府可利用原出售金額的半價，再將土地買回。[118]

　　綜合歸納上述法規之內容，可知其有以下3點特色。（1）基於有償原則下，政府對所有土地享有絕對支配權。（2）歸因社會進步，所帶動的地價上漲，政府可分享其中1/3的利潤。（3）為防止地主逃避增值稅，政府可依據地主所申報的出售地價，行使「照價收購權」。

　　上述3點特色，孫中山故也知悉甚詳，若與他的土地政策之相關論述依發表順序做一比對，則可凸顯出雙方的互動情境。誠如前面所述，孫在1902至1905年時，仍停留在「平均地權」概念上陳述而已。而他於1906年第一次宣揚「漲價歸公」概念的同時，乃開始提及德國在膠州灣的土地政策。

　　有關「漲價歸公」的特色，基於認定政府有權徵收地價上漲所帶來的利潤，故在此議題上，孫與德國在膠州灣的土地政策，其立意相同，但卻有尺度寬鬆的不同考量。至於孫於1912年間開始提出的

---

118 單威廉（Ludwig Wilhelm Schrameier）原著，周龍章譯，《德領膠州灣（青島）之地政資料》（台北：中國地政研究所，1980），頁1-3。

「照價徵收」、「照價收購」等相關的搭配措施，可謂完全參照德國模式。從此等對比當可知，孫的「漲價歸公」政策，無論就立意上及執行細則上，大部是參照德國在膠州灣的土地政策。[119]

五、理想與現實的落差

當辛亥革命爆發民國成立，而一向信服孫中山「平均地權」理論的革命元老胡漢民於1912年4月廣東出任都督，此一新情勢亦使得孫中山的土地改革理念得於在廣東有付諸落實的機會。

依孫中山的地利分享論述，推動分享的首務在於地價的核定，亦即是原本的地價概屬地主持有，但凡社會改良而導致地價增值部分，則歸政府稅收，全民皆得均享。故胡漢民在廣東擬推動土地改革政策時，首要之舉在於重新核定地價。

負責執行此一政策者為時任財政廳長的廖仲愷，他希望藉由中國歷來朝代更替，必改稅契的慣例，而推行換契政策。對他而言，推動換契案不僅是沿襲先例，還是將來省政府改正地租的序幕。故他稟持孫中山所倡導的「自報地價」、「照價徵稅」等既定原則，要求廣東的地主，需在兩個月內把舊的三連印契，交與政府檢驗換發新照。其地價由業主自己申報，政府案價徵收2%的稅，並規定逾期兩個月，仍未換契者，則加倍徵稅。逾期四個月再倍之。若過了六個月的限期，便沒收其土地。[120]

---

119 孫中山對德國在膠州灣採取土地政策的肯定，可從他於1917年7月前往廣州，倡導護法組織軍政府時，還特邀約當年負責在青島推行土地改革政策的德國官員單威廉（Ludwig Wilhelm Schrameier）到廣州擔任顧問。張忠棟，〈中山先生的民生主義與美國進步主義〉，頁316-317。

120 陳福霖，〈社會主義與單稅法——廖仲愷在廣東（1912-1913）〉，中華民國

　　對於廖仲愷擬推動的地稅換契案，孫中山是全面肯定，他不僅於1912年5.6月間多次利用在廣州與記者，省議員及行政人員談話的機會，宣稱此一法案為實行平均地權之張本，期盼廣東省民皆能贊同，讓此一法案順利能在省議會通過以外，[121] 也在致友黨信中，特別呼籲，還望國人皆能為此一法案通過催生。[122]

　　然此一法案雖於1912年6月8日，提交省議會，但延至7月中旬，在幾經修訂後才得通過，修訂後的內容，除了地價稅從2%降為1%外，更重要的是原本規定不依約於6個月內換約者，得沒收土地之條文已廢除，只提及逾期不換者，舊約無效，對其土地，政府不負保護之責。[123]

　　易言之，核定通過的法案條文中，已無懲罰規定。對一個欲改變現狀卻又沒有強制規定之條文，大家自然不在意。影響所及，就是廣東省政府不得不一再展延換約期限，一直到1913年7月二次革命爆發，胡漢民與廖仲愷相繼離開廣東省政府，換契法案成為廢案時

建國史討論及編輯委員會編，《中華民國建國史討論集》，冊2：開國護法史（台北：中國國民黨黨史委員會，1981），頁334-335。
121例如孫中山於1912年5月4日，在廣州新聞界歡迎會演講「民生主義之實施」；於同年6月9日對議員記者演講「地權不均則不能達多數幸福之目的」；又於同日對廣州行政人員演講「地價抽稅問題」等等，三場演講皆以地稅換契案為論述主軸，在在表現孫對該法案的高度關切。《國父全集》，冊3，頁45-47；頁51-53。
122孫中山於1912年8月20日，在回覆社會黨信中，特提及「單稅一事為社會主義進行之一端，而僕所主張照價徵稅之法，粵省刻已議行。倘得諸君子遙為贊和，友聲相應，慶幸奚如」。〈復社會黨崇明支部地稅研究會婉辭邀約函〉（1912年8月20日），《國父全集》，冊4，頁258。
123蔣永敬編著，《民國胡展堂先生漢民年譜》（臺北：臺灣商務印書館，1981），頁150-151。

止。[124]

　　廖仲愷的地稅換契案，可謂是孫中山生前，國民黨人唯一所曾嘗
試過的土地改革運動。其所面臨的失敗，對孫中山是否有具體影響，
因受史料的限制，無法斷言。

　　但若從1924年1月24日，中國國民黨在召開第一次全國代表代
會後所發表的宣言中，在針對農民部份，謂：「農民之缺乏田地淪為
佃戶者，國家當給以土地，資其耕作，並為之整頓水利」。[125]

　　復次，中國國民黨隨即成立農民部，舉辦農民講習所，組織農
團軍以及孫中山於同年的8月17日，藉講解三民主義的機會，正式將
耕者有其田政策列為民生主義的主要內容，並在此一前後，特針對農
民問題又陸續發表，兩次重要演講，一次是針對農民黨員，另一次是
針對農民講習所的學員。前者的主題是呼籲農民自己組織農會，要勇
於為捍衛自己權益而抗爭；[126] 後者的主題是，強調國民黨農業政策的
終極目標在於仿效俄國革命，落實耕者有其田政策。為此鼓勵從政黨
員，要深入農村，積極組織農會發展農運，以求不辱使命。[127]

　　從孫中山對耕者有其田政策的密集發言，到國民黨在組織層面上
對農運活動的積極投入等一連串活動來者，孫中山對「地利分享」的
認知，除了早年所強調的「漲價歸公」，從追溯地主不當得利以外，

124Edward J.M Rhoads, *China's Republican Revolution: The Case of Kwangtung,
　　1895-1913* (Cambridge: Harvard University,1975), p. 257. 狹間直樹，《中國
　　社會主義の黎明》（東京：岩波書店，1975），頁202-203。
125〈中國國民黨第一次全國代表大會宣言〉，《國父全集》，冊2，頁136。
126孫中山，〈農民大聯台〉（1924年7月28日），《國父全集》，冊3，頁482-
　　487；頁495-498。
127孫中山，〈耕者有其田〉（1924年8月21日），《國父全集》，冊3，頁495-
　　498。

亦將視野擴大到土地分配的角度，以扶植自耕農的方式，振興農業導引經濟發展，讓地盡其利的政策更趨完善。易言之，孫中山的土地政策，是有早晚年之別，他之所以在晚年將「耕者有其田」政策，也列為「平均地權」之一環，除了學理上的精進以外，更重要的是革命策略的改變。他開始認知到農民革命的重要性，認為「扶植自耕農」不僅可爭取到農民對國民革命的支持。也可讓「扶植自耕農」政策，能與「漲價歸公」政策枹鼓相應，成為能逼使地主讓利，讓地利分享地盡其利的原則更具落實的條件。而此等孫中山土地政策的改變，尤其是重視農運部分，可謂是受蘇聯及中共影響以外，胡漢民、廖仲愷，早年在廣東推展租稅換契論的失敗，自然也是不可忽視的因素。尤其是後者的影響，可從國民政府在北伐成功後，在中國曾嘗試推行的一連串土地改革運動中，看到端倪。

　　國民政府對平均地權的執著，可從前文中所述，渠等曾於1930年制定〈土地法〉、〈土地登記法〉等等，一連串的立法措施得到旁證以外，渠等對「耕者有其田」政策的熱衷，除可從見成立地政學會並在中央政治學校內創設地政研究班，積極培養地政人才以外，[128] 也可從其在中國各省推行「二五減租」一事，得到見證。

　　所謂「二五減租」，係就耕地正產物年收獲量內，先提25%歸佃農，其餘75%，由業佃均分，讓地租不得超過耕地正產物收獲總額千

---

[128] 地政研究班於1932年11月50日成立，而於翌年5月旋即改判為地政學院，專以招收大學畢業生為限。前四期畢業的學生，均分派至蘇、浙、皖三省，爾後的學生，則陸續分派至黔、川、滇、陝、甘等省，成為國民政府在中國大陸以及爾後在臺灣推展土地改革運動的主要骨幹。蕭錚，《土地改革五十年：蕭錚回憶錄》（台北：中國地政研究所，1980），頁63-67。

分之三百七十五。[129]

　　此一政策與「耕者有其田」政策，於1926年經由「國民黨中央與各省聯席會議」通過，正式成為北伐的農運綱領，藉以爭取農民支持。

　　然此一政策，待北伐成功後，並未在全國普遍推行，只有在少數中央政府直接控制的管轄區嘗試推行。[130] 不過，這一段時期推行所累積的經驗，爾後皆成為中華民國在臺灣時期推行土地改革運動的重要參考。例如臺灣時期所推行的「三七五減租」，其核算的標準就是參照「二五減租」的經驗而來。[131]

　　1949年起在臺灣所推動的土地改革運動，則分「三七五減租」、「公地放領」及「耕者有其田」三個階段逐一推行。首先是1949年，政府藉換訂業佃契約，限制租額為當年總收獲之千分之三七五，嗣後增產歸於農民所有，並訂明業主不得任意收回土地，佃農享有永久之耕作權。至翌年全部換約完成，讓農民佃權得以永固以外，亦使其收益大增。[132]

---

129 湯惠蓀，《臺灣之土地改革》（台北：中國農村復興聯合委員會，1950），頁150。

130 關於「三七五減租」，曾在湖南、浙江、湖北及西南川、黔、桂等省推動。至於耕者有其田政策則在江蘇、福建、甘肅三省中部份地區試行。蕭錚，〈中華民國的土地改革〉，收於中華民國建國史討論集編輯委員會編，《中華民國建國史討論集》，冊3：中興建設史，頁50。

131 所謂三七五減租，係以耕地主要作物正產品全年收獲總量千分之三百七十五為最高租額，而二五減租，乃原有地租額應減成數之規定。也就是說，兩者目標一致，均擬將耕地地租壓低至「三七五」標準以下，而「三七五」的減租目標因更明確，故更便於施行。湯惠蓀，《臺灣之土地改革》，頁15。

132 蕭錚，〈中華民國的土地改革〉，頁9。

復次，1951年6月，台灣省政府隨即公布「台灣省放領公有地扶植自耕農實施辦法」，並於12月開始實施。讓原本耕種公有地109,482甲的佃戶以總收穫量2.5倍地價，分10期繳價獲得土地。[133]

當三七五減租全面實施，農民收益較前提高，漸可自力購買耕地，中華民國政府乃進一步於1953年1月訂頒「實施耕者有其田條例」，規定政府有權對地主所保留的水田三甲地以外的其餘出租耕地保有徵收權，而這些耕地經徵收後，轉由現耕農地承領。而原來的佃農僅需按全年正產品收穫總量兩倍半折合地價，分十年平均繳清，年只繳千分之兩百五十，外加微數甚少之田賦，戶稅及水價，故實際上仍只等於原有佃租，而且繳清第一期地價後，馬上可取得原耕地之所有權。[134]

至於地主方面，政府則提供可獲得實物的土地債券7成及公營事業股票3成作爲補償，讓地主生活仍可無虞，並鼓勵他們利用公營半價之股票，轉而投入工商事業的經營，以求更優裕的生活。[135]

此一耕者有其田的政策於1953年度具體落實後，其成果，可藉由以下數字具體呈現，首先自耕農的耕地面積從61.4%提升到84.8%，出租佃農地的面積則從38.6%降爲15.2%。復次，自耕農占總農戶比率，則從1951年的38%至1981年時止以提升至84%。[136]

因得利於耕者有其田得實施，使得農民生產意願日益高昂，稻穀生產於1952年至1963年的10年間可增加34%，畜產品增加1倍以

133蕭錚、吳家昌，《復興基地臺灣之土地改革》（台北：正中書局，1987），頁13。
134蕭錚，〈中華民國的土地改革〉，頁9。
135蕭錚、吳家昌，《復興基地臺灣之土地改革》，頁8。
136蕭錚、吳家昌，《復興基地臺灣之土地改革》，頁19-20。

上，農業總生產增加57%，不僅足以供應軍餉民食，而且還可拓展外
銷，增加外匯收入，達成以「農業培養工業」之目標，成績斐然已得
國內外學術界公然肯定。[137]

　　不過，耕者有其田政策，雖然成果斐然，已達到孫中山平生所
願，但他另一平均地權之重要訴求，卻因初期的規劃不足，以及利益
財團的壟斷，而使得台灣在進入工業都市化以後，都市的住宅政策之
成果就不似農村土改運動的耀眼。

　　主要的癥結在於政府在思考土地問題時，過於將都市與農村一分
爲二，太在意雙方的性質不一，而未思索到工業化的社會，會使城鄉
一體化，都市會無限擴大。中華民國政府基於傳統思維，在土地改革
運動上，是先農村後都市。在耕者有其田政策已稍見成果後，而於
1954年8月，制定「實施都市平均地權條例」，指定台灣爲實行區
域，並於1956年1月19日開始公布「實施平均地權條例台灣省實施
細則」，並於同年7月底完成地價冊及總歸戶冊，於8月1日開增土地
增值稅，9月1日開徵地價稅。[138]

　　但此一政策，只限定執行於都市，並未顧及與都市鄰近的郊區。
故都市郊區反而因被歸爲農地，沒有徵收地價稅等問題，反而導致一
切投機壟斷均可緣之而生，而反迫都市內地價亦隨之飛騰。在此等臺
灣最快速發展的時代，最快速發展的地區並未實施平均地權，使得財
團藉由收購土地，獲取暴利，也使得擁有土地的財團聯成一氣，形成
地方勢力全面阻擋平均地權在臺灣全面落實。[139]

---

137 蕭錚、吳家昌，《復興基地臺灣之土地改革》，頁19-21。
138 蕭錚、吳家昌，《復興基地臺灣之土地改革》，頁23-24。
139 張景森，〈虛構的革命：國民黨土地改革政策的形成與轉化（1905-1989）〉，
　　頁187-188。

在土地財團的有意阻礙下，將臺灣全島皆納入平均地權的實施區域則需要到1977年1月，政府頒布「平均地權條例」時止。除此以外，按孫中山的原意，平均地權首重在於核定地價，地價不僅是一切土地價值之基準，亦是課稅基準。然該條約卻否定此一原則，首先在農地方面仍依田賦之舊則例課稅，讓全國土地之大部分仍不依「地價」課稅。復次，在都市方面，其所適用的地價是依接近市價為標準，而放棄「素地」之意，與孫中山之原本主張，已大相逕庭。[140]

該條例援用[141]至今（2023.2）已增刪修正25次，[142]若擇其中四大主軸，與孫中山原本的主張相較，可發現有以下落差。

第一、規定地價，按孫中山原本的主張是地主自報地價，但現行法規，雖仍維持地主可自報地價的方式，但此一報價不得高於或低於政府的公告地價之20%

第二、照價繳稅，仍按孫中山原意，只是針對稅率，現行法規的規定比孫中山原本主張更為細膩。

第三、照價收買：仍按孫中山原意。

第四、漲價歸公：按孫中山原意，在新舊地價差額之中，扣除為改良土地所支出之人工，資本等費用後，漲價餘額悉數歸功。然現

---

140 蕭錚，〈中華民國的土地改革〉，頁10。

141 以徵收土地增值稅的方式來達成地利共享之原則，在早年頗受好評。例如，英籍學者A.R.Prest在檢討都市地價稅的著作中，還將1977年台灣所實施的都市「平均地權條例」視為全世界的成功模範。詳見 A.R.Presty, *The taxation of urban land*（Manchester:manchester university,1981），pp. 30, 89.

142 最近一次修法是在於改訂第47條及第81條，前者是關於土地所有權地移轉或典權的設定；後者是土地買賣的登錄資訊等事宜。修訂的目的在於限制「預售屋」的按約轉售，重罰買賣土地不實資訊，建立檢舉獎金制度等等。

行法規卻規定，地主於申報地價後之土地自然漲價，僅依規定
徵收土地增值稅，亦所謂，漲價歸公是藉由徵收土地增值稅來
實現。[143]

易言之，按現行法規，在徵收增值稅方面，雖採累進原則，但最
高是以40%爲上限。再則，徵收的基準，是以漲價的倍數爲考量，
而非依漲價的總所得而定。[144]影響所及，就是臺灣的地價稅比一般國
家的財產稅稅率還低，讓臺灣的土地炒買成爲暴利行業以外，也讓房
地產所有權迅速集中，使社會財富分配傾向富者一方，年輕人在都市
是一房難求。[145]

然從上述「耕者有其田」的亮麗有成到「平均地權」的不盡完
美，無非道盡孫中山的土地政策中，追求「土地平等分配」的生存
權，會較追求「地利共享」的平等權，更易達成。這亦是中華民國政
府在大陸執政時期，在各省所嘗試推行的土地政策中，無一不是先擱
置「平均地權」政策，改以推動「二五減租」政策，以求先落實「耕
者有其田」政策爲標的之緣由。

至於「地利共享」政策之難求，主要是癥結點還是在於如何與資
本主義的自由經濟體系相融合。今日世界之物質文明，首重在於肯定
個人有「自益」的權力，因而在一個鼓勵個人應保有「利潤動機」的
資本主義社會，是無法全面認同漲價歸公之原理。[146]是以，「平均地

---

143 孫子和，〈中山先生平均地權主張之省思〉，頁337、346。
144〈平均地權條例〉，《全國法規資料庫》，https://law.moj.gov.tw/LawClass/
　　LawAll.aspx?PCode=D0060009。（2023年3月9日檢索）
145 張景森，〈虛構的革命：國民黨土地改革政策的形成與轉化（1905-1989）〉，
　　頁191。
146 王全祿，《平均地權》，頁347-348。

權」的公平性，只能從地利私享與地利公享的兩個不同理念的拉扯中，尋求一個大眾皆能接受的妥協點。

　　相較於孫中山生平所倡導的眾多政治論述中，「平均地權」卻是迄今為止仍為中華民國政府所遵奉的少數核心理念之一。[147] 此一具體事實，在在說明地利共享所反映的「天下為公」之精神，一直是人類社會嚮往的大同世界，雖然無法一蹴可就，但卻仍可成為吾人鞭策現行政策日臻完善的參考依據。

六、結論

　　按孫中山所自述的資料中，他的土地政策，甚受外國理論及多國的殖民事例的啓發，前者可歸納為亨利‧喬治的「土地公有」論；後者得自德國在膠州灣及荷蘭在印尼爪哇所推展的土地政策。

　　首先，他認同約翰‧密勒及亨利‧喬治所強調，土地不是由人類所創造，故土地應為人類所共享有的論述。復次，他同意亨利對歐美社會現狀的解析，所謂市場上商品的價值本是由地租、薪資及利息的三方因素合組而成，亦即是亞當‧斯密所說的土地、人工及資本的成果所累積合成。但又鑑於這三元素中，土地是惟一不可替代的生產要素，故只要地主壟斷地利，地租永遠與生產技術的提升採同步升級時，那麼商品的擴增與薪資的成長，兩者就不會形成連鎖關係，故科技文明的進步，只會擴大人類社會貧富的差距，所有科技文明所帶來的利潤，最終只會變成地主階級獨享的戰利品。故對亨利所強調唯有實施「土地公有」政策，才能解決貧富不均難題之說法他是全面接

---

147 例如孫中山權能區分論，已因國民大會的廢除，而蕩然無存。孫子和〈中山先生平均地權主張之省思〉，頁352。

受。

　　但孫雖接受他的理論，但對實施方案，仍持保留態度，雙方的差距，在於亨利的高額地價稅方案，特別是針對現有的市價，而孫的「漲價歸公」，則是針對未來的土地行情。易言之，亨利的地價稅政策，首重是除弊，希望藉課徵重稅的大動作，而能一舉奪回地主手中常年所累積的不義之財，以爲創造平均社會財富而奠基。至於孫，則認爲中國尚未面臨地價高漲的問題，由於防弊重於除弊的實質考量下，故他選擇針對規範未來，符合德國在膠州灣所推展的土地政策。

　　而上述這一些概念經由整合，並逐一轉化爲孫中山土地政策之論述，始自 1902 年終於 1924 年，歷經 22 年之久。其最關鍵時期，集中於 1902 年至 1906 年。他首先提出「平均地權」反對土地壟斷，復次主張「漲價歸公」爲「平均地權」標示出擬戮力之方向。至於晚年所提倡的「荒地」與「熟地」應有不同徵稅標準等等論述，皆屬於補充觀念之層次，已非重點所在。

　　然這一些關鍵時刻所發表的關鍵理論不僅皆發軔於日本，而也與日本土地改革運動先驅宮崎民藏的相互切磋，而有密切互動之因果關係。特別是雙方在日本見面一年後，藉由宮崎耳提面命所補充觀念下，孫中山有關土地問題之基本論述，才得以陸續出爐，可爲一具體事例之外，爾後宮崎在《民報》介紹日本及歐美等國之土地改革，而翌年所創刊的《革命評論》附錄欄上定期刊載〈土地復權同志會紀事〉，所傳遞會務資訊以及推展會務心得。此等積極與孫以及他周邊的幕僚們，彼此分享在日本推行土地改革運動經驗之非常舉動，自然皆是孫的「平均地權」理念得以漸次成形之樞紐。

　　不過，當孫中山的土地改革政策，從理念到面臨付諸實踐時，他開始增添新的原素，亦即是他將耕者有其田政策，列入 1924 年中國

國民黨第一次全國代表大會宣言，讓其成為黨的公約以外，也將其列為民生主義的主要內容。「耕者有其田」雖是他一貫的主張，但此刻提升其比重，並將其與「平均地權」並列，此等思想的重大轉折，除為爭取農民對革命的支援，深受蘇聯及中共重視農運的影響以外，胡漢民、廖仲愷，早年在廣東推展租稅換契論的失敗，自然也是不可忽視的因素。

　　易言之，推動土地改革政策，需要有強大的政治勢力為後盾，以動員民眾爭取支持的角度而言，顯然以追求「土地平等分配」為訴求的生存權，會較追求「地利共享」的平等權，更易得到民眾的認同。這亦是為何中華民國政府在大陸執政時期，於各省推行的土地政策中，無一不是先擱置「平均地權」政策，改以推動「二五減租」政策，以求先落實「耕者有其田」政策為標的之緣由

　　相較於台灣地區「耕者有其田」政策的成功亮麗，「平均地權」政策的不盡完善，主要失誤在於中華民國政府思考土地問題時，過於將都市與農村一分為二，太在意雙方的性質不一，而未思索到工業化的社會，會使城鄉一體化，都市區域會無限擴大。尤其是1956年所實施的平均地權政策，因為只限於都市，並未顧及與都市鄰近的郊區。故都市郊區因被歸為農地，沒有徵收地價稅等問題，導致一切投機壟斷均可應運而生，最後反迫使都市內地價隨之飛騰。當臺灣處在發展最快速的時代時，最快速發展的地區卻未實施平均地權，造成日後欲對全國所有地區實施平均地權時，已面臨積重難返、舉步維艱的窘境。

　　但若從1977年中華民國頒布「平均地權條例」至今，已增刪修正25次。此等具體事實，在在說明「平均地權」所反映的「天下為公」之精神，一直是人類社會嚮往的大同世界，此一極樂境界雖然無

法一蹴可就，「平均地權」卻仍可成爲吾人日日檢驗現行政策不足之處的最佳基準。

徵引書目

中文報刊

Henry George, 屠富譯，〈進步與貧窮〉，《民報》，期1（1905.11），頁123-130。

日本土地復權同志會，〈土地復權同志會主意書〉，《民報》，期2（1905.11），頁2-5。

孫中山，〈發刊詞〉，《民報》，期1（1905.11），頁1-2。

馮自由，〈錄中國日報民生主義與中國政治革命之前途〉，《民報》，期4（1906.05），頁1-26。

中文書目

〈中國國民黨第一次全國代表大會宣言〉（1924.01.31），收入國父全集編輯委員會編，《國父全集》，台北：近代中國出版社，1989，冊2，頁137-140。

王全祿，《平均地權》，台北：三民書局，1986。

王瑞慶，〈平均地權與南京國民政府城市土地制度改革：以杭州市爲例〉，《華南理工大學學報（社會科學版）》（2015年12月），頁116-122。

日本巡耕，〈歐美社會革命運動之種類及評論〉，《民報》，期4（1906.04），頁1-11。

左玉河，〈國家資本主義：孫中山民生主義的本質〉，《史學月刊》（2016年11月），頁9-12。

伊原澤周，〈孫中山的「平均地權」論與宮崎民藏的土地均享思想〉，《歷史研究》，1991年第4期（1991年），頁29-41。

沈渭濱，〈「民生主義」研究的歷史回顧——孫中山「民生主義」再研究之一〉，《江海學刊》（2007年8月），頁177-183。

沈渭濱，〈「平均地權」本義的由來與演變——孫中山「民生主義」再研究之二〉，《安徽史學》（2007年10月），頁69-75。

宋德華，〈孫中山民生主義的再認識〉，《廣東社會科學》（2018年1月），頁103-113。

宋繼榮，〈國父平均地權的本旨之研究〉，《公民訓育學報》（1983年6月），頁209-220。

段雲章編著，《孫文與日本史事編年》，廣州：廣東人民出版社，1996。

孫中山，〈述平均地權與在檀香山苦戰保皇黨致國內同志函〉（1903.12.17），收入國父全集編輯委員會編，《國父全集》，台北：近代中國出版社，1989，冊4，頁32-33。

孫中山，〈三民主義與中國民族之前途〉（1906.12.02），收入國父全集編輯委員會編，《國父全集》，台北：近代中國出版社，1989，冊3，頁8。

孫中山，〈民生主義與社會革命〉（1912.04.01），收入《國父全集》，冊3，頁26-30。

孫中山，〈社會主義之派別及方法〉（1912.10.11-13），收入《國父全集》，冊3，頁97-112。

孫中山，〈地方自治開始實行法〉（1920.03.01），收入國父全集編輯委員會編，《國父全集》，冊2，頁346、347。

孫中山，〈地價抽稅問題之研究〉（1912.06.09），收入《國父全集》，冊2，頁455-457。

孫中山，〈民生主義第二講〉（1924.08.10），收入國父全集編輯委員會編，《國父全集》，台北：近代中國出版社，1989，冊1，頁145-157。

孫中山，〈建國大綱〉（1924.04.12），收入《國父全集》，冊1，頁623-625。

孫中山，〈建國方略實業計劃第二計劃〉，收入《國父全集》，冊1，頁439-462。

孫中山，〈與宮崎寅藏筆談殘稿〉（1897.08），收入《國父全集》，冊2，頁382-398。

孫中山，〈農民大聯合〉（1924年7月28日），《國父全集》，冊3，頁482-487；頁482-487。

孫中山，〈耕者有其田〉（1924年8月21日），《國父全集》，冊3，頁495-498。

孫中和，〈中山先生平均地權主張之省思〉，收於中華民國中山學術文化基金會，《中山先生建國宏規與實踐》，台北：中山學術文化基金會，2011，頁325-352。

孫家紅，〈再回首已百年身：孫中山「平均地權」思想探析〉，《社會科學論壇》（2013年1月），頁62-76。

孫中山，《孫文學說》（1919.05.20），收入《國父全集》，冊1，頁412。

夏良才，〈亨利‧喬治的單稅論在中國〉，《近代史研究》，1980年1月號（1980年1月），頁248-262。

夏良才，〈論孫中山與亨利‧喬治〉，《近代史研究》，1986年12月號（1986年12月），頁38-55。

陳映芳，〈平均地權與亨利‧喬治的「單一稅」——兼談孫中山理論與實踐結合之失誤〉，《史林》，1986年第2期（1986年10月），頁79-83。

陳福霖，〈社會主義與單稅法──廖仲愷在廣東（1912-1913）〉，收於中華民國
　　建國史討論及編輯委員會編，《中華民國建國史討論集》，冊2：開國護
　　法史，台北：中國國民黨黨史委員會，1981，頁325-344。
陳錫祺，《孫中山年譜長編》，北京：中華書局，1991，上冊。
陳鴻瑜，《印度尼西亞史》，臺北：國立編譯館，2008。
張忠棟，〈中山先生的民生主義與美國進步主義〉，收於氏著《近代中國的變
　　遷與發展》，台北：時報文化，2002，頁310-331。
張景森，〈虛構的革命：國民黨土地改革政策的形成與轉化（1905-1989）〉，
　　《台灣社會季刊》（1992年11月），頁169-194。
張海鵬，〈孫中山社會主義思想研究評說〉，《歷史研究》，1991年第5期
　　（1991年10月），頁52-66。
章炳麟著，徐復注，《訄書詳注》，上海：上海古籍出版社，2000。
黃自進，〈犬養毅與孫中山革命運動：援助動機的探討〉，《中央研究院近代
　　史研究所集刊》，期19（1990.06），頁235-251。
黃自進，〈利用與被利用：孫中山的反清革命運動與日本政府之關係〉，《中
　　央研究院近代史研究所集刊》，期39（2003.03），頁107-152。
黃彥，〈試論孫中山的社會主義思想〉，收於王杰，《辛亥革命與中國民主進
　　程》（廣州：燕山出版社，2001），頁238-282。
馮自由，〈同盟會四大綱領及三民主義淵源〉，收入氏著，《革命逸史》，台
　　北：台灣商務印書館，1969，冊3，頁198-210。
湯惠蓀，《臺灣之土地改革》，台北：中國農村復興聯合委員會，1950。
單威廉（Ludwig Wilhelm Schrameier）原著，周龍章譯，《德領膠州灣（青
　　島）之地政資料》，台北：中國地政研究所，1980。
劉峰，〈從「徵地制度改革的歷史回顧與思考」一文涉及的若干問題看孫中
　　山先生平均地權、土地漲價歸公主張的現實意義〉，《土地問題研究季
　　刊》（2011年9月），頁11-21。
蔣永敬編著，《民國胡展堂先生漢民年譜》，臺北：臺灣商務印書館，1981。
蕭錚，《土地改革五十年：蕭錚回憶錄》，台北：中國地政研究所，1980。
蕭錚，〈中華民國的土地改革〉，收於中華民國建國史討論集編輯委員會編，
　　《中華民國建國史討論集》冊3：中興建設史。
蕭錚、吳家昌，《復興基地臺灣之土地改革》，台北：正中書局，1987。
盧孔德，〈「耕者有其田」：孫中山的土地革命綱領〉，《雲南師範大學學報
　　（哲學社會科學版）》（2002年5月），頁56-61。
嚴國海，〈孫中山的土地國有思想及其現實意義〉，《上海財經大學學報》
　　（2005年10月），頁51-57。
羅旭南、陳彥旭，〈民國十九年土地法研究：以民生主義為視角〉，《廣東社

會科學》（2012年10月），頁136-142。

羅家倫、黃季陸主編，秦孝儀、李雲漢增訂，《國父年譜》（台北：中國國民
　　黨中央委員會黨史委員會，1994），上冊。

日文書目

入近藤康男編，《明治大正農政經濟名著集24》，東京：農山漁村文化協會，
　　1977。

上村希美雄，《宮崎兄弟傳：アジア篇》，福岡：葦書房，1996，中冊。

上村希美雄，〈宮崎滔天兄弟と孫文：その精神のルーツを求めて〉，《孫文
　　研究學報》，號6（1987），頁2-10。

上村希美雄，〈『革命評論』研究試論〉，收入熊本近代史研究會編，《近代
　　における熊本・日本・アジア》，熊本：熊本近代史研究會，1991，頁
　　230-248。

川瀨光義，《台湾の土地政策：平均地権の研究》，東京：青木書店，1992。

山嵜義三郎，《ヘンリー・ジョージの土地制度改革論》，大阪：泉屋書店，
　　1961。

山室信一，《アジアの思想史脈：空間思想学の試み》，京都：人文書院，
　　2017。

牛山敬二，〈解題「土地所有論集：明治期の土地私有否定論をめぐっ
　　て」〉，收入近藤原男編，《明治大正農政経済名著集24》，農山漁村文
　　化協会，1977，頁32-57。

久保田，〈孫文の平均地権論〉，《歷史學研究》，期487（1980年12月），頁
　　18-33。

永井算巳，〈孫文における初期民生主義の形成について〉（上），《日本歷
　　史》，1956年9月號（1956年9月），頁8-18

永井算巳的〈孫文における初期民生主義の形成について〉（下），《日本歷
　　史》，1956年11月號（1956年11月），頁44-51。

糸屋壽雄，〈明治の土地問題：宮崎民藏の土地復權運動を中心に一〉，收入
　　氏編，《宮崎民藏「人類の大權」》，東京：實業之日本社，1948，頁28-
　　37。

伊原沢周，〈日中有国におけるヘンリー・ジョージの思想の受容--主とし
　　て孫文・宮崎民蔵・安部磯雄らの土地論をめぐって〉，《史林》，卷
　　67號5（1984年9月），頁79-111。

波多野善大，〈初期における孫文の「平均地權」について〉，《社會經濟史
　　學》，期21（1956年5月），頁59-82。

保志恂，《中国革命と土地国有論：孫文「平均地権」とブルジョア土地国有論》，東京：アジア経済研究所，1968，頁1-41。

宮崎龍介，〈父滔天のことども〉，收入宮崎滔天著，宮崎龍介、衛藤瀋吉校注，《三十三年の夢》，東京：平凡社，1985，頁271-310。

宮崎滔天，〈筆談殘稿〉，收入宮崎龍介、小野川秀美編，《宮崎滔天全集》，東京：平凡社，1976，冊5，頁164-174。

宮崎民藏，《土地均享「人類の大權」》，東京：實業之日本社，1948。

宮崎つち子，〈亡夫滔天回顧錄〉，收入宮崎龍介、小野川秀美編，《宮崎滔天全集》，冊5，頁503-517。

狹間直樹，《中國社會主義的黎明》，東京：岩波新書，1975。

溝口雄三，《〈中国思想〉再発見》，東京：左右社，2013。

稻田雅洋，《日本近代社会成立期の民眾運動：困民党研究序説》，東京：筑摩書房，1990。

英文書目

Furnivall, J.S., *Netherlands India: A Study of Plural Economy*. Cambridge: Cambridge University Press, 1967.

George, Herry, "SINGLE TAX ATTRACTS ORIENT: Dr Sen' s Advocacy Due to Missionaries, *New York Times*, April 6,1912, p. 12.

George, Henry, *Progress and Poverty: An Inquiry into the Cause of Industrial Depressions and of Increase of Want with Increase of Wealth; the Remedy*. New York: Robert Schalkenbach Foundation, 1955.

Mill, John Stuart, edited with an introduction by Johnathan Riley, *Principles of Political Economy: and, Chapters on Socialism*. Oxford; New York: Oxford University Press, 1994.

Presty, A.R.,*The taxation of urban land*. Manchester: Manchester university,1981.

Rhoads, Edward J.M, *China's Republican Revolution: The Case of Kwangtung, 1895-1913*. Cambridge: Harvard University,1975.

網站資源

〈平均地權條例〉，《全國法規資料庫》，https://law.moj.gov.tw/LawClass/LawAll.aspx?PCode=D0060009（2023年3月10日檢索）。

Ideological Construction of Sun Yat-Sen's "Principle of people's welfare": the Western Academic Theory and the Concrete Practice in Asian Society.

Huang Tzu-Chin

Abstract

Sun Yat-Sen's land policy was deeply inspired by foreign theories and colonial cases from many countries. The former can be summarized as Henry George's theory of "Public Ownership of Land"; the latter was derived from the land policies promoted by Germany in Jiaozhou Bay and the Netherlands in Java, Indonesia. These concepts were integrated and eventually transformed into Sun's land policy discourse over a period of 22 years, from 1902 to 1924. The most critical period was from 1902 to 1906. First, he proposed "Equalization of Land Rights" to oppose the land monopoly, and repeatedly advocated "Land Value Increment to the Public", to mark the direction of efforts for "Equalization of Land Rights". The discourse advocated in his later years, such as how "uncultivated land" and "cultivated land" should have different tax standards, etc., are supplementary and not key points.

Keywords: Sun Yat-Sen, Principle of people's welfare, Equal Land Rights, Public ownership of land, Land Value Increment to the Public .

關於「魯迅」之誕生：近代中日思想互動之一例

李冬木

李冬木，吉林長春人。先後畢業于東北師範大學中文系、吉林大學研究生院、大阪市立大學大學院中國文學研究科，現爲日本佛教大學文學部中國學科長、教授。主要研究課題爲明治日本與中國近代文學。主要著作《魯迅精神史探源：進化與國民》《魯迅精神史探源：個人・狂人・國民性》（2019年）《越境：「魯迅」之誕生》（2023年）。主要譯作《魯迅與日本人：亞洲的近代與「個」的思想》（2000年）《近代的超克》（竹內好《魯迅》，2005年）《魯迅 救亡之夢的去向——從惡魔派詩人論到〈狂人日記〉》（2015年）等。

關於「魯迅」之誕生：近代中日思想互動之一例

李冬木

摘　要

　　本論探討以1918年在《新青年》四卷五號上發表〈狂人日記〉爲標誌的作家「魯迅」之誕生機制，著重從閱讀史和文本生成史來考察留日學生周樹人走向作家「魯迅」的歷程。認爲從1902年4月到1909年8月這七年多的時間是使周樹人成爲未來魯迅的關鍵。在這一過程中，周樹人學到了日語和德語，並且主要借助這兩種語言獲得了近代新知，通過對後者的母語的轉換和重新構築，凝聚了作爲未來魯迅之內核的嶄新的人格主體。本論以周樹人留日時期的著譯文本爲中心，從進化論、國民性、個人主義、以「立人」爲核心的文學觀等多個側面，揭示了周樹人何以創作出〈狂人日記〉的歷程。

關鍵詞：周樹人、魯迅、進化論、國民性、個性主義

一、構築於留日時期的「原魯迅」

「魯迅」，是周樹人（1881-1936）在1918年『新青年』四卷五號上發表小說〈狂人日記〉時所首次使用的筆名。〈狂人日記〉的發表，標誌著作家「魯迅」的誕生。從此，「魯迅」這個名字和〈狂人日記〉一道共同載入中國新文學、新文化運動史冊。

那麼，這個創作〈狂人日記〉的「魯迅」是如何誕生的呢？除了作品的解讀之外，人們自然會把目光投向〈狂人日記〉發表之前的各個時期。作品發表時，周樹人已虛38歲，而「魯迅」誕生的秘密，當然就蘊藏在這38年當中。對此，學者們歷來都多有探討，並且留下了出色的業績。我只是在此前提下，從閱讀史和文本生成史的視域重新考察了「魯迅」誕生的歷程。

魯迅，1881年9月25日，即清光緒七年辛巳八月初三，出生在浙江省紹興府會稽縣（今紹興市）東昌坊口新台門周家。原名周樟壽，號豫山，後改號豫才；周樹人是1898年5月在南京進水師學堂時由本家叔祖周椒生給臨時起的名字，理由是「弟子進學堂『當兵』不大好」，[1]讀書人家不值得拿真名字出去，隨便改一個充數就好。不過，周豫才本人倒似乎很喜歡這個名字，此後一直作為本名使用。截止到1936年10月19日在上海病逝為止，周樹人這個名字在公文裡使用了三十八年。

從魯迅讀書史和文本生成史的角度看，在到他發表〈狂人日記〉為止的三十八年，可大致分為三個階段：第一個階段是他18歲以前

1　周啓明，〈名字與別號〉，《中國青年報》，1956年8月14日，後收入《魯迅的青年時代》，此據鍾叔河（編訂），《周作人散文全集（一九五二—一九五七）》（桂林：廣西師範大學出版社，2009），冊12，頁579。

作爲「周樟壽」「周豫山」或「周豫才」的在故鄉紹興生活並接受傳統教育的階段；第二個階段是外出求學，包括從18歲到22歲在南京的三年多和此後在日本留學的7年多（亦即作爲「周樹人」的讀書階段）；第三個階段是他回國以後到發表〈狂人日記〉爲止。正像人們已經知道的那樣，這三個階段當中的各種經歷，可能都對他成爲一個作家產生過重要影響，不過就一個作家的知性成長而言，尤其是就一個完全不同於舊文人從而開拓出與既往文學傳統迥異的新文學之路的近代作家的整個精神建構而言，1902年到1909年，即明治35年到42年在日本留學七年多的經歷是一個尤其值得關注的階段。片山智行先生50年前就有「原魯迅」[2]的提法。而「魯迅與明治日本」也是在魯迅研究當中不斷出現的題目。隨著研究的不斷深入，尤其是堅實而有力的實證研究所提供的大量事實，使我越發堅信「從周樹人到魯迅」的精神奧秘大多潛藏在這個成爲「魯迅」之前的留學階段。

　　例如，人們後來從魯迅的思想內涵當中歸納出三個方面，即進化論、改造國民性和個人主義，它們都作用到魯迅文學觀的建構上，或者說構成後者的「近代」基礎。就精神源流而言，這三種思想乃至文學觀的源流都不是中國「古已有之」的傳統思想，而都是外來思想。汲取它們並且構建自己的精神理念需要一個過程。我到目前的看法是，這一過程，在周樹人那裡，基本與他留學日本的時期相重合，此後的進一步展開，應該是這一建構過程的延長和延續。因此，如果不瞭解它們的具體來源和在周樹人當中的生成機制，那麼也就很難對魯迅後來的思想和文學有深入的理解和把握。

2　片山智行，〈近代文学の出発—「原魯迅」というべきものと文学について—〉，收入東京大学文学部中国文学研究室（編），《近代中国の思想と文学》（東京：大安株式會社，1967）。

如果再進一步把魯迅的文本生成史導入進來考察，那麼留日時期所留下的創作、翻譯和論文寫作，對於未來「魯迅」的重要性也就更加不言而喻。閱讀史也好，文本生成史也好，我的研究就是從當年在日本留學時的周樹人的具體面對開始，通過實證研究予以展開。以下我們面對的不是後來的那個「魯迅」，而是當時的周樹人，不妨先跟著他回到歷史現場。

二、周樹人的日本留學及其文本

首先，對周樹人的留學經歷和他在留學期間所留下的文本做一概觀。

周樹人1902年4月至1909年8月在日本留學，期間可分為三個階段：1902年4月入弘文學院學日文；1904年9月入仙台醫學專門學校學醫；1906年3月初回到東京，不久入獨逸語專修學校，直到1909年6月為止，即，他之所謂從事「文藝運動」[3]時期。他在此期間留下的著譯成績如下：

> 一九○三年
> 斯巴達之魂（小說）
> 【材源：梁啓超、浮田和民、桑原啓一、中西副松、澀江保、文部省等】[4]

---

3 魯迅，〈自序〉，《魯迅全集》（北京：人民文學出版社，2005），卷1：吶喊，頁439。

4 參見拙文〈從「斯巴達」到「斯巴達之魂」—「斯巴達」話語建構中的梁啓超與周樹人〉，《吉林大學社會科學學報》，2022年第4期（長春：2022），收入李冬木，《越境：「魯迅」之誕生》（杭州：浙江古籍出版

哀塵（翻譯小說）【材源：森田思軒】[5]

說鉬（論文）【材源：長岡半太郎】[6]

中國地質略論（論文）【材源：肝付兼行、[7]佐藤傳藏】[8]

月界旅行（翻譯小說）【材源：井上勤】[9]

地底旅行（翻譯小說）【材源：三木愛華・高須墨浦】[10]

一九〇四年

世界史（部分翻譯，譯稿未發現）

社，2023）。

5　參見工藤貴正，〈魯迅の翻訳研究-4-外国文学の受容と思想形成への影響、そして展開－日本留学時期（「哀塵」）〉，《大阪教育大学紀要 第Ⅰ部門：人文科学》，卷41號2（柏原：1993年2月），頁71-88；樽本照雄（編），《新編增補清末民初小說目錄》（濟南：齊魯書社，2022），頁3；岳笑囡、潘世聖，〈《哀塵》底本：森田思軒譯《隨見錄》第四則－漢文脈共享與魯迅的「翻譯」政治〉，《魯迅研究月刊》，2021年第4期（北京：2021）。

6　張宇飛指出，長岡半太郎「ラヂウムと放射能做」（第一）之一部分，爲「說鉬」材源。張宇飛，〈魯迅《說鉬》的一則材源〉，收入上海魯迅紀念館（編），《上海魯迅研究》（上海：上海社會科學院出版社，2023），總第98輯：魯迅與左聯。又，阪上正信，〈キュリーのラジウム發見100年にさいして〉，《化学と工業》，卷51號10（東京：1998年10月），對日本鐳導入史有相吸介紹，其中也言及與中國的鐳導入史和周樹人「說鉬」關聯。

7　參見中島長文，〈一切り抜き帳より－魯迅「中国地質略論」地図及びその他〉，《萫風》，號34（宇治：1998年12月）。

8　參見白育坊、孫承晟，〈魯迅與顧琅早期地質作品新論－《中國地質略論》與《中國礦產志》知識來源考〉，《地質論評》，卷69期1（北京：2023年2月）。

9　參見樽本照雄（編）『新編增補清末民初小說目錄』，頁925。

10　參見工藤貴正，〈魯迅の翻訳研究-5-外国文学の受容と思想形成への影響、そして展開－日本留学時期（ヴェルヌ作品受容の状況）〉，《大阪教育大学紀要 第Ⅰ部門：人文科学》，卷42號2（柏原：1994年2月）。

　　物理新詮（部分翻譯，譯稿未發現）

　　北極探險記（翻譯小說，譯稿未發現）

一九〇五年

　　造人術（翻譯小說）【材源：抱一庵主人（余三郎）】[11]

一九〇六年

　　中國礦產志（輯刊）【1903年與顧琅合編，地質要報】[12]

一九〇七年

　　人間之歷史（論文）【材源：岡上樑　高橋正熊、石川千
　　代松、丘淺次郎等】[13]

一九〇八年

　　摩羅詩力說（論文）【材源：多數】[14]

　　科學史教篇（論文）【材源：木村駿吉】[15]

---

11 參見樽本照雄（編）『新編增補清末民初小說目錄』，頁932。

12 參見白育坊、孫承晟，〈魯迅與顧琅早期地質作品新論－《中國地質略論》與《中國礦產志》知識來源考〉，《地質論評》，卷69期1。

13 參見中島長文，〈藍本「人間の歷史」（上）〉，《滋賀大國文》，號16（大津：1978），頁118-128；〈藍本「人間の歷史」（下）〉，《滋賀大國文》，號17（大津：1979），頁52-62。

14 參見北岡正子，《魯迅文學の淵源を探る：「摩羅詩力說」材源考》（東京：汲古書院，2015）；中島長文（輯），〈藍本「摩羅詩力の說」第四・五章－北岡正子氏作るところの「摩羅詩力說材源考ノート」によせて〉，《春風》，號5（宇治：1973年6月）；中島長文（輯），〈藍本「摩羅詩力の說」第七章〉，《春風》，號6（宇治：1974年4月）；李冬木，〈關於留學生周樹人與明治「易卜生」－以齋藤信策（野之人）爲中心〉，《南國學術》卷13號2（澳門：2023年4月），本文另收入《越境：「魯迅」之誕生》。

15 參見宋聲泉，〈《科學史教篇》藍本考略〉，收入中國現代文學研究會、中國現代文學館（合編），《中國現代文學研究叢刊》，2019年第1期（北京：2019）。

　　文化偏至論（論文）【材源：多數】[16]

　　裴彖飛詩論（翻譯）【材源：エミール・ライヒ】[17]

　　破惡聲論（論文）【材源：多數】[18]

　一九〇九年

　　域外小說集　第一冊、第二冊【材源：多數】[19]

　　如上所見，這些文本的生成，都與明治時代所能給他提供的文本相關，也就是說，同他整個留學時期的閱讀史相伴隨。文本生成史的背面，即有他的閱讀史來支撐，文本生成與閱讀互爲表裡，這種情形幾乎貫穿了周樹人的一生。

　　這裡不妨以他21歲時發表的首篇創作《斯巴達之魂》爲例，如果把複雜的材源關係做一個可視化處理，那麼並可以得到本篇附錄所見兩張示意圖。[20]一張是梁啓超《斯巴達小志》材源示意圖，另一張

16 參見中島長文，〈孤星と独絃〉，收入《ふくろうの声：魯迅と近代》（東京：平凡社，2001）；李冬木，〈留學生周樹人周邊的「尼采」及其周邊〉，《東岳論叢》，2014年第3期（濟南：2014），另收入《越境：「魯迅」之誕生》；李冬木，〈留學生周樹人「個人」語境中的「斯契納爾」—兼談「蚊學士」、煙山專太郎〉，《東岳論叢》，2016年第6期（濟南：2016），另收入《越境：「魯迅」之誕生》。

17 參見北岡正子，〈第5章 ハンガリーの自由の歌い手 戦場に散ったペテーフィ〉，收入《魯迅文学の淵源を探る：「摩羅詩力說」材源考》。

18 參見中島長文，〈孤星と独絃〉，收入《ふくろうの声：魯迅と近代》。

19 材源相關資料甚多，主要可參照周作人《魯迅的故家》、《魯迅小說裡的人物》、《魯迅的青年時代》、《知堂回想錄》以及各種魯迅年譜等。不過，關於周樹人所譯三篇—〈讇〉、〈默〉、〈四日〉所據底本，仍有重新檢討的必要。

20 這兩張示意圖係我的同事，佛教大學楊韜教授基於〈從「斯巴達」到「斯巴達之魂」—「斯巴達」話語建構中的梁啓超與周樹人〉材源所製作，在此謹向楊韜教授致以衷心感謝。

是周樹人在《斯巴達小志》的基礎上，展開《斯巴達之魂》作品創作的材源示意圖。

　　以下，我們將從文本層面，來考察一下周樹人乃至後來的魯迅與各種近代思想的關聯，以及他通往〈狂人日記〉的創作路徑。

三、關於與進化論的關係問題

　　魯迅的進化論觀念，基本形成在他開始作爲周樹人的求學時期。他的閱讀書目如下：

　　1、『地學淺釋』英國雷俠兒（Charles Lyell，1797－1875）著，華蘅芳・瑪高溫（Mac-Gowan，Daniel，Jerome 1814－1893）合譯　江南製造局刊行　1873年

　　2、『天演論』嚴複譯述，湖北沔陽盧氏愼基齋木刻板，1898年

　　3、『物競論』加藤弘之著　楊蔭杭譯　譯書彙編社　1901年

　　4、『進化新論』　石川千代松著　敬業社　1903年

　　5、《進化論講話》丘淺次郎著　東京開成館 1904年

　　6、『種の起源』　チャーレス・ダーウィン著　東京開成館訳　丘浅次郎校訂　東京開成館　1905年

　　7、『進化と人生』丘浅次郎著 東京開成　1906年

　　8、『宇宙の謎』　エルンスト・ヘッケル著　岡上梁、高橋正熊共訳　有朋館 1906年

　　就目前關於魯迅的知識體系而言，1-3是體系內知識，可以在諸如《魯迅年譜》、《全集》注釋（1981；2005）和《魯迅大辭典》（人

民文學出版社，2009）等基本研究資料當中找到它們的存在，5-8在同樣的範圍內則完全找不到，可以說是關於魯迅的知識的空白。

作爲專題研究，我主要把側重點放在楊蔭杭譯『物競論』和魯迅與丘淺次郎（Oka Asajiro，1868-1944）的關係方面，相當於上述書單的3、5、6、7。[21] 至於4和8，中島長文先生（Nakajima Osafumi）早在40年前已經做過了很好的研究，請大家參考他的研究成果。[22]

與丘淺次郎關係的研究，不僅涉及了中日兩國近代進化論傳播的背景、形態以及以留學生爲媒介的互動關係，還深入探討了丘淺次郎進化論的內容、特色和歷史位置，通過實證研究，坐實了他與周樹人之間的密切的文本關係，從而爲進一步瞭解周樹人的進化論知識結構以及他由此所獲得的歷史發展觀和思考方法提供了新的平臺和路徑，揭示出進化論的知識系統的更新在周樹人那裡的由「天演」到「進化」的必然性。該問題還同時觸及到整個中國近代進化論的受容過程問題。由於篇幅的關係不能做更多的展開，這裡只舉一個所謂「畫眼睛」的例子。

《進化論講話》初版「序言」和「增補版序言」在內容上當然大爲不同，但在與本文論題相關的以下引文中，兩者所說完全相同。

又，應在此加以說明的是，寫作本書是想向盡可能多的人

---

21 參見拙論〈關於「物競論」〉，《中國言語文化研究會》，號1（京都：2000年8月），另收入《越境：「魯迅」之誕生》；〈從「天演」到「進化」─以魯迅對進化論之容受及其展開爲中心〉，收入石川禎浩，狹間直樹（編），《近代東アジアにおける翻訳概念の展開：京都大學人文科學研究所附屬現代中國研究センター研究報告》（京都：京都大學人文科學研究所，2013），本文另收入《越境：「魯迅」之誕生》。

22 參見中島長文，〈藍本「人間の歷史」（上）〉，《滋賀大國文》，號16，頁118-128；〈藍本「人間の歷史」（下）〉，《滋賀大國文》，號17，頁52-62。

傳遞生物進化論之要點，因此或於瑣屑之點統而述之，或出於行文方便而在闡釋時忽略少見的例外。然而，正像畫人的臉未必要把他的眉毛一根一根地全畫出來，點上兩個點就算作鼻孔也一向無需措意一樣，只現大體即可，並不礙事。把每根眉毛都講得很細，反倒顯現不出全體的要點來。[23]

丘淺次郎在這裡談的是《進化論講話》的寫作方法。事實證明，這種方法在傳達進化論之要點方面獲得了巨大的成功。毫無疑問，魯迅後來創作小說時借鑒這種方法，在凸顯人物特徵方面也同樣獲得了成功。魯迅晚年在談到自己的創作經驗時說：

忘記是誰說的了，總之是，要極省儉的畫出一個人的特點，最好是畫他的眼睛。我以為這話是極對的，倘若畫了全副的頭髮，即使細得逼真，也毫無意思。我常在學學這一種方法，可惜學不好。[24]

在涉及魯迅創作問題時，這段話是被人們經常引用的。關於「忘記是誰說的了」當中的「誰」，『魯迅全集』的註釋為：

這是東晉畫家顧愷之的話，見南朝宋劉義慶『世說新語・巧藝』：「顧長康（按即顧愷之）畫人，或數年不點目睛。人問其故，顧曰：『四體如量，本無關於妙處；傳神寫照，正在阿堵中。『阿堵』，當時俗語，這個。[25]

---

23 丘浅次郎，《進化論講話》（東京：開成館，1904），頁 6-7。

24 魯迅，〈我怎麼做起小說來〉，收入《魯迅全集》，卷4：南腔北調集，頁527。

25 魯迅，〈我怎麼做起小說來〉，收入《魯迅全集》，卷4：南腔北調集，頁529-530。

　　這裡的「誰」倒是更接近於丘淺次郎。拿東漢顧愷之來做參照未
爲不可，只是捨近求遠了。如果把丘淺次郎說的「要點」，置換爲魯
迅話裡的「特點」和「眼睛」，再把丘淺次郎說的「眉毛」置換爲
「頭髮」，那麼兩者不論在表達的意思還是表達的方式上都是完全一
致的。可以說這已經超過了進化論本身而成爲一種寫作方法的啓發。
也就是說，魯迅受到了丘淺次郎描寫方法的啓發，並且在小說創作實
踐中試圖學習這種方法。

四、關於「改造國民性思想」問題

　　關於魯迅的改造國民性思想，許壽裳闡釋得最早。[26] 作爲同時代
人和親密的朋友，許壽裳關於魯迅和他在弘文學院所做的國民性問題
討論的回憶，無疑給〈藤野先生〉當中作者自述的〈我的意見卻變化
了〉[27] ——即做出棄醫從文的選擇，和「吶喊‧自序」裡的「我們的
第一要著，是在改變他們的精神」，[28] 即改造國民性思想提供了權威佐
證。後來北岡正子（Kitaoka Masako）教授經過常年細緻調查研究發
現，魯迅和許壽裳當年在弘文學院就國民性問題所作的討論，實際是
他們在學期間，校長嘉納治五郎（Kano Jigoro, 1860-1938）和當時同
在弘文學院留學、年長而又是「貢生」的楊度（1875-1931）關於

---

26 許壽裳，「懷亡友魯迅」、「回憶魯迅」，〈我所認識的魯迅〉，收入魯迅博
　　物館、魯迅研究室、魯迅研究月刊（選編），《魯迅回憶錄：專著》（北
　　京：北京出版社，1997），冊上，頁443、487-488；「七 辦雜誌、譯小
　　說」，〈亡友魯迅印象記〉，收入魯迅博物館、魯迅研究室、魯迅研究月刊
　　（選編），《魯迅回憶錄：專著》，冊上，頁226。
27 魯迅，〈我的意見卻變化了〉，收入《魯迅全集》，卷2：朝花夕拾，頁
　　317。
28 參見魯迅，《魯迅全集》，卷1：吶喊，頁439。

「支那教育問題」的討論之「波動」的結果。[29] 這就可以知道，他在留學當初，也就是寫下「我以我血薦軒轅」詩句的那個時期，已經對國民性問題給予極大的關注了。這裡還可以再從周樹人當年的文本中找出兩個足以供自證的例子。

（1）將軍欲葬之，以詢全軍；而全軍譁然，甚咎亞裡斯多德。將軍乃演說於軍中曰：

「然則從斯巴達軍人之公言，令彼無墓。然吾見無墓者之戰死，益令我感，令我喜，吾益見斯巴達武德之卓絕。<u>夫子勖哉，不見夫殺國人媚異族之奴隸國乎，爲諜爲倀又奚論？而我國則寧棄不義之餘生，以償既破之國法。</u>嗟爾諸士，彼雖無墓，彼終有斯巴達武士之魂！」（自樹「斯巴達之魂」，1903年）

（2）「譯者曰……彼賤女子者，乃僅求爲一賤女子而不可得，誰實爲之而令若是？」（庚辰《哀塵》，1903年）——最早可由此看到其後來的話語方式——【「一，想做奴隸而不得的時代；二，暫時做穩了奴隸的時代。這一種迴圈，也就是‘先儒’之所謂‘一治一亂’……」「燈下漫筆」，1925年】

所以這個改造國民性的意識早就有了，不一定要等到在仙台醫專看幻燈片之後才恍然大悟。

---

29 北岡正子，〈六 嘉納治五郎 第一回生に与える講話の波紋〉，收入《魯迅　日本という異文化のなかで：弘文学院入学から「退学」事件まで》（吹田：關西大學出版部，2001）。關於該問題的中文譯文參見李冬木（譯），〈另一種國民性的討論－魯迅、許壽裳國民性討論之引發〉，《吉林大學社會科學學報》，1998年1期（吉林：1998）。

這裡我打算介紹兩個方面的研究。

我首先關注到的是張夢陽先生的研究。他首先提出了「魯迅與史密斯」的命題（1981），[30] 並對魯迅與史密斯（Arthur Henderson Smith, 1845-1932）的 Chinese characteristics（1890；1894）即『中國人氣質』（1995）展開研究，[31] 帶動起了後續研究。迄今爲止，僅僅是這本書的中譯本，就出版了50種以上，而其中的95%以上是自張夢陽以後出版的。直到2015年8月，在中國關於史密斯研究的推動下，日本還出版了有史以來的第三個日譯本，標題是《中國人的性格》。[32] 該書有354條譯注，並附有長達62頁的譯者解說和後記，對之前的研究做了較爲全面地整理。

另一項研究是關於芳賀矢一（Haga Yaichi, 1867-1927）《國民性十論》（1907）的研究。芳賀矢一是日本近代國文學研究的開拓者，曾與夏目漱石（Natsume Soseki, 1867-1916）同船前往歐洲留學。《國民性十論》在當時是暢銷書，是首次從文化史的觀點出發，以豐富的文獻爲根據而展開的國民性論，對整合盛行於從甲午戰爭到日俄戰爭期間的日本關於國民性的討論發揮了重要歷史作用，以致其影響一直延續至今。順附一句，把「國民性」用於書名，始於該書，其對將 nationality 一詞轉化爲「國民性」這一漢字詞語，[33] 起到了關鍵性的

---

30 參見張夢陽，〈魯迅與斯密斯的「中國人氣質」〉，收入《魯迅研究資料（11）》（天津：天津人民出版社，1987）。

31 參見張夢陽，〈魯迅與斯密斯的「中國人氣質」〉，收入《魯迅研究資料（11）》（天津：天津人民出版社，1987）。

32 參見史密斯（Smith, Arthur Henderson）（著），張夢陽、王麗娟（譯），《中國人氣質》（蘭州：敦煌文藝出版社，1995）及其所附「譯後評析」。

33 關於「國民性」一詞的語源及其流變之研究，請參閱拙論〈國民性：詞語及其話語語建構〉，收入《越境：「魯迅」之誕生》。

「固化」作用。該書漢譯本已於2018年在香港三聯書店，2020年在北京三聯書店出版。我為這個譯本寫了導讀，題目是〈芳賀矢一〈國民性時論〉與周氏兄弟〉，詳細介紹了這本書和周氏兄弟的關係。

通過以上兩種書再來探討魯迅的改造國民性思想，就會發現他對同時代思想資源的選擇，有著自己獨特的眼光和攝取方式，已經遠遠超過了作為先行者的梁啓超（1873-1929）的「新民說」。梁啓超主要是理念和理論的闡釋，而周樹人尋找的主要是對自己的思想和文藝活動實踐有直接幫助的資源。因此在外部資源的選擇上，他早已不囿於梁啓超。他要尋求的是對本民族自身的瞭解，也就是他所說的手與足的溝通。[34] 從這個意義上來說，『支那人氣質』和『國民性十論』就提供了認識本國國民性的有效折射，是他將中國國民性客觀對象化的有效參照。

五、關於個人主義思想問題

與進化論和改造國民性思想相比，個人主義思想問題就更加複雜。不僅要涉及更多的「西方」思想資源，還涉及到在建構思想的過程中與前兩者的關係及其所處思想位置的問題。

在周樹人整個求學時期裡，以嚴復的《天演論》和梁啓超的《新民說》為代表，進化論和國民性思想已至少是清末中國知識界的思想通識，周樹人是在自己留學的明治文化環境當中對它們又做了進一步的追蹤學習和獨自的擇取、思考，從而確立了他自己的關於「進化」和「國民」的理念。不過總的來說，這兩點處在中國知識界「已知」

---

34 參見魯迅，俄譯本《阿Q正傳》序及著者自敘傳略，收入《魯迅全集》，卷7：集外集，頁83-84。

的思想平臺，周樹人在此基礎上並未走出更遠。換句話說，他仍處在通識的言說環境裡。打破這種狀況的，是他與個人主義（或者叫個性主義）的相遇。

> 個人一語，入中國未三四年，號稱識時之士，多引以爲大
> 詬，茍被其諡，與民賊同……[35]

個人主義思想，在他和中國思想界之間，畫出的一條明確的分界線，一邊叫做中國思想界，一邊叫做周樹人。這種思想不僅使他脫胎換骨獲得「新生」，也使他在同齡人和同時代人當中孤星高懸。

就拿人們論述最多的「尼采」來說吧，他遇到的究竟是怎樣一個「尼采」呢？是中文的還是外文的？如果是外文的，那麼是德文的？英文的？還是日文的？這些從來都是一筆糊塗賬。如果不借助具體文本展開實證研究，也就很難說清楚周樹人建構個人主義當中的那個「尼采」是怎樣一種形態。這裡我們可以來看一個具體的「尼采」的例子。

> 德人尼佉（Fr. Nietzsche）氏，則假察羅圖斯德羅
> （Zarathustra）之言曰，吾行太遠，孑然失其侶，返而觀
> 夫今之世，文明之邦國會，斑斕之社會矣。特其爲社會
> 也，無確固之崇信；眾庶之於知識也，無作始之性質。邦
> 國如是，奚能淹留？吾見放于父母之邦矣！聊可望者，獨
> 苗裔耳。此其深思遐矚，見近世文明之僞與偏，又無望於
> 今之人，不得已而念來葉者也。[36]

《文化偏至論》（1908）裡的這段話一直被認爲是魯迅對尼采

---

35 魯迅，〈文化偏至論〉，收入《魯迅全集》，卷1：墳，頁51。
36 魯迅，〈文化偏至論〉，收入《魯迅全集》，卷1：墳，頁50。

《查拉圖斯特拉如是說》當中「教養之國」之章的概括，那麼對比以下一段話如何？

> 十四・文化之國土　裡說的是，我走得過於遙遠，幾乎隻身一人而沒了伴侶，於是又折回到現在之世來看。而現代之世實乃文化之國土，實乃帶著各種色彩之社會。但這社會，聊無確實的信仰，人們的知識絲毫不具備創作的性質。我們無法滯留在這樣的國土。我實乃被父母之國土所放逐。然而，唯寄託一線希望的，只有子孫的國土。
> 這是對現代文明的一個非難。

這是桑木嚴翼（Kuwaki Genyoku, 1874-1946）在《尼采氏倫理說一斑》（1902）一書當中對《查拉圖斯特拉如是說》中「文化之國土」部分所做的概括。[37]

再來看「施蒂納」的例子。周樹人〈文化偏至論〉：

> 德人斯契納爾（M・Stirner）乃先以極端之個人主義現於世。謂眞之進步，在於己之足下。人必發揮自性，而脫觀念世界之執持。惟此自性，即造物主。惟有此我，⋯⋯意蓋謂凡一個人，其思想行爲，必以己爲中樞，亦以己爲終極：即立我性爲絕對之自由者也。[38]

再對比下面一段如何？

> 麥克斯・施蒂納是基於純粹利己主義立場之無政府主義的首倡者。
> ⋯⋯（中略）⋯⋯

---

37 桑木嚴翼，《ニーチ工氏倫理説一斑》（東京：育成會，1902），頁217。
38 魯迅，〈文化偏至論〉，收入《魯迅全集》，卷1：墳，頁52。

> 所謂幸福者，乃是每個個人都以自己爲自己的一切意志及
> 行爲的中心和終極點時才會產生的那種東西。即，他要以
> 我性確立人的絕對自由。[39]

　　這段話出自煙山專太郎（Kemuyama Sentaro, 1877-1954）的〈無
政府主義を論ず〉一文，後收入《近世無政府主義》（1902）一書。
這文、這書對中國當時的無政府主義思潮，尤其是那些正在爲反清製
造炸彈的革命者有著巨大影響，但是沒有一個人對書中的「施蒂納」
感興趣，只有周樹人從個人主義思想側面注意到了他的存在，並將其
原封不動地擇譯到自己的文章裡。這種情形，和對待前面提到的桑木
嚴翼的「尼采」的情形完全一樣。關於以上所涉及的觀點和內容，請
參閱我的相關研究。[40]

　　這就說明在建構個人主義思想的過程中，周樹人也履行了同他建
構進化論思想和國民性思想一樣的手續，即借助日本的語言環境和出
版物走向「西方」。那麼如果再說到他的文學觀，這種情況恐怕就會
更加突出和明顯。

六、關於文學觀的建構問題

　　周樹人的文學觀，確立在他所獲得的新知的基礎上，又集中體現
在他作於1907年、連載於翌年在東京發行的中國留學生雜誌《河南》
第二、三期上的「摩羅詩力說」當中。這篇文章旨在闡述詩歌之力，

---

39 煙山專太郎，〈無政府主義を論ず（續）〉，《日本人》，號157（東京：
　　1902年2月20日），頁24-25。
40 參見李冬木，〈留學生周樹人周邊的「尼采」及其周邊〉、〈留學生周樹人
　　「個人」語境中的「斯契納爾」─兼談「蚊學士」、煙山專太郎〉，另收入
　　《越境：「魯迅」之誕生》。

即文學的力量，著重介紹了以拜倫為首的「立意在反抗，旨歸在動作」的所謂惡魔派詩人的事蹟和作品，希望中國也能出現這樣的詩人和文學，以獲得作為「人」的「新生」。這篇文章後來不僅被認為是寫作〈狂人日記〉魯迅的文學起點，而且也是中國近代文學的精神起點。

文中介紹了四國的八位詩人，以作為「摩羅宗」的代表。這些詩人均有材料來源。北岡正子教授2015年出版了她歷時近四十年、長達650頁的調查巨著《摩羅詩力說材源考》，基本查清了「摩羅詩力說」的核心內容的材源主要來自11本書和若干篇文章，其中日文書7本，英文書4本。我在此基礎上又增加了可以視為材源的另外一本，即齋藤信策（Saito Sinsaku, 1878-1909）的《藝術與人生》（1907），[41]論文已經發表出來。[42]這一發現，不僅證明周樹人是通過東方的齋藤信策而和西方的易卜生（Henrik Johan Ibsen, 1828-1906）相遇，還找到了他們之間更深刻的聯繫。

讀齋藤信策，最明顯的感受是在他與周樹人之間的「共有」之多。雖然先學們早已就此有所提示，例如伊藤虎丸先生、[43]劉柏青先

41　斋藤信策，《藝術と人生》（東京：昭文堂，1907）。

42　參見李冬木，〈關於留學生周樹人與明治「易卜生」—以齋藤信策（野之人）為中心〉，《南國學術》卷13號2，本文另收入《越境：「魯迅」之誕生》。

43　伊藤虎丸、松永正義，〈明治三〇年代文學と魯迅：ナショナリズムをめぐって〉，《日本文学》，卷29期6（東京：1980年6月），頁32-47。這一研究成果經整理，內容反映在伊藤虎丸，《魯迅と日本人—アジアの近代と「個」の思想》（東京：朝日新聞社，1983），頁36-39；伊藤虎丸（著），李冬木（譯），《魯迅與日本人：亞洲的近代與「個」的思想》（石家莊：河北教育出版社，2000），頁14-16。

生，[44]中島長文先生甚至還進一步指出：「在主張確立作為個的人之言說當中，和魯迅的文章最顯現親近性的，也還是齋藤野之人的（文章）」，[45]但如果不是具體閱讀，這一點是很難體會到的。個人、個性、精神、心靈、超人、天才、詩人、哲人、意力之人、精神界之戰士、真的人……他們不僅在相同的精神層面上擁有著這些表達「個人」的概念，更在此基礎上共有著以個人之確立為前提的近代文學觀。

到此為止，周樹人的精神內核已經確立並固化，顯而易見，這種精神氣質，與後來〈狂人日記〉的主人公是息息相通的。所以我說他是帶著一個完整的狂人雛形回國的。那麼〈狂人日記〉又是怎樣創作的呢？我通過三項研究解決了這個問題。

七、〈狂人日記〉之成立

〈狂人日記〉4000多字，由三大內在支柱構成。一個是富有衝擊力的「吃人」的主題意象，一個是「狂人」的形象，第三個是由「狂人」來暴露歷史和現實「吃人」以及其自身陷入困境之藝術構建。圍繞著這三大核心支柱，我花了十幾年的時間做了三項調查。第一項是明治時代的「食人」言說史與〈狂人日記〉的關係；第二項是明治時代「狂人」言說與〈狂人日記〉的關係；第三項是明治時代的文藝創作和俄羅斯文學的譯介與〈狂人日記〉。這三項研究成果，都發表在《文學評論》（2012.1；2018.5；2020.5）上，並被《新華文摘》全文

---

44 劉柏青，《魯迅與日本文學》（吉林：吉林大學出版社，1985），頁52-60、67-72。

45 中島長文，〈孤星と独絃〉，收入《ふくろうの声：魯迅と近代》，頁20。

轉載，日文版都發表在佛教大學《文學部論集》上，學術資訊公開，
PDF文檔免費下載。感興趣的朋友可以找來看一看。這三項都指向周
樹人的留學時代，也揭示了〈狂人日記〉創作的豐富而深廣的精神積
累。三十七歲的周樹人創作〈狂人日記〉，可謂厚積薄發，一聲吶
喊，為他曾經有過的「取今復古，別立新宗」[46]的壯志豪情，找到了
一個創作的歸結點。

　　篇幅關係，這裡不能一一展開，只講幾個和〈狂人日記〉的結尾
密切相關的有趣的例子。

　　第一是關注「狂人」並且學習塑造「狂人」的寫作。這裡可以隨
手舉出的作品除了大家熟知的果戈理的〈狂人日記〉外，還有松原岩
五郎的〈狂人日記〉，還有契訶夫的《第六病室》、高爾基的《二狂
人》、安特萊夫的《思想》、《紅笑》、《謾》、《默》、迦爾洵的《四
日》。這些不僅都包括在留學時期周樹人讀過的百來篇小說當中，有
些還就是他的翻譯。例如，《紅笑》、《謾》、《默》、《四日》都是展
現發瘋或心智狂亂的作品，這麼集中地選取出來加以翻譯，不能不說
周樹人通過文學找到了傳遞時代痛點的最敏感的神經。這是就認識論
和審美取向而言。然而，翻譯又不僅是語言的轉換，而更是寫作方法
的學習。就拿「狂氣」來說吧，「狂氣」的描寫是需要學習的。不是
說看了就能懂，還得有深入的領悟。例如《紅笑》中的一段描寫：

　　「你害怕了嗎？」我輕聲問他。

　　志願兵蠕動著嘴，正要說什麼，不可思議的，奇怪的，完
　　全莫名其妙的事情發生了。有一股溫熱的風拍在我的右臉
　　上，我一下鈍住了——雖然僅僅如此，但眼前這張蒼白的

---

46 魯迅，〈文化偏至論〉，收入《魯迅全集》，卷1：墳，頁57。

> 臉卻抽搐了一下，裂開了一道鮮紅。就像拔了塞兒的瓶
> 口，鮮血從那裡咕嘟咕嘟地往外冒，彷彿拙劣的招牌上常
> 見的那種畫。咕嘟咕嘟，就在那唰地一下裂開的鮮紅處，
> 鮮血在流，沒了牙齒的臉上留著蔫笑，留著紅笑。[47]

　　這部作品周樹人在1908年或最遲在1909年就應該看到了。他將其列爲域外小說集當中的一篇，雖然最終沒有翻譯完。七八年後的周瘦鵑從英文翻譯這篇作品時，對於這種描寫仍然不能理解，特意在譯文中加注：「紅笑二字頗不可解，原文如此，故仍之。」[48]

　　第二個例子是關於「眞的人」。作品最後「難見眞的人」[49]一句，是「狂人」覺醒後對「眞的人」記憶的喚醒，同時也是作者「苦於不能全忘卻」[50]的記憶。這句話歷來是〈狂人日記〉解讀的重點，但似乎並沒找到這個「眞的人」出自哪裡。現在可以明確，也還是出自作者當年熟讀過的文字。

> 尼采又曰，幸福生活到底屬於不可能之事。人所能到達最
> 高境界的生活，是英雄的生活，是爲了眾人而與最大的痛
> 苦所戰的生活。眞的人出現，才會使吾人得以成爲眞的
> 人。所謂眞的人，就是一躍而徑直化作大自然的人。與其
> 說他們以自己的事業教育世界，還不如說他們通過自己的
> 人物教育世界。思想家、發明家、藝術家、詩人固無須

---

47 アンドレーエフ（著），二葉亭四迷（譯），《血笑記：新訳》（東京：易風社，1908），頁27。

48 盎堀利夫（著），周瘦鵑（譯），《紅笑》，收入施蟄存（主編），《中國近代文學大系：1840-1919》（上海：上海書店出版社，1990），卷26：翻譯文學集1，頁785。

49 魯迅，〈狂人日記〉，《魯迅全集》，卷1：吶喊，頁454。

50 參見魯迅，〈自序〉，《魯迅全集》，卷1：吶喊，頁437-441。

問。這樣的人便是歷史的目的。(引文中著重號為筆者所
加)[51]

　　也就是說，〈狂人日記〉寫到最後還惦記著「真的人」，那個周
樹人年輕時相遇的「真的人」還在向他發出召喚。

　　再舉一個例子，就是〈狂人日記〉最後的「救救孩子」！人們歷
來都覺得這句話來得很突兀，怎麼突然來了這麼一句？這其實也是跟
他閱讀「尼采」和「狂人」時留下的記憶有關。前面讀到的尼采的那
一段原文裡，有「然而，唯寄託一線希望的，只有子孫的國土」(し
かし、たゞ一つ望を属することは、子孫の国土あるのみである)[52]
一句，周樹人把這句翻譯成「聊可望者，獨苗裔耳」，這便是最早植
入他內心的對「未來」＝「孩子」的期許。二葉亭主人(亭四迷)翻
譯的果戈理〈狂人日記〉的最後一句是：

　　「阿母さん、お前の倅は憂き目を見てゐる、助けて下さ
　　れ、助けて！」[53](我的媽呀，你的兒子正在受難，快來救
　　救我，救救我！)

　　《域外小說集》的《謾》，最後一句是：
　　周樹人譯：「援我！咄、援我來！」[54]

51 登張竹風，〈フリイドリヒ・ニイチエ〉，收入瀨沼茂樹(編)，《明治文
　學全集40》(東京：筑摩書房，1970)，頁300。
52 桑木嚴翼，《ニーチエ氏倫理說一斑》，頁217。
53 ゴーゴリ(著)，二葉亭四迷(譯)，〈狂人日記〉，《趣味》，卷2號5(東
　京：1907)，頁161。
54 周樹人(譯)，《謾》、《域外小說集》(民國二十五年十二月版影印本)，
　收入陳平原等(主編)，《中國近代文學文獻叢刊・漢譯文學卷070》(北
　京：商務印書館，2020)，頁204。

> 山本迷羊：「誰かが僕を救って吳れるのか……誰が僕を
> 救って吳れるのか？！……」[55]（誰能救救我嗎？……誰能
> 來救救我？！……）；

　　就這樣「尼采」對未來子孫國土的期許，「狂人」不斷的求救呼喊，是一直伴隨著他，回蕩在他的內心深處的。倘若知道了這些底細，那麼〈狂人日記〉的最後出現「救救孩子」一句，也就毫不奇怪了。這句話是尼采的，是狂人的，也是周樹人的，是使周樹人成爲魯迅的一種聲音。就這樣，〈狂人日記〉誕生了，中國出現了一個叫做「魯迅」的作家，後來的事，不用我多說，大家已經很清楚了。

八、結束語

　　誠如以上所見，周樹人通過出國留學，掌握外語（主要是日語和德語），並由此而在異文化的場域中與近代思想、文學乃至時代精神發生了廣泛而深入的交涉，不僅獲得了進化論、國民性、個人主義、文明批評以及文學創作和評論等大量精神資源，也在汲取這些資源的過程中，通過讀取與翻譯的反復操作，重新建構了自己的母語，也就是確立了一個嶄新的近代自我。本文所出示的周樹人留學時代的各種文本實例，並不意味著他在這些文本面前喪失了自己的主體性，而恰恰相反，這些文本實例恰恰標誌著他在自我建構過程中所留下的足跡。

55　アンドレエフ（著），山本迷羊（譯），〈噓〉，《太陽》，卷14號16（東
　　京：1908），頁116。

他呼喊「立人」，「首在立人，人立而後凡事舉」；[56]他在尋找，「今索諸中國，爲精神界之戰士者安在？」[57]卻無人將他的這些「心聲」[58]當回事，只給他留下了一個「獨有叫喊于生人中，而生人並無反應」的「寂寞」。[59]那麼怎麼辦？人不立，而他「自樹」，[60]「精神界之戰士」不在，他便自任，他在追尋身旁的先驅者發出「哲人何處有」[61]之聲的過程中，憧憬著自己理想的人，理想的詩人和精神界之戰士，並最終以文本的採集和重構把自己充填進去。正是這樣一個個體之人，在留學結束時寫下了〈摩羅詩力說〉，又在十年後發表了〈狂人日記〉，這兩種現今都被視爲中國亙古未有之聲，標誌著近代文學誕生之文學。

可以說，「魯迅」之誕生，是在周樹人留學時就註定了的。

2023 年 11 月 29 日禮拜六　初稿於京都紫野
2024 年 02 月 25 日禮拜日　修訂於京都紫野
2024 年 08 月 19 日禮拜一　補筆於京都紫野

---

56 魯迅，〈文化偏至論〉，收入《魯迅全集》，卷 1：墳，頁 58。
57 魯迅，〈摩羅詩力說〉，收入《魯迅全集》，卷 1：墳，頁 102。
58 魯迅，〈摩羅詩力說〉，收入《魯迅全集》，卷 1：墳，頁 67、102。
59 魯迅，〈自序〉，收入《魯迅全集》，卷 1：吶喊，頁 439。
60「自樹」是周樹人創作一篇小說《斯巴達之魂》時所使用的筆名。
61「哲人何處有」係齋藤信策文集的書名，姊崎正治、小山鼎浦（編），《哲人何處にありや：齋藤信策遺稿》（東京：博文館，1913）。

【附錄一　梁啓超《斯巴達小志》材源示意圖】

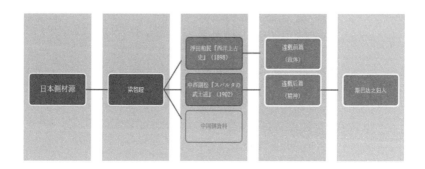

【附錄二　自樹「斯巴達之魂」材源示意圖】

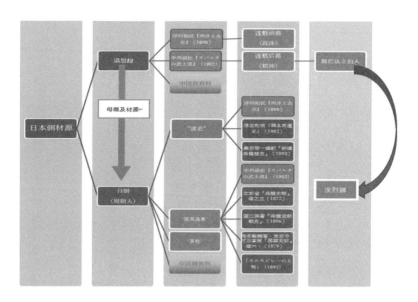

徵引書目

專著

史密斯（Smith, Arthur Henderson）（著），張夢陽、王麗娟（譯），《中國人氣質》（蘭州：敦煌文藝出版社，1995）。

伊藤虎丸著，李冬木（譯），《魯迅與日本人：亞洲的近代與「個」的思想》（石家莊：河北教育出版社，2000）。

安德列耶夫（著），周瘦鵑（譯），《紅笑》，收入施蟄存（主編），《中國近代文學大系：1840-1919》（上海：上海書店出版社，1990），卷26：翻譯文學集1，

周作人，《知堂回想錄》（香港：三育圖書文具公司，1970）。

周遐壽，《魯迅小說裡的人物》（上海：上海出版公司，1954）。

周遐壽，《魯迅的青年時代》（北京：中國青年出版社，1957）。

周遐壽，《魯迅的故家》（北京：人民文學出版社，1957）。

周樹人（譯），《域外小說集》（民國二十五年十二月版影印本），收入陳平原等（主編），《中國近代文學文獻叢刊・漢譯文學卷070》。

周樹人（譯），《謾》（民國二十五年十二月版影印本），收入陳平原等（主編），《中國近代文學文獻叢刊・漢譯文學卷070》（北京：商務印書館，2020）。

劉柏青，《魯迅與日本文學》（吉林：吉林大學出版社，1985）。

魯迅，《魯迅全集》（北京：人民文學出版社，2005），卷1、2、4、7。

アーサー・H・スミス（著），石井宗晧、岩﨑菜子（譯），《中國人的性格》（東京：中央公論新社，2015）。

アンドレーエフ著，二葉亭四迷（譯），《血笑記：新訳》（東京：易風社，1908）。

丘淺次郎，《進化論講話》（東京：開成館，1904）。

北岡正子，《魯迅文學の淵源を探る：「摩羅詩力說」材源考》（東京：汲古書院，2015）。

伊藤虎丸，《魯迅と日本人－アジアの近代と「個」の思想》（東京：朝日新聞社，1983）。

　﨑正治、小山鼎浦（編），《哲人何處にありや：齋藤信策遺稿》（東京：博文館，1913）。

桑木嚴翼，《ニーチェ氏倫理說一斑》（東京：育成會，1902）。

斎藤信策，《藝術と人生》（東京：昭文堂，1907）。

樽本照雄（編），《新編增補清末民初小説目錄》（濟南：齊魯書社，2022）。

工藤貴正：『魯迅と西洋近代文芸思潮』，東京：汲古書院，2008年。

論文及專文

白育坊、孫承晟，〈魯迅與顧琅早期地質作品新論─《中國地質略論》與《中國礦產志》知識來源考〉，《地質論評》，卷69期1（北京：2023年2月），頁1589-1605。

宋聲泉，〈《科學史教篇》藍本考略〉，收入中國現代文學研究會、中國現代文學館（合編），《中國現代文學研究叢刊》，2019年第1期（北京：2019），頁143-150。

李冬木（譯），〈另一種國民性的討論─魯迅、許壽裳國民性討論之引發〉，《吉林大學社會科學學報》，1998年1期（吉林：1998），頁86-93。

李冬木，〈留學生周樹人「個人」語境中的「斯契納爾」─兼談「蚊學士」、煙山專太郎〉，《東岳論叢》，2016年第6期（濟南：2016），另收入《越境：“魯迅”之誕生》，頁538-589。

李冬木，〈留學生周樹人周邊的「尼采」及其周邊〉，《東岳論叢》，2014年第3期（濟南：2014），另收入《越境：「魯迅」之誕生》，頁500-537。

李冬木，〈國民性：詞語及其話語建構〉，收入《越境：「魯迅」之誕生》（杭州：浙江古籍出版社，2023），頁139-204。

李冬木，〈從「天演」到「進化」─以魯迅對進化論之容受及其展開爲中心〉，收入石川禎浩，狹間直樹（編），《近代東アジアにおける翻訳概念の展開：京都大學人文科學研究所附　現代中國研究センター研究報告》（京都：京都大學人文科學研究所，2013），另收入《越境：“魯迅”之誕生》，頁49-122。

李冬木，〈從「斯巴達」到「斯巴達之魂」─「斯巴達」話語建構中的梁啓超與周樹人〉，收入《越境：“魯迅”之誕生》，頁205-294。

李冬木，〈關於「物競論」〉，《中國言語文化研究會》，號1（京都：2000年8月），另收入《越境：“魯迅”之誕生》，頁28-47。

李冬木，〈關於留學生周樹人與明治「易卜生」─以齋藤信策（野之人）爲中心〉，《南國學術》卷13號2，另收入《越境：“魯迅”之誕生》，頁580-616。

岳笑囡、潘世聖，〈《哀塵》底本：森田思軒譯《隨見錄》第四則─漢文脈共享與魯迅的「翻譯」政治〉，《魯迅研究月刊》，2021年第4期（北京：2021），頁22-54。

張宇飛，〈魯迅《說鈤》的一則材源〉，收入上海魯迅紀念館（編），《上海

魯迅研究》（上海：上海社會科學院出版社，2023），總第98輯：魯迅與左聯，頁191-198。

張夢陽，〈魯迅與斯密斯的「中國人氣質」〉，收入《魯迅研究資料（11）》（天津：天津人民出版社，1987），頁316-351。

許壽裳〈我所認識的魯迅〉，收入魯迅博物館、魯迅研究室、魯迅研究月刊（選編），《魯迅回憶錄：專著》（北京：北京出版社，1997），冊上，頁209-302。

許壽裳，「回憶魯迅」，〈我所認識的魯迅〉，收入魯迅博物館、魯迅研究室、魯迅研究月刊（選編），《魯迅回憶錄：專著》（北京：北京出版社，1997），冊上，頁487-488。

アンドレエフ（著），山本迷羊（譯），〈嘘〉，《太陽》，卷14號16（東京：1908），頁116。

ゴーゴリ（著），二葉亭四迷（譯），〈狂人日記〉，《趣味》，卷2號5（東京：1907），頁161。

工藤貴正，〈魯迅の翻訳研究-4-外国文学の受容と思想形成への影響、そして展開－日本留学時期（「哀塵」）〉，《大阪教育大学紀要　第Ⅰ部門：人文科学》，卷41號2（柏原：1993年2月），頁71-88。

工藤貴正，〈魯迅の翻訳研究-5-外国文学の受容と思想形成への影響、そして展開－日本留学時期（ヴェルヌ作品受容の状況）〉，《大阪教育大学紀要　第Ⅰ部門：人文科学》，卷42號2（柏原：1994年2月），頁129-140。

中島長文（輯），〈藍本「摩羅詩力の説」第四・五章－北岡正子氏作るところの「摩羅詩力説材源考ノート」によせて〉，《猗風》，號5（宇治：1973年6月），頁95-140。

中島長文（輯），〈藍本「摩羅詩力の説」第七章〉，《猗風》，號6（宇治：1974年4月），頁27-66。

中島長文，〈孤星と独絃〉，收入《ふくろうの声：魯迅と近代》（東京：平凡社，2001），頁7-65。

中島長文，〈一切り抜き帳より－魯迅「中国地質略論」地図及びその他〉，《猗風》，號34（宇治：1998年12月），頁67-74。

中島長文，〈藍本「人間の歴史」（下）〉，《滋賀大國文》，號17（大津：1979），頁52-62。

中島長文，〈藍本「人間の歴史」（上）〉，《滋賀大國文》，號16（大津：1978），頁118-128。

片山智行，〈近代文学の出発－「原魯迅」というべきものと文学について－〉，收入東京大学文学部中国文学研究室（編），《近代中国の思想

と文学》（東京：大安株式會社，1967），頁165-182。

北岡正子，《魯迅日本という異文化のなかで：弘文学院入学から「退学」
　　事件まで》（吹田：關西大學出版部，2001），頁271-296。

伊藤虎丸、松永正義，〈明治三〇年代文学と魯迅：ナショナリズムをめぐ
　　って〉，《日本文学》，巻29期6（東京：1980年6月），頁32-47。

阪上正信，〈キュリーのラジウム発見100年にさいして〉，《化学と工業》，
　　巻51號10（東京：1998年10月），頁1604-1609。

登張竹風，〈フリイドリヒ・ニイチエ〉，收入　沼茂樹（編），《明治文学
　　全集40》（東京：筑摩書房，1970），頁300。

煙山專太郎，〈無政府主義を論ず（続）〉，《日本人》，號157（東京：1902
　　年2月20日），頁24-25。

The Birth of "Lu Xun": An Example of Modern Sino-Japanese Intellectual Interaction

Dongmu Li

Abstract

This paper explores the mechanism behind the emergence of the writer "Lu Xun," marked by the publication of "A Madman's Diary" in Volume 4, Issue 5 of New Youth in 1918. The focus is on examining the journey of Zhou Shuren, a student studying in Japan, towards becoming the writer "Lu Xun" through the lens of reading history and the genesis of the text. It posits that the seven-plus years from April 1902 to August 1909 were crucial in transforming Zhou Shuren into the future Lu Xun. During this period, Zhou Shuren learned Japanese and German, acquiring modern knowledge mainly through these two languages. By translating and reconstructing this knowledge into his native language, he forged a new personal identity that would become the core of the future Lu Xun. The paper centers on Zhou Shuren's writings and translations during his time in Japan, examining various aspects such as evolutionary theory, national character, individualism, and a literary perspective centered on the concept of "establishing individuals," to reveal how Zhou Shuren came to create "A Madman's Diary."

Keywords: Zhou Shuren, Lu Xun, Evolutionary Theory, National Character, Individualism

從滿蒙史到征服王朝論──
田村實造的北亞歷史世界論

蔡長廷

蔡長廷，國立政治大學民族學系博士，東吳大學兼任助理教
授。專長：北亞史、近代學術思想史、臺灣民間信仰與族群。

從滿蒙史到征服王朝論——
田村實造的北亞歷史世界論

蔡長廷[*]

摘　要

　　日本北亞史研究自明治末期開始發展，在日本侵略亞洲下獲得朝鮮、滿洲、蒙古為重要田野地，大正、昭和前期擴展出滿鮮史、滿蒙史的領域，成為東洋史的主流。北亞史研究第三代學者田村實造即在上述時代環境下成長，在京都帝國大學東洋史學科的訓練下，以蒙古史研究為志業，養成史料實證、考古調查的研究方法，也在東亞考古學會資助下，前往北京、滿蒙地區留學、考古調查，形成將遼金元視為連續性時期研究的問題意識。

　　日本戰敗的昭和後期，他仍持續研究滿蒙史，並批判性繼承魏復古的征服王朝論，將戰前滿蒙史研究成果補充征服王朝論，成為日本式的征服王朝論，至此可見征服王朝論並非憑空出現而被日本學界所接受。他更進一步利用遊牧國家與征服王朝兩種概念，分別對應騎馬遊牧民的古代時期與中世時期，提出北亞歷史世界論，建構出北亞史論述框架。

　　值得注意的是，在他建立的北亞框架中，仍可見到有論點上的問題與局限，如東亞史中唐代結束應為近世的開始，但在北亞史中卻是中世的開始，使得北亞與東亞的時代分期無法自洽。

關鍵詞：田村實造、滿蒙史、征服王朝、北亞歷史世界、北亞史

---

*　東吳大學歷史學系兼任助理教授。

一、前言

　　田村實造（1904-1999）是日本戰後具代表性的北亞史研究者之一，其代表著作包括《慶陵》（1953）、《中國征服王朝の研究》（上）、（中）、（下）（1964-1985）、《アジア史を考える―アジア史を構成する四つの歷史世界》（1990，以下簡稱《アジア史を考える》）等，治學特色是以史料進行實證，最爲人所知的學術成果是慶陵調查與批判性吸收魏復古的征服王朝論，發展北亞歷史世界論，並提出亞洲史是由東亞史、中亞史、北亞史、西亞史所組成的框架。

　　日本的東洋史學界可追溯至兩個學術傳統，一爲漢學傳統，從江戶時期的寶曆元年至明和9年間（1751-1772），由井上金峨、吉田皇墩導入清國考據學，成爲明治時期考證史學的前身。[1]明治15年（1882），東京大學校長加藤弘之考慮在引進西洋學術的同時，也需持續培養固有的漢學人才，在文學部附設「古典講習科」，講授「正史、雜史、法制、辭章、事實考證、支那法制、漢文」，[2]陸續培養市村瓚次郎、岡田正之、長尾雨山、林泰輔、瀧川龜太郎等學者，成爲東洋史學發展初期的重要學者。[3]另一爲東洋史，雖以中國史爲中心，

1　窪寺紘一，《東洋學事始—那珂通世とその時代》（東京：平凡社，2009），頁125-126。
2　東京大学百年史編集委員会編，《東京大学百年史 部局史一》（東京：東京大学出版会，1986），頁505；中見立夫，〈日本的「東洋学」の形成と構図〉，收入山本武利等編《岩波講座「帝國」日本の學知 第3卷東洋學の磁場》（東京：岩波書店，2006），頁18。
3　古典講習科漢書課儘管只有召募兩期，但人才輩出。第一期生於明治20年畢業，共有28名，對東洋學有重要影響的有市村瓚次郎、林泰輔、岡田正之、滝川龜太郎等人。第二期生於明治21年畢業，對東洋學有重要影響的有兒島獻吉郎、長尾雨山等人。參見東京大學百年史編集委員會

但未論及週邊非漢民族之歷史，難以掌握全面掌握，[4]再加上日本學者
考慮如何在學術上與西方學者競爭，從西方學者尚未研究的東北亞切
入應大有可為，因此從東北亞到北亞，以至於中亞展開研究，對北亞
遊牧民族（非漢文化）的研究高度重視，[5]相關研究成果通常是歸類在
「滿鮮史」、「滿蒙史」等名稱中，近二十年間對此研究成果亦有豐碩
業績，[6]井上直樹、中見立夫認為白鳥庫吉發展的「滿鮮史」是將滿洲
與朝鮮視為一歷史文化圈，稻葉岩吉從對朝鮮史的研究總結，認為朝
鮮無法自我進步，故需要外力介入。[7]與此同時，在日本政府資助下，

編，《東京大學百年史 部局史一》，頁505-506；町田三郎，《明治の漢學
　者たち》〈東京大學『古典講習科』の人々〉（東京：研文出版，1998），
　頁135-136。

4　窪寺紘一，《東洋始事始—那珂通世とその時代》，頁197-198。

5　Stefan Tanaka, *Japan's Orient: Rendering Pasts into History* (Berkeley and Los
　Angeles: University of California Press, 1993)；中見立夫的〈日本的「東洋
　學」の形成と構図〉、吉澤誠一郎的〈東洋史學の形成と中國—桑原隲藏
　の場合〉以及吉開將人，〈東亞考古學と近代中國〉，收入山本武利等
　（編）《岩波講座「帝國」日本の學知第3卷東洋學の磁場》（東京：岩波
　書店，2006）；窪寺紘一，《東洋學事始—那珂通世とその時代》（東京：
　平凡社，2009）。

6　桜沢亜伊，〈「滿鮮史觀」の再検討—「滿鮮歷史地理調查部」と稻葉岩吉
　を中心として〉，《現代社會文化研究》，號39（新潟：2007年7月），頁
　19-36；井上直樹，《帝国日本と"滿鮮史"：大陸政策と朝鮮・滿州認識》
　（東京：塙書房，2013）、毛利英介，〈滿洲史と東北史のあいだ：稻葉岩
　吉と金毓黻の交流より〉，《関西大学東西学術研究所紀要》，輯48（吹
　田：2015年4月），頁343-363；井上直樹，〈滿洲国と滿洲史研究：アジ
　ア歷史資料センター所蔵文書の分析を中心として〉，《京都府立大学学
　術報告人文》，號70（京都：2018年12月），頁157-175。

7　井上直樹，《帝国日本と"滿鮮史"：大陸政策と朝鮮・滿州認識》，頁
　229-230；中見立夫，《「滿蒙問題」の歷史的構図》（東京：東京大學出版
　會，2013），頁14；稻葉岩吉，〈滿鮮不可分の史的考察〉，收入氏著《支
　那社會史研究》（東京：大鐙閣，1922），頁303-309。

如東亞考古學會、東方文化學院、東亞研究所等研究團體或機構也對
滿鮮史、滿蒙史研究有相當大的推進作用，因此學術與政治之間的關
係也能在此外圍機構中觀察其互動。[8]其餘如阿部猛考察太平洋戰爭時
期歷史學的發展，在皇國史觀佔主流的氛圍下，日本史研究如何根據
政府的需要提供論述。[9]中生勝美考察同時代且同研究領域的江上波夫
與其任職的民族研究所，認為民族研究所與政府、軍部的關係密切，
研究者也在知情下進行民族政策研究，以供政府、軍部為建設大東亞
共榮圈參考，但研究方面卻維持相當自由。[10]

　　該時代的學術團體，亦有豐碩的回想錄、傳記可供參考，[11]值得

8　參見註1的吉開將人論文外，秫詰秀一，《太平洋戰爭と考古学》（東京：
　　吉川弘文館，1997）；桑兵，〈東方考古學協會述論〉，《歷史研究》，2000
　　年期5（北京：2000年10月），頁160-169；山根幸夫，《東方文化事業の
　　歷史—昭和前期における日中文化交流》（東京：汲古書院，2005）、林
　　志宏，〈殖民知識的生產與再建構—「滿洲國」時期的古物調查工作〉，
　　《中央研究院近代史研究所集刊》，期87（臺北：2015年3月），頁1-50；
　　蔡長廷，〈戰時中の日本における遼・金・元・清史の研究—東亞研究
　　所の「異民族支那統治」委託案を中心に〉，《東方學報京都》，冊98（京
　　都：2023年12月），頁1-43。
9　阿部猛，《太平洋戰爭と歷史學》（東京：吉川弘文館，1999）。
10　中生勝美，《近代日本の人類学史：帝国と植民地の記憶》（東京：風響
　　社，2016），〈第5章民族研究所：戰時中の日本民族学〉，頁317-370。
11　江上波夫編，《東洋學の系譜》（東京：大修館書店，1992）、江上波夫
　　編，《東洋學の系譜（第2集）》（東京：大修館書店，1994）、高田時雄
　　編，《東洋學の系譜〈歐米篇〉》（東京：大修館書店，1996）；今谷明等
　　編，《20世紀の歷史學家たち》（1）日本編上（東京：刀水書房，
　　1997）；今谷明等編，《20世紀の歷史學家たち》（2）日本編下（東京：
　　刀水書房，1999）；今谷明等編，《20世紀の歷史學家たち》（3）世界編
　　上（東京：刀水書房，1999）；今谷明等編，《20世紀の歷史學家たち》
　　（4）世界編下（東京：刀水書房，2001）；今谷明等編，《20世紀の歷史
　　學家たち》（5）日本編續（東京：刀水書房，2006）；尾形勇等編、岸本

注意的是，近期相關檔案、日記亦陸續出版，有助於進一步考察本文關注課題。[12]值得注意的是，近期京都帝國大學東洋史學者的傳記、著作、回想亦陸續出版，有相當參考價值。[13]

北亞史中有數個重要概念是理解此歷史的關鍵：騎馬遊牧民族、遊牧國家、征服王朝、乾燥亞洲、內陸亞洲、中央歐亞等，這些概念多從戰前開始由研究者逐漸提出而豐富其內涵，最後成爲通說。如江上波夫在戰前於滿蒙地區進行歷史考古調查，戰後初期提出騎馬遊牧民族說，成爲理解北亞史與日本史的關鍵概念。[14]故理解重要概念的形成與發展有助於加深理解歷史研究，征服王朝也是另一個重要概念，而引介與擴展此概念的學者正是田村實造。

歷來學界對田村實造的介紹與討論，多聚焦於征服王朝論，且討論集中於中國、臺灣學界，[15]但僅考察征服王朝論，恐怕無法完整理

美緒責任編集，《歷史學事典5歷史家とその作品》（東京：弘文堂，1997）；財団法人東方学会編，《東方学回想（Ⅰ-Ⅸ）》（東京：刀水書房，2000）；歷史研究会（編）、加藤陽子（責任編集），《「戰前歷史学」のアリーナ—歷史家たちの一九三〇年代—》（東京：東京大学出版会，2023）。

12 京都大學大學文書館（編集），《羽田亨日記》（京都：京都大学大学文書館，2019）；《田中克己日記》與相關書信則公布於網路：https://shiki-cogito.net/tanaka/tanaka.htm，參考日期：2023/11/20。

13 宮崎市定，《自跋集—東洋史学七十年》（東京：岩波書店，1996）；礪波護，《京洛の学風》（東京：中央公論新社，2001）；礪波護、藤井讓治編，《京大東洋學の百年》（京都：京都大學學術出版会，2002）；櫻井正二郎，《京都学派酔故伝》（京都：京都大学出版会，2017）；井上文則，《天を相手にする—評傳宮崎市定》（東京：國書刊行會，2018）。

14 蔡長廷，〈江上波夫如何以「騎馬遊牧民族」重構世界史、東亞史、日本史論述〉，《新史學》，卷34期1（臺北：2023年3月），頁153-205。

15 申友良，《中國北方民族及其政權研究》，第七章〈中國北方民族王朝研究〉（北京：中央民族大學出版社，1998），頁327-338；宋德金，〈評征

解田村實造引介並推廣征服王朝論的前因與後果。因此，本文希望將田村實造與征服王朝論放在東洋史研究的發展脈絡中考察，因此在既有研究基礎上，不只利用傳統的學者全集，更利用已公開政府檔案、近年出版學者日記、書信，以求獲得整段學術發展的全貌。首先從京都大學東洋史學科發展滿鮮史、滿蒙史研究的脈絡上，爬梳田村實造的學術養成、任職後的學術關心以及重要論點，藉此連貫性地探討田村實造在戰後如何在既有滿蒙史研究成果上，批判性的吸收魏復古提出的征服王朝論，進而提出北亞歷史世界的新框架。

二、京大的學術風格與滿蒙史研究的興盛

（一）京都帝國大學東洋史學科的學風

　　田村實造生於山口縣都濃郡，原姓秋貞（後於昭和14年（1939）入贅田村家而改姓田村），大正6年（1917）就讀縣立德山中學校，[16] 受到嚴格教育培養，大正12年（1923）憧憬舊制高校的自由生活，就讀鹿兒島第七高等學校，在學期間參加佛教青年會舉辦的輪讀會。大正15年（1926）攻讀京都帝國大學文學部史學科東洋史學專攻，

服王朝〉，收入氏著《讀史雜識》（北京：中華書局，2013），頁193-209；林鵠，《南望──遼前期政治史》第1章〈導論〉（北京：三聯書局，2018），頁1-23；鄭欽仁、李明仁編譯，《征服王朝論文集》（臺北：稻鄉出版社，2002）；李明仁，〈中國史上的征服王朝理論〉，收入臺灣歷史學會編輯委員會編《認識中國史論文集》（臺北：稻鄉出版社，2000），頁105-125。

16 礪波護，〈本会顧問田村実造の訃〉，《史林》，卷82號5（京都：1999年9月），頁837。

入住由佛教學者羽溪了諦主持的佛教宿舍「知四明寮」,[17]由於對急速稱霸世界的蒙古帝國有深厚興趣,因此畢業論文主題是成吉思汗的扎撒(突厥語 yasa,源自蒙古語 jasaγ,律法之意),指導教官爲時任第三講座教授羽田亨。[18]

　　京都帝國大學東洋史的學風通常以「京都學派」稱之,其學風是由內藤湖南與桑原騭藏奠定。[19]內藤湖南的治學方法主要是源於清朝考證學,加上卓越史識來考察中國史,其代表是〈概括的唐宋時代觀〉及《支那論》,稱爲「支那學派」,創辦《支那學》期刊;[20]桑原騭藏則是強調在東洋史的框架下,以西洋科學實證方法進行研究,是《蒲壽庚の事蹟》。以此來看,治學方法雖都被稱爲「實事求是」的

17　田村實造,〈序にかえて—『歎異抄』との出会い〉,《『歎異抄』を読む》(東京:日本放送出版協会,1986),頁7-8。

18　田村實造之後將畢業論文修訂後刊載於專著。田村實造,〈序にかえて〉,《中國征服王朝の研究》(京都:東洋史研究會,1964),頁2;田村實造,〈チンギス・カーンの扎撒〉,《中國征服王朝の研究中》(京都:東洋史研究會,1971),頁387-443。

19　桑原騭藏(1871-1931),東洋史學者,福井縣人。1896年東京帝國大學文科大學漢學科畢業,身受那珂通世教導,傾心西洋科學式的研究,對蘭克、里斯等學者亦相當敬佩。同年進入大學院就讀,指導教官爲坪井九馬三,研究題目爲「與外國的交通關係」。1899年受文部省補助,前往清國留學。1909年任京都帝國大學東洋史學第二講座。專攻廣泛,治學風格是以扎實的史料進行實證。參見吉川幸次郎等,〈桑原騭藏〉,頁45;礪波護,〈桑原騭藏〉,今谷明等編,《20世紀の歷史學家たち》(5)日本編續,頁25-40。

20　當時除了東洋史學有招收學生外,支那史學也有招收學生,但當時選支那史學爲專攻的學生相當稀少,共有6名,分別爲丹羽正義、松浦嘉三郎、神田喜一郎、內藤雋輔、小竹文夫、藤田至善。課程也有差異,東洋史學專攻學生需修習西洋史、日本史、朝鮮史等課程,中國史學專供學生則需修習中國文學、中國哲學、中國語等課程。參見宮崎市定,《自跋集—東洋史學七十年》,頁27。

嚴密考證，[21]但前者核心是清朝的考證學，後者是西洋的科學研究法，兩者間的差異在於，清朝考證學研究經常混淆理想與現實，導致研究本身出現問題。[22]以此為差異，內藤發展出支那學，桑原強調東洋史。[23]京都帝大東洋史延續桑原的科學實證路線，提出國史學、西洋史學、東洋史學的框架。[24]

　　大正15年（1926），田村實造就讀時的東洋史學師資陣容共有5人，分別是第一講座教授內藤湖南（古代史）、第二講座教授桑原騭藏（中世史、北方史）、第三講座教授羽田亨、矢野仁一共擔（近代史）、今西龍（朝鮮史兼任）、富岡謙藏（宋代史、中國金石學兼

---

21 內藤湖南於京都訴求的「實事求是」是來源自中國清朝考證學的研究方法，後由內藤湖南、狩野直喜提倡，而桑原騭藏雖也追求實證研究方法，但認為中國人的研究粗糙而無法信任，使用西洋式的科學研究方法，但是內藤、狩野、桑原都使用實證方式，而反對漢學式的研究方法。「京都學派」一詞是由京都帝大哲學家戶秋潤使用，將西田幾多郎、田邊元、三木互歸類之，而東洋學與哲學的關係接近而借用，兩者的差異是，在哲學，比起實質內涵，「京都學派」一詞更早流行；可在東洋學，比起「京都學派」一詞，更早獲得形成學派的實質內涵。由此看來，京都學派在京都大學中有複數的內涵，而非單一指稱個別領域。參見島田虔次，〈宮崎史学の系譜論〉，《宮崎市定全集月報25》（東京：岩波書店，1994），頁6；櫻井正二郎，《京都学派酔故伝》，頁5-7、24-27。

22 宮崎市定，〈桑原史學の立場〉，《桑原騭藏全集月報6》（東京：岩波書店，1968），頁2-3。

23 桑原騭藏與白鳥庫吉都提倡東洋史，卻也有方法上的差異。田村實造認為白鳥是利用語言來進行考證，桑原則是利用漢籍，以此為基礎加上域外史料進行考證。參見吉川幸次郎等，〈桑原騭藏〉，財団法人東方学会（編），《東方学回想II先学を語る（2）》（東京：刀水書房，2000），頁49。

24 吉川幸次郎等，〈桑原騭藏〉，財団法人東方学会（編），《東方学回想II先学を語る（2）》，頁45；礪波護，《京洛の学風》，頁23-24。

任），均爲一時之選，[25]其中對田村實造影響最深者有三人，分別是羽田亨、[26]桑原騭藏、矢野仁一。

　　由於田村實造的指導教官爲羽田亨，因此從田村的學生到教授時期之論著都是在羽田亨〈元朝の漢文明に對する態度〉、〈漢民族の同化力に就いて〉等文的基礎上論述，可知影響之深。大學畢業後，田村實造的遼代慶陵調查、明代滿蒙史料編纂及研究、清代蒙古統治政策、五體清文鑑的譯注等，均受羽田亨協助、影響。桑原騭藏開設的「東洋史概說」（古代至唐代）時常強調以漢籍爲第一史料的中國史研究，提倡以科學性的編纂、研究歷史，[27]田村實造深受影響。其後，桑原擔任田村畢業論文口試委員主席（主查），給予許多重要建議。矢野仁一，開設近代中國史、近代滿洲史、近代蒙古史，對田村

---

25 京都大学百年史編集委員会，《京都大学百年史：部局史編1》，〈部局史編1第2章：文学部〉（京都：京都大学後援会，1997），頁95-98。

26 羽田亨（1882-1955），東洋史學者，京都人。1907年東京帝國大學文科大學史學科支那史學專攻畢業，受白鳥庫吉指導，畢業論文爲《蒙古窩闊台時代的文化》，被稱爲白鳥門下的顏回。同年回到京都帝國大學大學院就讀專攻北亞史（滿蒙史）、中亞史（西域史、東西交涉史）、敦煌學等，其治學風格以能用多語言爲基礎，同時受内藤湖南、桑原騭藏影響，具有前者的史觀、後者對史料考證的周到性與客觀性。1909年擔任京都帝大文學部講師，1913昇任京都帝大文學部助教授，1924任京都帝大教授，先後擔任分擔東洋史學第三、第二講座，1932年擔任京都帝大文學部部長，1938年擔任京都帝大總長。其後歷任東亞考古學會委員、東方文化學院評議員、理事、日滿文化協會理事等職。其學生有宮崎市定、田村實造、安部健夫等，其子羽田明與東京帝國大學東洋史學科教授池内宏次女結婚，羽田明之子爲羽田正，東京大學東洋文化研究所教授。參見間野英二，〈羽田亨〉，收入江上波夫編《東洋学の系譜》，頁227-235；窪德忠，〈池内宏〉，收入江上波夫編《東洋学の系譜》，頁82-92。

27 吉川幸次郎等，〈桑原騭藏〉，財団法人東方学会（編），《東方学回想Ⅱ先学を語る（2）》，頁37-53。

在清代到近代的滿蒙歷史研究有深刻啓發與影響。

　　自20世紀初期，東洋史開創者那珂通世、白鳥庫吉提倡並開展對塞北諸民族（匈奴、突厥、女眞、蒙古、滿洲等）的研究，以完善對東洋史乃至中國史的理解，可視爲北亞史研究的第一世代。白鳥庫吉的弟子羽田亨、池內宏分別在京都帝大、東京帝大延續此研究傳統，更廣泛的在滿蒙地區進行考古調查，提出更多研究成果，可視爲北亞史研究的第二世代。田村實造受羽田亨、桑原騭藏、矢野仁一等學者強調史料實證的深厚影響，[28] 本身更以研究蒙古史爲志業，成爲北亞史研究的第三世代。

（二）1930年代的京都大學東洋史學科與滿蒙史研究

　　進入1930年代，此時的日本正值大正民主崩壞，隨著日本國內外發生一連串事件，對思想的管制更加嚴格。具體措施有昭和7年（1932）成立國民精神文化研究所，主導強化國民思想教育等事務。昭和10年（1935）右派、軍部批判美濃部達吉的「天皇機關說」，以天皇萬世一系的「國體」概念更堅固而不容動搖。[29] 學術界方面，相對於東洋史學重視的史料實證方法，學界普遍流行歷史哲學、唯物史觀、文化史，[30] 其中日本史領域取得話語權的代表人物是提出「皇國

---

28 吉川幸次郎等，〈桑原騭藏〉，財團法人東方学会（編），《東方学回想 II 先学を語る（2）》，頁45；礪波護，《京洛の学風》，頁23-24。

29 蔡長廷，〈江上波夫如何以「騎馬遊牧民族」重構世界史、東亞史、日本史論述〉，《新史學》，卷34期1，頁162。

30 井上文則，〈「宮崎市定」の誕生——一九三〇年代の軌跡〉，收入歷史学研究会（編）、加藤陽子（責任編集），《「戦前歴史学」のアリーナ——歴史家たちの一九三〇年代》，頁40。

史觀」的平泉澄，此史觀內涵是以日本的天照大神爲歷史的起點，將由萬世一系的天皇統治之國體視爲最高價值，[31]平泉澄也開始在史學會獲得更多的話語權，「皇國史觀」可視爲此時期學術界的主旋律。

同一時期的京都帝國大學東洋史學科受到此潮流影響較少，多是受到日本侵略滿蒙國策的影響，研究滿鮮、滿蒙史的需求增加，相關研究機構與教學單位有更多職缺，因此大學生選擇東洋史，特別是有志於滿蒙史研究的學生急遽增加，是滿蒙史研究的黃金時期，甚至有需要增加教室來安排學生修課的情形。[32]

昭和2年（1927），就讀京都帝大東洋史學科二年級的田村實造，希望東洋史學科能仿效西洋史、日本史學科舉辦的讀書會，成立相關學會，之後陸續獲得師長支持，成立「東洋史談話會」。[33]8年後，談話會改爲「東洋史研究會」，創辦期刊《東洋史研究》。宮崎市定提到：

> 《東洋史研究》創刊時的性質，與現今（1967）大相逕庭。毋寧說是京都大學文學部、東洋研究室的同學會誌。而在各種意義中，可能也有造反的意義。所謂「可能」，是因爲我並未參與最初的規劃。造反的對象是當時保持優勢的京都大學之支那學。當時有著自明治四十年創立古老歷史的支那學會，其雜誌則是由支那學社編輯的

---

31 蔡長廷，〈江上波夫如何以「騎馬遊牧民族」重構世界史、東亞、日本史論述〉，《新史學》，卷34期1，頁163。

32 田村實造，〈宮崎先生と「東洋史研究」誌―そのえらばなし―〉，《東洋史研究》，卷54號4（京都：1996年3月），頁43。

33 森鹿三，〈羽田博士追悼錄：羽田先生と東洋史談話会〉，《東洋史研究》，卷14號3（京都：1955年11月），頁68-69。

> 《支那學》，已發行至第七卷，單行本則有弘文堂陸續刊
> 行的京都大學諸碩學的「支那學叢書」。……離開傳統的
> 支那學，只有東洋史研究者聚集的是東洋史研究會，由此
> 發刊的雜誌則是《東洋史研究》。這是對支那學的造反，
> 其後中國文學、中國哲學也相繼獨立，支那學會逐漸陷入
> 沒落狀態，雜誌停刊、「支那學叢書」也停止出版。[34]

可知京都帝大東洋史的年輕研究者是以東洋史研究超越支那學研究為
目標，組成「東洋史談話會」，其中以研究滿蒙史的研究者與學生居
多。

　　相對地，東京帝國大學東洋史的狀況則大異其趣。在「皇國史
觀」的大流下，有一群出身東京帝國大學東洋史的青壯研究者三島
一、鈴木俊、野原四郎、志田不動磨、松田壽男、江上波夫等人希望
能更自由地、批判地進行學術研究，於昭和6年（1931）成立庚午
會。[35]此時期的東洋史學潮流從歷史地理的考證、政治與文化史研
究，因受到唯物史觀的影響，開始注意下層構造、社會經濟等制度，
以及社會科學方面，均有重要業績。如志田不動磨開始以唯物史觀開
始研究中國中古史。[36]隔年庚午會因被檢舉有左翼分子，使得西洋史

---

34 引文中括號為筆者所加之解釋，以下長引文皆同。宮崎市定，〈『東洋史
　　研究總目錄〔第一卷─第二十五卷〕』序〉，《宮崎市定全集 24 隨筆
　　（下）》（東京：岩波書店，1994），頁515。

35 小嶋茂稔，〈戰前東洋史学の展開と歴史学研究会の創立者群像〉，收入
　　歴史研究会（編）、加藤陽子（責任編集），《「戰前歷史学」のアリーナ
　　─歴史家たちの一九三〇年代─》（東京：東京大学出版会，2023），頁
　　163-164。

36 小嶋茂稔，〈戰前東洋史学の展開と歴史学研究会の創立者群像〉，收入
　　歴史研究会（編）、加藤陽子（責任編集），《「戰前歷史学」のアリーナ
　　─歴史家たちの一九三〇年代─》，頁119-128。

會員全體退會、日本史會員部分退會，僅東洋史會員大多數未退會，
改名爲歷史學研究會，開始發行刊物《歷史學研究》。[37]可知使用唯物
史觀研究歷史跟左翼分子是需要分開識別，如當時東京帝大東洋史的
年輕研究者志田不動麿、野原四郎深受唯物史觀的影響，希望以此爲
東洋史研究帶來新的研究方法，其中也有滿蒙史研究者江上波夫、松
田壽男等人。

　　據《羽田亨日記》在昭和14年（1939）3月21日的記載：

> 上午，由東京入洛（京都）的松田（壽男）、駒井（和
> 愛）兩位，針對蒙古研究所案請求協助。在樂友會館，水
> 野（清一）、田村（實造）、內田（吟風）、愛宕（松
> 男）、外山（軍治）等也同席，討論研究所與《蒙古學》
> 編輯的加強。[38]

滿蒙史青壯研究者請求羽田亨協助之事項是指在善鄰協會資助下設置
蒙古研究所以及期刊《蒙古學》的編輯事務。松田壽男是東京帝大東
洋史出身，駒井和愛是早稻田大學東洋史出身，後於東京帝大文學部
考古學科任職。水野清一以下等人均爲京都帝大東洋史出身。可知儘
管不同學校的學風有差異，但滿蒙史研究會爲辦理期刊與相關事務聚
會商討。

　　根據原定設立蒙古研究所計畫，由白鳥庫吉任所長、池內宏任常
任評議員、和田清與羽田亨任顧問。其後因池內宏拒絕任職與參與蒙
古研究所事務，研究所設置陷入停滯。[39]之後，前述年輕研究者再次

---

37 蔡長廷，〈江上波夫如何以「騎馬遊牧民族」重構世界史、東亞史、日本
　　史論述〉，《新史學》，卷34期1，頁163-164。
38 京都大学大学文書館編集，《羽田亨日記》，頁39。
39 京都大学大学文書館編集，《羽田亨日記》，頁40。

前往拜訪羽田亨，希望能繼續推動蒙古研究所成立：

> 與東京的松田、江上（波夫），京都的水野、田村等諸君
> 會面，到底是前天仍未完成的（設置蒙古研究所）事態，
> 所以對大島回復我的意見，就迄今為止的事態發展大致停
> 止，再度回復至白紙狀態，池內宏也是相同意見。[40]

由此可見，此時蒙古研究所的主要職務雖然有三人在東京（白鳥、池
內、和田），僅有一人在京都（羽田），不過羽田亨在相關事務上的
斡旋是滿蒙史研究得以推動的重要人物，[41]所在的京都帝大東洋史也
以滿蒙史為發展重點。田村實造即在此學術環境中成長。

（三）前往滿蒙調查

　　昭和4年（1929），田村實造大學畢業後隨即進入大學院就讀，
昭和6年（1931）3月，由東亞考古協會羽田亨委員推薦，前往北京
留學，[42]6月至8月至內蒙古調查旅行：

40　京都大学大学文書館編集，《羽田亨日記》，頁41。

41　蔡長廷，〈戰時中の日本における遼・金・元・清史の研究—東亞研究
　　所の「異民族支那統治」委託案を中心に〉，《東方學報京都》，冊98，頁
　　1-43。

42　值得注意的是，東亞考古學會共補助5位大學畢業生前往北京留學並到滿
　　蒙等地田野調查，根據順序分別為駒井和愛、水野清一、江上波夫、田村
　　實造、三上次男。其中，後三人其後對於北亞史研究有重要貢獻，這顯示
　　出北亞史研究除了要有完整歷史學、考古學訓練外，擁有豐富田野調查、
　　考古學實務經驗也相當重要。參見田村实造，〈桑原先生の思い出〉，《桑
　　原騭藏全集月報6》（東京：岩波書店，1968），頁7；江上波夫等，〈江上
　　波夫先生を囲んで〉，財団法人東方学会編，《東方学回想Ⅷ学問の思い
　　出（3）》（東京：刀水書房，2000），頁41；蔡長廷，〈江上波夫如何以
　　「騎馬遊牧民族」重構世界史、東亞史、日本史論述〉，《新史學》，卷34

> 昭和6年3月，我爲了研究蒙古史，受東亞考古學會推薦
> 前往北平——因當時中國國民政府的國都位於南京，將北京
> 稱爲北平——留學，……。在七、八月的兩個月間，乘馬車
> 與徒步，在內蒙古東半部的察哈爾等各旗進行調查旅
> 行，……。體驗蒙古人游牧生活的實際狀態，理解農耕中
> 國或東亞諸國與遊牧的北亞是全然異質的世界，是次元相
> 異的歷史世界，不只是從史書獲得的概念性知識，更是實
> 際的體驗。[43]

在途中他突然要求前往巴林左翼旗白塔子附近的慶陵進行調查，遂由
他與江上波夫、寫眞技師田中周治、1位嚮導喇嘛前往，可說是在鳥
居龍藏後第二批前往調查的日本學者，由於僅能探勘1日半，只能確
認現狀。[44] 從上述本人的回想來看，這段歷程對中國與北亞的差異性
有更直觀的體驗，因此對研究北亞民族也有更深入的思考：

> 在畢業論文完成後，也注意到蒙古帝國與元朝諸制度中源
> 於遼朝制度者不少。昭和6年（1931），著者留學北京，
> 在內蒙古進行3個多月的調查旅行，訪問位於巴林左翼旗
> 管內白塔子附近的慶陵（遼朝帝后陵），親見遼朝文化遺
> 產的豪華，逐漸堅定將遼、金、元視爲一體進行考察的想
> 法。[45]

期1，頁163。

43 田村實造，〈あとがき〉，《アジア史を考える——アジア史を構成する四
つの歴史世界》，頁494-495。

44 田村實造，《慶陵調查紀行》（京都：平凡社，1994），頁21-22；古松崇
志，〈鳥居龍藏の契丹研究—慶陵の調査・研究を中心に—〉，《鳥居龍藏
研究》，號3（德島：2015年11月），頁31、43。

45 田村實造，〈序にかえて〉，《中國征服王朝の研究》（京都：東洋史研究

此時田村實造認知元朝諸制度可追溯於遼朝者不少，逐漸萌生將遼、金、元視爲一體考察的想法。

　　昭和7年（1932）3月，因應滿洲國成立，外務省文化事業部爲發展滿洲國文化政策，向學術界徵求建議，以強化滿洲國民同一性與王道精神之普及。[46]4月，京都帝國大學爲「此研究爲建構對滿蒙的基礎知識，以形成今後文化諸設施之基礎」，提出「滿蒙文化研究所設立」建議案。[47]6月，外務部文化事業部決定實施「對滿文化事業」，請東方文化學院東京研究所與京都研究所成員支援研究，以「滿蒙文化助成事業」爲名，發展滿蒙歷史、文化研究，[48]主要可分爲考古學調查、歷史研究、宗教研究、史料抄錄、辭典編纂、外國著作翻譯6類。[49]

　　昭和8年（1933），滿蒙文化助成事業啓動，京都帝國大學由內藤湖南、羽田亨擔任指導員，負責指導田村實造、小川裕人、若城久次郎等人任研究員的研究課題分別是「契丹民族之研究」（田村實造、小川裕人）、「女眞民族之研究」（若城久次郎、外山軍治）。田

會，1964），頁2。

46 岡村敬二，《日滿文化協會の歷史—草創期を中心に》（京都：岡村敬二，2006），頁27。

47 JACAR（アジア歷史資料センター）Ref.B05015212200、對滿文化審查委員會關係雜件（對滿文化事業）第一卷（H-3-3-0-1_001）（外務省外交史料館）；岡村敬二，《日滿文化協會の歷史—草創期を中心に》（京都：岡村敬二，2006），頁21-26、52。

48 JACAR（アジア歷史資料センター）Ref.B05015990700、日滿文化協會關係雜件／文化研究員關係（H-6-2-0-29_4）（外務省外交史料館）。

49 井上直樹，〈滿洲國と滿洲史研究—アジア歷史資料センター所藏文書の分析を中心に—〉，《京都府立大學學術報告（人文篇）》70（京都，2018），頁160-172。

村實造在昭和8-10年度（1933-1935）的研究報告書分爲兩部份：
1.史料研究部份以契丹民族興起爲中心，以開國傳說爲中心考察。
2.對契丹、女眞文的概況介紹及研究。[50]昭和10年（1935）8月，由滿
蒙文化助成事業補助，羽田亨帶隊，田村實造、若城久治郎、小川裕
人、外山軍治前往滿洲、熱河等地調查旅行。[51]

　　昭和14年（1939），由關野貞提出慶陵寫眞攝影計畫，日滿文化
協會推動慶陵調查計畫，[52]但因關野貞急逝，改由黑田源次、竹島卓
一執行。與此同時，協會考慮到慶陵有更高文化價值，爲將其遺蹟及
以東陵壁畫爲主的諸遺物介紹給學界，遂委託羽田亨進行慶陵調查以
及報告書製作。羽田亨因接任京都大學總長而無暇顧及此案，遂委託
給田村實造負責，而田村推薦時任京都帝國大學考古學教室助手小林
行雄擔任副隊長，借重其考古學、建築學專業及繪製圖版，原田仁負
責測量，坂本万七負責攝影照相，齊藤菊太郎曾參與昭和10年
（1935）慶陵調查，其熟知陶器，負責擔任經理，指揮壁畫攝影。[53]田
村實造因此專業團隊，故能在鳥居龍藏等前賢的調查基礎上，對慶陵

50 JACAR（アジア歴史資料センター）Ref.B05015883500、研究助成關係雜
　件第九卷（H-6-2-0-3_009）（外務省外交史料館）
51 JACAR（アジア歴史資料センター）Ref.B05015883500、研究助成關係雜
　件第九卷（H-6-2-0-3_009）（外務省外交史料館）
52 昭和8年（1933）10月，爲收集、保存清朝官方檔案史料，水野梅曉、羅
　振玉等人奔走努力，在滿洲國官員同意下，於新京設立日滿文化協會，外
　務部文化事業部補助營運經費。參見蔡長廷，〈戰時中の日本における
　遼・金・元・清史の研究—東亞研究所の「異民族支那統治」委託案を
　中心に〉，《東方學報京都》，冊98，頁4。
53 古松崇志，〈東モンゴリア遼代契丹遺跡調査の歴史—1945年滿洲国解体
　まで—〉，《遼文化・慶陵一帶調查報告書：京都大学大学院文学研究科
　21世紀COEプログラム「グローバル化時代の多元的人文学の拠点形
　成」》（京都：京都大学大学院文学研究科，2005），頁53、57。

考古有更多貢獻，取得更高學術價值，以此獲得日本學士院恩賜賞。

（四）任職與研究

　　昭和12年（1937）4月，田村實造擔任京都帝國大學文學部講師囑託。昭和14年（1939），負責東亞研究所委託「清、元、金等各朝ノ諸民族統治事例」委託案中的「清朝文化政策」、「清朝的蒙古統御策」課題。[54]這些課題的核心在於考察北亞民族與漢文明的互動，也成爲他往後吸納征服王朝論與建構北亞歷史世界的重要基礎。

　　昭和15年（1940）6月，田村實造自講師囑託昇任助教授。其後在遼、金、明史均有發表論著。昭和22年（1947），昇任京都大學文學部教授，擔任東洋史學第三講座，之後移至第二講座。其研究關懷開始聚焦在提出有別於傳統東洋史的新框架，陸續發表〈東方史の構造とその展開〉、〈北方世界の成立—東方史のはじまり—〉、引介魏復古的征服王朝理論，發表〈アメリカにおける東洋史學研究の一動向：ウィットフォゲル「中國征服王朝理論」その他〉、〈北アジア世界における國家の類型〉等論文。

---

54 研究成果有：東亞研究所（編），《異民族の支那統治概説》（東京：東亞研究所，1943）、東亞研究所（編），《異民族の支那統治史》（東京：大日本雄辯會講談社，1944）、東亞研究所（編），《清朝の邊疆統治政策：異民族の支那統治研究》（東京：至文堂，1944），頁15-97；田村實造，〈清朝の蒙古民族統治の精神〉，收入教學局（編）《日本諸學振興委員會研究報告第十篇（歷史學）》（東京：教學局，1941），頁185-192；田村實造，〈清朝治下の蒙古〉，《日本學研究》，卷3期10（東京：1943年11月），頁54-70。關於此委託案的研究，參見蔡長廷，〈戰時中の日本における遼・金・元・清史の研究—東亞研究所の「異民族支那統治」委託案を中心に〉，《東方學報京都》，冊98，頁1-43。

　　昭和26年（1951），田村實造開始研究、教授五胡十六國史，補充魏復古的滲透王朝論。昭和33年（1958）擔任文學部部長，陸續發表有關明清蒙古史的相關論著，編纂《明代滿蒙史料》、《元史語彙集成》、《五體清文鑑譯解》等。昭和41年擔任羽田紀念館（內陸アジア研究所）首任主事。昭和43年（1968）退休，榮獲名譽教授。

三、征服王朝論的核心概念──遊牧民主體性之建構

（一）日本學界對涵化概念的引介

　　昭和24年（1949），魏復古與馮家昇共同發表 *History of Chinese Society: Liao (907-1125)*，為「中國歷史編纂計劃」第一本也是最後一本專著。[55] 魏復古在撰寫此書前，曾與拉鐵摩爾（Owen Lattimore，1900-1989）前往山西考察，途中閱讀《中國的亞洲內陸邊疆》（*Inner Asian Frontiers of China*）初稿，受其觀點影響，將草原社會與漢人社會視為不可分割之整體，進一步從地理環境的角度解釋這兩種

---

[55] 此書源於1939年洛克斐勒基金會批准國家社會科學研究所（IISR）與太平洋學會（IPR）的申請，資助魏復古的「The Chinese History Project」（中國歷史編纂計畫），計畫自秦、漢、遼、金、清等朝代優先，並陸續招募到王毓銓、馮家昇、瞿同祖、趙增玖、房兆楹、杜聯喆、何茲全等學者。研究團隊運作方式是先將王毓銓、馮家昇分別統整秦漢、遼的社會經濟史料，再交由魏復古撰寫相關章節。1942年，魏復古完成書中各部分的導論，1943年再完成全書的序論。1946年，魏復古先後發表 "Chinese Society and the Dynasties of Conquest" 與之後專書的序論（general introduction），兩文將當時對於「中國歷史編纂計劃」的研究成果進行概述。接著1947與1948年，陸續發表 "Public Office in the Liao Dynasty and the Chinese Examination System"、"Religion under the Liao Dynasty" 兩文。李孝遷，《域外漢學與中國現代史學》（上海：上海古籍出版社，2014），第五章〈魏特夫與近代中國學術界〉，頁262-263。

文明共生的必然性，研究王朝更替的規律，[56]進而中國史上的王朝分爲兩大類，一類是典型中國朝代，另一類是征服與滲透王朝。所謂征服王朝，是指北亞民族征服中國的一部分或全部而建立的王朝，通常指遼、金、元、清四王朝。魏復古的創見在於考察四王朝與漢文化接觸的過程時，批判同化理論（theory of absorption）的不適用，認爲會過度簡化兩文明互動的複雜性，提出涵化理論（acculturation）。從涵化理論理解四王朝與漢文化的互動，可分成三類：遼是文化抵抗型、金是文化讓步型、清則是處於前兩者中間的過渡型。[57]除此之外，可發現北魏狀況不同於前述四王朝，由於是主動或被動的先進入中國境內居住，以滲透的方式建立政權，稱爲滲透王朝。征服王朝與滲透王朝（Infiltration）兩者的界線雖是變動的，但兩類王朝最後都形成複雜的二元社會，且制度、文化形態均無明顯區別。

　　昭和25年（1950），田村實造引介此書，認爲征服王朝理論對日本滿蒙史研究的啓發有下列3點：1.對於遼、金、元、清4個征服王朝與中國文化接觸後，在政治、軍事、文化方面的轉變，歷來都是以文化的同化理論解釋，此方式過度簡化征服王朝對漢文化有選擇性的攝取，故互動過程是既複雜又相互影響，因爲用涵化解釋更爲恰當。

---

56 Owen Lattimore, *Inner Asian Frontiers of China.*(Boston: Beacon Press, 1962), pp.lix；周雨霏，〈卡爾・奧古斯特・魏特夫的早期思想與「東洋社會論」的形成〉，《中國社會歷史評論》，卷17上（天津：2016年10月），頁237-250。

57 Wittfogel, *History of Chinese Society: Liao (907-1125)*(Philadelphia:The American Society, 1949), pp4-6,16,24-25；田村實造，〈アメリカにおける東洋史學研究の一動向—ウイットフォーゲル「中國征服王朝理論」その他—〉，《史林》，卷33號1（京都：1950年1月），頁80-81；李明仁，〈中國史上的征服王朝理論〉，收入臺灣歷史學會編輯委員會編《認識中國史論文集》，頁110。

2.對於中國文明，遼、元是文化抵抗型、金是文化屈服型、清是兩者的文化中間型。3.不僅是魏復古所提到的北魏，五胡十六國也歸類爲滲透王朝。[58]

　　田村實造以涵化概念，置換自那珂通世、白鳥庫吉以來，對蒙古、契丹、女眞等民族對漢文化的同化概念，也就是文明程度低的「未開化民族」定然會被文明程度高的「開化文明」影響的前提假設。[59]儘管羽田亨曾提出漢化並非由漢族推動，是北亞民族自身推動，遼採用漢人知識，自身也實施特別制度統治國家，開始發明文字，發展本身獨特的契丹文化；女眞、西夏儘管相當努力維持本身的民族意識，但他們因漢化之勢如滔滔浪水而不可防，此觀察被稱爲「漢民族同化力」說，[60]但解釋框架仍是同化概念，因此無法跳脫其侷限，田村實造也深受影響。[61]

　　對田村實造而言，魏復古提出以涵化替代同化理論，解釋遼、

---

58 田村實造，〈アメリカにおける東洋史学研究の一動向—ウィットフォゲル「中國征服王朝理論」その他—〉，《史林》，卷33號1，頁83-84。

59 羽田亨延續上述學者的考察，分析蒙古人因爲與中國以外的西域文明有接觸，且有以強大武力征服世界之自信，所以對漢文明保持距離，稱爲「蒙古至上主義」，契丹、女眞、滿洲等民族則因未與漢文明保持一定距離而逐漸漢化。參見羽田亨，〈支那の北族諸王朝と漢文明〉，《支那》，卷19號10（東京：1928年10月），後收入氏著《羽田博士史學論文集歷史篇》（京都：東洋史研究會，1957），頁697；蔡長廷，〈戰時中の日本における遼・金・元・清史の研究—東亞研究所の「異民族支那統治」委託案を中心に〉，《東方學報京都》，冊98，頁17-22。

60 羽田亨，〈宋元時代總說〉，《世界文化史大系第九冊宋元時代》（東京：新光社，1935）（原刊），後收入氏著《羽田博士史學論文集歷史篇》（京都：東洋史研究會，1957），頁734-735。

61 蔡長廷，〈戰時中の日本における遼・金・元・清史の研究—東亞研究所の「異民族支那統治」委託案を中心に〉，《東方學報京都》，冊98，頁21-22。

金、元、清史是最有價值的創見，補充戰前羽田亨提出「漢化」是非漢民族主動進行的「漢民族同化力」說，也就是北亞游牧民接收漢文化後，形成新的第三種文化，突破戰前滿蒙史在論述異民族王朝時被漢化侷限的困境。這也呼應征服王朝的本質是少數統治多數的異民族統治，如何維持主體性的問題，[62]維持異民族王朝的能動性。

　　總結來看，異民族王朝的崛起與崩潰都受漢文明的強烈影響。日本軍部官員從中獲得在統治中國時需保持本民族的獨立性，且需如清朝實施寬大的民族政策，並利用不同民族相互牽制等啓示。[63]其二，相關研究也陸續被用來宣傳日本皇國體制是更爲文明的統治型態。[64]但在學術研究上，對於建立北方民族的主體性或是歷史世界時，就會因爲漢化解釋而陷入侷限。

（二）新瓶舊酒—田村實造對征服王朝論的修正與補充[65]

　　涵化概念可視爲新的解釋框架，可見將北魏、遼、金、元、清等

---

62 小林高四郎，〈征服王朝の諸性格〉，《歷史教育》，卷1號3（東京：1953年11月），頁69-75。

63 堀場一雄，《支那事變戰爭指導史》（東京：時事通信社，1962），頁662-664。

64 編輯部，〈編輯後記〉，《日本學研究（支那に於ける異民族統治策研究號）》（東京：1943年10月），頁73。

65 征服王朝的引介、批判及延伸研究在當時的日本北亞史學界成爲風潮，除田村實造外，值得討論的還有藤枝晃、村上正二、護雅夫、島田正郎、吉田順一、小林高四郎等人，且將谷川道雄等中古史學者也開始思考北魏等王朝的滲透王朝性質。且中國大陸學界、臺灣學界也受影響，特別是臺灣學界出版《征服王朝論文集》譯注，介紹此時期的日本研究成果，在清華大學歷史研究所開設丁組（征服王朝組），培育研究者。唯本文主題爲田村實造，且篇幅有限，故需另外成文探討。參見鄭欽仁、李明仁編譯，

王朝視爲征服王朝的做法並非魏復古首創。田村實造在第一篇刊登論
文，[66]以及首次撰述的遼金元概說就有闡述：

> 此處所論遼、金、元等朝，與之前的北方諸部族相比，因
> 有鞏固的國家組織與更長的國祚，受漢文化的影響甚大，
> 因此在北族諸朝的國內，全部都綻放漢文化的閃耀光輝。
> 因此，吾人有興趣的問題是漢文化往其國內流入的現象及
> 其攝取的態度。[67]

可知此時的核心問題意識是研究遼金元朝與漢文化的互動現象，更將
遼之前的北亞民族與遼金元三朝進行比較：

> 通觀以遼、金、元三朝爲中心的北方民族與漢文化的關係
> 時，與自匈奴開始的蠕蠕、突厥、回鶻等遼以前的北方民
> 族比較，其關係有極大差異。[68]

如上所述，他更以遼爲界線，將北方民族分爲兩類比較政治、經濟、
思想等三方面的差異（參見表1）。

《征服王朝論文集》。

66 秋貞實造，〈元朝札魯忽赤考〉，收入桑原博士還曆記念祝賀会編《桑原博士還曆記念東洋史論叢》（京都：弘文堂書房，1931），頁999。

67 秋貞實造，〈十五、北方民族と支那文化〉，《世界文化史大系第九卷宋元時代》，頁316。

68 秋貞實造，〈十五、北方民族と支那文化〉，《世界文化史大系第九卷宋元時代》，頁334。

表1：北族諸民族差異比較表

	遼之前	遼	金	元
政治	不定時的單純侵略	創造二元組織，侵略型式也從部族式的轉變成國家、帝國主義式的，並抱有統治中原的意識形態。		
國土經濟	僅止於掠奪人畜財物	爲與漢族國家爭曉，經常占領土地、擴張國土，而此是基於他們經濟知識的發展。		
思想	未有論述	因民族自覺，創制契丹、西夏、女眞、八思巴文等，編纂實錄，又要求漢族國家和親等。		

資料來源：秋貞實造，〈十五、北方民族と支那文化〉，《世界文化史大系第九卷宋元時代》（東京：誠文堂新光社，1935），頁334-336。

　　昭和18年（1943），田村實造參與由東亞研究所委託，池內宏、羽田亨主持的研究案，研究異民族如何統治中國，作爲日本侵略中國的借鑑。[69]此研究案以「漢民族同化力」說爲核心，將北魏、遼、金、元、清歸類爲「異民族王朝」，陸續出版《異民族の支那統治概說》、《異民族の支那統治史》以及《清朝の邊疆統治政策：異民族の支那統治研究》等書。[70]因此，日本學界在昭和18年已將北魏、

69　蔡長廷，〈戰時中の日本における遼・金・元・清史の研究—東亞研究所の「異民族支那統治」委託案を中心に〉，《東方學報京都》，冊98，頁8-17。

70　異民族王朝論的核心是征服民族文化程度比被征服民族文化低，在國家、政治、文化、社會組織等方面承襲被征服民族，所以導致異民族王朝與原

遼、金、元、清視爲性質相同之王朝進行考察。

　　魏復古征服王朝論的其他內涵，田村實造也陸續提出下列問題，
將日本學界研究業績對魏復古理論進行修正與補充：1.將中國社會分
爲漢民族治下與北方民族治下的中國社會，能夠充分地把握中國社會
史嗎？2.從遼、元的案例來看，遼朝將社會分爲契丹人與漢人兩類，
具有二元性；元則是蒙古人、色目人、契丹人等，漢人幾乎被無視，
所以兩案例在文化或社會上與漢人的共生關係是有差異的。3.征服王
朝與滲透王朝的差別僅有在入侵中國與接近權力的方式有所差異嗎？
4.中國征服王朝的基本性格是包含牧畜、農耕兩個社會，所以並非是
單純的游牧騎馬民族。[71]

　　田村實造對魏復古征服王朝論的批評與吸收都緊密聯繫於如何推
進滿蒙史研究。他認爲魏復古對於征服王朝與滲透王朝之間的差異尚
不明確，先提出「雖已頻繁地主張遼朝的作用，在制度與軍事組織的
二元性，其祖型也確認是北魏與慕容部的前燕王國，這是必須注意
的」；[72] 其後延伸論述：「在更明確化中國征服王朝的性格時，與其和

　　來的中國王朝專制體制無太大差異。異民族接納漢文化的過程中，覺醒民
　　族意識而成功統治中國，卻因接納漢文化而官僚腐敗、兵力不振、缺乏同
　　族統治人才導致崩潰。以此來看，仍然是以同化概念爲解釋框架。此書亦
　　有中譯本，參見東亞研究所編，韓潤棠等譯，《異民族統治中國史》（北
　　京：商務印書館，1964），相關研究參見王萌，〈戰時日本中國史學界的
　　一個側面一對《異族統治中國史》成書的考察〉，《歷史教學問題》，2020
　　年期3（上海：2020年6月），頁87-93；蔡長廷，〈戰時中の日本における
　　遼・金・元・清史の研究—東亞研究所の「異民族支那統治」委託案を
　　中心に〉，《東方學報京都》，冊98，頁27-29。
71 田村實造，〈アメリカにおける東洋史学研究の一動向—ウィットフォゲ
　　ル「中國征服王朝理論」その他—〉，《史林》，卷33號1，頁84-85。
72 田村實造，〈アメリカにおける東洋史学研究の一動向—ウィットフォゲ
　　ル「中國征服王朝理論」その他—〉，《史林》，卷33號1，頁84。

滲透王朝對比，毋寧與遼朝以前在北亞世界成立的匈奴、突厥、回鶻等游牧諸國家對比考慮。」[73]此後田村實造在完善北亞歷史世界的時代區分時，即是使用游牧國家與征服王朝做為中古與近世的區分。如此，田村實造引介涵化概念，確立遊牧民族的主體性，巧妙地將滿蒙史研究的成果與征服王朝論相互補充，成為日本式的「征服王朝論」。

四、以亞洲之名重塑東洋──田村實造的北亞歷史世界

（一）田村實造如何重塑東洋

　　日本戰敗後，東洋史學界開始反思與國家侵略政策的關係與負起戰爭責任，因應戰爭責任反省，也需思考如何重新建構歷史認識，所以東洋史與世界史、日本史的關係也成為迫切面對的課題。東洋史研究因與戰爭侵略政策的密切關係，相比世界史、日本史，面臨更多困境：如研究者需要提出新框架，以便說服大眾其反思決心：另一方面，東洋史學的研究成果多被批評是無「人」的研究，無法呈現日本當下需面對的現實課題。再者，由於無法前往滿蒙以及中國進行田野調查，如何獲取新材料成為迫切課題。[74]

---

73 戰後初期至1960年代，田村實造以在京都大學、大谷大學的上課講義與發表論文，集結成書《中国史上の民族移動期─五胡・北魏時代の政治と社会》，值得注意的是他在〈序言〉是以歐洲中古時期蠻族南下引起的民族大移動類比中國史的五胡十六國時期，可說是補充滲透王朝的研究成果。參見田村實造，《中国史上の民族移動期─五胡・北魏時代の政治と社会》（京都：創文社，1985），頁3-7；田村實造，〈中国征服王朝について─総括にかえて─〉，《中国征服王朝の研究中》，頁626。

74 五井直弘，《近代日本と東洋史學》（東京：青木書店，1976）。

　　面對上述課題，京都大學東洋史學科首先嘗試提出名為「東方史」的新框架，因此昭和22年（1947）由羽田亨在田村實造主編《東方史論叢第一北方史專號》所題〈序辭〉提到：

> 在呼籲復興與重建時，我國在此方面越呼籲，越阻礙其正常的發展。不可否認，學問，特別是人文科學更是其中之一。能見到其研究與議論仍活潑之部分，實際上大概不外乎是追求潮流的記者之流，值得驚嘆的學術著作寥寥無幾。顯示明治以來長足進步，以至於在晚近世界學界佔有重要地位的我國東方史研究也相當遺憾，必須承認也是同樣沉寂的狀態。……此次以曾活躍於滿蒙史論叢的諸氏為中心，擴大領域發行新的東方史論叢，公開真摯的研究成果。此不單滿足於復興，更應期待其新興，以至於其雄圖。[75]

可見京都大學東洋史學科以滿蒙史研究為核心復興東洋史的企圖，論叢收錄研究宮崎市定、岡崎精郎、田村實造的三篇論文，以「東方史」為名出刊，期許能在戰後陷入低潮的東洋史學界提出新框架。由於《東方史論叢》僅出版一期，相關內涵亦未有清楚論述。不過可從《田中正己日記》中見到編纂到出版後的相關記錄，[76]得知編纂過程的

---

[75] 羽田亨，〈東方史の發刊に寄せる辭〉，收入田村實造（編輯）《東方史論叢第一北方史專號》（京都：養德社，1947）。

[76] 田中克己（1911-1992），大阪府人，詩人、東洋史學者。自就讀高中即醉心於文學創作，1931年就讀東京帝國大學文學部東洋史學科，受教於池內宏、加藤繁、和田清，畢業論文主題是「清初的中國沿海」。1934年，就讀東京帝國大學大學院東洋史學科，但因任職大阪浪速中學校而大學院退學。1940年，在和田清引介下，成為善鄰協會蒙古研究所研究員，隔年成為北亞細亞文化研究所研究員。1946年，前往關西尋找就業機會，並在和

蛛絲馬跡。從《田中克己日記》（參見表2）可知，《東方史論叢》的編輯委員有田中克己、田村實造、羽田明、外山軍治，以及未知2名，共6名，已知的4名是2名京大（田村實造、外山軍治）、2名東大（田中克己、羽田明），但主要編務都是在京大，因此可視爲是京都大學滿蒙史學者主辦的刊物。再者，表中顯示討論期刊編輯事務時，均是田中克己前往拜訪田村實造（編號2、3、4、7、10），田村實造應該是決定期刊方向的主事者。綜上所述，田村實造是《東方史論叢》的主事者應無誤。

表2：《田中克己日記》中有關《東方史論叢》相關記錄

編號	時間	記述
1	1946.8.18	12：39（十號搭乘加班車到丹波市，在養德社將《クレオパトラ》交給生駒，從庄野（誠一）處獲得《東方史論叢》資訊）
2	1946.11.16	昨日早晨獲得田村博士的允許而來。在養德社聽到《東方史論叢》的委員消息。
3	1946.11.27	到京大後與佐藤長談話，前往喝茶時梅棹忠夫也在。與田村博士談話，羽田（明）也來，養德社的吉岡也來。休息後前往東方文化研究所。有《中國史學入門》的出版祝賀會。田村博士的推薦，成爲《東方史論叢》的編輯委員。

田清引介下結識京都大學滿蒙史研究者。代表著作是與川久保悌郎合譯史祿國（C.M. Широкогоров）的《北方ツングースの社會構成》。在其1946-1950年日記中可頻繁看到田中克己與京都帝國大學東洋史學者們的互動。

4	1946.12.9	到京都出差，……，與田村博士見面討論《東方史論叢》。
5	1947.1.15	獲知「東方史論叢會」。
6	1947.2.8	羽田（明）來訪，《東方史論叢》已有六、七十頁。
7	1947.2.20	田村博士、羽田（明）、外山（軍治）以及其他兩位，開《東方史論叢》編輯會。
8	1947.2.25	《東方史論叢》知名度要委託貝塚（茂樹）。中村孝志的論文留待下一期。
9	1947.5.3	《東方史論叢》要持續出版。
10	1947.6.17	三人（吉岡、田中克己、羽田明）拜訪田村博士討論《東方史論叢》
11	1947.12.21	與中村孝志會面，討論《東方史論叢》

資料來源：《田中克己日記》（昭和21-23年（1946-1948）），https://shiki-cogito.net/tanaka/yakouun/tanakadiary.html，日期：2023.11.16

田村實造提出亞洲史－東方史框架與內涵：

> 如果東洋史的「東洋」一詞是相對於「西洋」的話，東洋史也能是亞洲全史，印度、伊斯蘭世界、北方遊牧民族與中國漢民族都需相同看待。但是，這麼考慮時，上述都有各自的歷史世界，很容易理解彼此是有機的關係，在撰寫此相互纏繞的歷史時，考慮到亞洲史研究現狀，必須說是相當困難的。現今，作爲亞洲全史而有更廣泛意義的東洋

史，……。[77]

首先將東洋史轉換爲亞洲史，他提到「作爲亞洲全史而成爲更廣泛意義的東洋史」，應是指亞洲一詞比東洋更能平等看待諸民族的歷史發展與互動，而非專注於文化發達地區與研究者自身所處地域。[78] 以此看來，他提出亞洲史－東方史的框架應是田村對現實課題的回應：

> 我們雖常提到亞洲或亞洲史，可亞洲地形複雜，其歷史構造也非單一。在現今中，亞非會議或是阿拉伯聯盟提到的要在同一目的將亞洲諸民族下集結於第三勢力，實際上不足以成爲安定勢力，可從現狀來看，亞洲民族是被視爲在一個亞洲圈世界形成的。但是亞洲民族的此傾向，至少是在本世紀初的日俄戰爭後，更清楚是第一次世界大戰後出現的，在此之前的亞洲絕非一個世界，而是幾個不同的個別世界組成。[79]

從田村實造監修出版的《アジア講座》之〈序言〉也可見到相關論述：[80]

77 田村實造，〈北方世界の成立—東方史のはじまり—〉，《國民の歷史》，卷2號6（東京：1948年6月），頁4-5、11。

78 田村實造，《北アジアにおける歷史世界の形成》（京都：ハーバード燕京同志社東方文化講座委員会，1956），頁1。

79 田村實造，《北アジアにおける歷史世界の形成》，頁1。

80 相同論述也能在以田村實造爲首，出版的六卷本《アジア講座》中見到，此叢書共6卷，第1-3卷爲中國史，由河地重造、池田誠、岩見宏、北村敬直責任編集、第4卷爲北亞史，由佐藤長責任編集、第5卷爲印度・東南亞史，由佐藤圭四郎、藤原利一郎責任編集、第6卷爲西亞・東西交通史，由藤本勝次責任編集。田村實造，〈はしがき〉，收入田村實造、羽田明（監修）《アジア史講座　第4卷　北アジア史》（東京：岩崎書店，1956）。

> 雖然經常提到「亞洲是一體」，可從歷史來看，亞洲絕非
> 一體。眾所皆知，從史前時代以來，分爲中國文化圈、印
> 度文化圈、西亞文化圈以及北亞游牧文化圈等，各自形成
> 獨自的文化。因此直至近代，並存在以上述文化圈爲基礎
> 形成的東亞、南亞、西亞、北亞4個歷史世界。[81]

以此可知，論述框架從東洋史再到亞洲史的變化，這是需負起戰爭責任的東洋史研究者，特別是曾在滿蒙地域田野調查的滿蒙史研究者意識到現實狀況而做出的轉換。這樣的轉換我們也可在同樣是北亞史研究者的江上波夫的戰後初期著作中見到：

> 吾等日本人第二鎖國之夢在今次大戰已破滅。吾等現今的
> 命運是與美國、歐洲直接連結。此意義是吾等即爲世界一
> 分子。但吾等如果是日本人，也是亞洲人的話，該如何與
> 世界聯繫呢，這就是今後需面對的問題。此問題的核心就
> 是民族與文化。[82]

從上述田村與江上的論述可知，面臨戰爭責任反省時，北亞史研究者選擇以亞洲史之名，從民族、文化重新構築東洋史。田村實造試圖在亞洲史－東方史框架下論述南方農耕世界與北方遊牧世界的互動，但東方史的部分反響不大。待到魏復古提出征服王朝論後，則不再使用東方史框架，以亞洲史下接四大歷史世界（東亞、北亞、南亞、西亞）的框架替代。直至生涯晚期的平成2年（1990）的總結之作《ア

---

81 田村實造，〈はしがき〉，收入田村實造、羽田明（監修）《アジア史講座第4卷北アジア史》。
82 江上波夫，《アジア・民族と文化の形成》（東京：野村書店，1948），頁1-2；相關分析見蔡長廷，〈江上波夫如何以「騎馬遊牧民族」重構世界史、東亞史、日本史論述〉，《新史學》，卷34期1，169-171。

ジア史を考える》亦維持相同論述框架。

（二）田村實造之北亞歷史世界論的內涵與問題

　　田村實造將亞洲歷史分爲四區：北亞、東亞、印度、西亞，[83]提出北亞歷史世界的4特徵：1.地域位置自成體系。2.生活在此地域的諸民族主要是游牧或狩獵，再加上一部分農耕副業，其生活文化、風俗習慣也與漢民族截然不同。3.匈奴、鮮卑、柔然、突厥、回鶻、契丹、女眞、蒙古、滿洲等民族，其組成遊牧國家的基礎是以本民族爲核心，輔以其他民族，成爲部族聯合體國家，也就是游牧的征服國家，由此可見北方歷史的連續性。4.北族國家的統治原則是絕對權力，其領導者需要有能力、勇氣、公平等特質。[84]他在批判性繼承征服王朝論後，將第3點擴展，匈奴至回鶻歸納爲遊牧國家，契丹至滿洲歸納爲征服王朝。自此逐漸擴展內涵，完善北亞歷史世界論。以下根據表3的主要著作，就北亞歷史世界的地域範圍、歷史分期以及與週邊歷史世界之關係分別論述內涵與問題。

---

83 田村實造儘管提到：「在陸地將四個歷史世界相互連結的是中亞（西域），也就是橫貫東西的絲路中之都市國家群，在海上則是被稱爲海上絲路的東南亞海域、印度東西沿岸、阿拉伯半島上興亡的海洋諸國」，但未將上述兩處視爲歷史世界。參見田村實造，《アジア史を考える——アジア史を構成する四つの歷史世界》，頁3-6。

84 田村實造，〈東方史の構造と展開〉，《史林》，卷32號1（京都：1948年10月），頁38-40。

表3：田村實造史觀著作列表

編號	年代	著作
1	1948/06	北方世界の成立―東方史のはじまり―
2	1948/10	東方史の構造とその展開
3	1950/01	アメリカにおける東洋史学研究の一動向―ウィットフォゲル「中國征服王朝理論」その他―
4	1955/07	世界史の構造と東洋史
5	1956/08	アジア史講座第4北アジア史
6	1956/11	北アジア世界における國家の類型
7	1956/12	北アジアにおける歴史世界の形成
8	1968/05	アジアにおける遊牧民族と農耕民族との歴史的関係―東アジアと西アジアの場合―
9	1990/01	アジア史を考える―アジア史を構成する四つの歴史世界

資料來源：筆者自製

　　首先探討田村對北亞地域的定義。根據表4，可知北亞歷史世界的核心地域爲騎馬遊牧民生活的主要場域蒙古高原，滿洲（今中國東北）也包含在內。西邊則相對變化較大，最遠時是「越過阿爾泰山脈，自準噶爾而遠至南俄而包含中亞大草原地帶」，最近是「越過阿爾泰山脈，自準噶爾到新疆維吾爾自治區爲止」。此變化從時間發表順序來看是在1955-1990年間，可從兩方面解讀：一、此時正是日本

學界對傳統被稱爲西域的地域，從絲路史研究往中亞史研究範式的轉換，也就是中亞正轉換爲歷史世界。中亞史成爲獨立的歷史世界，在昭和31年（1956）田村實造監修的《アジア史講座第4北アジア史》中，就包含羽田明編寫的《中央アジア史》，但未獨立成冊；直到昭和62年（1987）江上波夫主編的新版世界各國史系列叢書第16冊《中央アジア史》爲標誌，可視爲中亞史的正式確立。[85] 二、北亞遊牧民由於勢力範圍的擴張與移動的特性，時常將勢力擴張至中亞以致於南俄草原，才會有此敘述。南方則以中國爲鄰，此部分無變動，僅是敘述方式以中國或自然山脈屛障的差別。北方則無過多論述。

表4：北亞歷史世界範圍比較表

地域/著作	東方史の構造と展開	世界史の構造と東洋史	北アジア世界における國家の類型
核心地域	蒙古高原	蒙古高原	蒙古高原
東	滿洲	滿洲	與滿洲相接
西	中亞	遠至南俄而包含中亞大草原	自準噶爾而與中亞草原相連
南			以陰山、祁連山、天山山脈為境
北	西伯利亞		
地域/著作	北アジアにおける歷史世界の形成	アジア史講座 第4 北アジア史	アジアを考える
核心地域	蒙古高原	蒙古高原	蒙古高原
東	與滿洲相接	包含滿洲	包含滿洲鄰日本海
西	自準噶爾而與中亞大草原相連	以準噶爾為鄰	自準噶爾到新疆維吾爾自治區為止
南	以中國為中心的東亞世界相接		以中國為鄰
北			

資料來源：筆者自製

其次探討田村對北亞歷史世界分期的定義，他認爲：

第一期是紀元前三世紀末到紀元後九世紀後的約一千餘年，從漢・匈奴兩帝國的出現開始，經歷南北朝到隋唐，是中國方在政治外交上對於北方世界的壓迫與文化浸

---

85 相關討論參見蔡長廷，〈日本北亞史的發展歷程〉（臺北：國立政治大學民族學系博士論文，2016），頁178-183。

透時期。……總括來説，從北方世界往南方世界作用的是
經濟的需求、也就是渴望中國的豐饒物資，劫掠人畜，再
來是爲了占領土地、人民的北方的武力意志。另一方面，
從南方世界往北方世界作用的是政治的統治需求，亦即將
北方諸部族納入本身的政治圈，其力量相比於北方的武
力，是包括權力、權威、經濟、文化以及外交政策等，可
説是有武力、威力、富力、智力的複合力。第二期是十世
紀初到十四世紀中葉的約四五百餘年，也就是遼、金、元
的時代。考察此時期的歷史現象，北方諸民族受到先前隋
唐文化浸透影響產生民族自覺，……使用其自豪武力爲後
盾併吞南方世界。……這至少可説是揚棄遊牧國家，往更
高層次東方史的世界國家發展，而首先開其劃時代先河的
就是契丹族創建的遼朝。……從以上概述來看，雖然遼參
酌採用漢人的智識與文物制度卻並未漢化，創造並保持獨
立的立場。如此趨勢，在接續遼的金朝以及元朝都是持續
此立場，以此來説相對於南方世界，主張北方世界的對等
性或優越性。……第三期是十四世紀以後到二十世紀初的
約五百五十年間，也就是從明代到清末。自明太祖開始，
將元朝驅逐於北方，打破南北兩世界統合體制，再次形成
漢民族中華世界與蒙古民族游牧世界的對立，簡言之是基
於北族基於對經濟需求而對南方世界的侵略意志與反對將
北方世界納入自身政治圈内，而是用羈縻體制的中國政
治、文化意志力的相互作用，……即是從洪武、永樂到宣
德時期是明朝政治統治力壓制北方，正統到嘉靖忠期是北
方的經濟需求壓制明朝，隆慶、萬曆到天啓是兩股力量相

調和的時代，……。取代明末的蒙古民族的是興起於東北的滿洲民族，大清帝國再次統合南北兩世界，與元朝相同，東方世界出現政治的一元化。但是，清朝與元朝的不同之處在於，自身攝取消化中國文化，用更高層次的道義立場，取代民族對立。由此可看出出身北方的統治者懷柔漢民族的政治意圖。……滿洲族將北方的武力與南方的中華道義精神，在政治上相互調和，這與由中國文化進行南北世界統合的唐代，與相反地使用北方武力強行統合南北世界的元代，採取兩者綜合的立場即為清朝的政治。這就是包含第一期與第二期，在更高層次上開展的第三期的清朝立場。……二十世紀初的辛亥革命到現今，相當於<u>第四期</u>，……中國以此革命，完全從東方史的世界飛躍轉換為世界史的國家，與此同時北方遊牧民族的歷史任務也在清朝迎向終結，取而代之的中華民國是往近代國家邁進……。[86]

田村實造的四期劃分，主軸為北方游牧世界與南方農耕世界的互動，但更多的是北方歷史世界的發展，並強調了國家型態的轉變、北方民族的自覺、統治方式的轉變。（參考表5）

---

86 田村實造，〈北方世界の成立—東方史のはじまり—〉，《國民の歷史》，卷2號6，頁40-47。

表5：田村實造歷史分期概念簡表

分期	時間	歷史世界	特徵1	特徵2
第一期	300B.C.—900A.D.	北方世界	對南方朝貢	匈奴等建立遊牧國家
		南方世界	羈縻、壓迫北方	
第二期	1000A.D.—1400A.D.	北方世界	遼金元民族自覺，統合南北歷史世界	遼金元建立世界國家
		南方世界		
第三期	1400A.D.—2000A.D.	北方世界	明朝的北亞游牧民族侵略南方掠奪經濟物資。清朝再度統合南北歷史世界	採取道義政治，而非對立
		南方世界	明朝對北方游牧民族採取羈縻	
第四期	2000A.D.—	東方世界	辛亥革命後，從東方史國家轉變爲世界史國家	北方游牧民族歷史任務終結

資料來源：田村實造，〈東方史の構造と展開〉，《史林》32：1（京都，1948），頁36-48。

　　昭和31年（1956），田村實造更完整地講述北亞歷史世界的分期

及其特徵，從匈奴、鮮卑、突厥、回鶻等遊牧民族，依時間論述，將其建立的國家類型分爲以遊牧爲主要經濟來源的遊牧國家型與以牧農混合政權形式成立的征服王朝型；[87]與昭和30年（1955）的分期相比，在國家類型的分析與北亞時代區分的問題論述更爲詳細，[88]在國家類型上，遊牧國家屬於以氏族制爲基礎的部族連合體國家，征服王朝則將氏族制打破進行重新編整，以強化中央權力。在時代分期延續先前論點，遊牧國家屬於古代，征服王朝則爲中世。[89]

　　儘管田村實造將征服王朝劃分爲北亞歷史世界的中世，但是在東亞歷史世界的中世分期與清朝的歸類始終處於不穩定狀態。如表5所示，《アジア史講座第4卷北アジア史》與先前論述的差異有3點：1.增加史前時代，2.將遼、金、元、清四征服王朝歸類爲第二期（中世），戰後初期則是將遼、金、元劃爲第二期，清劃爲第三期，3.增加第四期的近代，主要論述外蒙獨立運動與滿洲地域。《アジア史を考える》延續此框架，僅在第四期近代的內容轉換爲集中論述蒙古人民共和國。

　　以此來看，東亞歷史世界與北亞歷史世界的征服王朝在歷史分期處於明顯不同。通觀《アジア史を考える》之章節架構，北亞、印度、西亞等三歷史世界，論述框架均爲：古代、中世、近代三期，僅有東亞未按照此分期，而是以黎明期－完成期－近代化，並將征服王

87 田村實造，〈北アジア世界における國家の類型〉，《京都大学文学部研究紀要》，卷4（京都：1956年11月），頁482-490；田村實造，《北アジアにおける歴史世界の形成》，於1962年修訂，再於1964年收入氏著《中國征服王朝の研究上》（京都：東洋史研究會，1964），頁1-58。
88 田村實造，〈北アジア世界における國家の類型〉，頁490-491。
89 田村實造，《北アジアにおける歴史世界の形成》，頁53-56。

朝恢復戰後初期的分類，遼金元為征服王朝前期，清為征服王朝後
期。他提到：「三國、兩晉、五胡十六國、南北朝是分裂多難的時
代，此時期在中國史發展上是從古代逐漸到中世的階段，可說是持續
的傾斜期」，[90]此為承續內藤湖南的見解，但他也認為唐帝國滅亡後，
也有較大轉變，[91]並提到「如要為這些歷史世界大致完善地進行時代
區分，古代的結束是在西亞世界是七世紀薩珊王朝波斯的滅亡、南亞
世界是七世紀印度的戒日王朝滅亡、東亞世界大約是八世紀的安史之
亂」。[92]可是唐朝滅亡到底是古代的結束還是中世的結束呢？書中未有
詳論。因此，可知田村實造在東亞與北亞的中世歷史分期上仍有無法
解決之處，僅能如此處理。

　　其三，在與其他歷史世界的互動問題上，他在昭和23年提到：

　　筆者認為可以粗略地認為可分為兩個歷史世界。即為包含
　　西南亞洲、印度的伊朗・亞利安世界之西方史，與包含
　　中國、北方地帶的蒙古、滿洲、一部分西伯利亞的東方
　　史。……東方史，為東方亞洲中的南方漢族世界，同時也
　　是農耕民族世界，日本、朝鮮、安南也在其中。如果其與
　　北方遊牧民族世界的兩個歷史世界觀點能夠成立的
　　話……。……在北方的遊牧民族國家之成立是與中原漢帝
　　國相對立的歷史世界。[93]

90 田村實造，《アジア史を考える —— アジア史を構成する四つの歷史世界》，頁 122。
91 田村實造，《アジア史を考える —— アジア史を構成する四つの歷史世界》，頁 166-168。
92 田村實造，〈世界史の構造と東洋史〉，《歷史教育》，卷3期7（東京：1955年7月），頁14-15。
93 田村實造，〈北方世界の成立—東方史のはじまり—〉，《國民の歷史》，

他先將再將亞洲史分爲東方史與西方史兩大歷史世界，而東方史再細分爲南方漢族世界、北方遊牧民族世界，並增補西域中亞世界（印尼、馬來、爪哇等南海地方與被稱爲突厥斯坦等處）。[94]

昭和30年（1955），田村實造在批判性繼承征服王朝論的基礎上，提出四個歷史世界的互動框架：

> 近代以前的世界，是若干的個別歷史世界並存（或是文化圈）。同樣地，中國最古老的歷史家司馬遷的《史記》中，有中國世界、匈奴（北亞）世界、西域（中亞）世界、印度世界四個歷史世界並存。……北亞是包含延伸至朝鮮半島西北的滿洲、與滿洲西邊接壤的蒙古利亞，再來是遠至南俄的中亞之大草原地帶。此地域即所謂亞洲的乾燥地帶，因爲有散布於高原的沙漠，自古以來爲游牧民族所盤據，可見到有數個游牧國家與征服王朝在此興亡。……中國文化圈的東亞世界；包含滿洲、蒙古利亞、中亞的遊牧文化圈的北亞世界；蘇美、波斯、伊斯蘭文化圈的西亞世界；印度‧亞利安文化圈的南亞世界等四個歷史世界，這些世界在近代以前是個別獨立而並存的歷史世界。[95]

可見在論及亞洲史時他認爲在16世紀進入近代前，是中國、北亞、中亞、印度4個歷史世界並立時期，並至此大致確立而無變化。

另外，由於戰後唯物史觀蔚爲潮流，[96]田村實造也嘗試與唯物史

卷2號6，頁4-5、11。

94　田村實造，〈東方史の構造と展開〉，《史林》，卷32號1，頁36。

95　田村實造，〈世界史の構造と東洋史〉，卷3期7，頁14-15。

96　唯物史觀在昭和初期（1930年代）即流行於日本歷史學界，東洋史學界亦

觀對話：

> 此處所説的亞洲社會之發展落後，是指與近代歐美資本主
> 義國家比較，亞洲諸民族或諸國在近代化過程中是很明顯
> 遲緩的。此爲誰都認同之事。其原因需從亞洲社會的歷史
> 構造中尋求，持續考察。特別是東亞，其中主要從中國農
> 業社會的生產樣式、家族關係、村落共同體以及社會構成
> 關係中花費心力考察。我們也對此議題相當關注，對於亞
> 洲社會之發展落後，與遊牧民在歷史上有何關聯，是我們
> 目前想考察的問題。[97]

田村實造不只要以自身的歷史學訓練方式回答魏復古的問題意識，而

多有青年學者開始使用唯物史觀考察歷史，但因前述皇國史觀的箝制而成
爲潛流。魏復古做爲重要左派學者，1931 年出版 *Wirtschaft und
Gesellschaft Chinas, Versuch der wissenschaftlichen Analyse einer großen
asiatischen Agrargesellschaft*（《中國的經濟與社會》），此書主要反映作者
想要從經濟與社會來動態的把握中國，其中的核心概念則是對生產樣式、
社會發展的各種型態、官僚主義、權力等的探討。日本學界在三年後翻譯
引介，造成極大討論，促進唯物史觀與中國研究的進一步結合。1949 年出
版的 *History of Chinese Society: Liao (907-1125)* 則是藉由研究征服王朝，來
完成對中國整體理解，解釋亞細亞生產方式。1957 年魏復古總合爲
Oriental Despotism（《東方專制主義》）一書。參見井上文則，〈「宮崎市
定」の誕生—一九三〇年代の軌跡〉，收入歷史学研究会（編）、加藤陽子
（責任編集），《「戰前歷史学」のアリーナ—歷史家たちの一九三〇年
代》，頁 40；G. L. Ulmen, *The Science of Society: Towards an Understanding
of the Life and Work of Karl August Wittfogel*, (The Hague; New York: Mouton,
1978), p90.；周雨霏，〈國際左派漢學與日本的中國研究—以魏特夫《中
國的經濟與社會》在日本的介譯與接受爲中心〉，《歷史教學問題》，2022
年，期 5，頁 14-24。

97 田村實造，〈アジア社会の後進性と遊牧民族の歴史的関係〉，ユーラシ
ア学会（編集）《遊牧民族の社会と文化》（京都：自然史学会，1952），
頁 2。

是從遊牧民切入，對亞洲社會發展之落後，特別是中國農業社會的生產樣式等（也就是「亞細亞生產方式」）課題有所對話。此外，他認為征服王朝是以游牧地區為根據地，將農耕民遷徙至統治區域內，形成牧農國家。此時因國家內階級分化日益激烈，為了克服此社會矛盾，對南方的中國或西方地域或東方的朝鮮半島發動征服戰爭。[98]另一問題是：

> 他們成功征服後，為了永續統治，必須與中國社會的某個階級結合。……多數為官僚‧地主‧鄉紳（豪紳）。本來地主、官僚、鄉紳、商人、高利貸等統治階級就是武斷鄉曲，以國家權力為後盾君臨農民，一旦王朝權力衰弱，其地位就變得相當不安定。因此他們必需要尋找替代之後盾。於是他們選擇北族政權。也就是他們將北族政權迎入中國本土，與之結合而使得征服國家建立。因此，征服國家支持舊有統治階級，鎮壓自前朝末期就持續的自下而上的農民叛亂，採取恢復舊秩序的政策。……遼、金、元、清等北族征服王朝，在維持中國社會的舊秩序有很大的作用，……。他們在中國社會發展中，扮演著某種剎車角色，到現在未有充分分析，無法說明清楚。[99]

可知田村實造考察重點是北亞民族征服中國時，與官僚、地主、豪族等統治階級的關係，但相關論述不多，且未持續發展。

　　從地域範圍、歷史分期、與其他歷史世界互動的分析可知，戰後

---

98 田村實造，〈アジア社會の後進性と遊牧民族の歷史的關係〉，ユーラシア學會（編集）《遊牧民族の社會と文化》，頁5-6。
99 田村實造，〈アジア社會の後進性と遊牧民族の歷史的關係〉，ユーラシア學會（編集）《遊牧民族の社會と文化》，頁5-7。

田村實造都在亞洲史的框架中論證北亞歷史世界。值得注意的是，他曾提到：「歷來考察征服王朝都是視爲中國史的一環，或是視爲與中國史不同歷史世界的北亞史之一環」，甚至應該是「在包含中國史與北亞史的更高層次立場進行考察」。[100]可見征服王朝論除了補充異民族王朝論外，更是完善北亞歷史世界，以至於世界史的視角的重要一環，但始終未論述範圍延伸至世界範圍。

其次，在歷史分期、與周邊歷史世界互動層面，在論及異民族王朝抑或是征服王朝時，在面對歷史分期時無法論證自洽，對於如何完善北亞與周邊狀況（特別是東亞）的互動仍有缺陷。

五、結語

田村實造爲日本北亞史研究第三代的重要學者，其求學過程深受桑原騭藏、羽田亨的影響，論據以至於論述撰寫風格皆受桑原騭藏的科學性論證方式影響，分析概念則是羽田亨的滿蒙史相關研究與「漢民族同化力說」影響。在日本侵略中國時，前往滿蒙地區田野調查，不僅考察日後讓他獲得學士院賞的慶陵遺址，更加強他日後要將遼、金、元三代合併考察並建構北亞民族能動性的方向。

他對北亞民族的能動性以至於建構北亞歷史世界的強烈問題意識貫穿學術生涯。[101]包含田村實造的滿蒙史研究者在戰前即將北魏、遼、金、元、清比較研究，提出異民族王朝論。但滿蒙史研究是在日本大陸侵略政策下獲得發展的，其實證性的研究成果同時也因被如何

100田村實造，〈中国征服王朝について―総括にかえて―〉，《中国征服王朝の研究中》，頁627。
101田村實造，〈東方史の構造と展開〉，《史林》，卷32號1，頁95。

表5：田村實造北亞史著作概念表

論文／專書	1948年《東方史の構造と展開》	1956年《アジア史講座 第4卷 北アジア史》	1990年《アジアを考える》
著／編者	田村實造	田村實造	田村實造
雜誌／出版社	安林	岩崎書店	中央公論社
時代分期1		先史時代 滿洲·蒙古的舊石器時代 滿洲的新石器時代 蒙古的新石器時代 滿洲的青銅器時代	
時代分期2	北方世界的生成（第一期） （300B.C.—1000A.D.） 特徵：匈奴等建立遊牧國家	古代遊牧國家的時代 （從匈奴到回鶻）	北亞歷史世界的古代 1.匈奴 2.鮮卑 3.突厥·回鶻
時代分期3	北方世界的民族自覺時代（第二期） （1000A.D.—1400A.D.） 特徵：遼金元建立世界國家	征服王朝時代 1.契丹族與遼朝 2.女眞族與金朝 3.蒙古族與元朝 4.元朝崩壞後的北亞 5.清代的北亞	北亞歷史世界的中世 1.遼 2.金 3.元 4.明代的北亞 5.清代的北亞
時代分期4	北方世界再度統一時代（第三期） （1400A.D.—2000A.D.） 特徵：清朝再度統合南北歷史世界，採取遺養民治，而非民族對立		
時代分期5		北亞的近代化 1.帝俄勢力的進入與外蒙獨立 2.內蒙自治運動 3.清末民初的滿洲與强作業 4.滿洲事變與滿洲國的成立	北亞歷史世界的近代化 1.帝俄勢力的進入與外蒙獨立 2.蒙古人民共和國的成立

有效統治中國的命題束縛，以至於無法跳脫同化理論。戰後引介魏復古的征服王朝論後，吸收其核心的涵化理論，替換戰前以同化理論框架，並將滿蒙史研究成果補充進征服王朝理論，形成日本式的征服王朝論。

　　他接著利用遊牧國家與征服王朝兩個概念，建構新的東洋史框架，提出北亞歷史世界，再以此完善亞洲史4個歷史世界。至此可知，田村實造是在戰前滿蒙史的研究基礎上，抱持考察北亞民族並將遼、金、元等王朝視為一體的想法；戰後初期即整合出東方史框架。儘快未被接納，不過在批判性繼承魏復古提出的征服王朝論，並符合戰後反省戰爭責任趨勢，將東洋史改名為亞洲史，提出北亞歷史世界論。

　　田村實造在戰後初期對征服王朝論的引介、推廣以及建立北亞歷史世界體系，讓滿蒙史研究能轉為北亞史研究持續發展，其史觀與史論對於往後的北亞史研究可說有承先啟後的重要地位。但因歸納異民族王朝抑或是征服王朝時，在分析、歸納特點後，尚未對契丹、滿洲、蒙古、突厥等民族及其建立的政權進行比較考察，[102]更未考察與周邊狀況的互動，以至於在面對北亞與東亞歷史分期時無法論證自洽，顯示出尚需更多研究與論證才能更進一步，也呈現了田村實造的征服王朝與北亞歷史世界論的不足之處。

---

102 山田信夫，〈〈批評‧紹介〉田村實造著「中國征服王朝の研究 上」〉，《東洋史研究》，卷24號2（京都，1965），頁221。

徵引書目

檔案、日記

JACAR（アジア歴史資料センター）Ref.B05015212200、對滿文化審查委員會關係雜件（對滿文化事業）第一卷（H-3-3-0-1_001）（外務省外交史料館）。

JACAR（アジア歴史資料センター）Ref.B05015990700、日滿文化協會關係雜件／文化研究員關係（H-6-2-0-29_4）（外務省外交史料館）。

JACAR（アジア歴史資料センター）Ref.B05015883500、研究助成關係雜件第九卷（H-6-2-0-3_009）（外務省外交史料館）。

JACAR（アジア歴史資料センター）Ref.B05015883500、研究助成關係雜件第九卷（H-6-2-0-3_009）（外務省外交史料館）。

《田中克己日記》與相關書信：https://shikicogito.net/tanaka/tanaka.htm，參考日期：2023/11/20。

京都大學大學文書館編集，《羽田亨日記》，京都：京都大学大学文書館，2019。

專書

Lattimore,Owen,*Inner Asian Frontiers of China*. Boston: Beacon Press, 1962.

Tanaka, Stefan, *Japan's Orient: Rendering Pasts into History*. Berkeley and LosAngeles: University of California Press, 1993.

Wittfogel, Karl. A.,*History of Chinese Society: Liao (907-1125)*. Philadelphia: TheAmerican Society, 1949.

山根幸夫，《東方文化事業の歴史─昭和前期における日中文化交流》，東京：汲古書院，2005。

中生勝美，《近代日本の人類学史：帝国と植民地の記憶》，東京：風響社，2016。

中見立夫，《「滿蒙問題」の歴史的構図》，東京：東京大學出版會，2013。

五井直弘，《近代日本と東洋史學》，東京：青木書店，1976。

井上文則，《天を相手にする─評傳宮崎市定》，東京：國書刊行會，2018。

井上直樹，《帝国日本と"滿鮮史"：大陸政策と朝鮮・滿州認識》，東京：塙書房，2013。

今谷明等編，《20世紀の歴史學家たち》（1）日本編上，東京：刀水書房，

1997。

今谷明等編，《20 世紀の歷史學家たち》（2）日本編下，東京：刀水書房，
　　1999。

今谷明等編，《20 世紀の歷史學家たち》（3）世界編上，東京：刀水書房，
　　1999。

今谷明等編，《20 世紀の歷史學家たち》（4）世界編下，東京：刀水書房，
　　2001。

今谷明等編，《20 世紀の歷史學家たち》（5）日本編續，東京：刀水書房，
　　2006。

田村實造，《『歎異抄』を読む》，東京：日本放送出版協会，1986。

田村實造，《アジア史を考える―アジア史を構成する四つの歴史世界》，東
　　京：中央公論社，1990。

田村實造，《中国史上の民族移動期―五胡・北魏時代の政治と社会》，京
　　都：創文社，1985。

田村實造，《中國征服王朝の研究》，京都：東洋史研究會，1964。

田村實造，《中國征服王朝の研究中》，京都：東洋史研究會，1971。

田村實造，《北アジアにおける歴史世界の形成》，京都：ハーバード燕京同
　　志社東方文化講座委員会，1956。

田村實造，《慶陵調査紀行》，京都：平凡社，1994。

田村實造、羽田明監修，《アジア史講座　第4巻　北アジア史》，東京：岩
　　崎書店，1956。

申友良，《中國北方民族及其政權研究》，北京：中央民族大學出版社，
　　1998。

江上波夫，《アジア・民族と文化の形成》，東京：野村書店，1948。

江上波夫編，《東洋學の系譜（第2集）》，東京：大修館書店，1994。

江上波夫編，《東洋學の系譜》，東京：大修館書店，1992。

秖詰秀一，《太平洋戰　と考古学》，東京：吉川弘文館，1997。

宋德金，《讀史雜識》，北京：中華書局，2013。

尾形勇等編、岸本美緒責任編集，《歷史學事典5 歷史家とその作品》，東
　　京：弘文堂，1997。

李孝遷，《域外漢學與中國現代史學》，上海：上海古籍出版社，2014。

町田三郎，《明治の漢学者たち》，東京：研文出版，1998。

京都大学大学院文学研究科編，《遼文化・慶陵一帶調査報告書：京都大学
　　大学院文学研究科21世紀COEプログラム「グローバル化時代の多元的
　　人文学の拠点形成」》，京都：京都大学大学院文学研究科，2005。

京都大学百年史編集委員会，《京都大学百年史：部局史編1》，京都：京都

大学後援会，1997。

岡村敬二，《日滿文化協會の歷史—草創期を中心に》，京都：岡村敬二，2006。

東亞研究所編，韓潤棠等譯，《異民族統治中國史》，北京：商務印書館，1964。

東京大学百年史編集委員会編，《東京大学百年史部局史一》，東京：東京大学出版会，1986。

林鵠，《南望—遼前期政治史》，北京：三聯書局，2018。

阿部猛，《太平洋戰　と歷史学》，東京：吉川弘文館，1999。

宮崎市定，《自跋集—東洋史学七十年》，東京：岩波書店，1996。

財団法人東方学会編，《東方学回想（Ⅰ-Ⅸ）》，東京：刀水書房，2000。

高田時雄編，《東洋學の系譜〈歐米篇〉》，東京：大修館書店，1996。

堀場一雄，《支那事變戰爭指導史》，東京：時事通信社，1962。

歷史研究会編、加藤陽子責任編集，《「戰前歷史学」のアリーナ—歷史家たちの一九三〇年代—》，東京：東京大学出版会，2023。

窪寺紘一，《東洋學事始—那珂通世とその時代》，東京：平凡社，2009。

鄭欽仁、李明仁編譯，《征服王朝論文集》，臺北：稻鄉出版社，2002。

礪波護，《京洛の学風》，東京：中央公論新社，2001。

礪波護、藤井讓治編，《京大東洋學の百年》，京都：京都大學學術出版会，2002。

櫻井正二郎，《京都学派醉故伝》，京都：京都大学出版会，2017。

論文

小林高四郎，〈征服王朝の諸性格〉，《歷史教育》，1：3（東京，1953），頁69-75。

山田信夫，〈〈批評・紹介〉田村實造著「中國征服王朝の研究上」〉，《東洋史研究》，24：2（京都，1965），頁215-221。

中見立夫，〈日本的「東洋学」の形成と構図〉，收入山本武利等編，《岩波講座「帝國」日本の學知第3卷東洋學の磁場》，東京：岩波書店，2006年，頁13-54。

井上直樹，〈満洲国と満洲史研究：アジア歷史資料センター所蔵文書の分析を中心として〉，《京都府立大学学術報告人文》，70（京都，2018），頁157-175。

毛利英介，〈満洲史と東北史のあいだ：稲葉岩吉と金毓黻の交流より〉，《関西大学東西学術研究所紀要》，48（吹田，2015），頁343-363。

王萌，〈戰時日本中國史學界的一個側面─對《異族統治中國史》成書的考察〉，《歷史教學問題》，2020年期3（上海，2020），頁87-93。

古松崇志，〈鳥居龍藏の契丹研究─慶陵の調査・研究を中心に─〉，《鳥居龍藏研究》，3（德島，2015），頁13-48。

田村　造，〈桑原先生の思い出〉，《桑原騭藏全集月報6》，東京：岩波書店，1968，頁6-8。

田村實造，〈アジア社会の後進性と遊牧民族の歴史的関係〉，ユーラシア学会編集，《遊牧民族の社会と文化》，京都：自然史学会，1952，頁1-8。

田村實造，〈アメリカにおける東洋史学研究の一動向─ウィットフォーゲル「中国征服王朝理論」その他─〉，《史林》，33：1（京都，1950），頁78-88。

田村實造，〈北アジア世界における國家の類型〉，《京都大学文学部研究紀要》，4（京都，1956），頁475-492。

田村實造，〈北方世界の成立─東方史のはじまり─〉，《國民の歴史》，2：6（東京，1948），頁4-12。

田村實造，〈東方史の構造と展開〉，《史林》，32：1（京都，1948），頁36-48。

田村實造，〈宮崎先生と「東洋史研究」誌─そのえらばなし─〉，《東洋史研究》，54：4（京都，1996），頁43-44。

吉開將人，〈東亜考古学と近代中国〉，收入山本武利等編，《岩波講座「帝國」日本の學知第3巻東洋學の磁場》，東京：岩波書店，2006，頁135-174。

吉澤誠一郎的〈東洋史學の形成と中國─桑原隲藏の場合〉收入山本武利等編，《岩波講座「帝國」日本の學知第3卷東洋學の磁場》，東京：岩波書店，2006年，頁55-97。

羽田亨，〈支那の北族諸王朝と漢文明〉，《支那》，19：10（東京，1928）。

羽田亨，〈支那の北族諸王朝と漢文明〉，收入氏著《羽田博士史學論文集歷史篇》，京都：東洋史研究會，1957，頁697-715。

羽田亨，〈宋元時代總說〉，《世界文化史大系第九冊宋元時代》，東京：新光社，1935，頁2-15。

羽田亨，〈宋元時代總說〉，收入氏著《羽田博士史學論文集歷史篇》，京都：東洋史研究會，1957，頁727-748。

羽田亨，〈東方史の發刊に寄ぜる辭〉，收入田村實造編輯，《東方史論叢第一北方史專號》，京都：養德社，1947。

李明仁，〈中國史上的征服王朝理論〉，收入臺灣歷史學會編輯委員會編，《認識中國史論文集》，臺北：稻鄉出版社，2000，頁105-125。

周雨霏，〈卡爾‧奧古斯特‧魏特夫的早期思想與「東洋社會論」的形成〉，《中國社會歷史評論》，17上（天津，2016），頁237-250。

周雨霏，〈國際左派漢學與日本的中國研究—以魏特夫《中國的經濟與社會》在日本的介譯與接受爲中心〉，《歷史教學問題》，2022年，期5（天津，22022），頁14–24。

秋貞實造，〈十五、北方民族と支那文化〉，《世界文化史大系第九卷宋元時代》，東京：新光社，1935，頁316-337。

秋貞實造，〈元朝札魯忽赤考〉，收入桑原博士還曆記念祝賀会編，《桑原博士還曆記念東洋史論叢》，京都：弘文堂書房，1931，頁999-1024。

宮崎市定，〈『東洋史研究総目録〔第一卷―第二十五卷〕』序〉，《宮崎市定全集24隨筆（下）》，東京：岩波書店，1994，頁514-521。

宮崎市定，〈桑原史學の立場〉，《桑原騭藏全集月報6》，東京：岩波書店，1968，頁1-4。

島田虔次，〈宮崎史学の系譜論〉，《宮崎市定全集月報25》，東京：岩波書店，1994，頁1-7。

桑兵，〈東方考古學協會述論〉，《歷史研究》，2000：5（北京，2000），頁160-169。

森鹿三，〈羽田博士追悼錄：羽田先生と東洋史談話会〉，《東洋史研究》，14：3（京都，1955），頁68-70。

稻葉岩吉，〈滿鮮不可分の史的考察〉，收入氏著《支那社會史研究》，東京：大鐙閣，1922，頁299-314。

編輯部，〈編輯後記〉，《日本學研究》，3：10（東京，1943），頁73。

蔡長廷，〈日本北亞史的發展歷程〉，臺北：國立政治大學民族學系博士論文，2016。

蔡長廷，〈江上波夫如何以「騎馬遊牧民族」重構世界史、東亞史、日本史論述〉，《新史學》，卷34期1（臺北，2023），頁153-205。

蔡長廷，〈戰時中の日本における遼‧金‧元‧清史の研究—東亞研究所の「異民族支那統治」委託案を中心に〉，《東方學報京都》，冊98（京都，2023），頁1-43。

礪波護，〈本会顧問田村　造の訃〉，《史林》，82：5（京都，1999），頁837-838。

桉瑥亜伊，〈「滿鮮史観」の再検討—「滿鮮歷史地理調查部」と稻葉岩吉を中心として〉，《現代社會文化研究》，39（新潟，2007），頁19-36。

Tamura Jitsuzo's Research on the History of North Asia: From the History of Manchuria and Mongolia to the Conquest Dynasties in China

TSAI Chang-ting

Abstract

Tamura Jitsuzo (1904–1999), a leading scholar of North Asian history in post-WWII Japan, studied under prominent figures such as Haneda Toru (1882–1955), Kuwabara Jitsuzo (1871–1931), and Yano Jinichi (1872–1970) at Kyoto Imperial University in the late 1920s. His major works include *Ch'ing Ling* (1953), *Studies on the Conquest Dynasties of China* (1964–85, 3 volumes), and *Thinking about Asian History—The Four Historical Worlds that Make Up Asia* (1990).

This article, by analyzing documents from Japan's Ministry of Foreign Affairs Diplomatic Archives, and the "Haneda Toru Diaries" (1938–1940), as well as the "Tanaka Katsumi Diaries" (1946–48), seeks to present a comprehensive view of Tamura Jitsuzo's contributions within Japan's intellectual tradition of Asian history.

The findings highlight three main points: First, they illustrate how Kyoto Imperial University functioned as an academic institution and the prominence of Manchurian and Mongolian studies within its historical research by the end of WWII. Second, they show how Tamura adopted Karl Wittfogel's theory of the "conquest dynasty" and its core concept of "acculturation," formulating his own interpretation of conquest dynasties in Chinese history through the lens of Japanese scholarship on Manchuria and Mongolia. Third, they reveal that

Tamura's theory overlooked the unique characteristics of the Khitan Liao, Jurchen Jin, and Mongol Yuan dynasties, particularly in terms of their state formation. Additionally, Tamura's periodization of East Asian history is inconsistent with that of Indian, Northern, and Western Asian histories in his work.

Keywords: Tamura Jitsuzo, history of Manchuria and Mongolia, conquest dynasty, historical world of Northern Asia, the History of North Asia

英華字典資料庫與概念史研究

陳力衛

日本成城大學經濟學部教授,從事日語史及中日語言交流史的研究。著作有:《和制漢語的形成和發展》(2001)、《圖解日本語》(合著,2006)、《日本的諺語・中國的諺語》(2008)、《近代知識的翻譯與傳播》(2019)、《東往東來:近代中日之間的語詞概念》(2019)、《日本辭書100本》(合著,2023)。譯著有《風土》(2006)、《現代政治的思想與行動》(2018)、《奧州小道》(合譯,2023)、《翻譯與近代日本》(2024)、《忠誠與叛逆》(合譯,2024)等。

英華字典資料庫與概念史研究

陳力衛[*]

摘　要

英華字典資料庫的建設與運用，直接關係到近代知識的建構過程，特別是在與西方概念接軌的時候，英華字典成爲最爲直接的工具，既承載著事物與概念的對譯結果，又傳達著西方的新知識。也正因爲如此，日本早在19世紀後半葉就開始積極引入英華字典，直接用於日語的新詞新概念生成之中，並在此基礎上加以改造、刪選、增補，並吸收到自己的英和辭典中去。最終在20世紀以後，反倒日文的英和辭典更爲充實，開始影響英華辭典，於是便有了我們說的近代語詞的大循環，語詞概念也不斷改進、深化。所以，英華字典資料庫可以瞬間爲我們提供概念史研究中的語詞的由來、屬性以及中日間的影響關係等基本信息，但同時也要引起我們注意在運用時的一些問題。

關鍵詞：英華字典、英和辭典、和制漢語、「能率」、「美術」

* 復旦大學中外現代化進程研究中心研究員，日本成城大學教授。此文是在日文論文〈英華字典・華英字典と日本語研究──データベースを生かして〉，《日本語学》，卷42期2（東京：2023年6月夏季號），頁86-98的基礎上增訂而成的。是教育部人文社會科學重點研究基地重大項目「『另一種現代性』：東亞及漢字文化圈歷史經驗的再審視研究」（項目批準號：22JJD770023)的階段性成果。

一、序

　　有關19世紀以來的英華字典的研究由來已久，積累了不少成果。從語詞史及概念史的角度來看，主要側重兩個方面：一是確認該概念與英文的接軌及對譯情況。因為這些對譯辭典中的漢語詞匯本身實際上已經構成一種翻譯概念，即（西洋的）概念先行，然後附之以辭。這樣通過對譯所形成的語詞，大多帶有新的概念、新的思想，也就是說，其詞義與西洋的概念、意思相接應的居多數。所以，這類辭典成為我們確認新概念的形成和傳播的最為便利的材料。二是19世紀的英華字典在日本被翻印利用，直接影響了近代日語的形成，是研究近代日語詞匯的寶庫。因為僅就英華字典與日語的關係而言，可以說其中大量的漢語譯詞被英和辭典所采錄，成為日語中的漢語新詞的主要來源，因而也成為新概念的承載者。明治維新以後，日本也展開了獨自的翻譯，中日之間產生一種相輔相成的協同效應。到了明治中後期，日本的學術術語多采用漢字詞匯，用漢字詞匯創造的新詞數量也隨之增加，這種趨勢逐步覆蓋了一般術語。英和辭典也開始大量收錄這些詞匯，以豐富其內容，從而奠定了漢字詞匯在日語使用的基礎。

　　甲午戰爭以後，赴日的士人和留學生劇增，這些漢字詞匯的大量使用不僅給他們帶來了新知識新概念的刺激，在「廣譯日書」的號召下，這些語詞搖身一變，瞬間又成為了中文詞匯。盡管其中有些詞的字面意義帶有不少誤解，但文化趨勢開始了大轉折，進入20世紀後，日本的英和辭典影響中國，我們的英華辭典的編輯反過來開始參照日本的英和辭典了，同一語詞又有可能是經由日本再次傳回中國。這一趨勢一直到上個世紀七十年代，包括專業術語在內，日語新詞源

源不斷地通過這一渠道涌進到中文裡來。故形成了「19世紀英華字典→英和辭典→20世紀英華辭典」這一語詞的大循環，這一來一往也被認爲是當今中日語言中存在大量的所謂同形詞的原因之一，那麼同時也給我們研究概念史提供了基本的路徑，即西方概念在英華字典的對譯有哪些是經過日本增添意義或改造後再次傳回中國的？有哪些是日本獨自創新傳入中國的？

　　正因爲英華字典的這一意義，所以對其展開研究必然是理清中日語言交流以及概念形成的一個重要步驟。以往無論是在中國還是日本，當談起中國所用的「新名詞」或「日本借詞」時，總會出現了一個奇特的現象，就是人們喜歡把其範圍逐步擴大，以至於連中國近現代以來所使用的大量有關西洋概念的語詞對譯等，都被視爲是從日本移植過來的，並且一一找到了些「證據」。而這些「證據」實際上都沒有上溯到19世紀英華字典裡去考察。所以，對英華字典的深入研究，能幫助我們重新認識所謂「日語借詞」研究中的誤解和問題所在。同時，日本人是怎樣吸收這些詞匯的？其過程如何？釐清這一影響關係，許多問題就會迎刃而解了。

　　於是乎，我們會碰到兩個問題：一是有什麼樣的英華字典可以用？二是到哪裡去尋找上百年前的英華字典？就第一個問題，有兩部書給了我們具體答復：一是宮田和子的《英華辭典的綜合研究：以19世紀爲中心》（2010），她以55部「日本國內現存的英華、華英辭典或詞表」作爲研究對象，一一記載了它們的基本屬性和特徵；第二本是沈國威主編的《近代英華華英辭典解題》（2011），收錄了21種辭典的前言和解說，現在正在做增補修訂工作，預計將收到30多種。至於第二個問題，自20世紀90年代以來，有許多與日本關係密切的19世紀英華辭典相繼翻印出版，這些重印本使得這類辭典更容

易查閱檢索，也使研究得到進一步的展開。近年來，特別是隨著網路的發展，日本國立國會圖書館的藏書和國內外研究機構藏書的數位化工作取得了極大的進展，現在在網上幾乎可以找到所有19世紀英華辭典的各種不同的版本。此外，涵蓋主要英華辭典的資料庫建設也爲我們的使用帶來了極大的便利。

　　有鑒於此，我們在這裡首先介紹臺灣中央研究院近代史研究所的英華字典資料庫，指出其功能所在，同時對其存在的問題和利用方法談談自己的體會和意見。然後我們一邊回顧英華字典的研究史，一邊結合具體實例來討論19世紀英華字典對日語近代詞彙所產生的影響。當然，如上所述，20世紀以後的英和辭典對英華辭典的影響也在我們的視野之內。那麼，如果要研究語詞在東亞概念史中的展開問題，這個資料庫便成了一個不可或缺的工具。

二、英華字典資料庫

（一）瞬間判斷一個詞的屬性

　　臺灣中央研究院近代史研究所的「英華字典資料庫」建立於2012年10月，經過充實和完善，是目前規模最大、使用人數最多的資料庫，其優點是方便而快捷，任何人都可以免費使用。只要點擊鏈接：http://mhdb.mh.sinica.edu.tw/dictionary/enter.php，便可進入。據該資料庫說明稱：

　　《英華字典資料庫》收錄1815年至1919年間極具代表性的早期英華字典，由外籍宣教士及語言學家，如馬禮遜、衛三畏、麥都思、羅存德、井上哲次郎、鄺其照、顏惠慶、翟理斯、赫美玲等人編纂而成。資料庫現有字典24套，其中全文輸入14套（包

含11套英華字典、3套華英字典），合計約有英文詞目11.3萬個，中文詞目1.8萬個，對應84萬筆中英文解釋、例句等詞條；其余10套僅提供影像瀏覽。

　　字典內容涵蓋各類知識範疇的中英詞匯對照，呈現當時中西文化交流與對話的樣貌。中文詞彙兼收中原官話與區域方言，書中例句亦兼採古籍經典書面語與白話口語；部分辭典另附有動植物、天文、地理、數學等專業術語表。各書語料繁富，可說是近百年間語言文化歷史流變的縮影，不論是歷史、文學、哲學、語言的歷時或共時研究，皆可從中獲得豐富多樣的研究素材。

　　目前，該資料庫收錄了從1819年（見第194頁第2、3節說明）到1916年的具有代表性的14種英華華英辭典：

⑴1822馬禮遜（R.Morrison）《英華字典》

⑵1844衛三畏（S. W. Williams）《英華韻府歷階》

⑶1847-48麥都思（W. H. Medhurst）《英華字典》

⑷1865馬禮遜（R.Morrison）《五車韻府》

⑸1866-69羅存德（W. Lobscheid）《英華字典》

⑹1872盧公明（J. Doolittle）《英華萃林韻府》

⑺1874司登得（G. C. Stent）《中英袖珍字典》

⑻1884井上哲次郎（Inoue Tetsujiro）《訂增英華字典》

⑼1899鄺其照（Kwong Ki Chiu）《華英字典集成》

⑽1908顏惠慶（W. W. Yen）《英華大辭典》

⑾1911衛禮賢（R. Wilhelm）《德英華文科學字典》

⑿1912翟理斯（H. A. Giles）《華英字典》

⒀1913《商務書館英華新字典》

⒁1916赫美玲（K. E. G. Hemeling）《官話》

也就是說預計收錄24種，但目前只完成了上述14種。其中，英華字典11部，華英字典3部（即⑷《五車韻府》、⑺《中英袖珍字典》、⑿《華英字典》）其他尚未被收錄的是：

1815-23馬禮遜華英字典＊

1842-43麥都思華英字典＊

1856衛三畏英華分韻撮要＊

1882江德英華字典＊

1883麥嘉湖英廈辭典＊

1900鮑康寧漢英分解字典＊

1903衛三畏漢英韻府＊

1916富翟氏英華字典＊

1918季理斐英華成語合璧字集＊

1919商務書館漢英辭典＊

由上述已完成的自1819年至1916年的14部辭典構成的該資料庫的最大的魅力在於可以瞬間檢索一個詞在19世紀至20世紀的出現情況，並得以通盤地整體地快速了解該詞的基本定位：來源、使用範圍、以及與日本的關聯，這是該資料庫的一大優勢。比如一個詞，它也與日語同形，從⑴到⒁都出現的話，即使中間有一些空缺，這個詞極有可能是源於中國的。與此相反，只出現在20世紀以後的英華字典的話，該詞作為新詞，就不能不考慮日語來源的可能性。以前者為例，「單位」這個詞，我們在「全文」檢索中一共搜索到34個標題詞的46條。其結果均顯示在屏幕左側的辭典列表中。從搜索結果來看，該詞未出現在三部華英詞典中，當在意料之中。但奇怪的是，該詞未出現在⑻井上哲次郎的《訂增英華字典》中，而其底本、羅存德的⑸《英華字典》反倒收錄了這個詞。那就意味著《訂增英華字典》

錄入時有遺漏。事實上，當我們查閱《訂增英華字典》的原文時，就會發現與羅存德的《英華字典》完全相同的內容：「Unit 一、奇、單、獨一、單位」。正如我們稍後還會提到的那樣，通過對這兩部辭典的比較，既可以發現此類文字輸入上的錯誤，還可以發現井上辭典的修訂增補的程度，即譯詞數量的增減。另一部沒有出現該詞的是20世紀後的⒀《商務書館英華新字典》（1913），這可能是受之前的《商務書館華英音韻字典集成》（1902）影響的結果，這本和井上辭典有著相承關係的辭典居然沒有收這個詞！反倒令人好奇的是，它的前後、同為商務印書館系統的《重訂商務書館華英字典》（1906）和《增廣商務印書館英華新字典》（1914）[1]中卻均收有此詞。

　　另一方面，如果我們拿一個明顯是明治時代以後才開始出現的詞，比如「卒業生」來檢索的話，那麼，它不出現在19世紀的英華字典中，只出現在20世紀以後的英華字典裡，例如，⑽「Graduate 大學卒業生」，⑾「candidate for leaving-examination 畢業生、卒業生」，⒀「Graduate 學士、科第、卒業生」，⒁「Graduate 卒業生」。但規模宏大的⑿翟理斯《華英字典》（1912）反倒沒收，因為它本身就不是一個漢語詞。目前，漢語中只使用⑾中出現的「畢業生」一詞，而來自日語的「卒業生」已不再使用。這意味著，通過該資料庫中所顯現的語詞出現的結果，可以大體把握一些中日同形詞的屬性，特別是近代以後才出現的新詞，或純粹的和制漢語，諸如「國際」「哲學」「悲劇」等均是和制漢語，僅見於20世紀以後的英華字典。

1　編者李佳白序文（1906）也與商務印書館編譯所（編），《商務書館英華新字典》（上海：商務印書館，1913）相同。

（二）檢索的多樣性

此外，中英文均可作為檢索詞，便於把握雙語對譯的全貌。不僅如此，它還包含原文書影，可以隨時核對原文。不過，由於中文版使用的是繁體字，因此基本上以繁體字輸入為佳，但也可以使用簡體字搜索，如「办公」「艺术」「农业」「后任」「这里」等都能達到所需的結果。用日語輸入漢字時，一對一的漢字簡體字也可以使用，如「釈」「沢」「対」和「仮」等構成的複音節詞均可檢索。但不能使用多個漢字的同一簡體字，如「弁」一字，包括了「辨、辯、辦、辮」四字的簡體，無法用它作為其中某字來檢索；還有像「芸」字，因為中文目前作為單獨字符仍在使用，無法通過它來檢索「藝」字。需要引起我們注意的是中日漢字的不同，有時得出的結果也不同。比如，我們用日語「交渉」（「渉」字為三點水加「步」）來檢索的話，19世紀的英華字典中，只出現在(3)1847-48麥都思《英華字典》之中；而當我們用中文「交涉」來查的話，則會出現在(1)1822馬禮遜《英華字典》、(2)1844衛三畏《英華韻府歷階》、(6)1872盧公明《英華萃林韻府》和(8)1884井上哲次郎《訂增英華字典》中，[2]核對原文也是如此。而且檢索結果顯示「交渉」和「交涉」成互補關係，也就是說只有用兩種字體查出的結果才是正確的答案。這樣帶出的問題就是在單字「渉」和「涉」上也呈不同結果，前者出現250次，後者出現342次；那麼再深入看一下「步」和「步」是否也如此呢？結果卻是無論

2　這裏的結果也是不見羅存德的《英華字典》收錄該詞，那麼就意味著是井上增補了這個詞，追溯其增補的源頭，就可找到(6)《英華萃林韻府》V2中的同樣記述：「international affairs 各國交涉事件」。盧公明（Justus. Doolittle）（編），《英華萃林韻府》（福州：Razario & Marcal Co., 1872）。

用「步」還是用「步」，得到的數字完全是一致的。

　　當然，該資料庫也存在各種缺陷，除了上文提到的人爲輸入的錯誤外，還有些檢索結果并非正確。特別是，雖然搜索結果在屏幕左側的辭典列表裡面有所顯示，但在實際查看其具體例子時往往會令人感到失望。例如，「帝國」一詞，因為早早用於麥都思根據日荷辭典編寫的《英和和英詞匯》（1830）中，於是很想看看該詞的英文對譯是何時用在英華字典的，檢索結果顯示19世紀的(3)(5)(6)(8)都出現，於是當然期待麥都思自己編寫的(3)《英華字典》（1847-48）中會出現該詞與英語的對譯。然而，當實際核對原文內容時，便會發現以上四部辭典中沒有一個是作爲「帝國」一詞來使用的，都只是出現在兩個單詞之前後，中間加有標點符號，諸如「MONARCH 皇帝、國皇」這類的形式。

（三）辭典的出版版次與年代排列

　　我們也注意到上述辭典是按時間順序排列的，其所依據的是所收辭典的出版年。因而將馬禮遜的《英華字典》（1822）列爲首位，但這是其 *A Dictionary of the Chinese Language* 的 Part III，實際上最早的應該是 Part II: Vol. 1.的華英字典，也就是排在第(4)位的《五車韻府》（1819）。因為該資料庫使用的是1865年的重印本，所以將其排在第(4)位，但其內容與初版完全相同，使用時最好將之理解爲1819年的成立。同樣的問題也存在於第(8)的井上哲次郎《訂增英華字典》（1884）中，它基本上是對第(5)、即羅存德（Lopscheid）的《英華字典》（1866-69）的改編，只是增補了一些內容。因此，在強調該字典中單詞出現的年代時，應注意與羅存德《英華字典》的同步性。此

外，類似的還有第(9)的鄺其照《華英字典集成》，使用的是1899年香港循環日報版，這實際上是所謂第三版（1882年導言，1887年出版）的後印本，在評估語詞出現年代時應注意這一點。

三、與日本相關的英華字典

正如本文開頭所述，各種研究都證明19世紀的英華字典對現代日語產生了重大影響，這一事實首先表現在從(1)馬禮遜到(2)衛三畏和(3)麥都思三部辭典都是一脈相承的，它們以各種方式對日本的西學發展做出了貢獻。可以說(9)以前的19世紀英華字典大多與近代日語有關，在陳（2019）第五章〈近代翻譯詞的寶庫--英華字典〉中已有所提及，包括下面所舉的日本翻印(2)(5)(6)(9)的版本。之所以沒有提到上述(7)司登得的《中英袖珍字典》，是因為它是一部小規模的華英字典，與日語關係不大。

(2)衛三畏《英華韻府歷階》（1844）⇒柳澤信大《英華字彙》

（1869）

(5)羅存德《英華字典》（1866-69）⇒中村敬宇《英華和譯字典》

（1879）

⇒井上哲次郎《訂增英華字典》（1884）

(6)盧公明《英華萃林韻府》（1872）⇒矢田堀鴻《英華学藝詞林》

（1880）

《英華学藝辭書》（1881）

《英華学術辭書》（1884）

(9)鄺其照《字典集成》（1875）⇒永峰秀樹《華英字典》

（1881）

　　麥都思的(3)英華字典（第1卷1847年、第2卷1848年）由上海墨海書館印刷。日本雖然沒有直接翻印，但中村正直從勝海舟處借得該英華字典，花3個月抄寫的本子藏在早稻田大学。据遠藤智夫研究，日本第一本《英和對譯袖珍辞書》（1862）中的抽象語詞多參照了麥都思的英華字典。而肖江楽（2021）承此更為詳盡地描述了兩者的影響關係。下圖爲羅存德送給堀達之助的麥都思《華英字典》（1843），上面寫有羅存德的親筆簽字，時間地點爲1855年2月於下田。[3]這一方面意味著麥都思的英華華英字典有可能對堀達之助《英和對譯袖珍辞書》產生影響；另一方面則如本文最後部分提到的，從羅存德跟堀達之助的交往來看，先出版的《英和對譯袖珍辞書》也有可能影響到羅存德的英華字典。

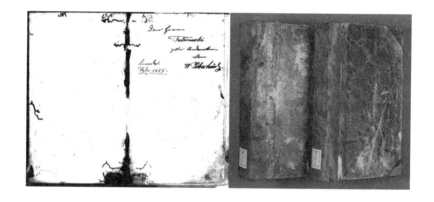

　　如上所述，19世紀的英華字典的漢語譯詞多爲明治時期的英和

3　現藏於靜岡縣立圖書館。本文參照遠藤智夫，《「英和対訳袖珍辞書」と近代語の成立—中日語彙交流の視点から》（神奈川：港の人，2009），頁63。

辭典所吸收，不僅直接影響到日本近代新詞的構成，而且爲日本接受西方的新生事物做作出了很大的貢獻。表1所顯示的各辭典譯例均爲現代日語所用。

表1：英華字典的譯例

英華字典	譯例
(1)馬禮遜 A DICTIONARY OF THE CHINESE LANGUAGE, PART III,1822	digest消化, exchange 交換, judge 審判, law 法律, level 水準, medicine 医学, natural自然的, necessarily 必要, news新聞, organ 風琴, practice演習, radius 半径線, spirit精神, unit單位, men 人類, life生命, plaintiff 原告, materials材料, arithmetic数学, method方法, conduct行爲, language言語
(2)衛三畏 An English and Chinese Vocabulary in Court Dialect,1844	cabinet 内閣, elect 選舉, newspaper 新聞紙, diamond 金剛石, record記録、記事, yard碼, grammar文法, consul領事
(3)麥都思 English and Chinese Dictionary,1847-1848	diameter直径, essence本質, knowledge知識, machine機器, manage幹事, lane平面, platina白金, accident偶然,educate教養, association交際, Lord 天主,revelation 默示, sympathy同情, fiction 小說

英華字典	譯例
(5)羅存德 English and Chinese Dictionary,with Punti and Mandarin Pronunciation,1866-69	protein 蛋白質, positive pole 陽極, adjutant 副官, bank 銀行, bier 麦酒, imagination 幻想、想像, carbonic 炭酸, negative pole 陰極, insurance 保險, literature 文学, passion 受難, principia 原理, privilege 特権, propaganda 宣傳, rule 法則, writer 作者, love 恋愛, reader 讀者
(6)盧公明 Vocabulary and Handbook of the Chinese Language, 1872	電報, 電池, 光線, 分子, 物理, 動力, 光学, 国会, 函数, 微分学, 地質論, 代数曲線, 民主之国

表2：英和辭書中的漢語譯詞的增加

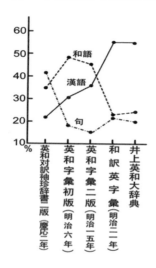

從森岡健二（1959）的研究中（表2），我們可以知道明治時期英和辭書中的漢語譯詞的增多實際上與英華字典在日本的翻印出版有著密不可分的聯系，日本第一本英和辭典《英和對譯袖珍辭典》（初版，1862），因爲是把《英蘭・蘭英辭典》的荷蘭語部分，利用在日本編輯出版的《和蘭字匯》（1858）加以翻譯的，所以譯詞以短句對譯的形式較多，尚未形成固定的對譯，特別是漢語譯詞所占的比例最小，僅20%多

（表2用的是1866年的第二版）。而當時的羅存德英華字典要較之進步得多，所以深受歡迎。明治時期日本英和辭典中漢語譯詞比例增加的原因就在於從羅存德《英華字典》吸收新詞。進入明治時代編纂的英和辭典，比如吉田賢輔的《英和字典》（1872），柴田昌吉、子安峻的《附音插圖英和字彙》（1873）以及島田豐《和譯英字彙》（1888）等多受其影響，所以其中的漢語譯詞才逐漸增多，且呈不斷上升趨勢，最終成為譯詞的主流，比如《和譯英字彙》（1888）達到55%以上。帶來這一變化的原因之一便是英華字典在日本的直接翻印引進，當然其他漢譯西學新書的譯詞也反映在英和辭典中。

　　從英華字典在日本的接受情況來看，毋庸置疑，第(5)羅存德的《英華字典》值得大書特書，一方面它是19世紀集大成之作，規模和收詞量都居首位。另一方面在日本曾兩次翻印：由中村正直校閱的《英華和譯字典》（1879-1881）和由井上哲次郎增訂的《訂增英華字典》（1884），足以顯示其實際意義。後者的前言亦云：「世之修英學者據此書以求意義，則無字不解，無文不曉。」由此可見其重要性以及對日本的影響。資料庫收了其一-(8)井上哲次郎的《訂增英華字典》（1884），當然重要，但卻沒有收錄同樣以羅存德《英華字典》為藍本的中村敬宇校閱的《英華和譯字典》（1881），則有失平衡，後者可以看出日本人的譯詞與中文的不同之處。同樣令人遺憾的是，福澤諭吉的《增訂華英通語》（1860）也未被收錄，他將清人子卿原著的《華英通語》（1855，何紫庭序）進行改編，加上了日文片假名和漢字標註的日語註音及日語翻譯，流傳甚廣。幸運的是，前者《英華和譯字典》可以在國立國會圖書館數位庫中免費閱覽，且可全文檢索

https://dl.ndl.go.jp/pid/994993 /994994。[4]就後者《增訂華英通語》來看，最新的研究是由內田慶市、田野村忠溫共同編輯的《《華英通語》四種——解題與影印》（2020），[5]其中特別收錄了田野村忠溫新發現的一本道光年間的刊本。也是在同一年，高木不二的〈〈訂增英華字典〉再考〉（《福澤手帖》185號，2020年6月）一文中指出：《福澤諭吉全集》中所收錄的該版本「實際上是並不存在的」，而是由三種版本拼湊起來的。

需要引起我們注意的是(6)《英華萃林韻府》，[6]它由兩卷三部分組成，其中第一卷PartⅠ一開始就被錄入到資料庫中，可以全文檢索，但第二卷PartⅡ和收錄了重要的專業詞匯的PartⅢ，一直到2023年5月才全文輸入完了，正式啓用。這一時間差，導致了之前利用該資料庫所得出的一些結果的偏差。僅就與日本的關係而言，矢田堀鴻的三次翻印本（《英華學藝詞林》（1880）、《英華學藝辭書》（1881）和《英華學術辭書》（1884））都是以第三卷PartⅢ爲基礎編輯的，因此，2023年5月之前無法檢索之，對於中日語言比較研究來說是一大缺陷。稍後我們將通過更多的例子來解釋由此帶來的問題。

4　本來上智大學豐島正之率領的團隊所建構的資料庫「日本近代辭書字典集」https://www.joao-roiz.jp/JPDICT/search（檢閱日期2023年10月15日）上也可以全文檢索，而且作爲比較，其中同時還收錄了三本國語辭典：明治期最早的近代國語辭典大槻文彥（編），《言海》（1889-1891）（自費出版）、高橋五郎（編），《漢英對照いろは辭典》（東京：博聞本社，1888）和山田美妙，《日本大辭典》（東京：日本大辭書發行所1893）。也就是說可以衡量一下英華字典的譯詞有多少被明治時代的國語辭典所采納。但遺憾的是該資料庫的網站於2024年2月關閉了。

5　關西大學東西學術研究所資料集刊四十七，關西大學出版部。

6　參照日本中國語學會（編），《中國語学辭典》（東京：岩波書店，2022）所收該項目（陳力衛執筆）。

　　鄺其照⑼《字典集成》被日本人永峰秀樹翻印爲《華英字典》
（1881），是以其第二版（1875）爲底本的。內田慶市、沈國威編的
《鄺其照字典集成影印與解題》（初版和第二版）將該文本與初版
（1868）合爲一冊在中日兩地翻印出版，可供參考。

　　從第⑽開始便是20世紀的英華字典，如上所述，19世紀的英華
字典中的漢語譯詞被英和辭典吸收後，在日語裡得到了更爲廣泛的使
用，且作爲西方近代概念的對譯更爲牢固地固定下來了。甲午戰爭
後，中日間的影響關係變得顛倒過來，特別在進入20世紀以後，我
們中文編輯的英華辭典反過來開始以日本的英和辭典爲參照、爲榜樣
了。來自日本的影響已不容忽視。顏惠慶的《英華大辭典》（1908）
被譽爲當時最大的一部詞典，且被廣泛而長期地使用。如後文所述，
該辭典譯文中也不乏日本的影響。⑾是德國傳教士衛禮賢（Richard
Wilhelm）的德英漢三國術語詞典（*Deutsch-Englisch-Chinesisches
Fachwörterbuch. /German-Englisch-Chinese dictionary of technical-
terms. Herausgegeben von der Deutsch-Chinesischen Hochschule.
Tsingtau*，1911），在青島出版。該詞典收錄了「細菌」等源自日語的
專業術語，也可能受到了德日詞典的影響，這點應該再加確認。跳過
⑿的華英詞典，⒀是被稱爲商務印書館系列的英華字典，當然也開始
大量吸收日語借詞了。而令人遺憾的是，與井上哲次郎的《訂增英華
字典》（1884）關係密切的《商務書館華英音韻字典集成》（1902）[7]
卻被資料庫遺漏了，這本來是便於考察羅存德《英華字典》在華影響
的一本辭典。最後一部⒁的英文書名爲 *English-Chinese Dictionary of
the Standard Chinese Spoken Language*（官話）*and handbook for*

7　後面會談到其復刻本，但在Google books中可以看到電子文檔。

*translations, including Scientific, Technical, Modern, and Documentary Terms.*1916，這是一部著名的新詞辭典，沈國威（2008）的研究闡述了其中嚴復新詞（部定）和日語新詞（新）的分佈及其關係。

四、英華字典的傳承與譯詞的定位問題

（一）「能率」是和制漢語嗎？

　　前面反復提到的第(5)羅存德《英華字典》是一部承上啓下的劃時代的辭典，那須雅之（1998）過去一直關註羅存德的生平，並爲其撰寫了簡單的傳記。1996年，他爲東京美華書院翻印出版的兩卷本羅存德《英華字典》加上了自己寫的解說。之後，爲了把握該辭典的影響關係和整個面貌，又於1998-99年翻印出版了共15冊本的《近代英華、華英辭書集成》（大空社），其中就收有中村正直校閱的《英華和譯字典》和在橫濱出版的《新增華英字典》（1897），[8]後者是以井上哲次郎《訂增英華字典》爲底本，由《清議報》發行兼編輯人、旅居橫濱的華僑商人馮鏡如出版的，20世紀初也在中國發行。還收有承此辭典編輯出版的《商務書館華英音韻字典集成》（1902），以及羅存德自己編撰的《漢英字典》（1871）。當然這套書同樣附有那須寫的解說文。

　　沈國威（2017）也試圖追溯英華字典從羅存德經井上哲次郎再到商務印書館的流變過程，他首先引用宮田和子（2010），解釋了井上哲次郎的《訂增英華字典》究竟「訂增」了哪些詞，也就是說，井上

8　初版爲1897年，再版爲1899年。據馮瑞玉，〈馮鏡如「新增華英字典」をめぐって（1）辛亥革命を支えた英国籍の中国人〉，《月刊しにか》，卷12號9（東京：2001年9月），頁98-105。

並沒有從自己編輯的《哲學字彙》（1881）中增補詞彙，而主要是從兩部稍早的英華字典、即（2）衛三畏《英華韻府歷階》（1844）和⑹盧公明《英華萃林韻府》（1872）抽出一些語詞增補的。同時，他舉出一個具體的例子「Bracket括弧」，在羅存德《英華字典》中沒有出現，但在《英華萃林韻府》第二卷 Part III 中卻收有該詞。而且，這一詞當然被馮鏡如《新增華英字典》所繼承，最後又被《商務書館

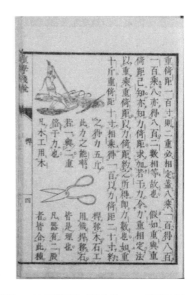

華英音韻字典集成》吸收采納（所以說，前面舉的「單位」一詞沒有被該辭典所繼承反倒是很奇怪的）。

　　事實上，與「括弧」的例子相同的情況，還有「能率」一詞。陳（2019）中曾討論過此詞，舉出在較早的研究中，板倉聖宣和中村邦光（1980）曾指出，該詞的成立是由於誤讀了漢譯西書《重學淺說》（1858）中的「此力之能率若一與二重倍於力也」之句，亦即日本人在《官版重學淺說》（1859）中將「此力之能率」的「能率」連讀而視爲一個單詞了。換言之，他們認爲在另一個日本人荒井公履的《新刻重學淺說》（1860）中，讀作「此力之能、率ネ」，則是正確的理解，即應該將名詞的「能」和副詞的「率」分開來讀（如右上圖倒數第4行）。到了明治時期，山口銳之助的《日英法德 物理學術語對譯辭書》（白文社，1888）便將「能率」列爲Moment的譯名，由此兩位作者感慨當時的日本知識分子在考慮譯詞時甚至關註到中文的西學

新書的內容，也就是說正因爲日本人的這種誤讀導致了和制漢語「能率」一詞的誕生。

的確，四年前看這個結論似乎沒什麼問題，因爲我們搜索英華字典資料庫中的「能率」一詞時，會發現19世紀的唯一一個例子是出現在井上哲次郎《訂增英華字典》中的「the duty of a machine 能率」。其余三例都出現在20世紀的辭典中。依照上述板倉聖宣和中村邦光的說法，通常也會得出的結論是，這很可能是一個在日本形成的和制漢語，但如果眞是這樣判斷，那我們就會陷入到上一節提到的一個陷阱：《英華萃林韻府》當時只能全文檢索其中的第一卷 Part Ⅰ，而第二卷中收錄的專業詞匯的 Part Ⅲ，直到2023年5月才開始啓用！

也就是說，當今，如果我們打開資料庫檢索「能率」一詞，就會發現除了井上哲次郎《訂增英華字典》中出現以外，《英華萃林韻府》V2（以前是標＊號的）[9]也出現了，查看其 Part Ⅲ 開頭的「Terms used in Mechanics 機械學」[10]術語，在第176頁會發現「Duty（of a machine）能率 nêng so.」的對譯。如果我們再核對一下矢田堀鴻的日文版《英華學藝辭書》（1881）第73頁，也能在「機關學之語」中找到這個詞的同樣對譯。那麼，我們就可以確信井上的修訂和增補實際上就是源於此。考慮到井上辭典的流傳和影響，「能率」這個詞在日本的使用有可能是從這裡開始普及的。

既然井上《增訂英華字典》中的「能率」一詞是從《英華萃林韻府》中增補的，那麼，該詞應當被視爲源於中國的近代新詞。實際上，我們在1871年上海江南制造局翻譯出版的關於蒸汽機的《汽機

9　該資料庫中顯示＊者爲尚未輸入的資料。

10　這一領域的資料可參考偉烈亞力（Alexander Wylie）（著），王韜（譯），《重學淺說》（上海：墨海書館，1858）。

必以》（十二卷首一卷附一卷）[11] 中，可以找到許多該詞的可靠用例。例如，卷八第404-409節裡集中出現了十多個例子，如：「明輪船各種之能率」、「有能率以求速率之法」、「螺輪船之能率」等。該書在明治初期便由外交官柳原前光在上海購買後傳入日本並得以利用，詳情可參見拙稿。[12] 那麼，結論就是，板倉聖宣和中村邦光聲稱的、由「誤讀」漢譯西書《重學淺說》而誕生的該詞，本身就是一種錯誤的推斷，不是誤讀，而是中文譯詞的本來用法。

縱觀20世紀以後三部辭典中的用例（表3），可以發現與「能率」對譯的英語也發生了一些變化。英華字典中原有的 Duty 不見了，取而代之的是 Moment、Efficiency 和 Function。如1883年的《東洋學藝雜誌》第25號（明治16年10月）所載的〈物理學譯語會議決〉中，便將 Moment 對譯爲「能率」。之後出版的《日英法德 物理學術語對譯辭書》（1888）這一專業辭典當然是繼承這一譯法，這種對譯英文的改變來自何處？最新的研究表明，這種對譯仍是出自中文的西學新書《重學》（美華書館，1867），[13] 之後才通過《重學淺說》進入日本，然後又通過英和辭典將這種對譯結果導入到20世紀以後的英華辭典裡來了。如表3：

---

11 英國蒲而捺撰 英國傳蘭雅口譯・無錫徐建寅筆譯。據孫磊・呂凌峰〈江南制造局蒸汽机譯著底本考〉，《或問》，第20號（2011），頁33-48，譯自 John Bourne, *A Catechism of the Steam Engine in its Various Applications to Mines, Mills, Steam Navigation, Railways, and Agriculture*，1865.

12 就此書的日本傳入及日本所藏，參見拙稿〈明治初期における漢譯洋書の受容〉，《東方學》，輯99（東京：2000），頁61-74。亦收入拙著《東往東来：近代中日之間的語詞概念》（北京：社會科學文獻出版社，2019），頁134-152。

13 劉世琴〈英譯名「能率」在中日間的創制及互動〉《日語學習與研究》，2024年第2期（北京：2024），頁52-62。

表3:「能率」的英文對譯

辭典	1908英華大辭典	1911 德英華文科學字典	1912 翟理斯華英字典
釋義	Moment Force, 力, 勢; momentum, 力率, 能率 Moment of a force, the product of the force and the perpendicular from where it acts to the line of application, 體質距, 重距, 力率, 能率 Efficience Efficiency （Mech.）Amount of really effective force, （力）眞能致果之力量, 功效, 工程, 功率, 能率	Moment momentum （mech.）能率、速 率力 Kraftmoment momentum of a power 運動量、能 率 Moment 、 statisches 中立能率	能 the function of a machine能率

　　然而，在參照井上辭典而編輯的《商務書館華英音韻字典集成》中，雖然同樣保留了英文「the duty of an machine」，但中文翻譯卻從「能率」改爲「機器之功用」了。其後在商務印書館1914年版的《增廣商務印書館英華新字典》中雖然尙有「Moment 力，勢，力率，能率」的對譯。不過，到了現代漢語中，通常用「力矩」來翻譯Moment，而不是用「能率」了，亦即在中文語境中這個詞沒有被繼承下來。與之相反的是，在日語中，這個詞反倒從專業術語到一般術語，得到了廣泛運用，諸如:「產業能率大學」「能率手帳」等。

（二）「美術」與art

當考察「美術」這一概念時，如表4所示，「美術」只出現在20世紀顏惠慶的《英華大辭典》之後的辭典裡。但是，如果針對相應的英文單詞來檢索的話，就會發現Fine art和Fine arts在同一部辭典中出現的數量是不同的。一般來說，在檢索中，詞形單位越短，命中率應該越多。例如，在這本《英華大辭典》中，僅查art一詞的話，就會有491次命中。然而，這裡的情況恰恰相反：fine arts的命中量反而是fine art的兩倍多。這裡究竟會帶來什麼問題呢？

表4：因檢索詞的不同而導致的不同結果

檢索詞		美術	Fine art	Fine arts
結果總數		74詞88回	12詞13回	32詞43回
字典名	1847-48麥都思英華字典			1
	1865馬禮遜五車韻府			2
	1866-69羅存德英華字典			4
	1884井上哲次郎訂增英華字典			3[14]
	1899鄺其照華英字典集成			1
	1908顏惠慶英華大辞典	59	10	24
	1911衛禮賢德英華文科字典	6	1	1
	1912翟理斯華英字典	1		3
	1913商務書館英華新字典	7		1
	1916赫美玲官話	15	2	3

14 Fine arts欄中羅存德與井上哲次郎的命中數所呈現的不一致處不是因爲別的，而只是因爲後者的輸入上的遺漏。

　　有人只用前者Fine art來查，於是便報告說與之對應的「美術」
有十個例子。而列出的所有例子都只檢索出意義分類符號（Fine arts）
所包括的詞。如：「Form（Fine Arts）The boundary line of a material
object，（美術）物之外形，輪廓」，這裡的（美術）只是作爲該詞所
屬的語義範疇的標注，實際上并沒有提取出該英語單詞所對應的意義
和概念。即中文概念的對譯也無法提取。可該論文由此便得出結論，
認爲現代中國已建立了「美術」這一概念範疇。

　　但如果再用後一種Fine arts來查一遍，會發現其對譯覆蓋的範圍
更廣，不僅包括了前一種Fine art中的所有例子，還提取出了前一種
中遺漏的、以下英語詞條（表5）的漢語對譯例子。我們不知道爲什
麼會出現這種情況，但使用資料庫時，作爲常識，設置多種搜索條件
可能會得出意想不到的結果。

　　我們再看表5，第一個詞條Art中的釋義爲：「Fine arts, 雅藝、美
術」，這才是該辭典的英漢對譯。編者的父親顏永京是翻譯過心理學
和教育學方面的書，「雅藝」正是其父親的譯名，他將之收入對譯詞
中，然後再加上從日語過來的「美術」。其他各詞條中均含有Fine
arts，除「美術」的對譯外，還有「批評術，鑒定法」「藝術」「美
藝」等。

表5：從英和辭典借用譯詞

詞頭	1908顏惠慶《英華大辭典》	1902《新訳英和辞典》
Art	Fine arts, 雅藝, 美術	Fine arts, 美術
Classic	Of the first rank, especially in literature and the Fine arts, so as to be academic and authoritative, 成經的, **卓越的**, **最佳的（兼文学美術等而言）**	第一等ノ、卓越ノ、最佳ノ [文学又美術ニイフ]
Criticism	The art of judging with propriety of the beauties and faults of a literary performance, or of any production in the Fine arts, 考訂之藝, **批評術**, **鑒定法**	批評法, 鑒定法
Dilettantism	Admiration of the Fine arts, 愛習藝術	藝学ニ遊ブ冂
Fine	Fine arts, the arts which depend chiefly on the imagination, and whose object is to please, as poetry, music, painting, and sculpture, **美術**, 文物, 美藝, 細手藝, 細行業（諸如詩詞音樂繪畫彫刻之類）	Fine arts 美術
Virtu	A love of the Fine arts, **美術之嗜好**	美術嗜好，古奇物癖

詞頭	1908顏惠慶《英華大辭典》	1902《新訳英和辞典》
Virtuosity	The body of those who affect a taste for and a critical knowledge of the Fine arts, 精博美術者, 美術品鑑定家	
Virtuoso	A man skilled critically in the Fine arts, or in antiquities, curiosities, and the like, 精博美術者, 愛玩古玩及奇珍之物者, 博究古董與美術及奇物之士, **古奇物愛玩家, 美術品鑑定家**	美術品鑑定家，古奇物愛玩家

　　前面說過，20世紀以後的英華辭典多受日本的影響，陳（2019）第6章〈英和辭典對漢語的詞彙滲透〉中提到，1902年三省堂出版的由神田乃武等人編輯的《新譯英和辭典》實際上為顏惠慶《英華大字典》提供了大量的譯詞。比較一下表5《英華大字典》中的黑體字譯詞和後面一欄中《新譯英和辭典》的翻譯，兩者之間的影響關係顯而易見。順便提一下，上一小節表3中《英華大字典》中的「能率」一詞也是從《新譯英和辭典》中添加過來的。這也是將「Moment 能率」的對譯重新引入中文的契機。即由原本對譯英語the duty of an machine，改為對譯 Moment 了。

五、小結

　　如上所述，《英華字典》的百年確實是中日兩國語言交流的時代

見證。使用資料庫可以發現其中的細節問題，也可以糾正以往的誤解和錯誤。從語詞的中英文接軌來看，英華字典資料庫所收的辭典基本上可以歷時地印證漢語詞義變化的近代轉向，可以作為衡量語詞現代性的標杆；從中日兩國語言的交流史來看，也是加深和確立近代概念的一個可以驗證的步驟，包括日文對中文譯詞的模仿和改造，在這一意義上講，該資料庫的調查結果當然經常會被用於概念史研究中。

事實上，最近有越來越多的文章基於該資料庫的出現情況，喜歡將之當作整個19世紀至20世紀初的英漢對譯的結果來進行語義描述。換句話說，似乎提起英華字典只要查查資料庫就夠了，這一認識多少有些草率，也令人感到不安。過分依賴資料庫會產生相反的效果。特別是，資料庫並非萬能，被資料庫遺漏的辭典（包括尚未收錄的十種）的作用和其使用功能可能會因此低估，更要命的是我們可能會不知不覺地習慣於這種不甚完整的語料下的詞史描述。考慮到這些問題，我們認為，在構建中日詞匯交流史和詞史時，除了本文涉及的辭典外，還有必要開發新的資料來源。特別是，應該更多地關註19世紀下半葉的材料，在陳（2021）的文章中，提請注意《新關文件錄》（1885）中的華英詞典（《文件小字典》1888），其中所收的複音節詞與近代日語相通的部分很多，也就是說要關註中文本身的新詞生成的能力問題。不能輕易就將一些詞劃入「日本借詞」了。當然，反過來看，由在日英國外交官約翰·哈林頓·歌賓斯（John Harington Gubbins，1852-1929）編輯出版的三卷本《漢語英譯辭典》〈*A dictionary of Chinese-Japanese in the Japanese language*，Trübner & Company,1889）也值得關注，至少是有關漢語詞的英文對譯有哪些改動，哪些新增都是可以用來作為一個參照物來利用的。當然，荒川（2010）很早就建議過的，20世紀以後，受日本影響很深的《綜合英

漢大辭典》（1927）也應該收入資料庫，作爲中文接受日語新詞的媒
介來加以重視和研究。

　　這種時間上、空間上的相互影響關係，需要我們去梳理，並利用
現有的資料庫等資源對其進行分析和研究，同時要補充新的對譯辭
典，加上當時的新語新詞辭典，建構起更爲完善的資料庫，這樣才能
搞清楚中日新詞的相互影響關係，同時也爲概念史研究打好基礎。

　　本文由於受篇幅所限，有幾個問題未能涉及到。其一就是19世
紀的日語譯詞對英華字典的反向影響的程度有多大，這一點值得研
究。正如那須雅之和荒川（2015）所提出的那樣，比較羅存德的《英
華字典》和堀達之助的《英和對譯袖珍辭書》，後者出版於1862年，
比羅存德的辭典早四年，在一些詞上，可以明顯地看出後者影響了前
者。而荒川（2021）的最後一篇文章也提倡將譯詞的成立追溯到蘭學
的研究上。在這個意義上講，同樣的問題也出現在麥都思身上。我們
可以設想一下，他在充分吸收蘭和和蘭辭典的養分後編輯出世界上第
一本《英和和英詞匯》（1830），實際上是「作爲現代概念的中轉」
起到了一定的作用，[15]特別是有多少日本蘭學所產生的語詞被利用到
他的《英華字典》（1847-48）裡去的，這也是一個反向研究。就此，
已經有張麗華（2017，2020）的兩篇研究值得注意。再一個問題是，
在日文翻印版中，只有《英華和譯字典》和《英華學藝辭林》體現了
所謂日本人針對中文譯詞的再翻譯的態度，亦即在審視源自中文的譯
詞成立的同時，或許有必要重新審視日文將之對譯時所選用的日語譯
詞，或關註日文翻印版中所作的詮釋及再翻譯的工作。針對《英華學

---

15 陳力衛〈W.H.メドハースト《英和和英語彙》〉，《悠久》，號143（神奈
　　川：2015），頁54-68。

藝辭林》，杉本（1989）有過〈關於插譯和譯詞的若干考察〉一文，或許可以作為一個範例。我想如果利用資料庫的話，對這兩個問題似乎都還有進一步重新審視的餘地，這裡暫且不作展開了。

徵引書目

一、專著

商務印書館編譯所（編），《商務書館英華新字典》（上海：商務印書館，1913）。

偉烈亞力（Alexander Wylie）（著），王韜（譯），《重學淺説》（上海：墨海書館，1858）。

盧公明（Justus. Doolittle）（編），《英華萃林韻府》（福州：Razario & Marcal Co., 1872）。

大槻文彥（編），《言海》（1889-1891）（自費出版）。

山田美妙，《日本大辭典》（1893）（東京：日本大辭書　行所1893）。

内田慶市、田野村忠　　（編著），《「華英通語」四種：解題と影印》（關西大學東西學術研究所資料集刊47）（大阪：關西大學出版部，2020）。

日本中國語學會（編），《中国語学辞典》（東京：岩波書店，2022）。

杉本つとむ、吳美慧（編著），《英華　学芸詞林の研究》（東京：早稲田大學，1989）。

沈國威（編），《近代英華華英辞典解題》（大阪：關西大學出版部，2011），關西大學東西學術研究所資料集刊31。

肖江楽，《「英和対訳袖珍辞書」の研究》（東京：武藏野書院，2021）。

宮田和子，《英華辞典の総合的研究－19世紀を中心として》（東京：白帝社，2010）。

高橋五郎（編），《漢英對照いろは辭典》（東京：博聞本社，1888）。

陳力衛，《近代知の翻訳と伝播：漢語を媒介に》（東京：三省堂，2019）。

遠藤智夫，《「英和対訳袖珍辞書」と近代語の成立－中日語彙交流の視点から》（神奈川：港の人，2009）。

John Bourne, A Catechism of the Steam Engine in its Various Applications to Mines, Mills, Steam Navigation, Railways, and Agriculture (New York, D. Appleton & co., 1864).

二、論文及專文

沈國威，〈近代英華字典環流：從羅存德，井上哲次郎到商務印書館〉，收入思想史編委會（編著），《思想史7：英華字典與思想史研究》（臺北：聯經出版事業股份有限公司，2013），頁63-102。

孫磊、呂凌峰，〈江南製造局蒸汽機譯著底本考〉，《或問》，號20（2011），

頁33-48。

劉世琴，〈英譯名 "能率" 在中日間的創制及互動〉，《日語學習與研究》，2024年第2期（北京：2024）

沈國威，〈《官話》（1916）及其訳詞：以「新詞」「部定詞」爲中心〉，《アジア文化交流研究》，號3（吹田：2008），頁113-129。

那須雅之，〈《英華字典》を編んだ宣教師－ロプシャイト略伝（下）〉，《月刊しにか》，卷9號12（東京：1998年12月），頁106-110。

那須雅之，〈《英華字典》を編んだ宣教師－ロプシャイト略伝（上）〉，《月刊しにか》，卷9號10（東京：1998年10月），頁96-101。

那須雅之，〈《英華字典》を編んだ宣教師－ロプシャイト略伝（中）〉，《月刊しにか》，卷9號11（東京：1998年11月），頁100-105。

板倉聖宣、中村邦光，〈力学に関する基本的な術語の形成過程〉，《科学史研究》，期132（東京：1979），頁195-205。

荒川清秀，〈宮田和子《英華辞典の総合的研究》－あわせて近年の近代語研究の著書の出版について〉，《東方》，號354（東京：2010年8月），頁32-35。

荒川清秀，〈特集・辞書の世界ロプシャイト英華字典と英和対訳袖珍辞書〉，《文学》，卷16號5（東京：2015），頁100-113。

荒川清秀，〈日中同形語を歴史的に考える－江戸の蘭学文廊を史料に〉，《中国語学》號268（東京：2021），頁1-21。

張麗華，〈メドハースト「英漢字典」における「訳鍵」「蘭語訳撰」咊照の可能性：植物名称の訳語を手掛かりに〉，《関西大学中国文学会紀要》，號41（吹田：2020年3月），頁1-16。

張麗華，〈メドハースト編「英漢字典」の訳語に見られる日本語の影響：「蘭語訳撰」との関係をめぐって〉，《関西大学中国文学会紀要》，號38（吹田：2017年3月），頁1-18。

張麗華，〈メドハースト編「英漢字典」の訳語に見られる日本語の影響：「蘭語訳撰」との関係をめぐって〉，《関西大学中国文学会紀要》，號38（吹田：2017年3月），頁1-18。

陳力衛，〈W.H.メドハースト《英和和英語彙》〉，《悠久》，號143（神奈川：2015），頁54-68。

陳力衛，〈《新関文件録》から見る19世紀後期の中国語の対訳－日本近代漢語との比較において〉，《成城大学経済研究》，號234（東京：2021年12月），頁111-138。

陳力衛，〈英華字典・華英字典と日本語研究－データベースを生かして〉，《日本語学》，卷42期2（東京：2023年6月夏季號），頁86-98。

陳力衛，〈明治初期における漢語洋書の受容—柳原前光が購入した書物を中心に〉，《東方學》，輯99（東京：2000），頁61-74，另收入陳力衛，《東往東來：近代中日之間的語詞概念》（北京：社會科學文獻出版社，2019），頁134-152。

森岡健二，〈訳語の方法〉，《言語生活》，1959年12月號，頁26-35。後收入森岡健二（編著），《改訂近代語の成立　明治期 語彙編》（東京：明治書院1991）。頁2-37。

馮瑞玉，〈馮鏡如「新增華英字典」をめぐって（1）辛亥革命を支えた英国籍の中国人〉，《月刊しにか》，卷12號9（東京：2001年9月），頁98-105。

遠藤智夫，《「英和対訳袖珍辞書」と近代語の成立—中日語彙交流の視点から》（神奈川：港の人，2009）。

三、網路資源

《日本近代辭書字典集》，https://www.joao-roiz.jp/JPDICT/search（檢閱日期2023年10月15日）。

English-Chinese Dictionary Database and Conceptual History Research

Li-wei Chen

Abstract

The construction and application of the English-Chinese Dictionary database are directly related to the process of constructing modern knowledge, especially when aligning with Western concepts. The English-Chinese Dictionary has become the most direct tool, carrying both the translation results of things and concepts and conveying new Western knowledge. Because of this, Japan began actively introducing English-Chinese dictionaries as early as the second half of the 19th century, directly used in the generation of new words and concepts in Japanese language, and based on this, modified, selected, supplemented, and absorbed them into its own English and Japanese dictionaries. In the end, after the 20th century, the English and Japanese dictionaries became more abundant and began to influence the English-Chinese dictionaries, resulting in what we call the great cycle of modern language words, and the concept of language words continued to improve and deepen. Therefore, the English-Chinese Dictionary database can instantly provide us with basic information on the origin, attributes, and influence relationship of words in conceptual history research, but at the same time, we should also pay attention to some of the problems in the use of.

Keywords: English and Chinese Dictionary, English and Japanese Dictionary, Kango(漢語) made by the Japanese, Moment, Art

【一般論文】

晚清余治的慈善思想與其「報應勸善劇」相關戲曲文學創作

王一樵

國立臺灣大學歷史學系博士，現爲東吳大學歷史學系助理教授。研究領域爲明清社會文化史、明清檔案學、公眾史學，以及數位人文研究。近年發表期刊論文〈清代宮廷檔案文獻中所見北京城水災防治與水資源管理案例研究〉（2021）、〈近二十年來明清時期印刷業、書籍業、以及出版文化相關研究成果評述〉（2016）、〈清朝乾嘉時期庶民社會的邪教恐懼與秩序危機：以檔案中的民間秘密宗教案件爲中心〉（2011），並持續關注明清史、思想史等議題。

晚清余治的慈善思想與其「報應勸善劇」相關戲曲文學創作

王一樵[*]

摘　要

　　道光、咸豐以來，名士李兆洛的門下弟子余治於江南一帶，因爲善行義舉而廣爲人知，時人皆以「余善人」稱之。余氏年少時曾經受業於李兆洛，在暨陽書院完成其教育。其思想主張方面，雖呈現在善行義舉上，然而細加考察，我們便能發現到某些層面上仍受到李兆洛的直接影響。咸豐年間，余氏更用戲曲的筆調寫道亂世之中，眾人同遭劫難的無助感受，利用戲文口白寫出晚清時人心中的無盡感嘆。綜合而論，晚清士人救世道還在人心的看法，也可以在余氏的身上看到了此種思想資源的進一步延續與發展。余治可以說較傾向於在日常生活中，更平實的去實踐，用規約的方式來改善社會，他主張利用梨園戲曲感動人心之效，製作「勸善劇」，利用耳濡目染的方式，由勸化人心著手，改善世道，由梨園勸善新劇來勸化教導鄉愚，特別親切有味，故易風移俗之功效甚大。晚清以來慈善事業的推動，必須有賴於仁人志士們的無私付出與遠大志願。特別是身處變亂紛呈的亂世局面中，更是一件難上加難的艱辛事業。余治在江南一帶推動的各種義舉善行與相關生平事蹟可以說是幽微曲折，卻又處處感動人心。本研究試圖聚焦於太平天國戰爭前後的重要慈善家余治，分析與討論他所創作的「報應勸善劇」與相關詩文作品的社會文化史意義。

關鍵詞：余治、戲曲、勸善劇、《江南鐵淚圖》、晚清時期

---

[*] 東吳大學歷史學系助理教授。本篇論文曾經參加2021年12月15日在中央研究院舉辦的「2021中央研究院明清研究國際學術研討會」，並於會議中發表。感謝邱仲麟老師在會議中提供的重要修改建議。同時也感謝王汎森老師與兩位匿名審查老師提供的諸多修訂建議，在此一併致上謝忱。

一、江南余善人：余治其人其學

　　道、咸以來，名士李兆洛（1769-1841）的門下弟子余治（1809-1874）於江南一帶，因為救濟窮苦的善行義舉而廣為人知，時人皆以「余善人」尊稱其名。余治當時因興辦各種慈善義舉，甚有名望，影響頗為深遠。[1]余氏的後學門人熊其英（青浦人，字純叔，1837-1879）曾經在其題寫的〈像贊〉中，特別寫道余治生平雅好學術，行誼風雅，贊中頌揚稱許其為「一儒生耳」，並且詳細贊述余治的為學志向。熊其英甚至還進一步寫道：「先生之志，蓋將使風俗還乎三古，而人心庶幾其不偷」，由此可見余治的志向理念實際上與嘉道咸以來大多數士人的想法頗為類似。[2]總體而言，當時的讀書人們普遍希望回復到一種風俗更好、人心道德良善的世界秩序，寓諦新於復古之中，試圖建立一個有如上古三代之治的理想社會。[3]經由此段〈像贊〉文字，我們便可以從門人故舊的筆下，看到余治的思想理念如何強調轉易民間風俗，並主張以此恢復喪亂亡失的世道人心，甚至是嘗試建立一個風俗類似上古三代，人心純樸善良，寧靜平和，有如桃花源一般

1　（清）余治，《庶幾堂今樂》（臺北：中央研究院歷史語言研究所傅斯年圖書館藏蘇州元妙觀得見齋書坊本），冊1，卷末，〈香山鄭官應書後〉，頁1a。另外，余氏與李兆洛之間的師生淵源，可參見余氏《尊小學齋文集》中的〈祭李申耆師文〉一文。參見：（清）余治，《尊小學齋文集》（上海圖書館藏本），卷5，〈祭李申耆師文〉，頁19a-19b。

2　嘉道咸思想界的相關討論參見：王汎森，〈嘉道咸思想界的若干觀察〉，《思想史》，11（新北，2022），頁5-77。

3　相關討論參見：王汎森，〈中國近代思想中的「未來」〉，收於氏著《思想是生活的一種方式：中國近代思想史的再思考》（臺北：聯經出版，2017），頁282-283。

的烏托邦世界。[4]

　　另外，熊其英還曾在此篇〈像贊〉中特別點出當時或有將余治其人之學視為墨學流派的特殊評論意見，熊氏指出：「不知者顧目名為墨氏流耶」。[5]至於余氏對自身學術的看法，或許可以由其文集《尊小學齋文集》的題名略窺一二，余治文集的題名實際上係由余治書齋「尊小學齋」而來，此處文集題名係出典於朱子《小學》之意。余氏憂心世道浮靡，人心危亡之際，因此才特別延伸《小學》出於日常立教，但終於善行義舉，並且以明倫常為旨要的儒學典故，更以此命名其讀書齋室，可以說充份反映了他處世為人的具體特色。[6]

　　除此之外，晚清大儒俞樾（字曲園，1821-1906）也為其文集作序，並特別稱許余治的文章與各種著作對於世道大有助益。俞樾更在序文中進一步寫道：「無妃青儷白之浮辭，無嘲風弄月之虛語。懇懇焉，顒顒焉，一以化民成俗為主。古語云：『善藥不離手，善言不離口』，其君之謂歟⋯⋯，然則此一集也，有裨於世道非淺矣」。[7]俞樾借用古語典故，形容余治之為人處世，舉手投足皆是做善事，講說好話，平日的一言一行，皆是力求化民成俗的要務。除此之外，若據余治《尊小學齋文集》中所收錄的〈祭李申耆師文〉一文，我們便可在相關記載中看到其早年求學生活的梗概。余治在〈祭李申耆師文〉提

4　（清）余治，《尊小學齋文集》（上海圖書館藏本），卷首，熊其英，〈像贊〉。

5　（清）余治，《尊小學齋文集》（上海圖書館藏本），卷首，熊其英，〈像贊〉。

6　（清）余治，《尊小學齋文集》（上海圖書館藏本），卷首，過人遠，〈序〉，1a-1b。

7　（清）余治，《尊小學齋文集》（上海圖書館藏本），卷首，俞樾，〈序〉，1a-2b。

及在其年少之時曾經受業於李兆洛，李兆洛一方面憐其爲單寒之士，所以獨垂青眼，特別照顧余治的學習與日常生活，使其在暨陽書院能夠完成基礎的教育。[8]

或許，正是有此機緣，余治在慈善思想的相關主張上，不僅只是呈現在善行義舉的實踐層面，若是詳細考察，我們還可以發現到某些方面上，他或多或少受到李兆洛待人接物與處事爲學的直接影響，以及間接的影響。例如余治主張設立「同善會」，並試圖以此來推廣善行，更試圖在各地提倡農地輪耕的相關知識，用於保持地力，還進一步推廣此種農耕方式來幫助農家提高作物生產。另外，余治還特別重視提倡節儉，他希望百姓們減少筵宴，力行節約，像是余治曾經在《得一錄》中特別強調：「近人每逢芳辰令節，必大張筵宴，以爲賞心樂事」。[9]余治認爲富人們家中飲宴浪費之餘，不過只是徒然多造殺孽而已，節日筵宴並非是賞心樂事。類似的主張中，余治更進一步鼓勵百姓們在平日應該多行儉約，若是家中有餘糧積儲，還可以轉而用來濟助窮苦貧民。[10]

咸豐年間前後，余治也曾在〈《庶幾堂今樂》序〉中寫下對於當時世道風氣敗壞的諸多嚴厲批評。余氏認爲世風日下，樂章敗壞，風氣惡劣至極，社會氛圍中充滿各種淫邪之風。余治針對當時的情勢特別寫道：「樂章之敗壞，未有甚於今日也。誨淫誨盜之風，亦未有今

8　（清）余治，《尊小學齋文集》（上海圖書館藏本），卷5，〈祭李申耆師文〉，頁19a-19b。

9　（清）余治，《得一錄》（臺北：華文書局，據清同治八年（1869）得見齋刻本影印，1969），卷7之3，〈賞節會規約〉，卷首，〈序〉，頁507。

10　（清）余治，《得一錄》，卷7之3，〈賞節會規約〉，卷首，〈序〉，頁507。

日之極也」。[11] 爲了挽救世風人心，余治試圖用戲曲唱詞般的通俗筆調
描寫身處亂世之中，眾人同遭劫難的無助感受，他曾寫道：「蒿目首
頻搔，嘆人生大劫遭，老蒼架起無情炮。〔天老爺本來好生，忽然大
變面孔〕。大戲場餤騰霄，赤緊的搖山震谷，崑岡烈火一齊燒……
」。[12] 余氏在戲曲唱詞中描寫著庶民百姓們的痛苦，就有如身陷水火災
劫，苦難不止。本有好生之德的上蒼也改變了臉孔，無助的黔黎眾民
如遭天劫，困於無情烈焰中被一齊燒盡。除了上述戲文唱白外，余治
還曾經在〈上當事書〉中特別寫道：「竊天下之大勢全在人心，視乎
政教，人心不可或貳，即政教不容兩歧。從古馭民之術，未有政教兩
歧，而可以一道同風者」。余治特別在此處強調政教不可分歧，朝廷
與家國的主事之人可以說既是作之君，亦是作之師。余氏甚至認爲天
下大勢全在於人心之向背，天子馭民之道，自然必須講求道德劃一，
進而教民育民，天下風俗歸同，方可爲家國之領袖，萬民之師表。[13]
另外，余治也曾利用戲文口白，詳細寫出了晚清世時人心中的無盡感
嘆，他在〈《庶幾堂今樂》題詞〉文中如此寫道：「況今朝亂嘈嘈，
共遭強，半是天下人心腸不好……若不是回天怒，挽人心，勸忠勸
孝，恐以後災殃未了……」。[14] 通俗淺白的文字之中，卻是處處教人忠
孝，余治筆下的戲曲口白，不僅是親切動人，貼近百姓生活，其實字
字句句中所呈現的文化底蘊，更是他內中對於挽救世道人心的深切警

---

11 （清）余治，《庶幾堂今樂》，中央研究院歷史語言研究所傅斯年圖書館藏
　　蘇州元妙觀得見齋書坊本，卷首，自序，頁3a-4b。
12 （清）余治，《庶幾堂今樂》，中央研究院歷史語言研究所傅斯年圖書館藏
　　蘇州元妙觀得見齋書坊本，卷首，冊1，〈題詞〉，頁5a。
13 （清）余治，《尊小學齋文集》（上海：上海圖書館藏本），〈上當事書〉，
　　卷5，頁5a-15b。
14 （清）余治，〈《庶幾堂今樂》題詞〉，卷首，頁7a-7b。

語。

　　若從較爲宏觀的立場來看，晚清知識階層救世道還在人心的看法，也可以在余氏的身上看到此種思想資源的延續。我們或可這樣來評價與分析余治的學術思想與人生行誼。余治較傾向於在日常生活中，更平實的去實踐，主張用規約的方式來改善社會。相較之下，李兆洛則更注意淑世濟民上的取向，李氏則是從更高的層次上去鳥瞰社會的各種弊病。簡而言之，李兆洛在思索中先是發現了國家時局的病症所在，而其弟子余治則是試圖在亂世之中創想擘劃出各式各樣的救急藥方，試圖對症下藥，匡正時局，同時也希望眼下的病人能夠照單服用。[15]李兆洛通過書院講學的途徑，切實傳播常州學術，譬如他於對學問的經世性的強調，對禮的著意講求，皆有其特出之處，值得注意。[16]余治與李兆洛師生二人的思想與實踐可以說各有所長，倆人都試圖從社會的各個面向去探討當時的社會問題。相較之下，余治的主張與其實踐的過程中，採取了更貼近一般社會大眾的具體作法。

二、善書善行大匯集：余治與其勸善著作

（一）鐵人亦流淚：余治與《江南鐵淚圖》

　　余治在目睹了當時太平天國戰爭中飽受戰火苦難的江南饑民，他

---

15 相關討論可參見李兆洛所著《暨陽問答》書中有關當時世道人心漸成衰運危局的相關章節內容。參見：（清）李兆洛，蔣彤錄，《暨陽問答》，收於《叢書集成續編，子部》，冊88，上海：上海書店，1994。

16 （清）李兆洛，蔣彤錄，《暨陽問答》，卷2，頁263-265。相關討論可參見：徐雁平，〈一時之學術與一地之風教─李兆洛與暨陽書院〉，《漢學研究》，24：2（臺北，2006），頁289-322．

爲了救濟難民，便想到了運用圖文宣傳來達成善款勸募，並且以此提
倡善行。他突破性地在《江南鐵淚圖》一書中，採取圖文並茂的說明
方式，詳細陳述江南經歷太平天國戰亂後的苦狀，以此向江北人勸募
善款。近年來美國約翰霍普金斯大學梅爾清（Tobie Meyer-Fong）教
授也注意到此書，並圍繞著余治等人的著作，梅爾清教授開始重新審
視太平天國戰後江南一帶的復原重建，以及戰後記憶的形塑等等並進
行了多場的演講。後續上，梅爾清教授持續聚焦於相關議題進行深入
研究，提出研究成果。

　　梅爾清近年的專書聚焦在太平天國史料的勾沉與發微，並仍在持
續深化相關研究。[17]例如梅爾清教授在2013年發表研究太平天國的專
書《躁動的亡魂：太平天國戰爭的暴力、失序與死亡》（*What
Remains: Coming to Terms with Civil War in 19th Century China*），梅爾
清在此書中即以余治的圖文著作《江南鐵淚圖》爲例，她特別注意到
了這部重要著作，並且據此來分析江南一帶人民對於戰爭的圖像記
憶，進而對於江南士紳們如何試圖重建地方秩序的諸多努力，進行了
重新的評價、分析，以及詳細討論。[18]梅爾清的研究主要還是聚焦在

---

17 Tobie Meyer-Fong (梅爾清), *What Remains: Coming to Terms with Civil War
in 19th Century China*, Stanford, California: Stanford University Press, 2013.
中譯本參見：（美）梅爾清著，蕭琪，蔡松穎譯，《躁動的亡魂：太平天
國戰爭的暴力、失序與死亡》，新北：衛城出版，2020。
18 相關討論參見：Tobie Meyer-Fong (梅爾清), *What Remains: Coming to
Terms with Civil War in 19th Century China*, Stanford, California: Stanford
University Press, 2013. 中文書評參見：張笑川，〈日常生活史視野下的太
平天國戰爭研究：評梅爾清《浩劫之後：太平天國戰爭與 19 世紀中
國》〉，《清史研究》，1（北京，2014）頁150-156。該書中譯本參見：[美]
梅爾清（Tobie Meyer-Fong）著；蕭琪、蔡松穎譯，《躁動的亡魂：太平天
國戰爭的暴力、失序與死亡》（譯自：*What Remains: Coming to Terms with*

丁丙（1832-1899）與余治的身上，討論相關救濟事業的開展等等。最近，她則是把研究焦點放在江南地區的園林如何安然渡過了太平天國的戰火，並且在戰爭之後如何逐漸成爲當地百姓們誌記戰事，舉辦紀念活動的重要場所。此外，美國聖地亞哥州立大學艾志端（Kathryn Edgerton Tarpley）近年發表的《鐵淚圖：19世紀中國對於饑饉的文化反應》一書更是專門以《江南鐵淚圖》爲主題的學術專書。[19] 相關的研究成果方面，法國高等研究實踐學院高萬桑（Vincent Goossaert）近年內也開始關注晚清以來士紳們關於太平天國戰爭的「末世論詮釋」，並曾在中央研究院近代史研究所進行過相關專題的演講報告。[20]

　　相較之下，日本學界方面也有學者關注到太平天國戰後地方基層社會復原的諸多社會現象，特別聚焦於余治的生平行誼，例如日本學者沢田瑞穗、高橋孝助等人研究成果。[21] 大陸學者方面，則有張秀蓮

<hr>

Civil War in 19th Century China），臺北：衛城出版，2020。

19 Kathryn Edgerton-Tarpley, *Tears from iron: cultural responses to famine in nineteenth century China,* Berkeley: University of California Press, 2008. 該書中譯本參見：[美]艾志端（Kathryn Edgerton-Tarpley）著，曹曦譯，《鐵淚圖：19世紀中國對於饑饉的文化反應》（譯自：*Tears from iron: cultural responses to famine in nineteenth-century China*），南京：江蘇人民出版社，2011。

20 高萬桑（Vincent Goossaert）曾以〈晚清士紳對太平天國叛亂的末世論詮釋〉爲題在中央研究院近代史研究所，於2016年9月22日發表學術演講。相關討論可參見：Vincent Goossaert, "Competing Eschatological Scenarios during the Taiping War, 1851-1864," in Hans-Christian Lehner, ed., *End(s) of Time(s): Apocalypticism, Messianism, and Utopianism through the Ages* (Leiden: Brill, 2021), pp. 269-306.

21 （日）高橋孝助，〈「居鄉」の「善士」と在地地主層－江蘇無錫金匱県に在りて〉，《近きに在りて：近現代中国をめぐる討論のひろば》，2（東京，1982），頁3-14。（日）高橋孝助，〈太平天国後の体制回復策の一側

等人，關注余治等人於太平天國戰後於鄉里倡議之勸善舉止，以及其以戲曲改良社會的種種舉止。[22]此外，朱滸、游子安也有相關的專著與論文，針對余治進行初步的研究與討論。例如：朱滸發表的專著《地方性流動及其超越：晚清義賑與近代中國的新陳代謝》，以及游子安教授的專著《善與人同：明清以來的慈善與教化》等書。[23]臺灣學界方面，成功大學賴進興碩士，亦專門撰寫有余治之碩士學位論文。[24]余治的慈善事業引起了中外學者們的廣泛注意，其獨特之處在於利用圖文並行的方式，將災民的苦狀透過圖像文字，直達人心。綜合以上諸多研究，涉及的領域雖頗為廣泛，但仍然沒有將余治的慈善思想與相關社會現象置於晚清社會文化背景中進行綜合性的討論。主要的研究取向上，仍然偏向於個案方面的分析。但是若將余治的慈善思想與各類相關的善行義舉事件，加以綜合性的分析與討論，或者可在研究上作出重要的突破，獲得更深入的分析與理解。[25]

面—余蓮村の場合—〉，《東洋文庫書報》，13，（東京，1982）頁122。（日）沢田瑞穂，〈余蓮村の勸善劇〉，《天理大學學報》（奈良，1966），頁1-27。

22 張秀蓮，〈余治的生平、作品初探〉，《戲曲藝術》（北京，1984.8），第3期，頁73-77。

23 朱滸，《地方性流動及其超越：晚清義賑與近代中國的新陳代謝》，北京：中國人民大學出版社，2006；朱滸，《地方社會與國家的跨地方互補：光緒十三年黃河鄭州決口與晚清義賑的新發展》，2《史學月刊》（開封，2007），頁104-112；朱滸，《"丁戊奇荒" 對江南的衝擊及地方社會之反應：兼論光緒二年江南士紳蘇北賑災行動的性質》，《社會科學研究》，1（成都，2008），頁129 -139。游子安，《善與人同：明清以來的慈善與教化》，北京：中華書局，2005。

24 賴進興，〈晚清江南士紳的慈善事業及其教化理念—以余治（1809-1874）為中心〉，臺南：國立成功大學歷史學系碩士班論文，2004。

25 近年來在太平天國戰爭前後的文學世界方面，中文學界也有相關研究成果發表，例如胡曉真從戰爭文學的角度出發，曾撰專文討論杭州一帶的文人

（二）半是天下人心腸不好：余治與勸善劇藝文創作

余治對於道、咸以來的世道人心與社會風氣，抱持著較爲悲觀的
看法，他認爲其時道學門戶之見甚深，並且在文字之中隱約論及漢宋
之爭的學術論爭，眾人斤斤計較，辨異別同，漸無古人君子論學之初
衷。[26] 余氏認爲是時議論紛擾，君子攻君子，漸成意氣之爭，所以君
子之勢岌岌可危。余治曾在《尊小學齋文集》卷一〈平情論〉文中，
特別指出當時學術論爭上甚爲紛擾，余治認爲當時國家世運日降，議
論紛紛，人言人殊，但卻各自堅持己見，對於世道人心危害甚大，實
有「不可勝言者」。舉目所見，滿眼皆是混亂不堪的世局人心，一切
恐怕難以收拾。[27] 余氏更在〈平情論〉中描述其時的世道風氣已漸成
危亡之勢，甚至呈現「君子攻君子」的混亂情況：

> 天下不患有小人攻君子，而特患以君子攻君子。以小人攻
> 君子，雲霧之翳日月之明，庸何傷。涇渭既分，清議自
> 定，屈一時，而伸千載，夫何患焉。若以君子而攻君子，
> 則其害有不可勝言者。[28]

余治在文中接著討論到道咸以來的士人之間，往往堅持己見，互不相
讓的情況，早就已經失去了「古君子之用心也」。他寫道：

> 吾嘗觀今世之君子而苟概焉，挾一己之見，牢不可破。同

與戰後文學的互動。相關討論參見：胡曉眞，〈離亂杭州－戰爭記憶與杭
州記事文學〉，《中國文哲研究集刊》，30（臺北，2010.3），頁45-78。

[26]（清）余治，《尊小學齋文集》（上海圖書館藏本），卷1，〈平情論〉，頁
1a-2b。

[27]（清）余治，《尊小學齋文集》（上海圖書館藏本），卷1，〈平情論〉，頁
1a-2b。

[28]（清）余治，《尊小學齋文集》（上海圖書館藏本），卷1，〈平情論〉，頁
1a-2b。

己者，好之；異己者，輒惡之。若曰：「彼之所學非是
也」。而彼君子者亦反脣相譏曰：「若所學非是也」。不求
諸根本節目之大，而於毫釐杪忽閒[間]，日斤斤以辨異別
同爲事，曾不悟己之非，吾恐其所見雖是，而即此是己非
人之心，已非古君子之用心也⋯⋯。[29]

余氏在文章更進一步演繹其論證，他甚至認爲道學門戶之見，漢宋之
爭，紛紛擾擾未有定論，雙方甚至「成不解之仇」，致使「小人得乘
隙以相凌」。余治在行文中隱約暗諭漢宋之爭，致使亂事興起，「釀
國家之禍」。[30]他在〈平情論〉中特別寫道：

後世去聖愈遠，學問歧出刑名、法術、詞章、訓詁，一切
以就功名之說，離經畔道，幾忘所學爲何事矣。幸有能從
事實學，致力於身心姓命之際者，此固聖人之徒也。不務
引爲同類，反從而攻擊排斥之，必使之無以自立於天下，
使小人得乘隙以相凌。彼之勢既孤，而吾之勢亦從此不克
張，甚至成不解之仇，而釀國家之禍，適足爲小人所笑，
而無以自全。此爲何哉？意見之私未融，而不能學聖人之
無固、無我也，此道學門户之分，所以自宋迄今，猶紛紛
未有定論也。[31]

余治雖然婉轉立論，但是對於曾經親身經歷太平天國戰禍連年，並且

29（清）余治，《尊小學齋文集》（上海圖書館藏本），卷1，〈平情論〉，頁
　　1a-2b。

30（清）余治，《尊小學齋文集》（上海圖書館藏本），卷1，〈平情論〉，頁
　　1a-2b。

31（清）余治，《尊小學齋文集》（上海圖書館藏本），卷1，〈平情論〉，頁
　　1a-2b。

眼見無數難民流離困苦的，君子攻君子所帶來的「國家之禍」，他的感受是異常的深刻。他在文章末尾寫下了亂世中士人的生命感嘆。他認爲士人們固執己見，只不過是：「意見之私未融，而不能學聖人之無固、無我」。[32]最後，君子之勢岌岌可危，勢孤難立，君子人有如「碩果之僅存」，不單單只是「適足爲小人所笑」，也無法自全於亂世之中。[33]

　　嘉、道、咸以來，世道人心漸壞，士人們苦無對策，而庶民百姓流離失所，極需善策良方來挽救危亡時局。因此，余治主張利用梨園戲曲感動人心的宣傳效果，以耳濡目染的方式，由勸化人心著手，進而改善世道。當時士人中抱持類似的想法甚多，多半認爲嘉、道、咸以來，世俗人心風俗大壞，必須設法加以挽救。余治認爲世道人心維繫在教化，而教化一事卻有兩大敵人，即「淫書」與「淫戲」。余氏由生活中感受出發，指出朝廷每年旌表節孝千百人，不一定能夠教化百姓，使其風俗良善。庶民百姓觀看淫邪戲曲之際，「四方蠕動，男女環觀，妖態淫聲，最易煽惑」，致使青年子弟往往行爲踰距，甚至多有喪身亡家之事。「淫書小說」、「淫戲詞曲」這兩件在庶民百姓中認爲平常至極之事，卻深深危及世道人心，實爲教化之大敵。余氏在《尊小齋文集》卷一〈教化兩大敵論〉曾經寫道：

> 從來天下之治亂繫乎人心，人心由乎教化，教化一日不行，則人心一日不轉。教化者，聖王馭世之微權，實人心風俗轉移向背之機，不可一日或廢者也。顧欲興教化，而

32（清）余治，《尊小學齋文集》（上海圖書館藏本），卷1，〈平情論〉，頁1a-2b。

33（清）余治，《尊小學齋文集》（上海圖書館藏本），卷1，〈平情論〉，頁1a-2b。

不先去其與教化爲敵者，則教化必不能施。譬之治病，苟
邪氣未除，則補劑必不能受，此理勢之所必然者也。……
熟知近世竟有壞法亂紀，敢與教化爲大敵，可爲痛哭流
涕，長太息者，厥有兩端，一曰：「淫書」，一曰：「淫
戲」。夫聖人之立言垂訓也，何一非導人於正，而淫書之
作，則惟恐人之弗入於邪。……少年子弟情竇初開，一經
寓目，魂銷魄奪，因此而蕩檢踰閑，喪身亡家者，比比皆
是，是賢父師訓迪十年，不及淫書一覽之變化爲尤速也。
是聖賢千言萬語引之而不足者，淫書一、二部敗之而有餘
也，此固教化之大敵，可爲痛苦流涕長太息者……。[34]

余氏認爲唯有除去「淫書」、「淫戲」的這兩項教化之大敵，世道人
心才能解救。他在文章結尾，警告當道應當查禁淫戲，禁燬邪說淫
辭，認爲此事實是「治者第一要務那」。[35]否則社會風氣日漸敗壞，恐
怕日後：「邪氛日熾，愈出愈奇，浸浸乎且有倒戈內向，爲吾道憂
者，更不知伊於胡底也……」。[36]余治的文字用語中，隱隱約約提及太
平天國前後的「倒戈內向」，「愈出愈奇」的失序紛亂局面。

　　我們可以說余治這一類的思索與看法，並非偶然發生，事實上有
一個長時間醞釀的思想脈絡。例如身處於清朝由盛漸衰的管同（1780-
1831），當他在目睹清嘉慶道光年間以來的諸多變亂後，便曾在《因

---

34 （清）余治，《尊小學齋文集》（上海：上海圖書館藏本），卷1，〈教化兩
大敵論〉，頁1a-5b。

35 （清）余治，《尊小學齋文集》（上海：上海圖書館藏本），卷1，〈教化兩
大敵論〉，頁1a-5b。

36 （清）余治，《尊小學齋文集》（上海：上海圖書館藏本），卷1，〈教化兩
大敵論〉，頁1a-5b。

寄軒文初集》卷四〈擬言風俗書〉中，對於其時的風俗人心作出一番
懇切檢討。管同特別寫下了：

> 天下之安繫乎風俗，而正風俗者必興教化，……天子者，
> 公卿之表率也，公卿者，士民之標式也，以天子而下化公
> 卿，公卿而下化士庶。有志之士固奮激而必興，無志之徒
> 亦隨時而易於爲善，不出數年，而天下之風俗不變者，未
> 之有也。[37]

管同深切的認爲天下之風俗教化，恰好繫於天子一人的身上，天子作
爲公卿的表率，而公卿爲天下士民百姓的表率。由上而下的推行，有
志之士必然會奮發努力，無志之人也會易於爲善。類似的想法，還有
曾國藩（1811-1872）等人提出的風氣、修身等主張，希望由士人們
的領導之下，由一己之身心著手，在日常生活的各種小細節上進行具
體實踐，進而改變時代的不良風氣。曾國藩曾經在《求闕齋日記類
鈔》中寫道：「其風氣之正與否，則絲毫皆推本於一己之身與心，一
舉一動，一語一默，人皆化之，以成風氣。故爲人上者，專重修身，
以下之效之者，速而且廣也」。[38]

　　配合著清中葉以來思想界的發展脈絡，余治的若干想法可以說是
由這一條路子上加以延伸變化而來，他強調由庶民生活的日常娛樂中
著手，他以爲由梨園勸善新劇來勸化教導鄉愚，特別親切有味，故易
風移俗之功效甚大。[39]是故，余治曾在編著勸善劇上，花費極大之心

37（清）管同，《因寄軒文初集》收於《續修四庫全書》·集部·別集，第
　　1504冊，卷4，〈擬言風俗書〉，頁2b-3b。
38（清）曾國藩，《求闕齋日記類鈔》，收於氏著《曾國藩全集》（瀋陽：遼
　　寧民族出版社，1997），卷上，〈治道〉，頁40。
39（清）余治，《庶幾堂今樂》，傅斯年圖書館藏蘇州元妙觀得見齋書坊本，

力，編有《庶幾堂新樂》一書。該書後經望炊樓主人（謝家福，
1847-1896，字綏之，吳縣人，余治門人弟子）釐訂付刊，收有劇目
二十八種。余治生前除創作此類勸善劇外，更收養貧苦無告之童豎，
特以「梨園老優」教導學習歌曲，進而排演雜劇，希望能推而廣之。
上述相關的活動，頗有教養之功。其後，余氏雖因病而中綴其事，散
去諸僮。余氏在生前雖然無法看到《庶幾堂新樂》的出版，但在其身
故之後，《庶幾堂新樂》才在其門人故舊薛景清（生卒年不詳）、鄭
官應（字陶齋，生卒年不詳））、王寶塤（生卒年不詳）、哥賓鷺（生
卒年不詳）、李金鏞（字秋亭，生卒年不詳）、沈寶樾（1828-
1875），以及謝家福等人的募捐資助之下，終在光緒己卯年，全稿刊
行於世。[40]

　　此外，晚清江南名儒俞樾也曾爲余氏《庶幾堂今樂》作有序文，
他在文中特別指出余氏所爲勸善劇之用意，俞氏寫道：

> 天下之物，最易重人耳目者，最易入人之心，是故老師鉅
> 儒，坐皋比而講學，不如里巷歌謠之感人深也。官府教令
> 張布於通衢，不如院本平話之移人速也，君子觀於此，可
> 以得化民成俗之道矣。管子曰：「論卑易行」，此余君蓮
> 村所以有善戲之作也。[41]

另外，俞樾也在爲其《尊小學齋文集》所作序言中，提及他對於余治
編輯新樂府戲曲的看法，他認爲余氏所爲恰好切中時病，是一味補益

卷首，自序，頁 3a-4b。

40（清）余治，《庶幾堂今樂》（臺北：中央研究院傅斯年圖書館藏蘇州元妙
　　觀得見齋書坊本），冊 1，卷末，〈望炊樓主人識語〉，頁 1a-2a。

41（清）余治，《庶幾堂今樂》（臺北：中央研究院傅斯年圖書館藏蘇州元妙
　　觀得見齋書坊本），冊 1，卷首，俞樾，〈序〉，頁 1a。

救世的良方解藥。俞樾寫道：

> 余謂病必需藥，而藥必以中病爲宜。元、明以來，儒者著
> 書必極言理心性，至於汗漫不可究詰，持論甚高，而不切
> 於用，此藥不中病者也。君之意則惟以論卑易行爲救世之
> 良方，今樂府之作，其尤用心者也。……君之所用皆爲補
> 益之藥，而非攻伐之藥，且又尋常習用之藥，而非必如青
> 芝、赤箭，世間所不經見之藥，尤藥之善者也……。[42]

另一方面，余治在《庶幾堂今樂》的序言中，也曾經詳細寫道他
對於此類「善惡果報新戲」的擘劃與構想，他主張此類勸善新戲，在
內容方面應該皆以王法天理爲依歸，而且兼通以俗情，利用通俗內容
特來化導鄉愚庶民。務必讓地方百姓在戲劇見聞中，得於天理王法之
事，歷歷分明，觸目驚心，對於在地方上移風易俗最爲有效果。他寫
道：

> 國家治亂，安危之所繫也。……樂章之敗壞，未有甚於今
> 日也。誨淫誨盜之風，亦未有今日之極也。……此則今日
> 今樂之當變，何可緩耶。余不揣陋，擬善惡果報新戲數十
> 種。一以王法天理爲主，而通以俗情，意取勸懲無當聲律
> 事，期微信以不涉荒唐，以之化導鄉愚，頗覺親切有味。
> 自知下里巴人，不足當周郎一顧，而彰善癉惡，歷歷分
> 明，觸目驚心，此爲最捷，於以佑天子維新之化賢，有司
> 教育之窮，當亦無小補也。……新戲最洽人情，易俗移風
> 於是乎在，即以爲蕩平之左卷焉，亦何不可也。[43]

---

42 （清）余治，《尊小學齋文集》（上海圖書館藏本），卷首，俞樾，〈序〉，
　　2a-2b。
43 （清）余治，《庶幾堂今樂》（臺北：中央研究院傅斯年圖書館藏蘇州元妙

接著序言的論述之後，余治開始用極爲感性的筆調，以戲文的語法句式，寫出是時天下遭劫，舉世飄搖的衰世景象。他在《庶幾堂今樂》卷首〈題詞〉中用戲文俚俗語句，首先對當時天下世局紛亂的情景作了詳細的描寫。

> 蒿目首頻搔，嘆人生大劫遭，老蒼架起無情炮。〔天老爺本來好生，忽然大變面孔〕。大戲場燄騰霄，赤緊的搖山震穀，崑岡烈火一齊燒〔何等光景，風蕭蕭，雨飄飄，鬼哭神號。〕羽書絡繹，心如擣〔岌岌乎殆哉〕。[44]

值此亂世之中，他希望透過戲曲的教化來移風移俗，進而將家國之敵化爲社會中之良民。余氏曾在文中寫道，但求：「只指望化一人做良民」[45]，「即爲我國家少一敵」[46]，以爲釜底抽薪之計。爲求化民易俗，使家國轉危爲安，余氏以爲當由勸善人心入手，方能：「化莠爲良，同歸善道」[47]。透過上述的措施，逐步施行於社會，進而使人心有所轉換。余氏認爲唯有如此逐步改善人心，方才能：「回天怒，挽人心」[48]，進而改變世道。他寫道：

> 只指望化一人做良民，幸得他南軒夢覺〔所期化莠爲良，

觀得見齋書坊本），卷首，冊1，〈自序〉，頁3a-4b。

44 （清）余治，《庶幾堂今樂》（臺北：中央研究院傅斯年圖書館藏蘇州元妙觀得見齋書坊本），卷首，冊1，〈題詞〉，5a。

45 （清）余治，《庶幾堂今樂》，（臺北：中央研究院傅斯年圖書館藏蘇州元妙觀得見齋書坊本），卷首，冊1，〈題詞〉，7a-7b。

46 （清）余治，《庶幾堂今樂》，（臺北：中央研究院傅斯年圖書館藏蘇州元妙觀得見齋書坊本），卷首，冊1，〈題詞〉，7a-7b。

47 （清）余治，《庶幾堂今樂》，（臺北：中央研究院傅斯年圖書館藏蘇州元妙觀得見齋書坊本），卷首，冊1，〈題詞〉，7a-7b。

48 （清）余治，《庶幾堂今樂》，（臺北：中央研究院傅斯年圖書館藏蘇州元妙觀得見齋書坊本），卷首，冊1，〈題詞〉，7a-7b。

同歸善道〕。即爲我國家少一敵，薪抽釜底，内患暗中消
〔區區此心，竊慕此耳〕況今朝亂嘈嘈，共遭強，半是天
下人心腸不好〔無奈自己總不肯認錯〕。……因此上天心
震怒，森羅鐵網，未肯寬饒〔知戒懼否〕。若不是回天
怒，挽人心，勸忠勸孝，恐以爲災殃未了〔正恐後患方
深〕，但願人心轉，即天心轉，太和感召，賽過他虎略龍
韜〔願爲小助〕。[49]

余治此處所表現的想法，正反映了自嘉、道、咸以來，士人們普遍日
益加深的危機感。世道人心難以挽回之際，讀書人間一種以爲末世將
至、「災殃未了」[50]、「後患方深」[51]的感受，正在字裡行間中，透紙而
出。然而舊有的勸忠勸孝，卻失之刻板，勸戒無效，是故余治有「天
下人心腸不好」[52]，卻又「總不肯認錯」的無奈感嘆之語。[53]

　　除此之外，余治也在〈上當事書〉中寫道對於晚清時地方鄉里上
宣講鄉約，徒具形式，虛應故事，而並無效果的深切感嘆。他曾一針
見血的指出「宣講鄉約，人皆厭聽」[54]，不如以「鄉約之法，出之以

---

49 （清）余治，《庶幾堂今樂》（臺北：中央研究院傅斯年圖書館藏蘇州元妙
　　觀得見齋書坊本），卷首，冊1，〈題詞〉，7a-7b。

50 （清）余治，《庶幾堂今樂》（臺北：中央研究院傅斯年圖書館藏蘇州元妙
　　觀得見齋書坊本），卷首，冊1，〈題詞〉，7a-7b。

51 （清）余治，《庶幾堂今樂》（臺北：中央研究院傅斯年圖書館藏蘇州元妙
　　觀得見齋書坊本），卷首，冊1，〈題詞〉，7a-7b。

52 （清）余治，《庶幾堂今樂》（臺北：中央研究院傅斯年圖書館藏蘇州元妙
　　觀得見齋書坊本），卷首，冊1，〈題詞〉，7a-7b。

53 （清）余治，《庶幾堂今樂》（臺北：中央研究院傅斯年圖書館藏蘇州元妙
　　觀得見齋書坊本），卷首，冊1，〈題詞〉，7a-7b。

54 （清）余治，《庶幾堂今樂》（臺北：中央研究院傅斯年圖書館藏蘇州元妙
　　觀得見齋書坊本），卷首，冊1，〈上當事書〉，頁24a-24b。

戲」[55]。如此一來，百姓們喜歡戲曲言語，則「人情無不樂觀」，進而達成宣講鄉約的具體效果。[56]余氏爲求形成一種「極好勸善局面」[57]、「家喻戶曉局面」[58]，他認爲不得不利用戲曲，採用平易近人的方式，使群眾入耳驚心，普遍聽聞。須有如《西廂記》、《水滸傳》一般，由看戲之中寓有宣揚教化之意。進而使家家皆知，但凡三尺童子皆曉，一舉而使千百萬人皆受感動，廣收潛移默化之功效。[59]他說道：

> 從來施教者，每以不能家喻戶曉爲慮，余以爲有一家喻戶曉局面，一舉而感動千百萬人。大可移風易俗，而又可不費一錢者，惜無人加之整頓，於其間轉致傷風敗俗，而不可問良可嘆也。……子既知由看戲中來，則梨園劇，豈非一極好家喻戶曉局面，而又可不費一錢者耶。[60]

同文中，他更進一步指出爲求人情樂觀，能於耳濡目染之餘，收默化潛移的功效，必須由整頓梨園戲曲做起。余治在〈上當事書〉中接著寫道：

> 耳濡目染之餘，必有默化潛移之妙，此眞極好勸善局面，

---

55 （清）余治，《庶幾堂今樂》（臺北：中央研究院傅斯年圖書館藏蘇州元妙觀得見齋書坊本），卷首，冊1，〈上當事書〉，頁24a-24b。

56 （清）余治，《庶幾堂今樂》（臺北：中央研究院傅斯年圖書館藏蘇州元妙觀得見齋書坊本），卷首，冊1，〈上當事書〉，頁24a-24b。

57 （清）余治，《庶幾堂今樂》（臺北：中央研究院傅斯年圖書館藏蘇州元妙觀得見齋書坊本），卷首，冊1，〈上當事書〉，頁23a-23b。

58 （清）余治，《庶幾堂今樂》（臺北：中央研究院傅斯年圖書館藏蘇州元妙觀得見齋書坊本），卷首，冊1，〈上當事書〉，頁23a-23b。

59 （清）余治，《庶幾堂今樂》（臺北：中央研究院傅斯年圖書館藏蘇州元妙觀得見齋書坊本），卷首，冊1，〈上當事書〉，頁23b。

60 （清）余治，《庶幾堂今樂》（臺北：中央研究院傅斯年圖書館藏蘇州元妙觀得見齋書坊本），卷首，冊1，〈上當事書〉，頁23a-23b。

一舉而可使千百愚夫愚婦，無不入耳警心。較之鄉約之功，何啻百倍，何憂不能家喻戶曉耶。為今之計，極宜以振頓梨園，為極時要務⋯⋯。[61]

另一方面，余氏在《庶幾堂今樂》卷首中，他更以自問自答的獨特方式，創作了〈答客問〉一文，並且用此文來進一步闡明其創作勸善劇的立意。余氏寫道《庶幾堂今樂》的創作正是為黎民百姓中「不識字之愚夫愚婦」而作。[62]並且正因為：「彼愚夫愚婦既不能讀書明理，又不能看善書」[63]，為求使不識字的黎民百姓也能明白事理，所以余治特別借戲曲對白文字來感動人心。[64]其中一段問答，徵引如下，其文字之間可以進一步呈現出余氏創製新戲的核心理念。他寫道：

客又問：「舊時梨園新齣所演忠孝節義，多有善惡果報，何一不可勸人為善。今君子必欲開局面，竊恐標新領異，總不脫前人窠臼，毋乃畫蛇添足」。予又應之曰：「客所言亦是。請問古人作戲為上等人說法耶？為下等人說法耶？」客曰：「大約上下兼該耳」。予曰：「上等人讀書明理，有經史訓言，儒先格論，在無取乎戲也。即中等人亦有近時所得勸善諸書在，亦無取乎戲也。所以演戲者，為不識字之愚夫愚婦耳。彼愚夫愚婦既不能讀書明理，又不

61　（清）余治，《庶幾堂今樂》（臺北：中央研究院傅斯年圖書館藏蘇州元妙觀得見齋書坊本），卷首，冊1，〈上當事書〉，頁24a-24b。

62　（清）余治，《庶幾堂今樂》（臺北：中央研究院傅斯年圖書館藏蘇州元妙觀得見齋書坊本），卷首，冊1，〈答客問〉，頁16a-17a。

63　（清）余治，《庶幾堂今樂》（臺北：中央研究院傅斯年圖書館藏蘇州元妙觀得見齋書坊本），卷首，冊1，〈答客問〉，頁16a-17a。

64　（清）余治，《庶幾堂今樂》（臺北：中央研究院傅斯年圖書館藏蘇州元妙觀得見齋書坊本），卷首，冊1，〈答客問〉，頁16a-17a。

> 能看善書，即宣講鄉約，以曉愚蒙，而近世人情又皆厭
> 聽，故特借戲以感動之……。[65]

從上述引文中，我們可以對余治內心中擘畫的理想願景略知一二。綜合而言，余氏深切的希望能透過通俗戲曲來感動愚夫愚婦，並教化庶民百姓，使其形成一種眾人齊心向善的世道局面。所有的心力都可以齊同歸一，余治一切的作為，正為了實現這樣的根本初衷而來。

余氏衷心期許眾人能在有生之年，行一件好事，才不是糊塗一世，來人世間白走一遭。最後，余治也曾經透過戲曲文字表達出這樣的想法，可以說是為他的深切期許，他曾為此寫下了最動人的註腳。余氏寫道：「糊塗把一生錯過了，豈不是入寶山空走一遭〔白做了一世人，不曾作一點好事，豈不太可惜耶〕」。[66]

三、養為目前，教為終身：余治所撰《得一錄》與其創辦設立的各類慈善會社

余治曾在〈黜邪崇正說序〉與〈教化兩大敵論〉兩篇文論中，特別以「治病」為例，說明挽救局局之要旨良方。[67]晚清名儒俞樾對於這兩篇文字也有闡發，俞樾認為余治為世事時局所開的藥方，實係「補益之藥」，言辭文字「意切而辭婉」，合於實用。俞樾在光緒十年

---

65 （清）余治，《庶幾堂今樂》（臺北：中央研究院傅斯年圖書館藏蘇州元妙觀得見齋書坊本），卷首，冊1，〈答客問〉，頁16a-17a。

66 （清）余治，《庶幾堂今樂》（臺北：中央研究院傅斯年圖書館藏蘇州元妙觀得見齋書坊本），卷首，冊1，〈題詞〉，7b。

67 （清）余治，《尊小學齋文集》（上海圖書館藏本），卷1，〈教化兩大敵論〉，頁1a-5b。（清）余治，《尊小學齋文集》（上海圖書館藏本），卷2，〈黜邪崇正說序〉，頁1a-1b。

前後，曾經為余治著作《尊小學齋文集》撰有一篇序文，他在文中寫道：「嗟呼！世之儒者持論高而不切於用，君則反之。其所作《劫海迴瀾》、《鐵淚圖說》諸篇，言近而旨遠，咸豐、同治間，隱受其益，世多知之者」。[68] 我們可以說余治其人善行，可以說是為救治時病開藥方，而咸同之間多有受其助益之人，因此廣為時人知之。當時士人之間，對於余治《劫海迴瀾》、《鐵淚圖說》等書，反響廣泛，知曉者甚眾，因此俞樾才會如此評論認為眾人皆「隱受其益」。[69] 透過余治各種著作的記載，我們大致可以將其設置的善會、善堂與相關局處的情況，分門別類，整理如下。

（一）余治創立的「同善會」、「勤儉社」與「賞節會」

　　關於慈善會社組織的設立方面，余治曾在匯整各種慈善結社章程辦法的重要著作《得一錄》中，提倡設立「同善會」以推廣善行，此會宗旨在於集合眾人之力，共同興舉善行義舉。[70] 余氏更在各地推廣提倡農地輪耕保持地力，幫助農家提高作物生產量，試圖運用此法來減緩地力消耗。同時，余氏也相當重視節儉，曾經在地方上籌設建立「勤儉社」、「賞節會」等團體，以「勤儉儉約」為宗旨來進行號召，希望宣導地方百姓們在平日多有儲備，以備荒歉之年所需。[71] 這些慈

---

68 （清）余治，《尊小學齋文集》（上海圖書館藏本），卷首，俞樾，〈序〉，2a-2b。

69 （清）余治，《尊小學齋文集》（上海圖書館藏本），卷首，俞樾，〈序〉，2a。

70 （清）余治，《得一錄》（臺北：華文書局，據清同治八年（1869）得見齋刻本影印，1969），卷7之3，〈賞節會規約〉，卷首，〈序〉，頁507-508。

71 （清）余治，《得一錄》（臺北：華文書局，據清同治八年（1869）得見齋刻本影印，1969），卷7之3，〈賞節會規約〉，卷首，〈序〉，頁507-508。

善會社也有具體的社約辦法，例如余治曾在《得一錄》中詳細記錄下〈勤儉社約〉、〈賞節會規約〉等規約，要求富人們多行儉約。[72]

　　相關的具體條文之中，余氏特別強調飲宴浪費之餘，不過徒然造孽而已。他並透過社約來提倡農地輪耕保持地力，並且重視節儉，更籌立「勤儉社」，以備荒歉之年之需。[73]例如余治在《得一錄》中特別強調：「近人每逢芳辰令節，必大張筵宴，以爲賞心樂事」。但事實上「富人一席酒，窮人半年糧；席上一盃羹，廚下千百命」。[74]余治認爲富人家中飲宴酒席浪費糧食，不過只是在廚房中多造殺孽而已，應該多行儉約，濟助窮苦貧民。爲求少造殺孽，他再三呼籲富有之家，不可鋪張浪費，多積福德。[75]

　　救濟貧苦災民方面，余治與著名慈善家潘曾沂（1792-1852）等人則是共同主張的「收養他郡流民」，並提出相關的倡議構想。透過近年來的研究成果可知，余治門下弟子多有參與其善行義舉之人，大陸學者王衛平教授、黃鴻山副教授曾經根據史料文獻進行過初步的整理。[76]綜合來說，余治門下受業弟子計有：薛景清（光緒年間人士，生卒年不詳）、謝家福、李金鏞（光緒年間人士，生卒年不詳）、章成義（字宜甫，1845-1894）、嚴寶枝（字保之，光緒年間人士，生卒

---

72 （清）余治，《得一錄》（臺北：華文書局，據清同治八年（1869）得見齋刻本影印，1969），卷7之3，〈賞節會規約〉，卷首，〈序〉，頁507-508。

73 （清）余治，《得一錄》（臺北：華文書局，據清同治八年（1869）得見齋刻本影印，1969），卷7之3，〈賞節會規約〉，卷首，〈序〉，頁507-508。

74 （清）余治，《得一錄》（臺北：華文書局，據清同治八年（1869）得見齋刻本影印，1969），卷7之3，〈賞節會規約〉，卷首，〈序〉，頁507。

75 （清）余治，《得一錄》（臺北：華文書局，據清同治八年（1869）得見齋刻本影印，1969），卷7之3，〈賞節會規約〉，卷首，〈序〉，頁507。

76 黃鴻山、王衛平，〈晚清江南慈善家群體研究：以余治爲中心〉，《學習與探索》，6（哈爾濱，2011），頁203-209。

年不詳）、楊培（字殿臣，光緒年間人士，生卒年不詳）、盧虔燾（字侃如，光緒年間人士，生卒年不詳）、方仁堅（字子厚，光緒年間人士，生卒年不詳），以及倪顯祖（字守樸，光緒年間人士，生卒年不詳）等多人。[77]

（二）粥濟務全活：余治與其規劃的「粥店」與「撫教局」

　　清朝中晚期以來，朝廷開賑之時，往往易生弊端，或如晚清段光清（1798-1878）《鏡湖自撰年譜》所言，開賑施粥之際，往往有游手無賴之人暗加破壞，從中上下謀利。[78]因此設粥廠賑濟四方窮黎，必須詳細規劃。余治則認為應該多設「粥場」、「粥店」，以及設立「撫教局」，不僅可以施給貧民衣食，而且專門設立局處，以便長期的教育安養，務使災民們能夠多數存活，且使貧民百姓有所依持。關於「粥局」的詳細設置與具體辦理情況，可以由余氏所著〈石莊粥局同善錄序〉文中略窺一二。[79]

　　余氏在《尊小學齋文集》卷二〈石莊粥局同善錄序〉的相關記載中，曾經提及其有關「粥局」的具體規劃方案，他寫道：「……而其局概以『粥』名，挈其要也，東西二百里間，計局若干，治類得交其經理之人，而其局或一至再至，或數數至，而其所濟之人，則皆吾郡邑也，近則吾鄉里也，尤近則吾親族也」。另一方面，若是以余氏所規劃的「石莊粥局」為例，此一粥局設置時間歷時三年，而且歷年收

77（清）余治，《尊小學齋文集》（上海：上海圖書館藏本），卷首，〈受業弟子〉，頁1a-1b。

78（清）段光清，《鏡湖自撰年譜》（北京：中華書局，1997），頁76。

79（清）余治，《尊小學齋文集》（上海：上海圖書館藏本），卷2，〈石莊粥局同善錄序〉，頁10a-11a。

支出入項目數字都有詳細記載，而且匯集成冊，付梓印行，用以誌記
其事。透過粥局的相關文獻記載，從中我們也可以看到余治慈善思想
在社會中的具體實踐情況。[80]

　　綜合上述記載來看，余治的慈善理念之中，教與養可以說是相輔
相成，一體兩面，不能有所偏重。相較於學界的研究成果，余治的慈
善思想可以說是一個重要的例證。一些相關研究論著曾經指出晚清以
來的慈善事業與相關機構的設置之所以重視「教養並重」的理念，實
際上是源自於西方慈善理念的影響所致。[81]然而，我們若由余治所思
所行，以及其所推行的慈善事業來看，實際上教養並重的思想資源其
來有自，並非純然只是受到西方慈善思想的影響。

四、善同中外：余治的理念與其慈善事業的影響

（一）余治與《潘公免災寶卷》、《惜穀寶卷》、《三茅眞君寶卷》

　　據學者的研究，《潘公免災寶卷》、《惜穀寶卷》、《三茅眞君寶
卷》這三部作品與余治之間甚有關連，或是文句舉例中有所關連，或
是所載內容與其善堂辦事處所有關係，或是與《庶幾堂今樂》中所述
各種故事有關。其中，日本學者沢田瑞穗曾經撰文指出，《潘公免災
寶卷》中有許多語句用辭在行文上，近於余治的相關戲曲作品，三部
寶卷疑似出於同一人之手。[82]例如若就《潘公免災寶卷》相關記載內

80（清）余治，《尊小學齋文集》（上海圖書館藏本），卷2，〈石莊粥局同善
　　錄序〉，頁10a-11a。
81　相關討論參見：王衛平、黃鴻山，《中國古代傳統社會保障與慈善事業：
　　以明清時期爲重點的考察》（北京：群言出版社，2004），頁308-309。
82（日）沢田瑞穗，〈余蓮村の勸善劇〉，《天理大學學報》（1966），第48

容而言，賴進興在其碩士論文中指出，就其研究之驗證，該寶卷的內文有與余治〈劫海迴瀾啓〉有極類似之處。例如賴氏在其論文中所舉的例子即有此句：「我皇上尚且日夜焦勞，食不安，眠不穩。我等小民不能爲國分憂。理宜恐懼脩省，齋戒禱求，或可挽回天怒」。[83] 賴氏在論文中曾經徵引〈劫海迴瀾啓〉中的相關文句以爲對照，並且指出與「我皇上方且減膳省興，焦勞宵旰……即不能，然亦庶幾洗心革面，齊戒禱求，父詔兄勉，相勸爲善，猶不失乎恐懼脩省之義也」；「祗此區區恐懼脩省之事，初非強其所難，當不知竭一念之誠，以善承天怒」，這些語句頗有類似之處。[84] 賴進興在論文中又舉《惜穀寶卷》爲例，指出其情節內容的安排，就與《庶幾堂今樂》中的《老年福》一劇非常相似。[85] 賴氏論文進而由相關引用史料文獻，以及余治日常交遊事蹟，進而考訂《潘公免災寶卷》可能爲余治所撰作的相關作品之一。[86]

　　事實上，這類的例證並不少見，筆者在閱讀《庶幾堂今樂》時，也曾檢得類似的例子。例如余治在〈《庶幾堂今樂》題詞〉中也有與《潘公免災寶卷》極類似的行文筆調，余氏在文中寫道：「只指望化一人做良民，幸得他南軻夢覺〔所期化莠爲良，同歸善道〕。即爲我國家少一敵，薪抽釜底，內患暗中消〔區區此心，竊慕此耳〕況今朝

輯，第17卷，第2號，頁1-27。

83 （清）余治，《潘公免災寶卷》，頁177。

84 （清）余治，〈劫海迴瀾啓〉，收於《江南鐵淚圖》（臺北：廣文書局，1974），頁105-106。

85 賴進興，〈晚清江南士紳的慈善事業及其教化理念──以余治（1809-1874）爲中心〉（臺南：國立成功大學歷史學系碩士班論文，2004），頁134。

86 賴進興，〈晚清江南士紳的慈善事業及其教化理念──以余治（1809-1874）爲中心〉頁135。

亂嘈嘈，共遭強，半是天下人心腸不好〔無奈自己總不肯認錯〕。……因此上天心震怒，森羅鐵網，未肯寬饒〔知戒懼否〕。若不是回天怒，挽人心，勸忠勸孝，恐以爲災殃未了〔正恐後患方深〕，但願人心轉，即天心轉，太和感召，賽過他虎略龍韜〔願爲小助〕。」[87]此外，若是就《庶幾堂今樂》卷首目錄而言，《老年福》一劇之大要主旨，即在「勸惜穀」。《潘公免災寶卷》下卷的內容也以「惜穀」爲其主題，行文亦有類似筆調，也是一個例證。[88]

　　另外一方面，若是就賴氏撰寫論文時所未見的《惜穀寶卷》而言，則能有更進一步的討論空間。據早稻田大學所藏《惜穀寶卷》之卷首封面所刻，係光緒十三年新鐫，印自蘇州元妙觀內得見齋藏版，則又與余氏《庶幾堂今樂》版本雷同，並且還附有〈惜穀齋僧圖〉。卷首之序文又言：「《惜穀寶卷》爲勸善中第一好書，潘公免災（即《潘公免災寶卷》）下卷，專言惜穀會，可見此一端，實爲救劫要務……有緣人請開卷看看，細心聽聽爲妙」。[89]另外，《惜穀寶卷》此書內文中強調惜穀、惜字之重要，且又言天怒之可畏，勸人多爲善行，用「誠心」感動「天心」。《惜穀寶卷》寫道：「匹夫匹婦見精誠，一人向善眾人跟。雖然貧賤幫工活，誠心眞可格天心。王氏老娘勤惜穀，傳留好樣到如今。蔣姓先生能惜字，掏坑掏出見錢文。即此一誠天已見，一方災難自無侵。一念違天天便怒，敬天天意自歡欣，

87　（清）余治，《庶幾堂今樂》（臺北：中央研究院傅斯年圖書館藏蘇州元妙觀得見齋書坊本），卷首，冊1，〈題詞〉，7a-7b。
88　（清）佚名，《潘公免災寶卷》，收於張希舜等編，《寶卷初集》（太原：山西人民出版社，1994），第23冊，頁166-170。
89　（清）佚名，《惜穀寶卷》（早稻田大學藏本），卷首。

到底世間爲善好，莫談閒話費精神」。[90]此偈語之後半，在文意上即與余治所撰〈《庶幾堂今樂》題詞〉中所述文章要旨，兩者意思相近，亦即：「糊塗把一生錯過了，豈不是入寶山空走一遭〔白做了一世人，不曾作一點好事，豈不太可惜耶。〕」。[91]

　　除《惜穀寶卷》外，早稻田大學另藏有《三茅眞君寶卷》一書，版本爲光緒三年重刻，也係蘇州元妙觀內得見齋藏版。三書並陳而觀，似可證三種寶卷，在出版、內容，以及編次形式上，皆有密切關連。該書上卷是「三茅眞君」宣化事蹟，下卷則是由「三茅宮」中傳出之三十六條戒語，借由香客之口，說出新聞故事，以勸化世人向善。[92]此三十六修戒語，分別條列如下，例如：第一條孝雙親、第二條邪色犯不得、第三條墳墓荒不得、第四條棺木燒不得、第五條女兒淹不得、第六條小戲點不得、第七條灘簀做不得（係指花鼓戲）、第八淫書唱本賣不得、第九孤寡欺不得、第十兄弟爭不得、第十一算盤兒不得、第十二是窮人逼不得、第十三是良心壞不得、第十四是咒罵使不得、第十五是壞話說不得、第十六是閨閣談不得、第十七條是訟事唆不得、第十八是官司成不得、第十九是賭局開不得、第二十是圖詐使不得、二十一是錢財賴不得、二十二是字紙棄不得、二十三是五穀棄不得、二十四是坑廁露不得、二十五牛犬田雞吃不得、二十六善事擋不得、二十七物命傷不得、二十八口腹肥鮮貪不得、二十九是婚媒人做不得、第三十條是公報私仇使不得、三十一是婦人搬嘴聽不得、三十二是殺生之業學不得、三十三是非理之財賺不得、三十四是

90　（清）佚名，《惜穀寶卷》（早稻田大學藏本），頁17b。

91　（清）余治，《庶幾堂今樂》（臺北：中央研究院傅斯年圖書館藏蘇州元妙觀得見齋書坊本），卷首，冊1，〈題詞〉，7b。

92　（清）佚名，《三茅眞君寶卷》（早稻田大學藏本），下卷，頁1a。

拼命圖害使不得、三十五受人之恩忘不得、三十六要幹好事緩不
得。[93]

　　若由內容上而論，很值得注意的地方是，《三茅眞君寶卷》與
《惜穀寶卷》等書，皆在書中論及要在公眾之處宣講，並要大眾於宣
講之中，略有停頓，一心唱念佛號。[94]同時，《三茅眞君寶卷》中亦有
相同類似言語文字內容，要求用易知易曉的言語，來感動人心。《三
茅眞君寶卷》中寫道：「家常說話人人曉，一一行行說得明。但願世
人多向善，和風甘雨偏乾坤」。[95]這一種利用鄉里庶民聚會，宣講寶
卷，以推廣勸善的方式，則又與余治推廣梨園戲曲勸善時所言，以易
動人心之戲，取代人人厭聽之鄉約宣講。兩者在本質上，甚有異曲同
工之處。而且，第六條戒規所言「小戲點不得」，其中即寫道「做戲
原是要勸人善，忠臣節義古來聞」，此處所論可謂與余治在〈教化兩
大敵論〉文中所言大同小異。[96]第三十六條幹好事緩不得，則有言
「人生莫錯了好時光，逢著機緣勿退藏，浪蕩閒遊眞可惜，精神瞎費
瞎奔忙。」[97]此處在語意筆調上，亦與〈《庶幾堂今樂》題詞〉所言相
近雷同。筆者以爲這種情形，除了可以印證余氏生前曾創作多種善書
的推想之外。另一方面，版本考證之外，我們或可看爲善書創作之間
的彼此影響，以及余治在勸善用途的文藝創作，其廣泛影響所及，進
而在當時社會上所產生的一種「勸善運動」在文化上的擴散現象。

93（清）]佚名，《三茅眞君寶卷》（早稻田大學藏本），下卷，頁1a。
94（清）佚名，《三茅眞君寶卷》（早稻田大學藏本），上卷，頁47b-48a。
95（清）]佚名，《三茅眞君寶卷》（早稻田大學藏本），下卷，頁1a。
96（清）佚名，《三茅眞君寶卷》（早稻田大學藏本），下卷，頁16a。另可參
　　考：（清）余治，《尊小學齋文集》（上海圖書館藏本），卷1，〈教化兩大
　　敵論〉，頁1a-5b。
97（清）佚名，《三茅眞君寶卷》（早稻田大學藏本），下卷，頁42a。

（二）繪圖勸募的延續：余門弟子謝家福與《河南奇荒鐵淚圖》

　　余治在其勸化作品中，也會時常配合精美的繪圖說明，其中最為著名的便是其《江南鐵淚圖》，類似的圖說插畫也出現在其它的著作中，例如：《劫海迴瀾圖說》、《庶幾堂今樂》，以及《女子二十四孝圖說》。這類作品時常是集合眾人之力助印刊行，精美的圖片也有賴繪圖者的協助，例如《女子二十四孝圖說》便是由晚清以新聞時事畫聞名的畫家吳嘉猷（江蘇元和人，字友如，?-1894）協助此書的繪圖，並由廣東徐氏賢媛（光緒年間人士，生卒年不詳）等多人助印刊行。[98] 余治身故後，其弟子故舊例如謝家福等人，仍然延續余治繪圖助賑的作法。謝家福等人並曾經於丁戊奇荒之時，特別繪有《河南奇荒鐵淚圖》十二幀，延續余氏繪圖印書，勸募賑濟的善行義舉。《清史稿》中詳細記載了謝家福、熊其英等人相關義行的始末經過：

> 家福，字綏之，吳縣人，世以行善為事，聞豫、晉災，呼籲尤切。義聲傾動，聞者風起。自上海、蘇、揚及杭、湖，原 [願] 助賑者眾，日齎錢至家福門，或千金，或數千金，不一年得銀四十三萬有奇。凡賑二十七州，繼其英往者七十四人。家福才識為時重，於創辦電報及推廣招商輪船局事，多所策畫，李鴻章尤賞之，嘗疏薦稱有物與民胞之量，體國經野之才，金福曾亦聞而歎許焉。家福歷保至直隸州知州，卒不仕。[99]

98（清）余治編，吳友如繪圖，《女子二十四孝圖說》，臺北：中央研究院歷史語言研究所傅斯年圖書館藏石印本。另可參見：[清] 余治，《尊小學齋文集》，卷1，〈女二十四孝序〉，頁7a-7b。

99（清）趙爾巽等撰，《清史稿》（臺北：鼎文書局，1981），卷451，列傳238，〈謝家福〉，頁12570。這次賑濟河南災民的義舉，另可參考蘇州博

余治後學弟子熊其英亦協助謝家福賑濟河南、山西災民,主持救災撫
民各項事務,親力親爲,生活起居與饑民同甘共苦,不避風雪。其
後,熊氏不幸在賑濟中積勞成疾,卒於河南衛輝。[100]

五、結語

　　清人余治在文章議論中時常以「治病」爲例,說明挽救時局之要
旨良方,他可以說是將「國家危亡」當成病症一般進行理解,試圖開
出解救藥方。[101]清儒俞樾更認爲余治爲危亡時局所開的藥方,實際上
是開出了一種「補益之藥」。余治的論說言辭文字,以及各種戲曲創
作可以說是「意切而辭婉」,字字句句皆合於實用。余氏的所思所言
不僅在聚焦於教化人心上面,余治更採取了中和之道。綜合來看,余
治的學術思想脈絡中雖然對漢宋之爭,所採取的也是較爲折衷的看
法,但行文用語上較偏向於宋學主張的「身心姓命」之學。另一方
面,余氏認爲漢宋之爭,道學門戶之見,致使太平天國軍興,釀成國
家大禍的看法,也與當時宋學陣營多位重要意見領袖的看法甚爲接
近,例如:左宗棠(1812-1885)、孫鼎臣(1819-1859)、方宗誠

　　物館收藏的謝家福與熊其英等人來往尺牘信件,檔案題名爲:〈熊其英
　　(等)致謝家福(等)有關光緒四年河南賑災尺牘〉。該批信件共計十七
　　通,已由徐鋼城等專家學者進行整理,並在《歷史檔案》上發表過整理信
　　文內容。參見:徐鋼城、蘇州博物館,〈熊其英(等)致謝家福(等)有
　　關光緒四年河南賑災尺牘〉,《歷史檔案》1(北京,2010),頁3-14。
100(清)趙爾巽等撰,《清史稿》(臺北:鼎文書局,1981),卷451,列傳
　　238,〈謝家福〉,頁12570。
101(清)余治,《尊小學齋文集》(上海圖書館藏本),卷1,〈教化兩大敝
　　論〉,頁1a-5b。

（1818-1888）等人，可謂反映了時人的思潮。[102]其中，湘軍成員例如左宗棠等人認為漢學之興，實際上就是日後釀成太平天國犯上作亂的主因。[103]左宗棠寫道：「自乾隆中葉以來，聲音訓詁校仇之習盛，士競時局，逐聲氣，以搏擊儒先為能，放言無忌，釀成今日犯上作亂之禍。」[104]即便採持折衷之說的曾國藩（1811-1872），也在文詞間指出此時議論者每將粵賊之亂，歸因於漢學之弊。曾氏寫道：「曩者良知之說，誠非無蔽，必謂其釀明之禍，則少過矣。近者漢學之說，誠非無蔽，必謂其致粵賊之亂，則少過矣。」[105]

　　整體而言，晚清咸豐、同治以來持此論者大有人在，除左宗棠外，像是方宗誠、孫鼎臣，以及余治等人亦有類似說法。方宗誠認為：「今世以儒為詬病，起於何時何人。異端之熾如天主邪教之入中國，爭相傳習。國勢之弱，受制於外夷何故。竊以為漢學諸公，亦不得為無罪也」。[106]

　　或許，我們還可以用「思想資源」的角度來重新理解余治生平努力實踐的慈善救濟義舉，這些力求在庶民社會中普施教化，改變世道

---

102 類似的思想與相關的討論，可參見：王一樵，〈清代中晚期以來方東樹詩文著作的流傳及其影響〉，《思與言：人文與社會科學期刊》（臺北，2021.12），第59卷，第4期，頁107-151。

103 晚清以來類似討論不少，將各種變亂，歸因為漢學所致。當時有人責備中華亡於滿清，主因倡漢學。章太炎曾舉義大利中興為例，說義大利中興「且以文學復古為之前導，漢學亦然，其干種族，固有益無損」，以此為漢學開脫其罪。（清）章太炎，〈革命之道德〉，收於朱維錚、姜義華編著，《章太炎選集》（上海：上海人民出版社，1981），頁295。

104（清）左宗棠，《左宗棠全集》（上海：新華書店，1986），頁251。

105（清）孫鼎臣，《芻論》（臺北：中央研究院傅斯年圖書館所藏咸豐十年武昌節署本），首卷，曾國藩，〈序〉。

106（清）方宗誠，《柏堂遺書》，〈集外編四〉，〈與黃子壽太史〉，頁17b。

人心的作法，極有可能便是源自於東南一帶宋學復興運動的廣泛影響。[107]余治試圖改變國家世運，他所開出的治病藥方便是用戲曲圖書來教育百姓，變化人心風氣，挽救君子勢孤，小人乘機起事相凌的亂世局面。《劫海迴瀾圖說》、《江南鐵淚圖》、《庶幾堂今樂》，以及《惜穀寶卷》、《潘公免災寶卷》、《三茅眞君寶卷》各種等善書寶卷的印行刊佈，不僅只是表面形式上的朝向更廣泛的「覺民行道」，更是一種對於「宋明理學」，希冀「滿街都是聖人」的一種創造性轉化。[108]

其次，我們也必須將理解的層次，擴及其時東南一帶知識人的生命體驗，特別是經歷太平天國慘烈戰事後的生命感受上，置於戰爭結束後的具體地方社會背景脈絡中，方才能得更深層的理解。西方學界一般認爲太平天國戰後，江南各地的士紳爲了恢復地方上的秩序，而更加強化對於儒學傳統，以及道德標準的注重。冉枚爍（Mary Backus Rankin, ?-2020）在對於太平天國之後的浙江地方菁英研究 *Elite Activism and Political Transformation in China: Zhejiang Province, 1865-1911* 一書中便曾提出相關的具體事例，例如浙江省在重建地方的過程中，一些在官方機構之外的民間組織開始出現，並扮演了重要的角色。戰亂中倖存下的地方菁英們，擴張他們在管理上的職務，並且在官僚組織之外，重新組建了地方基層的機構。冉枚爍認爲處在當時的混亂時局，地方上由士紳主導的重建，主要有以下幾個方面，例如在混亂的政局中在地方鄉里維繫一定的團結，又或者是建立各種複合性質的組織支援地方上的獨立財政。以及倡議某種具一定程度合法

---

107 關於清代嘉道咸以來宋學的復興，可以參見王汎森的相關討論。參見：王汎森，〈嘉道咸思想界的若干觀察〉，《思想史》，11（新北，2022），頁46-53。

108 參見：余英時，《宋明理學與政治文化》，臺北：允晨出版社，2004。

性的地方自治，進而使自己的故鄉從中獲益。[109]

　　冉枚爍的研究呈現出太平天國戰後的地方菁英，如何在地方上促成了重要的改變，特別是他們如何面對晚清國家的變局，尤其是當清廷漸漸不能提供士紳階級的各種需求後。冉枚爍指出地方菁英的開始在地方的組織、資源的動員等方面，以及政治活動上，逐漸朝向脫離中央政府，進而轉向革命的態度。冉枚爍的研究聚焦於浙江省，其原因在於此地包含了多個重要的商業重心，如此她的研究可以觀察到地方社會經濟的專業化與擴張的發展，以及地方菁英的資助間的各種關係。例如當地的財富造就了大量士子的功名，當時也形成了地方菁英中重要的官員階層。但這些因素卻也匯聚成了道光三十年（1850）以後，各種政治上不安定因素的來源。最後，太平天國戰後帶來的大量重建問題，也對浙江當地產生了重大的衝擊。

　　冉枚爍的研究發現地方菁英同時也在回應著國內外的各種危機，以及國家與社會間的各種衝突。他們使用自身的方法，轉而在自己地區中尋求解決的方式，以此應對著外在的種種危機。地方士紳們往往提出議題，試圖將自己在官僚體係中的附加服務與更大的國家議題結合。由此段時間來看，地方菁英開始在公領域的議題上，展開行動，雖然這裡提到的「公」，比較傾向於由地方士紳們的利益來進行定義。但若由地方菁英在教育事業上、地方福利事業上表現出的主導性來看，研究者可以看到他們的積極參與。然而，由於各種西方列強的欺辱壓迫，以及對清末新政上的理想破滅，從各方面促使這種士人主導地方公益的力量，漸漸朝向疏離分化的路線上，使得地方與清廷中

---

[109]Mary Backus Rankin, *Elite Activism and Political Transformation in China: Zhejiang Province*, Stanford, Calif.: Stanford University Press, 1986, pp.92-135

央漸行漸遠。

　　此外，秦博理（Barry C. Keenan）的相關研究則指出這一段時間，地方上的正規教育，在戰後的浙江、江寧、廣東等地有了增加的現象。秦博理將此段時期，稱之爲「後太平天國時期的重建」（Post Taiping Reconstruction）。[110]余治的其言其行，各種文藝創作，從宏觀而論，也可以說是這一種地方重建運動中的一環，反映了江南一帶地方士紳的思想世界。事實上，除了前述余治等的人的義行善舉之外，浙江杭州錢塘一帶也有丁丙一家在太平天國戰後的慈善救濟與地方文化復興重建的過程中，投入許多的心力，也是類似事例之一。太平天國戰後，丁丙多方奔走，努力於杭州一地經營杭州東城講舍，監造崇文書院、詁經精舍、敷文書院等重要文化據點。[111]丁丙集合眾人之力，協助修復在戰亂中損毀的科舉考棚、貢士試院等重要建築。諸多建築設施皆由丁丙總任規劃，方才得以修建完成。爲了振興地方文教，丁丙又陳請地方官設立書局，刊印圖書。[112]綜合而論，杭州丁氏一門所呈現的慈善義舉與地方學術文化事業，也可以說反映了清中葉以來士人復興地方文化，以及興辦慈善救助窮苦的在地實踐面向。類似事例可以說具體反映出了是時思想文化的潮流，以及知識階層對於

[110] Barry C. Keenan, *Imperial China's Last Classical Academies: Social Change in the Lower Yangzi, 1864-1911*, Chapter2: The Post Taiping Expansion of Formal Education Zhejiang, Jiangning, Guangdong, Berkeley: Institute of East Asian Studies, University of California, Berkeley, 1994.

[111]（清）丁立中編，《先考松生府君年譜》，收於《北京圖書館藏珍本年譜叢刊》冊172，北京：北京圖書館出版社，據清光緒二十五年（1899）刻本景印，1998。

[112]（清）丁立中編，《宜堂類編》（臺北：中央研究院傅斯年圖書館藏光緒庚子丁氏喜惠堂刻本），卷2，〈行狀〉，顧浩，〈外舅丁松生先生行狀〉，頁5a-5b。

復興鄉里文風，提倡學術的各方面努力成果。

　　最後，若由民間戲曲形式變革的研究取徑來觀察余治的思想，以及相關文學創作，我們也可以看到晚清中下層社會在啓蒙的過程中，余治提出了利用梨園戲曲來改革人心風俗的同時，也提及了如何導正戲曲的內容，禁淫戲、淫曲，以便在耳目娛樂之際，轉化百姓心性，導正社會風俗，可以說是開一時風氣之先。相較於前人的研究，主要集中於余治在慈善事業的面向，略有單薄之處。我們若是將余治的討論置於這一個研究脈絡中，或許可以更聚焦在身處在太平天國戰爭前後，有著特殊生命情景的個人，究竟如何透過戲曲故事來呈現自身際遇的各種感悟與悲痛。若是由這一個觀點來重新理解余治的「報應勸善劇」與「江南鐵淚圖」，或許我們可以有不同的看法。

　　誠如香港大學香港人文社會研究所梁其姿教授在其研究成果中指出的具體現象，清中葉以來，各地的善會善堂逐漸朝向「儒生化」的主要趨勢之下，余治筆下這一些圖文並茂的戲曲作品，以及適合庶民口味的新編梨園戲曲創作，或許不只是為了勸善的表面目的。[113]深層的脈絡中，我們也可以看到這一些故事提供了在慘烈內戰中劫後餘生的人們一種在心靈方面獲得救贖的可能性，並非只是單純的儒者願景與淑世理想。所以突如其來的戰火漫天，生離死別，才有了一個能讓人平靜下來的理由說法，一切皆是因果報應，世間遭遇如此浩劫皆是因為天下人心腸不好。最後，余治的慈善與宗教情懷在其身故後，依然發揮著影響力，透過乩壇，已然成仙的余治繼續領導著上海仁濟

---

113 關於清代中晚期，自嘉慶道光朝以來善會善堂組織日趨「儒生化」的相關討論，參見：梁其姿，《施善與教化：明清的慈善組織》（臺北：聯經出版，1997），頁239-244。

堂。[114]事實上，若由地域來分析，余氏「養民、教民」之說在同時期，而且地域接近之儒教民間化的「太谷學派」亦有同樣主張及相關作爲。例如太谷學派試圖混合儒學與宗教，我們由其教旨之中，亦可見此時的精神危機，以及其與各種新信仰與強烈救世意願之結合。[115]余治與這一些受宋學心性之學影響下的學人「共通性」，個人認爲也是相關延伸研究與分析可以關注之處，值得研究者們多多加以注意。

---

114 (美) 梅爾清 (Tobie Meyer-Fong) 著；蕭琪、蔡松穎譯，《躁動的亡魂：太平天國戰爭的暴力、失序與死亡》(譯自：What Remains: Coming to Terms with Civil War in 19th Century China) (臺北：衛城出版，2020)，頁118。相關史料文獻出處參見：(清) 嚴辰，《墨花吟館感舊懷人集》(臺北：華文書局，據民國十七年 (1928) 掃葉山房石印本影印，1969)，頁56b-57a。

115 相關討論參見：王汎森，〈道咸年間民間性儒家學派：太谷學派的研究〉，收於氏著，《中國近代思想與學術的系譜》(臺北：聯經出版事業股份有限公司，2003)，頁39-60。

徵引書目

一、傳統文獻

（清）丁立中編，《先考松生府君年譜》，收於《北京圖書館藏珍本年譜叢刊》冊172，北京：北京圖書館出版社，據清光緒二十五年（1899）刻本景印，1998。

（清）方宗誠《柏堂遺書》，臺北：藝文出版，據志學堂家藏方宗誠撰本影印，1971。

（清）左宗棠，《左宗棠全集》，上海：新華書店，1986。

（清）余治，《江南鐵淚圖》，臺北：廣文書局，1974。

（清）余治，《庶幾堂今樂》，臺北：中央研究院歷史語言研究所傅斯年圖書館藏蘇州元妙觀得見齋書坊本。

（清）余治，《得一錄》，臺北：華文書局，據清同治八年（1869）得見齋刻本影印，1969。

（清）余治，《尊小學齋文集》，（上海圖書館藏本）。

（清）余治編，吳友如繪圖，《女子二十四孝圖說》，臺北：中央研究院歷史語言研究所傅斯年圖書館藏石印本。

（清）李兆洛，蔣彤錄，《暨陽問答》，收於《叢書集成續編‧子部》，冊88，上海：上海書店，1994。

（清）趙爾巽等撰，《清史稿》，臺北：鼎文書局，1981。

（清）嚴辰，《墨花吟館感舊懷人集》，臺北：華文書局，據民國十七年（1928）掃葉山房石印本影印，1969。

二、近人論著

（美）艾志端（Kathryn Edgerton-Tarpley）著，曹曦譯，《鐵淚圖：19世紀中國對於饑饉的文化反應》（譯自：*Tears from iron: cultural responses to famine in nineteenth-century China*），南京：江蘇人民出版社，2011。

（美）梅爾清（Tobie Meyer-Fong）著；蕭琪、蔡松穎譯，《躁動的亡魂：太平天國戰爭的暴力、失序與死亡》（譯自：*What Remains: Coming to Terms with Civil War in 19th Century China*）臺北：衛城出版，2020。

王一樵，〈清代中晚期以來方東樹詩文著作的流傳及其影響〉，《思與言：人文與社會科學期刊》（臺北，2021.12），第59卷，第4期，頁107-151。

王汎森，〈嘉道咸思想界的若干觀察〉，《思想史》，11（新北，2022），頁

5-77。

王汎森，《中國近代思想與學術的系譜》，臺北：聯經出版事業服份有限公司，2003。

王衛平，〈晚清慈善家余治〉，《史林》，3（上海，2017），頁98-108

王衛平、黃鴻山，《中國古代傳統社會保障與慈善事業：以明清時期爲重點的考察》，北京：群言出版社，2004。

朱維錚、姜義華編著，《章太炎選集》，上海：上海人民出版社，1981。

朱滸，《地方性流動及其超越：晚清義賑與近代中國的新陳代謝》，北京：中國人民大學出版社，2006。

朱滸，〈地方社會與國家的跨地方互補：光緒十三年黃河鄭州決口與晚清義賑的新發展〉，2《史學月刊》（開封，2007），頁104-112。

朱滸，〈"丁戊奇荒"對江南的衝擊及地方社會之反應：兼論光緒二年江南士紳蘇北賑災行動的性質〉，《社會科學研究》，1（成都，2008），頁129-139。

余英時，《宋明理學與政治文化》，臺北：允晨出版社，2004。

胡曉眞，〈離亂杭州－戰爭記憶與杭州記事文學〉，《中國文哲研究集刊》，30（臺北，2010.3），頁45-78。

徐雁平，〈一時之學術與一地之風教－李兆洛與暨陽書院〉，《漢學研究》，24：2（臺北，2006），頁289-322．

徐鋼城、蘇州博物館，〈熊其英（等）致謝家福（等）有關光緒四年河南賑災尺牘〉，《歷史檔案》1（北京，2010），頁3-14。

張秀蓮，〈余治的生平、作品初探〉，《戲曲藝術》，3（北京，1984），頁73-77。

張笑川，〈日常生活史視野下的太平天國戰爭研究：評梅爾清《浩劫之後：太平天國戰爭與19世紀中國》〉，《清史研究》，1（北京，2014），頁150-156。

梁其姿，《施善與教化：明清的慈善組織》，臺北：聯經出版，1997。

黃鴻山，王衛平，〈晚清江南慈善家群體研究——以余治爲中心〉，《學習與探索》，6（哈爾濱，2011），頁203-211。

（日）沢田瑞穂，〈余蓮村の勧善劇〉，《天理大学学報》（奈良，1966），頁1-27。

（日）高橋孝助，〈「居鄉」の「善士」と在地地主層－江蘇無錫金匱　に在りて〉，《近きに在りて：近現代中國をめぐる討論のひろば》，2（東京，1982），頁3-14。

（日）高橋孝助，〈太平天國後の体制回復策の一側面─余蓮村の場合─〉，《東洋文庫書報》，13號（東京，1982），頁122。

Meyer-Fong, Tobie (梅爾清). *What Remains: Coming to Terms with Civil War in 19th Century China*, Stanford, California: Stanford University Press, 2013

Keenan, Barry C.(秦博理). *Imperial China's Last Classical Academies: Social Change in the Lower Yangzi, 1864-1911*, Berkeley: Institute of East Asian Studies, University of California, Berkeley, 1994.

Edgerton-Tarpley, Kathryn(艾志端). *Tears from iron: cultural responses to famine in nineteenth-century China*, Berkeley: University of California Press, 2008.

Yu Zhi's philanthropic thoughts and his drama literature and essays related to his "Charity Drama." in the late Qing Dynasty

I-Chiao Wang[*]

Abstract

Since Daoguang and Xianfeng period, Yu Zhi(余治), a disciple of the famous scholar Li Zhaoluo, lived in the Jiangnan area. He was well-known for his good deeds and righteous deeds, and everyone called him "Yu Shanren"(余善人). When Yu Zhi was young, he studied under Li Zhao Luo(李兆洛) and completed his education at Jiyang Academy(Jiyang Shuyuan暨陽書院). Although his thoughts and ideas are reflected in his good deeds and righteous deeds, upon closer inspection, we can find that he was still directly influenced by Li Zhaoluo on some levels. During the Xianfeng period, Yu even used the style of opera and dramas to write about the helpless feeling of everyone who were suffering from the same disaster in troubled times and used the spoken word of opera to write the endless sighs in the hearts of people in the late Qing Dynasty. To sum up the story of Yu Zhi, in the late Qing Dynasty, intellectuals believed that the way to save the world was still in people's hearts. We can also see the further continuation and development of this ideological resource in Yu Zhi's works and essay. It can be said that Yu Zhi is more inclined to practice more plainly in daily life and use standardized methods to improve society in

---

[*]　Assistant Professor, Department of History, Soochow University

his own way. He advocates using the effect of Liyuan opera(梨園戲曲) to move people's hearts and to create "good-discipline dramas", using the method of persuasion through the influence to the ordinary people through their ears and eyes. Starting from people's hearts and improving the world, Liyuan's new drama(梨園新戲) of persuading people to do good is used to persuade and teach the ignorant of the country. It is particularly friendly and interesting, so it has a great effect in changing social customs. The promotion of charity since the late Qing Dynasty must rely on the selfless dedication and aspirations of people with lofty ideals. Especially in a chaotic situation, it is an even more difficult and arduous undertaking. The various philanthropic deeds and related life stories that Yu Zhi promoted in the Jiangnan area can be said to be subtle and tortuous, but they are touching people's hearts everywhere. This study attempts to focus on Yu Zhi, an important philanthropist during the Taiping Rebellion, and analyze and discuss the socio-cultural and historical significance of his "Retribution Drama" and related poems and works.

Keywords: Yu Zhi, opera, Quan Shan Ju(drama of persuading people to do good), *Images from Jiangnan to Evoke Tears from a Man of Iron*, **Late Qing Dynasty**

告別盧梭、告別「共和」？對梁啓超〈政治學大家伯倫知理之學說〉的再思考

鄭小威

鄭小威，加州大學聖芭芭拉校區歷史系副教授。研究方向爲中國近代社會史、辛亥革命史、近代思想文化史。2006-2007年以社會科學研究委員會學者身分（Social Science Research Council）至四川省做檔案研究。2009年獲加州大學聖地亞哥校區博士學位。2009年至今執教於加州大學聖芭芭拉校區並於2016年獲終身教授。2018年出版專著 *The Politics of Rights and the 1911 Revolution in China*《民權政治與辛亥革命》（史丹佛大學出版社），此外發表中、英、日、德文學術文章二十餘篇。

告別盧梭、告別「共和」？對梁啓超〈政治學大家伯倫知理之學說〉的再思考*

鄭小威

摘　要

　　梁啓超於1903年訪美後發表在《新民叢報》第38、39合刊號的〈政治學大家伯倫知理之學說〉一文一直以來被認爲是梁氏告別盧梭、告別「共和」的標誌。而張灝先生主要依據此文，構築了梁啓超1903年訪美後思想轉向的「漸變論」，認爲梁氏從盧梭的自由思想、民主共和主義轉向德國國家學、達爾文式的集體主義與國家主義。本文重新解讀此文，試圖深入梁啓超的理論世界、釐清其思想變化背後的思想資源。本文處理的主要問題是：第一、將伯倫知理的學說劃歸爲達爾文式的集體主義與國家主義並將之與盧梭的政治理想相對立，這一定性是否成立？伯倫知理的國家思想是什麼？是否完全背離了盧梭？第二、梁啓超告別的「共和」與「共和政體」是什麼？告別共和政體是否等於與共和原則的全面訣別？第三、我們應當如何反思張灝先生對於梁氏思想轉向判斷的標準？

---

* 　2022年4月20日張灝先生在美國去世。張先生的《幽暗意識與民主傳統》（臺北：聯經出版社，1989）、《危機中的中國知識分子：尋求秩序與意義，1890-1911》（北京：中央編譯出版社，2016）、崔志海、葛夫平譯，《梁啓超與中國思想的過渡：1890-1907》（北京：中央編譯出版社，2016）都曾極大地啓發過我的思考。他對梁啓超思想轉變的論述以及對過渡時代知識人思想脈絡的梳理，都具有那一代學者鮮明的理想和不可磨滅的價值。本文重新解讀一篇對於張先生論述梁氏思想十分重要的文章，即〈政治學大家伯倫知理之學說〉，以此紀念張先生。

　　本文主張，伯氏的國家學說不能簡單地定性為「達爾文式的集體主義與國家主義」並與「西方自由主義」及盧梭的政治理想相對立。伯氏的國家學說繼承德國自由主義傳統，蘊含重要的共和主義要素，超越了個人主義與集體主義的簡單二分。伯氏的有機體國家論接續德國自由主義的傳統，特別是黑格爾的道德國家觀：首先認為這個國家必須是合理的、憲政的，其次認為這個合理國家中的公民擁有具有統一性的國民精神與國民意志，從而凝聚為國家。儘管伯氏的有機體國家論否定了盧梭的契約建國論，但伯氏國家論的起點與盧梭一致，都是人的自由，而伯氏也通過對公民自我立法權的堅持，延續了盧梭共和原則的部分要素。

　　本文也主張，《學說》中的梁啓超並沒有告別「共和」的全部。梁氏在此文中所使用的「共和」至少涵攝了三個內容：一是自治的精神與實踐；二是主治權與奉行權相分離的代議原則；三是無君的代議民主制的共和國家體制。梁氏告別的是第三個意義上的「共和」，尤其是認為以革命的方式建立這種無君的國家體制不適合中國國情。本文還認為，張灝先生立論的框架是英美戰後自由主義，這使他對梁啓超源自伯倫知理的共和主義認識不足。本文認同張灝先生對梁啓超1903年思想轉向的見地，但在轉向的意義上，本文不同意他以英美戰後自由主義的觀點對梁氏共和主義的批評。梁啓超是一位富有理論氣質的思考者，作為研究者，我們需要進入他的思想世界，準確地理解他的理論處境，才能真正理解梁啓超，解釋其思想中的變與不變。

關鍵詞：梁啓超、盧梭、伯倫知理、自由、共和

前　言

　　對於研究梁啓超的學者而言，伯倫知理是一個繞不開的名字。早在1899年，梁啓超就在《清議報》的第11、15-19、23、25-31冊上連續發表伯倫知理〈國家論〉的譯文，系統介紹伯氏學說。伯氏的國家理論對梁啓超的國家觀有深刻影響。而梁氏於1903年10月訪問美洲後發表在《新民叢報》第38、39合刊號的〈政治學大家伯倫知理之學說〉一文則被認為是他告別盧梭、告別「共和」的標誌性事件。[1]

　　在這篇帶著強烈感情的文章中，梁氏宣告與「共和」[2]訣別：「吾心醉共和政體也有年，國中愛國踸踔之士之一部分，其與吾相印契而心醉共和政體者亦既有年。乃吾今讀伯波兩博士之所論，不禁冷水澆背，一旦盡失其所據，皇皇然不知何途之從而可也。……嗚呼痛哉！吾十年來所醉所夢所歌舞所屍祝之共和，竟絕我耶。吾與君別，吾涕滂沱，吾見吾之親友，昔為君之親友者，而或將亦與君別，吾涕滂沱，吾見吾之親友，昔為君之親友，而遂顛倒失戀，不肯與君別者，吾涕滂沱。嗚呼！共和共和，吾愛汝也，然不如其愛祖國。吾愛汝也，然不如其愛自由。吾祖國、吾自由，其終不能由他途以回復也，則天也。吾祖國、吾自由而斷送於汝之手也，則人也。嗚呼！共和共

---

[1] 梁啓超題為〈政治學大家伯倫知理之學說〉的文章有兩篇，分別發表於1903年5月25日的《新民叢報》第32期和1903年10月4日的《新民叢報》第38-39期合集上。文中以〈政治學大家伯倫知理之學說〉（一）、（二）以示區別。

[2] 在這篇文章中，梁啓超使用的「共和」涵攝下面幾個內容：一是「自助及相濟兩主義」的「共和政治的精神」；一是主治權與奉行權相分離，等同於我們平時說的代議原則；一是實行代議民主制的無君的共和國國家體制。這裡的共和政體是第三義。詳細的分析見下文。

和，吾不忍再污點汝之美名，使後之論政體者，復添一左證焉以詛咒汝，吾與汝長別矣。」[3]

由於梁氏在此文中的鮮明態度，這篇文章長久以來被解讀爲梁氏思想轉向的標誌。從同情革命、嚮往民主共和變爲追求國家主義，並不惜通過開明專制爲建立國家打下基礎：「吾自美國來而夢俄羅斯者也。」[4]而在眾多研究梁啓超的學者中，張灝先生可以說是最早對〈政治學大家伯倫知理之學說〉加以重視並進行長篇解讀的學者。在《梁啓超與中國思想的過渡》的第八章中，他對〈學說〉一文做了大量引用，並結合梁氏訪美的經歷，構築了梁啓超1903年訪美後思想轉向的「漸變論」。[5]

首先，張灝寫梁啓超對美國「民主制度」[6]的懷疑，認爲其與他曾經設想的相去甚遠：他「遺憾地發現，因爲某些原因，那些能力一流

---

3 梁啓超〈政治學大家伯倫知理之學說〉（二）（此後簡寫爲〈學說〉（二）），收入梁啓超（著），湯志鈞、湯仁澤（編），《梁啓超全集》（此後簡寫爲《全集》），（北京：中國人民大學出版社，2018），第四集，論著四，頁222。

4 梁啓超，〈學說〉（二），頁223。

5 Hao Chang, *Liang Ch'i-Ch'ao and Intellectual Transition in China, 1890-1907* (Harvard University Press, 1971)；中譯本爲張灝（著），崔志海、葛夫平（譯），《梁啓超與中國思想的過渡（1890-1907）》。「漸變輪」的説法直接借鑑於孫宏雲教授而間接借鑑於巴斯蒂教授。我認爲這個描述是恰當的，也同意巴斯蒂對張灝先生的批評：即張灝的書寫給人的印象是這些對盧梭批評好似是梁啓超一人完成，而沒有提到關鍵的論點和論據都來自伯倫知理。見巴斯蒂，〈中國近代國家觀念溯源—關於伯倫知理〈國家論〉的翻譯〉，《近代史研究》1997年第4期，頁230-231；孫宏雲，〈清季梁啓超的國家論及其相關理論背景〉，《澳門理工學報》，2012年第4期，頁178。

6 在這一部分，張灝的「民主制度」與「共和制度」時常是混用的，並沒有清晰的定義，但其外延是明確的，指美國的政治制度。當代學者會用「民主共和制」來指代這一制度。

的人物通常傾向於遠離政治生活」；他認為政黨分贓制是政治生活的
一大倒退，也將經常性的選舉說成是財力的巨大浪費和重大舞弊。[7]與
此同時，「梁啓超依然知道，即使是這樣的一種制度，也有它產生和
發展的特定條件。」在這裡，張灝引入「自由主義」的概念，並將之
接續在對「共和制度」和「民主制度」的討論中：「美國的自由主義
是在美國大革命前即已存在的基礎上逐漸發展起來的，並且這一基礎
深深地植根在殖民時代各地方的自由制度中。」如果沒有地方自由做
基礎，「共和制度的大廈」也是不可能的。[8]其次，張灝注意到羅斯福
總統加強中央政府威力、擴張軍備的態度對梁啓超的觸動，認為這些
都使梁清晰地認識到，帝國主義下的國與國的競爭是世界歷史的大勢
所趨。在這樣的情況下，「自由主義」已經不被強調，而擴大政府權
力成為新潮。[9]梁啓超對經濟帝國主義格外關注，認為經濟帝國主義
「強烈顯示了一種完全達爾文式的集體主義」，而這也「驅使梁採取
一種反對自由主義的政治立場」。[10]再次，張灝寫梁啓超對三藩市華人
社團的觀察。這些觀察使得其反思中國國民性的某些缺陷：「家族主
義」與過度發展的「村落思想」都阻礙公民社會的發展。不具備對公
共事業的熱忱，使得「任何提前在中國建立民主制度的企圖註定會失
敗」。[11]

　　張灝認為，正是認識到民主共和的政治制度在現實中難以實踐而

7　張灝，《梁啓超與中國思想的過渡》，頁182。
8　張灝，《梁啓超與中國思想的過渡》，頁182-183。梁啓超對於美國的歷史
　　漫長的制度的強調及其對美國政治實踐的批評在伯倫知理那裡也可以找
　　到；但是關於美國自由主義的引申則是張灝所添加的。
9　張灝，《梁啓超與中國思想的過渡》，頁183。
10　張灝，《梁啓超與中國思想的過渡》，頁186。
11　張灝，《梁啓超與中國思想的過渡》，頁184-185。

自由主義的政治理想在世界上業已過時，梁啓超在自美國歸來後不久便「轉而攻擊在他眼中原本異常完美的西方自由主義——盧梭的政治理想，這就毫不足怪了。」[12]張灝大段引用〈學說〉來證明一個觀點，即梁氏此時已然認識到，「盧梭的自由思想，不管它多麼令人滿意，都不適合中國建國的目標」。[13]那麼，有助於建立有效秩序的建國理論在哪裡呢？張灝認為，梁啓超在伯倫知理的國家學說中找到了答案。[14]與此同時，波倫哈克對共和政體的批評也對梁產生了很大影響。張灝總結道：伯波二氏的論點使梁深信，在一個缺乏必要條件的國家裡，試圖建立共和制形式的政府，結果幾乎總是產生一個不負責任的專政，正如法國與拉美的那些共和制小國所表明的那樣。美國之行以及與德國國家主義思想的接觸「解決了梁的疑慮，堅定了他的立場，使他成為當時正在迅速獲得中國知識份子擁護的革命共和思想的堅定反對者」。[15]到此處，梁啓超1903年訪美後的「漸變論」建構完成，而〈學說〉一文也被當成了梁啓超從盧梭的自由思想、民主共和主義轉向德國國家學、達爾文式的集體主義與國家主義的標誌性文章。

　　張灝先生以極佳的文筆感情充沛地闡述了梁氏思想的轉向，其影響力經久不衰。但是，這一論述也充滿了跳躍與斷言。首先，張灝將伯倫知理的學說劃歸為達爾文式的集體主義與國家主義，並將之與「西方自由主義」及盧梭的政治理想相對立。這一定性是否成立？盧梭的政治理想是什麼？其與「自由主義」的關係是什麼？伯倫知理的

---

12 張灝，《梁啓超與中國思想的過渡》，頁187。
13 張灝，《梁啓超與中國思想的過渡》，頁187。
14 張灝，《梁啓超與中國思想的過渡》，頁189。
15 張灝，《梁啓超與中國思想的過渡》，頁191。

國家思想是什麼？其與「個人主義」、「集體主義」以及「自由主義」
的關係是什麼？是否完全背離了盧梭？不清楚把握盧梭與伯倫知理的
學說，是無法討論梁啓超對二者學說的揚棄的。其次，梁啓超告別的
「共和」與「共和政體」究竟是什麼？告別共和政體是否意味著與共
和原則的全面訣別？我們需要更加精確地理解梁啓超對「共和」的論
述，才能更加準確地把握梁氏思想轉向的內涵。最後，我們應當如何
反思張灝先生對於梁氏思想轉向判斷的標準？由於〈政治學大家伯倫
知理之學說〉一文在定性梁啓超整體政治思想上的重大意義，也因爲
這一文本中包含的理論複雜性，我們有必要回到這篇文章，重新理解
它並進行文本細讀。在方法論上，除去文本細讀外，我回到盧梭與伯
倫知理的原典，同時直接借鑑政治哲學領域中對於盧梭共和主義和德
國自由主義的研究，力圖更加準確地理解盧梭與伯倫知理，從而爲探
索梁啓超的思想擴展新的理論可能性。

第一部分
〈政治學大家伯倫知理之學說〉（一）、（二）
究竟說了什麼？

　　梁啓超題爲〈政治學大家伯倫知理之學說〉的文章有兩篇，分別
發表於1903年5月25日的《新民叢報》第32期和1903年10月4日的
《新民叢報》第38、39期合集上。第一篇署名力人，第二篇署名中國
之新民。[16]在這一部分，我將梳理兩篇文章的關鍵內容，並比較兩篇

---

16 根據狹間直樹的考證，第38、39期合集的實際出版約在1904年1月16日
　左右。

文章關鍵內容的異同及它們與吾妻兵治《國家學》之間的關係。[17]

第一節　對盧梭總體態度的變化：因建國而必須告別民約

1、〈學說〉（一）：謹慎評價盧氏民約之論

〈學說〉（一）分爲前言（一部分）和正文（四部分）。前言首先略述了伯倫知理的生平與著作，然後討論了政治法律之學的淵源與特徵。梁啓超對伯倫知理高度評價，認爲其說明了「國家之所以然」，從而使「政法學爲之一新」。同時，前言也特別提到了十八世紀以來盧梭的民約論，認爲其「以社會之理說政治，舉世風靡，歐洲百餘年之風潮，亦因之而起」。但其「矯枉過正，偏論社會，以之破中世紀之積論，伸民權之風氣則可，以之爲國家學至一無二之定理，則有不免失其眞者。」而伯倫知理的「國家主權之說，破民約之論，百年來最有力之學說，逐爲之一變」。

---

17 對於版本最早和最重要的研究來自巴斯蒂教授。據巴斯蒂考證，1899年梁啓超在《清議報》上連載的〈國家論〉其實是伯倫知理依據其大部頭的學術著作 *Allgemeines Staatsrecht*（1851-1852）所寫的普及版 *Deutsche Staatslehre für Gebildete*（1874）的譯本。這一普及版在日本至少有兩個譯本，即吾妻兵治用古漢語翻譯的《國家學》與平田東助、平塚定二郎合譯的日譯本《國家論》，而梁氏的連載直接來自於吾妻兵治的《國家學》。我基本同意這一意見，並會另文詳述版本的問題。*Allgemeines Staatsrecht* 曾在伯氏一生中被多次修訂。英譯本 *The Theory of the State* 據德文第六版翻譯而成，由 D.G. Ritchie、P.E. Matheson、R. Lodge 合譯，但英譯本只是德文第六版的第一部分而已，只翻譯了 Allgemeines Staatslehre（國家泛論）的部分。在接下來的討論中，我會大量用到英譯本來討論伯氏的學說。

　　我們看到，前言儘管篇幅短小，梁啓超卻已經把他曾經最爲篤信的盧梭的民約論與主權學說拿出來討論了。當然，是否要完全拋棄盧梭的民約論與主權學說，梁啓超還沒有最終下定決心，他只是謹慎地評價：盧梭民約論「不免失其眞」。而在前言的最後，他小心地預測說：「是故十九世紀之風潮根於盧氏民約之論，十九世紀以後之風潮或將趨於伯氏之說，未可知也。」[18]〈學說〉（一）的謹慎態度與〈學說〉（二）完全不同。

2、〈學說〉（二）：告別盧氏民約之論

　　〈學說〉（二）分爲發端（一部分）和正文（五部分）。在發端中，梁啓超一上來就以強烈的姿態對盧梭學說加以論斷：

> 盧梭學說，於百年前政界變動最有力者也。而伯倫知理學說，則盧梭學說之反對也。二者孰切眞理？曰：盧氏之言藥也，伯氏之言粟也。痼疾既深，固非恃粟之所得瘳，然藥能已病，亦能生病，且使藥證相反，則舊病未得豁，而新病且滋生，故用藥不可不愼也。[19]

　　梁氏言之鑿鑿，認爲盧梭學說已經過時，不能「適應於時勢」了。儘管五年以來包括他自己在內的「達識之士」一直在傳播盧梭學說並使之大受歡迎，但是他們想要實現的目標卻「未達成萬分之一」，而因著盧梭理論生出的新病卻瀰漫一時。

　　接著，梁氏也斷言盧梭學說在理論上不能「密切於眞理」了。他

---

18 梁啓超〈政治學大家伯倫知理之學說〉（一）（此後簡寫爲〈學説〉（一）），收入梁啓超，《全集》，第四集，論著四，頁195。

19 梁啓超，〈學說〉（二），頁207。

大段引用伯倫知理來批評盧梭：

第一，盧梭的契約只能產生變幻無常的會社而不能建立起國基牢固的國家。根據盧梭的民約論，國民是擁有自由意志的，讓擁有自由意志之人「皆同一意之理」，全國人「皆同一約之理」，這斷無可能，從而「國終不可得立。」[20]

第二，盧梭的「平等國民決議立國」論在歷史和現實中都找不到例子。歷史中的國家都是依靠超越常人的英雄人物的威德而奠基的，這到了今天也沒有改變。根據盧梭的民約論，國民是平等的，可建國

20　梁啓超，〈學說〉（二），頁208：「一曰：其國民皆可各自離析，隨其所欲，以進退生息於此國中也。不爾，則是強之使人，非合意之契約，不得為民約也。雖然人之思想與其惡欲萬有不同者也，若使人人各如其意，乃入此約，則斷無全國人皆同一意之理，以此之故，亦斷無全國人皆同一約之理，若是乎則國終不可得立。故從盧氏之說，僅足以立一會社，**即中國所謂公司也，與社會不同。**其會社亦不過一時之結集，變更無常，不能持久。以此而欲建一永世嗣續之國家，同心合德之公民，無有是處。」
這一部分的論據來自於吾妻兵治《國家學》卷一第四章「論建國之淵源」之頁15。吾妻本原文如下：「（第一）曰：分離國民為個個，不可不使各個人隨意生息，隨意進退。夫人之思想，固不能相同。設使各個人自加盟為民，何以謀統一，何以立國家哉。盟約若此者，才可以立一時社會，而其間制度變更不已，安能可保一定法規，以傳於永遠，況使國民一意同心，置國家於磐石之安乎？蓋人眾徒相聚而已，未足以作一個團體也。」
比較〈學說〉（二）與吾妻本，我們看到吾妻本用的是「社會」而非〈學說〉（二）中的「會社」。但是，「會社」出現在了平田東助、平塚定二郎合譯的日譯本《國家論》中（頁42），我于是判斷梁啓超的〈學說〉（二）除了藉助吾妻本之外，也藉助了平田的日譯本。
將「社會」寫為「會社」是明治時期的日文文獻中經常出現的情況，比如原田潛的日譯本《社會契約論》也將「社會」譯為「會社」。我們看到，梁啓超在「僅足立一會社」之後加以小字「即中國所謂公司也，與社會不同」，說明梁氏在糾結「社會」與「會社」的關係。必須指出的是，盧梭本人並沒有使用「company」一詞，儘管它多次出現在伯氏的作品中，被伯氏用來批判盧梭的學說。

過程中出現的統治者與被統治者的區分本身就說明了「平等國民立約
建國」論的虛妄。[21]

　　第三，伯倫知理批評盧梭的民約論要求「全數畫諾」，從而造成
少數被迫服從多數的問題。根據民約論，其國民必須「全數畫諾」，
可是在現實政治中，「全數畫諾」是不可能的，而常常被按照「少數
服從多數」來處理，這樣就帶來了少數人喪失自由權的問題，而與民
約論中「人各以其意而有願與此約與否之自由權」的說法矛盾。[22]

　　在列舉了三大論點與論據後，梁氏再次借助伯倫知理的批評對民
約論加以重擊：

　　伯氏又言曰：民約論之徒，不知國民與社會之別，故直認

21　梁啟超，〈學說〉（二），頁208：「二曰：其國民必悉立於平等之地位也，
　　不爾，則是有命令者，有受命者，不得為民約也。然熟察諸國之所以建
　　設，必賴有一二人盛德巍巍，超越儕類，眾皆服從，而國礎始立。即至今
　　日，文明極進，猶未有改，若使舉國無智，無愚，無賢，無不肖，皆以同
　　等之地位決議立國，無有是處。」這一部分的論據來自於吾妻兵治《國家
　　學》卷一第四章「論建國之淵源」之頁16。對於這一點，1901年的《盧
　　梭學案》已有所回應，認為用歷史的實例去攻擊盧梭的理論是一種錯誤的
　　閱讀盧梭的方式。

22　梁啟超，〈學說〉（二），頁208：「三曰：其國民必須全數畫諾也，苟有一
　　人不畫諾，則終不能冒全國民意之名，不得謂之民約也。然一國之法制，
　　勢固不能有全數畫諾之理，豈待問也。盧氏亦知之，乃支離其說，謂多數
　　之意見，即不啻全體之意見。夫服從多數，雖為政治家神聖不可侵犯之科
　　律，而其理論獨不適於諸民約主義之國家。蓋盟約雲者，人各以其意而有
　　願與此約與否之自由權者也。彼不願與此約之少數者，而強干涉之，謂其
　　有服從多數之約之義務，無有是處。此三義者，伯氏於國家原起論，取盧
　　氏之立腳點而摧陷之者也。參見本報第十一、十二號《盧梭學說》。」這
　　一部分的論據來自於吾妻兵治《國家學》卷一第四章「論建國之淵源」之
　　頁16。對於這一點，1901年的《盧梭學案》也有回應，認為現實中的少
　　數服從多數是不得以而為之，但少數服從多數的約定本身就要求全員同意
　　這一約定，所以公意依然是全體同意之意。

　　國民爲社會。其弊也使法國國礎不固，變動無常，禍亂互
　　百數十年而未有已。德國反是，故國一立而基大定焉。夫
　　國民與社會，非一物也。國民者一定不動之全體，社會則
　　變動不居之集合體而已。國民爲法律上之一人格，社會則
　　無有也。故號之曰國民，則始終與國家相待，而不可須臾
　　離。號之曰社會，則不過多數私人之結集，其必要國家與
　　否，在論外也。此伯氏推論民約說之結果，而窮極其流弊
　　也。[23]

　　梁氏認爲，由於民約論偏論社會而不關注國家，它也就無法解決
中國當下最急迫的建國問題：「深察祖國之大患，莫痛乎有部民資
格，而無國民資格。……故我中國今日所最缺點而最急需者，在有機
之統一，與有力之秩序，而自由平等直其次耳。」[24]正是立志建國的願
望促使梁啓超發生了理論轉向。在本來就缺乏團結和秩序的中國，梁
氏不認爲依靠盧梭的學說能夠解決中國的問題。先建一有機統一有力
之秩序，先鑄部民使成國民，而自由平等直其次耳：正是在這樣的訴
求下，他決心擱置盧氏學說而作伯氏學說。

---

23 梁啓超，〈學說〉（二），頁208。梁氏這一部分的論據並非直接來自於吾
　妻本的一處，而是在通讀了《國家學》之後聯合幾處觀點創造的，具有一
　定的創新性。
24 梁啓超，〈學說〉（二），頁209。

第二節　國家理論：逐漸接受國家有機體論而放棄契
約建國論

1、〈學說〉（一）：粗淺的國家有機體論

〈學說〉（一）正文的第一部分為「伯倫知理之國家有機體說」。
梁啓超一上來就引用伯倫知理：「伯氏之言曰：昔人以國民為社會，
以國家為人民聚成之體，其說尚矣。而近今學者殊不為然，謂國家
者，有機之組織體也。夫徒抹五彩，不得謂之圖畫；徒積瓦石，不得
成為石偶；徒聚線緯與血球，不得謂之人類，國家亦然。國家者，非
徒聚人民之謂也，非徒有庫府制度之謂也，亦有其意志焉，亦有其行
動焉，蓋有機體也。」[25]

梁啓超繼續引用伯倫知理，強調國家這種有機體與動植物之出於
天造不同，而是出於人力，經由沿革形成的。儘管創造國家的造物者
（人）與創造動植物的造物者（天）不同，國家和動植物都擁有有機
體的共同特徵。最後，梁啓超引用伯倫知理的觀點強調說：國家與沒
有生命的機器不同，機器儘管也可以運動，但機器運動不自由且沒有
自己的意識，而國家的運動自由並由自己的意識支配；同樣，國家也
如動植物一般生長髮育。總之，強調國家有自己的意識、構成國家的
各部分有各自的功能、國家可以自行生長，這是梁氏理解的伯氏有機
體理論的要點。

---

25 梁啓超，〈學說〉（一），頁196。

2、〈學說〉（二）：明確的國家有機體論並放棄契約建國論

a、國家不能積「阿屯」式的個人而成

　　〈學說〉（二）正文的第一部分為「國家有機體說」。與〈學說〉（一）第一部分的粗淺介紹不同，梁啓超做了一些關鍵改動，點明伯氏國家有機體論的特殊之處。

　　首先，梁啓超將〈學說〉（一）中的「而近今學者殊不為然，謂國家者，有機之組織體也。」這句話刪除。刪除這句話是因為梁明確認識到有機體這個說法並不起於伯倫知理。他在文末加上新的按語：「按：此說不起於伯氏，希臘之柏拉圖，亦常以人身喻國家。伯氏前之德國學者，亦稍發之，但至伯氏而始完備耳。」[26]

　　其次，梁啓超在〈學說〉（二）中加入了一些關鍵詞，特別強調了國家能臨時應變、有獨立精神、與人相似這些特質：國家「自有其精神，自有其形體，與人無異」；器械不能「臨時應變」而「國家能之」。這些關鍵詞強化了國家作為獨立活物的這一特性，突出了伯氏有機體理論的特殊性。[27]

　　再次，也是最重要的，梁啓超將〈學說〉（一）中模糊的「伯氏之言曰：昔人以國民為社會，以國家為人民聚成之體，其說尚矣。」改為〈學說〉（二）中清晰的「伯倫知理曰：十八世紀以來之學者，以國民為社會，以國家為積人而成，如集阿屯（注：atoms）以成物質。似矣，而未得其真也。」[28]值得注意的是，〈學說〉（二）中出現

26　梁啓超，〈學說〉（二），頁211。
27　梁啓超，〈學說〉（二），頁210-211。
28　梁啓超，〈學說〉（二），頁210。巴斯蒂認為〈學說〉（二）幾乎完全抄自吾妻兵治的《國家學》。我經過比較〈學說〉（二）及《國家學》後，認為梁啓超在〈學說〉（二）中是超越了妻兵本《國家學》的。他引入平田

的「阿屯」在〈學說〉（一）及吾妻兵治的《國家學》中都沒有出現。但它出現在伯倫知理的普及本（atomistischen）以及學術長版本（atoms, atomistic）中，[29] 專門用來批評盧梭的國家理論；它也出現在平田東助、平塚定二郎合譯的日譯本《國家論》中（注：用「分子」一詞[30]），從而被梁啓超攝取。在這裡，梁啓超將模糊的「以國家爲人民聚成之體」改爲清晰的「以國家爲積人而成，如集阿屯以成物質」，這實際上是梁希望做的一個展開說明。

　　我們知道，「社會是由原子式的個人聚積而成的」這一觀點來自近代自然法學派的契約學說。包括霍布斯、洛克、盧梭等，他們都將社會看成是一個個的、平等且自由的個人的聚集；而國家則是由這些自由平等的個人締結契約形成的。[31] 我們也知道，盧梭也曾把國家比作有機體。盧梭在《社會契約論》中講到國家、公意、人民、政府時，以人身喻國家，以心臟喻公意，以肌肉血球喻人民，以頭腦喻政府。但在伯倫知理看來，這種理解國家的思路依然是機械論式的，這些學者也不能算作國家有機體論的倡導者。這些批評被梁啓超所繼承。他寫道，「以國家爲積人而成」的看法僅僅是看似有機體說而非眞正的有機體說：「似矣，而未得其眞也。」[32]

本《國家論》中更多的思想依據，比如之前的「會社」與此處的「阿屯」的說法。

29 *Deutsche Staatslehre für Gebildete*, p.12; *The Theory of the State*, pp.24-25, p.391.

30 平田東助、平塚定二郎合譯《國家論》，p.18. 在此時學人的作品中，「阿屯」作爲一個漢語詞語被廣泛使用，是「原子」和「分子」的舊譯。

31 李猛，《自然社會：自然法與現代道德世界的形成》（北京：生活・讀書・新知三聯書店，2015）。

32 梁啓超，〈學說〉（二），頁210。

　　可以說，從梁氏在〈學說〉（一）對有機體理論的簡短轉述中，我們還無法看到其對國家有機體論的明確把握，但在〈學說〉（二）中，其把握日益明確。國家這個有機體絕不可能由阿屯式的個人聚積而成，那麼，國家究竟是一個怎樣的有機體？它由誰建立？

b、國家者，國民之共同體也

　　〈學說〉（二）正文的第二部分爲「論國民與民族之差別及其關係」。這部分未出現在〈學說〉（一）中，對應的是吾妻兵治《國家學》第二卷第一章「論族民並國民」。梁啓超開篇即引用伯倫知理的「民族」（德文 Nation）與「國民」（德文 Volk）的定義，認爲以往的學者常常把二者混爲一談。「民族者，民俗沿革所生之結果也。民族最要之特質有八：（一）其始也同居一地；（二）其始也同一血統；（三）同其支體形狀；（四）同其語言；（五）同其文字；（六）同其宗教；（七）同其風俗；（八）同其生計。」[33]有這八種特質的人群在不知不覺間與其他人群相隔閡，造成一特別團體，並將其固有的性質傳於子孫，形成了民族。而國民的界說有二：「一曰，國民者人格也，據有有機之國家以爲其體，而能發表其意想，制定其權利者也；二曰，國民者法團也，生存於國家中之一法律體也。國家爲完全統一永生之公同體，而此體也，必賴有國民活動之精神以充之，而全體乃成，故有國民即有國家，無國家亦無國民，二者實同物而異名耳。」[34]

　　這一部分由於梁氏的文字不夠明確，我回到伯氏原文的英譯本及吾妻兵治的譯文中幫助理解。在伯氏看來，國民作爲一個抽象的集合，是有機體國家的人格化（a collective personality）；作爲具體的公

---

33 梁啓超，〈學說〉（二），頁211。「民族」也即吾妻本的「族民」。
34 梁啓超，〈學說〉（二），頁211。

民，是擁有權利的公民的集合（community of rights），他們參與國家的運作（participation in the conduct of the State），表達共同的訴求（expressing a common will），並在國家創製時獲得適當的組織樣貌（has acquired the proper organs in the constitution of the State）。而與這樣的國民相伴而生的國民精神（*Volksgeist*）與國民意志（*Volkswille*），並非公民個人精神與意志的總和（the mere sum of the spirit and will of the individuals），其擁有共同精神與公共意志之統一性（it has all the unity of a common spirit and a public will），是支持國家賴以存活的要素。[35] 吾妻本則準確地譯出了這一段。[36]

在其他兩個文本的說明下，「國民」的定義就可以更好地被理解了，而國民國家論也呼之欲出：（一）國民具有兩重性：作爲抽象的集體概念，它是有機體國家的人格化；作爲具體的人，它是擁有權利的公民的集合。（二）國家與國民同構，二者不能獨存。（三）公民在國家創製時完成結合成爲國民，這樣的國民擁有共同精神與共同意志。（四）這樣的共同精神與共同意志是支持國家成爲一「完全統一永生之公同體」的重要要素。總之，國家與國民同構，由具有共同精神與共同意志的國民建立。這與契約論學說堅持的國家由社會中的個人締結契約而成的說法大不相同。

對梁氏而言，伯氏的國民國家論還爲他找到了對抗排滿主義的理論武器。梁認識到，民族建國論實際上是1840年以後才流行的一種理論：「古代之國，淵源於市府，中世之國，成立於貴族。十八世紀專制時代，認政府爲國家，法蘭西大革命之時，同國家於社會，凡此

---

35 Johann Caspar Bluntschli, *The Theory of the State*, p.83.
36《國家學》，頁 23-24。

皆與民族之關係甚淺薄者也。」[37]即便是在1840年後民族建國之義漸昌的時代，民族也非建國唯一之源泉。梁氏在按語中寫道：「伯氏固極崇拜民族主義之人也，而其立論根於歷史，案於實際，不以民族主義爲建國獨一無二之法門。誠以國家所最渴需者，爲國民資格，而所以得此國民資格者，各應於形勢而甚多其途也。」[38]排滿不能建國，復讎也不能建國，建國唯一之法門在於培養國民資格。

c、國家之目的：優先序的建立

「論國家之目的」是梁啓超新加的一節。此節不見於〈學說〉（一）而被放在〈學說〉（二）的最後一部分，成爲正文的第五部分。在這一節中，梁啓超首先摘錄吾妻兵治《國家學》中「論國家之志向」的部分，批評下面兩種國家目的論：「伯倫知理曰：自昔論國家目的者，凡有兩大派，其在古代希臘、羅馬之人，以爲國家者以國家自身爲目的者也。國家爲人民之主人，凡人民不可不自犧牲其利益以供國家。其在近世日耳曼民族[39]，則以爲國家者不過一器具，以供各私人之用而已。私人之力有所不及者，始以國家補助之，故國家之目的，在其所屬之國民。」[40]相較之下，梁氏認可伯氏「兩者之說，皆是也，而亦皆非也」的判斷，認爲國家應當兼顧國家自身與國民這兩個目的。

具體而言，梁氏認爲，在常理的情況下，私人的幸福與國家的幸

37　梁啓超，〈學說〉（二），頁212。

38　梁啓超，〈學說〉（二），頁213。

39　平田版與吾妻版寫的都是曼徹斯特自由主義（吾妻本的「曼知士他」、平田本的「曼識特」）對國家的看法。見吾妻兵治《國家學》，頁17；平田東助、平塚定二郎合譯《國家論》，頁48。

40　梁啓超，〈學說〉（二），頁224-225。

福是可以同時實現的。但是，在變故的情況下，當二者的幸福不能兼得時，梁氏主張將國家自身作爲排序第一的目的，而將私人作爲達成這一目的的工具：「雖然，若遇變故，而二者不可得兼，各私人之幸福與國家之幸福，不能相容。伯氏之意，則以爲國家者，雖盡舉各私人之生命以救濟其本身可也，而其安寧財產更何有焉？故伯氏謂以國家自身爲目的者，實國家目的之第一位，而各私人實爲達此目的之器具也。」當然，在沒有變故的情況下，國家要保護個人的自由：「故亦以爲苟非遇大變故，則國家不能濫用此權，苟濫用之，則各私人亦有對於國家而自保護其自由之權理雲。」[41]

　　值得注意的是，在查看了伯倫知理學術書的英文版、日譯本《國家論》以及吾妻本《國家學》後[42]，我發現梁啓超在前述的引文中加入了兩個重要的改寫：第一，他加入了「以常理言」、「若遇變故」、「苟非遇大變故」等狀語詞，將國家需要同時兼顧的兩個目的化解爲兩個情境，即（一）常理的情境和（二）變故的情境。第二，梁啓超在創造出兩種情境後，明確表態說，在遇到變故的情況下，國家自身的目的必須是國家第一位的目的，而個人只是達此目的的器具。[43]

　　儘管這個改寫偏離了伯氏本人的國家目的論，我們明白這一改寫的背後是梁啓超對中國所處的危機形勢的擔憂。他在按語中寫道：「帝國主義大起，而十六七世紀之干涉論復活。盧梭、約翰・彌勒（注：John Stuart Mill）、斯賓塞（注：Herbert Spencer）諸賢之言，無復過問矣，乃至以最愛自由之美國，亦不得不驟改其方針，集權中

41　梁啓超，〈學說〉（二），頁225。

42　Johann Caspar Bluntschli, *The Theory of the State*, pp.252-253；平田東助、平塚定二郎合譯《國家論》，p.49-60；吾妻兵治《國家學》，p.17-21。

43　梁啓超，〈學說〉（二），頁225。

央，擴張政府權力之範圍，以競於外，而他國更何論焉。」[44]如果說伯氏強調的是國家要同時達成的兩個目的，梁氏強調的是在變故中首先要維護國家自身目的的這一優先序，並不惜犧牲個人之生命、安寧、財產以守護國家。

第三節　主權理論：明確看到盧梭主權理論的執行困難

1、〈學說〉（一）：一筆帶過的盧梭主權理論

　　〈學說〉（一）正文的第二部分為「伯倫知理之主權論」。首先是描述「伯倫知理之論主權」的五大特性。其次是交代主權與國家的關係：「有主權則有國家，有國家則有主權。」然後是對主權之歸屬進行闡述，指出主權「不獨屬於社會，又不獨屬於君主，亦不在國家之上，又不出國家以外」。最後是對歷史上存在過的主權理論進行評價。[45]

　　我們看到，〈學說〉（一）對盧梭主權理論的批評相當溫和。此時的梁氏只是克制地批評「主權不在於主治者，而在於公民」的主權理論「不過盧氏之理想耳」，是「於道理上論國家」而「不於歷史上論國家」。[46]儘管梁氏此時已經掌握了伯氏對盧梭主權學說的批評了，但他並未就此展開討論。這與〈學說〉（二）形成鮮明對比。

44　梁啓超，〈學說〉（二），頁225。
45　梁啓超，〈學說〉（一），頁197。
46　梁啓超，〈學說〉（一），頁197-198。

2、〈學說〉（二）：明確批評盧梭主權理論會帶來「專制國民主權」的問題

〈學說〉（二）正文的第四部分為「論主權」，其中最大的改寫在於梁啓超加入了伯氏對盧梭主權理論執行困難的明確批評：

> 盧梭之言曰：「主權不在於主治者，而在於公民，公民全體之意向，即主權也。主權不得讓與他人，亦不得托諸他人而為其代表，雖以之交付於國會，亦非其正也。社會之公民，常得使用其主權，持之以變更現行之憲法，改正古來成法之權利，皆惟所欲。」伯氏以為盧氏之說，欲易專制的君主主權，而代以專制的國民主權也。[47]

這一部分的論據來自《國家學》卷四第一章「論至尊權及國權（主權）」：「路索曰：主權不在於主治者，而在於公民社會。……是故以此主權，變更見在憲法，釐革從前權利，亦無不可。由此說觀之，路索之論無他，排專制君主之主權，代之以專制國民之主權耳。嗚呼，路索之論，誤謬亦甚矣。然其浸染於世人之腦裏不淺，匡正之，豈容易哉？爾來積幾多經驗，累幾多辯論，終於學理上，覺破此迷夢，以講究此至重至要、且危險可懼之主權果為何物，始得確定左原則。」[48]

正如本文下文所詳述的，盧梭主權理論的最大困難即在於其執行。由於盧梭不相信主權是可以被代表和轉讓的，主權的行使必須由

---

47 梁啓超，〈學說〉（二），頁224。

48 吾妻兵治《國家學》，頁91-92。同時見Johann Caspar Bluntschli, *The Theory of the State*, p.391；平田東助、平塚定二郎合譯《國家論》，頁269-270。

公民全體進行。在伯氏看來，正是公民全體行使權力「皆惟所欲」的特性使其隨意變更憲法，改變歷史上的法律對人民權利的規定，這造成了主權的濫用，使國民主權擁有了「專制」的特質。

我們看到，與〈學說〉（一）對比，梁啓超在〈學說〉（二）中明確加入了伯氏對盧梭主權理論執行困難的批評。他甚至比伯氏更進一步，認爲這種「專制國民主權」比「專制君主主權」還要糟糕。梁寫道：「然專制君主主權，流弊雖多，而猶可以成國，專制國民主權，直取已成之國而澳之耳。外此更有所得乎？無有也。」[49]需要注意的是，儘管吾妻本中有「嗚呼，路索之論，誤謬亦甚矣」以及國民主權是「危險可懼之主權」的說法，但將「專制國民主權」與「專制君主主權」相比較，認爲「專制國民主權」比「專制君主主權」還要糟糕則是梁氏的引申。這可以看作是梁氏在建國壓力下的肺腑之言。

第四節　政體理論：告別實行代議民主制的共和國國家體制

1、〈學說〉（一）：未明確選擇國家體制

〈學說〉（一）正文的第三部分爲「伯倫知理之政體論」。這部分討論的是伯氏所說的 "The Forms of the State"（即國家體制、國家形式）的問題。[50]在這部分中，梁啓超轉述了伯倫知理對古希臘政體分

49　梁啓超，〈學說〉（二），頁224。

50　*The Theory of the State* 之 Book VI 討論的都是 "The Forms of the State"（即國家體制、國家形式）的問題，實際上 "The Forms of the State" 就是 Book VI 的標題。在吾妻本中，"The Forms of the State" 這一標題被翻譯成「國體」，較好地傳達了原意。但是在接下來的具體討論中，吾妻兵治

類的討論:「古代希臘,人分政體爲三種:曰君主政體,曰貴族政
體,曰民主政體。」亞里士多德以這三種爲正當的,而與這三種相對
的不正者爲僭主政治,寡頭政治,僭民政治。伯氏認爲這裡需要補充
一個神道政治。梁氏在這一部分對伯氏的方法論有一個重要評論,認
爲其方法是歷史主義的方法,但它並沒有就理論本身「辨其謬」。[51]可
以說,此時的梁啓超還沒有完全服膺伯氏的學說,也沒有對他心儀的
國家體制做出選擇。而〈學說〉(二)對這部分改寫很大。

2、〈學說〉(二):告別實行代議民主制的共和國國家體制

〈學說〉(二)正文的第三部分爲「論民主政治之本相及其價
值」,討論的也是國家體制的問題。與〈學說〉(一)不同,〈學說〉
(二)討論的是現代的國家體制,即實行代議民主制的現代共和國國
家體制的問題。文中用「共和政體」指代。

首先,〈學說〉(二)從理論出發分析這種制度的所長與所短:

伯氏以爲主治權與奉行權相分離,是共和政體之特色也。
主治之權,掌之於多數之選舉者,即國民。奉行之權,委
之於少數之被選舉者,即大統領及官吏。以故奉行者雖爲
臣僕,而反常治人;主治者雖爲主人,而反常治於人。以

也將 "The Forms of the State" 翻譯爲「政體」,造成了混用。這也是〈學
說〉(一)、(二)使用「政體」的原因。在後面對盧梭學說的分析中我們
將看到,「政體」也用來翻譯盧梭《社會契約論》中的 "The Forms of the
Government"(即政府形式)這一概念。所以,我們必須心中明確「政體」
究竟指什麼。在伯氏的部分,「政體」=The Forms of the State;在盧梭的部
分,「政體」=The Forms of the Government。
51 梁啓超,〈學說〉(一),頁198-199。

> 牽制之得宜，故無濫用國權之弊，而多數國民得所庇焉，
> 此其所長也。雖然，坐是之故，而國權或漸即微弱，儕國
> 家於一公司，加以眾民之意向，變動靡常，而國之基礎，
> 因以不固，此其所短也。[52]

這就是說，主治權（the right of sovereignty to the majority）與奉行權（the exercise of sovereignty to the minority）相分離是代議共和政體的重要特點。其優點在於能保證多數國民握有主治權而少數奉行者不濫用國家權力。其缺點在於國家沒有權威，好似公司一樣，基礎不固，變動無常。在分析了這種制度的特點後，〈學說〉（二）判斷說，只有人民具有「共和諸德」，這一制度才能發揮好的作用。若人民缺乏教育，能力不足，不顧公益，那麼現代共和國中的代議民主制就會導向暴民政治。[53]

其次，〈學說〉（二）從美國、瑞士、法國的具體歷史出發來分析現實中實行代議民主制的共和國國家體制。〈學說〉（二）指出，三國走向「共和」的道路相當不同。美國的「共和」並非出現於獨立之後，而是發源於建國之前：「而共和之原質，已早具也」；獨立前的美國已經擁有自治制度以及「自助及相濟兩主義」的「共和政治之精神」了。同樣，瑞士也有村落自治及立法會議這樣的自治傳統。而法國，只有當人權論出世之時，法國人的政治思想才發達起來：「自治為共和政治最切要的條件，而法國人卻無所練習，凡事皆仰賴於政

---

52 梁啓超，〈學說〉（二），頁216。這部分的論據直接來自於吾妻兵治《國家學》卷三第八章「論代議共和政體之本色並其德」，頁81-82。同時見 Johann Caspar Bluntschli, *The Theory of the State*, p.379-380；平田東助、平塚定二郎合譯《國家論》，頁235-236。

53 梁啓超，〈學說〉（二），頁216。

府。其治國之道，常以中央集權制度相貫徹，因此共和與帝制輪番出現，往往共和其名，君主其實。」[54]

　　我們看到，這一段中的「共和」涵攝了兩個內容：一是共和之實，即自治的精神與實踐；二是共和之名，與君主制相對。〈學說〉（二）指出，第一種「共和」更加重要，如果沒有自治的精神與實踐，儘管表面上「無君」，卻依然是「共和其名，君主其實。」綜合來說，在〈學說〉（二）中，「共和」涵攝了三個內容：一是主治權與奉行權相分離；二是自治的精神與實踐；三是具體的實行代議民主制的共和國國家體制。在後文對伯氏理論的分析中我們將看到，伯氏讚賞第一個意義上的「共和」，也不否定第二個意義上的「共和」，他只是對第三個意義上的「共和」提出警告，認爲這種體制並不適合所有國家，它需要依靠公民自治的精神與實踐才能成功。

　　梁氏繼承了伯氏對實行代議民主制的共和國國家體制的警告，但在全面否定共和國國家體制這裡，梁啓超實際上是藉助了早稻田大學剛剛翻譯出版的波倫哈克的《國家論》，才最終證成了其告別「共和政體」之論點。首先，波倫哈克認爲，國家是平衡正義、調和社會上各種利害衝突的大團體。而在共和國中，其統治主體（即國家）與其統治客體（即國民）同爲一物，二者都是人民。在這樣的情況下，人民內部的衝突無法由人民自己調節。而在君主國中，由於君主超然於種種利害關係之外，更容易實現調和衝突的目的。波倫哈克還認爲，「因於習慣而得共和政體者常安，因於革命而得共和政體者常危。」

---

54 梁啓超，〈學說〉（二），頁216-217。這部分的論據直接來自於吾妻兵治《國家學》卷三第七章「論代議共和政體之沿革」，頁75、78-79、79。同時見Johann Caspar Bluntschli, *The Theory of the State*, pp.370-377；平田東助、平塚定二郎合譯《國家論》，頁212-216、228-229、230-231。

後者以革命之力，掃蕩一切古來相傳之國憲，而將國家最高目的置於人民肩上。其結果只能導致不斷革命。在這樣的情況下，大暴動和大黨爭發生，使「一非常豪傑，攬收一國實權」，這樣的國家徒有民主形式。[55]

我們看到，大革命後法國苦難的歷史被波氏激活，而梁氏也走上了與「由革命而建立共和國」這一政治方案訣別的道路。正如孫宏雲所言，波倫哈克被認爲是「國家即君主」說的代表，他以君主爲統治權的主體，以土地及人民爲統治權的目的物。[56]波氏學說其實已經脫離了伯氏的國民國家論了。但是，由於波氏提供了一條更加切近的建立秩序的途徑，梁氏不惜偏離伯倫知理，爲立國尋找新的理論依據。

同時，我們也看到，儘管梁啓超告別了實行代議民主制的共和國國家體制（即「共和政體」），但「告別共和」的說法依然有模糊性。必須深究的是，告別「共和政體」是否就意味著告別了「主治權與奉行權相分離」的原則？是否就意味著告別了「自助及相濟兩主義」的自治的精神與實踐？同樣，梁氏的「告別盧梭」又是何意？告別盧梭的契約建國論是否就意味著與盧梭的全面訣別？只有準確理解盧梭與伯倫知理，準確理解梁氏的盧梭觀，我們才能真正理解梁啓超「告別共和」與「告別盧梭」的意義。

---

55 梁啓超，〈學說〉（二），頁219-221。
56 孫宏雲，〈汪精衛、梁啓超」革命「論戰的政治學背景〉，《歷史研究》2004年第5期（北京：2004），頁76。

第二部分
理解盧梭、理解〈盧梭 Jean Jacques Rousseau 學案〉

　　在前面描述梁啓超對盧梭理論的批評時，我腦中一直縈繞的問題是：我該如何理解梁啓超在1903年〈政治學大家伯倫知理之學說〉（二）中對盧梭的批評呢？這些批評準確公正嗎？如果說這些批評準確公正，那我又該如何理解他在1901年〈盧梭 Jean Jacques Rousseau 學案〉中對盧梭的讚賞呢？我們知道，早在1899年，梁氏就已經瞭解伯氏對盧氏的契約建國論及主權理論的批評了，那麼，爲何1901年的梁啓超依然支持並讚賞盧氏學說？這與中江兆民『理學沿革史』中對盧梭的介紹有何關係？要回答這些問題，我們必須回到盧梭、中江兆民、梁啓超的文本中，重新檢視。

第一節　盧梭的政治思想：共和原則與民主原則

　　盧梭在《社會契約論》中要完成的核心議題即「自由政制如何創造以及維持」。[57]《社會契約論》接續盧梭《論人類不平等的起源和基礎》中的討論：即人生而自由平等，卻在現實世界發展的過程中形成了不平等不自由的社會政治關係。如何擺脫這種不平等不自由的關係，建立維持自由平等所需的新制度，這就是《社會契約論》要解決的問題。[58]

---

57 蕭高彥，《西方共和主義思想史論》（北京：商務印書館，2006），第五章，頁155。

58 Jean-Jacques Rousseau, *Discourse on the Origin of Inequality*, translated by Donald A. Cress and introduced by James Miller, (Indianapolis: Hackett Publishing Company, 1992).

如果說自由是盧梭思想的核心概念，那麼自由所需的制度及其生成條件與過程就是《社會契約論》的核心議題。根據政治哲學學者蕭高彥的精彩分析，盧梭在這個議題上的原創之處就在於他將「自由政制如何創造以及維持」轉化成「現代民主共和主義」的這一理論進程。[59] 具體來說，盧梭將西方公民共和主義的傳統與近代意志哲學結合並建立了新的規範和新的政治正當性，即人民主權正當性的原則，也可被稱爲「共和原則」。[60] 而爲了保證人民主權原則的實現又引出了盧梭爲解決特殊性的政府與普遍性的公民共同體之間關係的實踐原則，也即「民主原則」。[61] 在接下來的部分，我將主要依據盧梭的原典，論述我對盧梭「共和原則」與「民主原則」的理解。同時，我也將引入康德對盧梭的經典批評，幫助理解19世紀盧梭理論在東亞受容的思想背景。

1、盧梭的共和原則：人民主權正當性的原則

首先是盧梭共和原則的證成。盧梭在《社會契約論》中開宗明義地宣示其所探討的主題乃是「具有正當性」及「確定性」的行政規

---

59 蕭高彥，《西方共和主義思想史論》，頁155。
60 使用「共和原則」一詞是受到蕭高彥先生的啓發。蕭氏將其理解爲「普遍意志與政治權利的原則」，見蕭高彥，《西方共和主義思想史論》，頁156。而我強調人民主權正當性的這一點，並給出了自己對「共和原則」的闡發。詳細的分析見下文。
61 使用「民主原則」一詞也是受到蕭高彥先生的啓發。蕭氏將其理解爲「公民直接參與的激進民主理念」，見蕭高彥，《西方共和主義思想史論》，頁169。我繼承了這一定義，但也配合自己對盧梭原典的理解對之加以調整，依據盧梭原典中 "populace" 一詞的使用及上下文將之調整爲「民眾直接參與行政的激進原則」。詳細的分析見下文。

則：I MEAN to inquire if, in the civil order, there can be any sure and legitimate rule of administration。為此，他說明其建構途徑乃是「人之實然以及法律所可能者」：Men being taken as they are and laws as they might be。[62]

正如蕭高彥準確捕捉到的，這個綱領性的宣言蘊含了盧梭政治哲學的特殊方法，也唯有恰當地理解這個方法，我們才能理解盧梭政治秩序論將實然和可能性結合在一起的根本目標。與其他近代自然法學派思想家不同，盧梭運用「人性」一詞時並不指涉一組特定不變的特質，而是要運用人性可以改變的特質，塑造真正具有正當性和穩定性的政治共同體，克服未加控制的自然進化對人類產生的負面影響。[63] 對於盧梭而言，政治乃是克服社會不平等的藝術，而其方式是要奠定全新的基礎，構築正當的政治權威。[64] 盧梭認為，他之前的自然法學派在討論社會契約時都犯了一個共同的錯誤，即預設了行為者的理性能力。但盧梭認為，這樣的理性是自然狀態下的個體所不可能具備的。於是他開闢了一個新的路徑：那就是不依靠理性，而依靠訂約的這個單一行動來完成政治社會的建構。[65]

這就是他在著名的《社會契約論》的第一卷第六章中所提供的解決辦法。盧梭認為，他的任務就是要尋找出一種結合的形式，使它能以全部共同的力量，來衛護和保障每個結合者的人身和財富，並且由

---

62 Jean-Jacques Rousseau, *On the Social Contract* (Dover Publications), 2003, p.1. 在接下來我將使用 https://www.earlymoderntexts.com/assets/pdfs/rousseau1762.pdf 這一版本 Copyright © Jonathan Bennett 2017，引用方式採用卷、章、自然段的方式標註。

63 蕭高彥，《西方共和主義思想史論》，頁 156。

64 蕭高彥，《西方共和主義思想史論》，頁 156。

65 Jean-Jacques Rousseau, *Social Contract* 1.6: 2.

於這一結合而使每一個與全體相連的個人，又只不過是在服從自己本人，並且仍然像以往一樣的自由。這就是社會契約所要解決的根本問題：

> Find a form of association that will bring the whole common force to bear on defending and protecting each associate's person and goods, doing this in such a way that each of them, while uniting himself with all, still obeys only himself and remains as free as before. There is the basic problem that is solved by the social contract.[66]

在締結社會契約這一行動中，盧梭特別強調了全盤讓渡（total alienation）的這一點，即我們每個人都要將自身及自身擁有的所有權利全盤讓渡給共同體：

> Properly understood, these clauses come down to one — the total alienation of each associate, together with all his rights, to the whole community.[67]

在締結社會契約這一行動中，盧梭還特別強調了締結契約所要遵循的準則，即公意（general will）的準則。他寫道：我們每個人都以其自身及其全部的力量，共同置於公意的最高指導之下，並且我們在共同體中接納每一個成員，作為全體之不可分割的一部分：

> *Each of us puts his person and all his power in common under the supreme direction of the general will, and, in our corporate community, we receive each member as an*

---

66 Jean-Jacques Rousseau, *Social Contract* 1.6: 4.
67 Jean-Jacques Rousseau, *Social Contract* 1.6: 5.

indivisible part of the whole.[68]

　　盧梭進一步論述說，這個由契約結成的共同體擁有公共人格（public person），由社會中的所有個體結合而成（the union of all other persons）。它以前稱爲城邦（city），現在稱爲共和國或政治共同體（republic or body politic）。當它是被動時就稱它爲國家（state），當它是主動時就稱它爲主權者（sovereign），和它的同類相比較時就稱它爲政權（power）。至於結合者，他們作爲集體時就稱爲人民（a people），作爲主權權威的參與者時就稱爲公民（citizens），作爲國家法律的服從者時就稱爲臣民（subjects）。[69]

　　如此建構出的道德共同體，其最顯著的特質是主權爲全體人民所有。其證成過程如下：第一、如此建構出的道德共同體是全體人民依照公意建立的，其中的全體人民擁有一個共同意志，即公意；第二、主權是公意的體現（sovereignty, being nothing less than the exercise of the general will）；於是，如此建構出的道德共同體中的全體人民擁有主權。而主權又具有下列特徵：其一，它是不可讓渡的。其二，它是不能分割的。主權產生的其他權力，如立法權、行政權是可以分立的，但主權必須同一。第三，公意指導下的主權是永遠不會有錯的；儘管公意有時會被誤導，但終究會趨於正確。第四，掌握公意的主權者是至高無上的、絕對的、不可被摧毀的。[70]

　　我們知道，盧梭最關心的一直都是政治正當性的問題。正是爲了對抗人類社會中大量存在的非正當性的支配，盧梭提出了公意的原

---

[68] Jean-Jacques Rousseau, *Social Contract* 1.6: 6. 盧梭把這句話以特殊字體標出，以示其重要性。

[69] Jean-Jacques Rousseau, *Social Contract* 1.6: 7.

[70] Jean-Jacques Rousseau, *Social Contract* 2.1-4.

則，也即人民主權正當性的原則。

也正是從公意的原則出發，盧梭重新定義了「法律」，認爲「法律」是公意的運作：「當全體人民對全體人民做出規定時，……當立法的對象與立法的意志同時具有普遍性時，我將此種行爲稱之爲法律。」[71]

同時，盧梭也認爲，公意的實現只能存在於依法統治的國家，唯有在體現公意的普遍法律統治的國家中，其政治秩序才有正當性，才配稱爲「共和國」。盧梭寫道：我將以「共和國」之名來稱呼所有那些普遍法律統治下的國家，無論其行政方式如何；因爲唯有在普遍法律統治下，公共利益才能率領一切，公共事務（res publica）才能名副其實。一切正當的政府都是共和制的。

> So I give the name "republic" to any state governed by laws, whatever form its administration takes; for only when the laws govern does the public interest govern, and the pubic thing (res publica) is something real. Every legitimate government is republican.[72]

綜上所述，盧梭的共和原則是公意的原則，是人民主權正當性的原則，是普遍法律統治國家的原則，是公共利益率領一切的原則，是公共事務名副其實的原則。正是在這樣的共和原則下，盧梭堅持公共事務必須由公民爲之，堅持公民自我立法。我們在後面對德國國家學的討論中將看到，盧梭堅持自由，堅持公民自我立法等共和要素也被德國自由主義者（包括康德、黑格爾、伯倫知理）所繼承。

71　Jean-Jacques Rousseau, *Social Contract* 2.6: 5.

72　Jean-Jacques Rousseau, *Social Contract* 2.6: 9.

2、盧梭的民主原則：人民主權原則的實踐引出的民眾直接參與行政 的激進原則

其次是盧梭民主原則的證成。如果說共和原則是盧梭闡述的政治 秩序的正當性原則，是關涉共同體（國家）的政治意志與法律的普遍 原則，那麼民主原則就是針對盧梭所要處理的特殊性問題而言的。

具體而言，人民主權的原則將如何實踐？盧梭認爲，有兩種動力 推動政治共同體的運行：意志和力量。前者是表達公意的立法權，後 者是執行公意的行政權。[73]立法權由作爲主權者的人民行使，而行政 權的行使屬於個別行爲，它在「法」的範疇之外，不具有普遍性，也 就不能通過作爲主權者的人民來直接行使。[74]這就需要一個代理機 構，幫助作爲主權者的人民來治理國家。[75]這個代理機構便是政府。

作爲主權者的代理人，政府服從作爲主權者的人民；作爲法律的 執行者，政府又管理作爲臣民的人民。爲了使國家協調運轉，立法和 行政這兩種動力必須保持一定的比例。臣民人口數量增多，政府的力 量就需要增強到相應的程度，主權者也就需要越多的權力來控制政 府。[76]盧梭看到，儘管政府僅僅是主權者的代理人，但政府一經成 立，其自身就會成爲特殊性的共同體。在理想的情況下，普遍意志應 當並且能夠支配特殊利益，但在現實中，特殊性的共同體天然有維護 特殊利益的傾向。如何處理特殊性的政府與普遍性的公民共同體之間 的關係，這就是盧梭在《社會契約論》第三卷中要解決的問題。

---

73 Jean-Jacques Rousseau, *Social Contract*. 3.1: 2.
74 Jean-Jacques Rousseau, *Social Contract*. 3.1: 3.
75 Jean-Jacques Rousseau, *Social Contract*. 3.1: 4.
76 Jean-Jacques Rousseau, *Social Contract*. 3.1: 7-18.

　　盧梭在第十、十一章中仔細分析了政府蛻化的問題，在第十二、十三、十四章中討論了如何防止政府蛻化的問題。對於政府這種想要脫離人民控制的天然本性，盧梭認爲最好的方式是人民直接行使自己的主權，通過人民集會來考察政府，討論和決定是否保留現存的政府形式，以及是否讓那些擔任行政職責的人繼續當職。具體而言，在第十二章中，盧梭號召仿效古代羅馬人民召集公民大會的先例。羅馬人民在大會上不僅行使主權，也部分行使屬於政府的行政權，從而使這一實踐帶上了直接民主制的色彩。[77] 在第十三章中，盧梭對如何有效使用公民大會作出了進一步的規定。[78] 他還強調說：政府越是有力量，主權者就越應當經常表現自己，增加合法集會的次數。[79] 在第十四章中，盧梭再一次引出民衆直接參與行政的原則，號召人民通過公民大會，行使行政權，成爲握有實權的政府統治者。正如盧梭所言，在公民集會時，政府被懸置，民衆成爲最高執政官。[80] 而這種民衆直接參與行政的激進理念來自民主制，因而也可被稱爲「民主原則」。

　　盧梭在第十七章「政府的創製」中進一步對特殊性的政府與普遍性的公民共同體（主權者）的關係加以說明。盧梭指出，政府的創製是一種復合行爲，其中包含兩個環節：第一個環節爲普遍行爲，由主權者決定政府的形式；第二個環節爲個別行爲，由民衆指定政府官員。[81] 那麼，應當如何連接普遍與特殊，完成政府創製的兩個不同性質的環節呢？盧梭主張，作爲普遍意志主體的主權者，能夠通過一種

77　Jean-Jacques Rousseau, *Social Contract*. 3.12: 4.

78　Jean-Jacques Rousseau, *Social Contract*. 3.13: 1.

79　Jean-Jacques Rousseau, *Social Contract*. 3.13: 4.

80　Jean-Jacques Rousseau, *Social Contract*. 3.14: 1.

81　Jean-Jacques Rousseau, *Social Contract*. 3.17: 1, 2 and 3.

驟然轉換，將自身從主權者轉換成直接民主制中掌握權力的民眾，從普遍到特殊，從立法到執法。[82]也就是說，就法理而言，儘管只是一瞬間，創製政府也必須經過直接民主制的這個環節，實行民眾直接參與行政的這一民主原則。盧梭認為，這個臨時民主制由公意建立，以主權者的名義行事並合乎法律。他於是斷言，民主制是任何國家想要「正當地」創製政府的必經之路。[83]

總之，盧梭為了對抗政府專斷而強調主權者的能動性，這使他極力反對那種將立法權拱手讓人的英國式樣的代議制。[84]為了實現人民主權，盧梭在政治實踐中加入了民眾直接參與行政的激進原則，即民主原則。這樣，直接民主制的種種問題，如權力不受限的「專制」問題、民眾濫用權力的問題、多數人壓迫少數人的問題也伴隨而來，成為後世思想家（如康德與伯倫知理）詬病盧梭的原因。

3、康德對共和原則的繼承與對民主原則的摒除

根據蕭高彥對德國共和主義極富啓發性的研究，康德對盧梭的政治思想既有繼承也有批評：一方面，「在哲學層次，康德接受盧梭關於自由以及公民自我立法的基本理念；但另一方面，康德「嘗試摒除其激進民主之思想傾向，以證成憲政共和主義的理據。」[85]

具體而言，康德繼承了盧梭共和原則的重要要素。正如蕭高彥舉

---

82 Jean-Jacques Rousseau, *Social Contract*. 3.17: 5.

83 Jean-Jacques Rousseau, *Social Contract*. 3.17: 5 and 7.

84 Jean-Jacques Rousseau, *Social Contract* 3.15. 必須指出的是，盧梭反對的是英國式樣的代議制（representation），但如果人民能撤隨時換他們選出來的議政之人、保證其為人民負責，這樣的代表（deputies）也可接受。

85 蕭高彥，《西方共和主義思想史論》，頁 266。

例說明的，康德在《論永久和平》第一項的正式條款中指出，依據理性原則，任何一個社會依照成員的自由以及平等所建立的憲法便是「共和制的憲章」，這是所有實存憲法的原始基礎。[86]「每個國家的公民憲法應當是共和制的」，這呼應了盧梭的「我將以共和國之名來稱呼所有那些普遍法律統治下的國家」的觀點。按照本文上節對盧梭共和原則的定義，盧梭的共和原則是公意的原則，是主權為全體人民所有的原則，是普遍法律統治國家的原則，是公共利益率領一切的原則，是公共事務名副其實的原則，那麼，在這個包含多個要素的共和原則中，康德強調的是普遍法律統治國家的這個要素。

　　同時，康德批評盧梭的民主原則帶來的「專制」問題。也如蕭高彥指出的，康德認為「民主」與「共和」不可混淆，這是盧梭犯的錯誤，而他對「共和」一詞的創新性定義，即「共和是行政權與立法權分立的政治原則」，就是要糾正盧梭的錯誤。[87]在這裡，康德的一個重要創見就是重新定義並區分了國家形式（form of the state）與政府形式（form of the government）：前者根據掌握國家最高權力的人數可分為一人獨治、貴族及民主三種；後者根據統治者對人民的治理方式，或者說是政府運用權力的方式是否存在行政權與立法權的分立，可分為「共和」與「專制」。[88]康德認為，政府形式遠比國家形式重要，政府如何依據憲法運用權力先於國家最高權力的歸屬。

86　蕭高彥，《西方共和主義思想史論》，頁266。
87　蕭高彥，《西方共和主義思想史論》，頁266。
88　蕭高彥，《西方共和主義思想史論》，頁266-267。儘管盧梭也區分國家形式與政府形式，但是康德的國家形式恰好是盧梭的政府形式。蕭高彥在p.267的註釋中敏銳地指出，康德與盧梭對於共和定義的微妙差異，代表了民主共和主義與憲政共和主義的重大分野。就本文而言，伯倫知理在談到國家形式與政府形式時，採取的也是康德的進路。

　　正是在政府形式這一範疇下，康德認爲盧梭的民主原則是絕不可取的。原因在於，全體人民，其已經掌握立法權了，在直接民主制中掌握行政權，意味著立法權與行政權合二爲一，這違反了權力分立的原則，其結果必然是「專制」。這裡的「專制」是孟德斯鳩意義上的「專制」，意味著統治者將自己置於法律之上、恣意行使權力，而被統治者喪失權利與自由。因此康德也將代議制界定爲「任何共和政府都需要的機制」。在權力分立的共和憲政中，行政權與立法權不能合一，所以其中行政權須爲立法權之代表；與此相反，在民主制中，所有公民都要做所有政治事務的主人，立法權與行政權合一，遂帶來「專制」。[89]

　　可以说，在康德的架構中，「共和」與權力分立與代議制劃了等號。康德開創了德國自由主義的國家理論並對盧梭提出了經典批評。康德對盧梭的批評及其對分權與代議制的強調都成爲此後政治哲學領域的核心論題：不僅成爲德國國家學的核心論題，也被熱愛盧梭的法國共和主義者所汲取。

---

89 蕭高彥，《西方共和主義思想史論》，頁267。參見周家瑜，〈盧梭、康德與永久和平〉，《人文及社會科學集刊》，卷26 第4期（2014年12月），p. 642-623。正如周家瑜指出的：「如同盧梭，在康德的共和制下，人民永遠爲立法權持有者（儘管是透過代議形式而非盧梭所主張的直接民主形式），而爲了避免行政權與立法權由同一雙手掌控的「恣意」政治，在康德共和制之下行使立法權之人民不應當是掌握行政權的元首。對康德而言，政府因此應當是「代議制」的，也就是掌握行政權與政府的元首僅是掌握立法權之人民的一個代表，一個僕人，康德指出即便是君主制（即由一人掌握行政權）之下也能具有代議精神的原因正是在此，只要該君主承認自己只不過是掌握立法權的人民之代表與僕人，在行使其統治權如宣戰、外交上都需有公民的同意方有正當性，則此一統治形式便符合了代議精神，便是共和制的，因之這種統治便不是恣意的。」

第二節　中江兆民『理學沿革史』中的盧梭學說：法國共和主義脈絡下的盧梭閱讀

　　如前輩學者對梁啓超盧梭思想受容的研究所展示的，梁啓超早期的盧梭觀受到中江兆民1882年出版的《民約譯解》的影響，而梁氏1901年的〈盧梭 Jean Jacques Rousseau 學案〉則直接承接中江兆民1886年出版的『理學沿革史』（譯自 Alfred Fouillée 於1875年出版的 *Histoire de la Philosophie*）對盧梭思想的描述。Fouillée的詮釋是中江兆民『理學沿革史』的來源，也是梁啓超〈盧梭 Jean Jacques Rousseau 學案〉的嚆矢。

　　根據專攻中江兆民的思想史家 Eddy Dufourmount 的精細論述，Alfred Fouillée 與中江兆民對盧梭的理解必須放在法國共和主義的框架下進行。我們知道，由於中江兆民對盧梭著作的系統翻譯，他被譽為「東洋盧梭」。但是不為人所熟知的是，兆民也關注其他對於法國第三共和國有奠定作用的法國共和主義（French republicanism）思想家的作品。兆民與弟子翻譯了其中八位思想家的著作。這些思想家及被翻譯的作品是：Étienne Vacherot (1809-1897, *La démocratie*)，Jules Simon (1814-1896, *La liberté politique*)，Charles Renouvier (1815-1903, *Petit traité de morale*)，Jules Barni (1818-1878, *La morale dans la démocratie*)，Eugène Véron (1825-1889, *L'esthé-tique*)，Emile Acollas (1826-1891, *Philosophie des sciences politiques et commentaire de la déclaration de 1793*)，Alfred Fouillée (1838-1912, *Histoire de la philosophie*) 與 Alfred Naquet (1843-1916, *La république radicale*)。這些思想家在近年被重新發現，並被法國思想史家 Claude Nicolet 譽為法國第三共和國的思想之父，為法國共和主義奠定了重要的思想基

礎。[90]

　　在Dufourmount看來，兆民選擇翻譯他們的作品不僅因爲他們是法國第三共和國的思想教父，更因爲他們融合了盧梭與康德的思想，是盧梭與康德思想共同的弟子。[91]對於兆民及其弟子而言，這些作品並非只是作爲翻譯對象而存在的，而是作爲塑造他們政治思想的基礎而存在的。具體而言，法學家Emile Acollas在向兆民介譯法國共和主義的思想中扮演了核心角色，這些作品都出現在Acollas爲法律生所撰寫的閱讀書單上併爲兆民所知悉。特別而言，這些法國共和主義者格外審視了盧梭的思想，考慮其對建設法國第三共和國的價值與意義。總體來說，他們依然相信法國第三共和國與盧梭思想的關聯，但他們受到康德思想的影響，同時認爲這種與盧梭思想的關聯必須不是毫無保留的。

　　正如上節關於康德思想的討論所展示的，對於人民主權原則的實施帶來的專制及公民自由與權利的喪失，思想家的反省早已開始。這也是法國共和主義者的核心議題。[92]在討論中，他們特別關注的是「全盤讓渡」（total alienation，即我們每個人都要將自身及自身擁有

90 Eddy Dufourmont, "Rousseau in Modern Japan (1868–1889): Nakae Chōmin and the Source of East Asian Democracy," in N. Harris et al. (eds.), *Rousseau Today: Rousseau Today: Interdisciplinary Essays (Political Philosophy and Public Purpose)*, (Cham: Springer International Publishing: Imprint: Palgrave Macmillan, 2023), p.253; Eddy Dufourmont, "Is Confucianism philosophy？ The answers of Inoue Tetsujirō and Nakae Chōmin," in Nakajima Takahiro (ed.), *Whither Japanese Philosophy? II Reflections through Other Eyes*, University of Tokyo Center of Philosophy, 2010, p.86.

91 Dufourmont (2023), p.253: "They were the godfathers of the French Third Republic and were disciples of Rousseau and Kant."

92 Dufourmont (2023), p.253.

的所有權利全盤讓渡給共同體）與「公意」（general will，即我們每個人都以其自身及其全部的力量共同置於公意的最高指導之下）這兩個概念。比如，Jules Barni 就認爲，儘管盧梭樹立了一個政治自由的理想，盧梭本人的理論卻是對這一政治自由的威脅。Barni 否認全盤讓渡能夠帶來公意，對他而言，這像是「一種將所有自由奉獻犧牲給國家的社會主義」（a kind of socialism that sacrifaices all freedom to the state）。眞正合法的公意必須尊重個人的權利並且保護這些權利（respects individual rights and aims to secure them），否則公意只能帶來專制。Barni 認可盧梭政治自由的理想與人民主權的原則，但正是保護政治自由的想法使他對盧梭全盤讓渡的概念有所保留。而這也被認爲是法國共和主義者所廣泛贊同的態度。[93]法國共和主義者希望在自由主義與社會主義的兩極中找到一個與此兩極等距的（equidistant）中點，一條新的道路。如果說社會主義強調平等而自由主義強調自由，法國共和主義者則希望將自由與平等結合起來。他們認爲，社會主義（及盧梭）的錯誤在於個人被迫置於集體之下而自由主義的錯誤在於其以個人主義爲名徹底拒斥國家。而正是對這兩個原則的調和才是眞理所立之處。[94]法國共和主義者所提供的這一調和，被 Serge Audier 稱爲「自由的社會主義」（liberal socialism）而被 Jean-Fabien Spitz 稱爲「共和綜合」（republican synthesis）。[95]

---

[93] Dufourmont (2023), p.253-254.

[94] Dufourmont (2023), p.254: "Socialism (and Rousseau) is flawed by its authoritarian subordination of the individual to the community）and individualism by its total rejection of the state in the name of its radical individualism."

[95] Dufourmont (2023), p.254.

在這些法國共和主義者中，Dufourmount特別提到Alfred Fouillée
的貢獻，認為他是為法國第三共和國提供思想的最重要的哲學家之
一。的確，我在其 *Histoire de la philosophie* 中可以清晰地看到Fouillée
重新辨析盧梭理論中全盤讓渡的概念並以此為基礎試圖挽救盧梭契約
建國論的努力。Fouillée首先承認盧梭全盤讓渡的說法是有瑕疵的，
其受到柏拉圖等人古舊說法的影響，過於重邦國而輕個人。[96]但
Fouillée解釋說，盧梭之後自己修正了全盤讓渡中「全盤」的這一定
語，認為各人在締結契約的過程中捐棄的並非是全部而只是一部分權
利，只是與國家相關的那部分權利而已。他寫道：

> Rousseau d' ailleus ne trade pas à se corriger lui-même en
> disant plus loin: — « Ce que chacon extraterrestre », par le
> pacte social, de sa puissance, de ses biens, de sa liberté, «
> c' est seulement la partie de tout cela dont l' usage importe à
> la communauté » — L' aliénation n' est donc plus ici présentée
> par Rousseau coome totale, mais seulment partielle.[97]
>
> [Rousseau, moreover, does not hesitate to correct himself by
> saying further: — "What each person alienates," through the

---

96 Alfred Fouillée, *Histoire de la philosophie*, (Paris: C. Delagrave, 1875. Reprinted by Franklin Classics, 2018), pp. 379-380.

97 Alfred Fouillée, *Histoire de la philosophie*, p.380. 引號存於自法文版，引用的是盧梭 *Social Contract* 2.4 中的內容。*Social Contract* 2.4: 4. "each man alienates by the social compact only the part of his powers, goods and liberty that it is important for the community to control." Fouillée在法文版中的註釋中將其錯注為 *Social Contract* 2.6。譯文見梁啓超，〈學案〉，收入梁啓超（著），湯志鈞、湯仁澤（編），《全集》（北京：中國人民大學出版社，2018），第二集，論著二，頁341，或見 Alfred Fouillée（著），中江兆民（譯），《理學沿革史》（東京：文部省編輯局，1886），卷2，頁577。

social pact, of his power, of his goods, of his freedom, "is only the part of all this whose use matters to the community" — Alienation is therefore no longer presented here by Rousseau as total, but only partial.]

　　我們看到，Fouillée力圖淡化全盤讓渡中「全盤」的色彩，努力在盧梭的理論中爲個人的權利與自由留出空間。此外，Fouillée以自由與平等爲線索解讀盧梭的政治思想，努力重建盧梭學說的正當性。Fouillée對盧梭富有同情之理解也被中江兆民所繼承。可以說，『理學沿革史』中的盧梭學說是一種法國共和主義脈絡下的盧梭閱讀。Fouillée與兆民站在汲取康德思想養料的基礎上努力重塑盧梭思想的正當性，而他們對盧梭富有同情的詮釋，也清晰地體現在梁啟超1901年的〈學案〉中。

第三節　〈盧梭 Jean Jacques Rousseau 學案〉究竟說了什麼？

　　根據狹間直樹先生在這一領域的開拓性研究，〈學案〉的漢譯儘管時有省略，但省略的部分也於上下文有所表達；同時，譯文的術語承襲兆民譯詞，相當準確；除有個別錯誤之外，整體水準與兆民譯差距甚微。[98] 在比較了兩個文本後，我同意狹間先生的〈學案〉「整體水準與兆民譯差距甚微」的結論。我的一個稍加不同的地方在於，我看到在〈學案〉9000多字的譯文中含有四條梁啟超本人的按語。我認爲

98　狹間直樹：〈中江兆民民約譯解的歷史意義：近代東亞文明圈生成史之思想篇〉，收入狹間直樹、石川禎浩主編《近代東亞翻譯概念的發生與傳播》（北京：社會科學文獻出版社，2015），頁48-49。

這些按語相當重要，它們說明此時梁氏對這一盧梭解讀的認可以及站
在這一解讀的基礎上對盧梭理論的讚賞。

　　值得注意的是，Fouillée本人相當關注伯倫知理對盧梭的批評。
Fouillée在其於1880年出版的 *La Science sociale contemporaine* 一書中
曾明確針對伯氏對盧梭的解讀發表看法，認為其歷史主義的解讀無法
領會盧梭理論的精華。[99]而他在 *Histoire de la Philosophie* 一書中的一些
論點也像是對伯氏批評盧氏的回應，比如他指出盧梭在意的不是「實
事之跡」而是「事理之所當然」，強調理解盧梭必須從「事理之所當
然」出發，駁斥後世學者對盧梭的誤解。[100]

1、國家理論：相信契約建國論

　　〈學案〉開宗明義地支持契約建國論，認為訂立契約是邦國成立
的必由之路。〈學案〉引用《社會契約論》中最為關鍵的第一卷第六
章寫道：「盧梭曰：眾人相聚而謀曰，吾儕願成一團聚，以眾力而擁
護各人之性命財產，勿使蒙他族之侵害。相聚以後，人人皆屬從於他
之眾人，而實毫不損其固有之自由權，與未相聚之前無以異。若此
者，即邦國所由立之本旨也。而民約者，即所以達行此本旨之具

---

99 Johann Caspar Bluntschli, *The Theory of the State*, p.244: "For a criticism of
　this chapter of Bluntschili' s, see A. Fouillée, *La Science sociale contemporaine*,
　ch. i. M. Fouillée defends the theory of Social Contract as an expression of the
　ideal of the state."

100*Histoire de la philosophie*, p.375-376；『理學沿革史』卷2，p.562-563；〈學
　案〉，p.338。此外Fouillée在 *Histoire de la Philosophie* 中對伯氏三大批評中
　的兩大批評（即人類歷史中從未出現過契約建國的先例、「全數畫諾」帶
　來少數人喪失自由權）都做出了回應。當然，要證明這個觀點仍需更多材
　料的支持。

也。」[101]〈學案〉對此十分篤定地評價道：「邦國之設立，其必由契約」，這完全不用懷疑。因為「凡兩人或數人欲共為一事，而彼此皆有平等之自由權，則非共立一約不能也。審如是，則一國中人人相交之際，無論欲為何事，皆當由契約之手段亦明矣。」[102]人人交際既然不可不由契約，那麼邦國之設立也必由契約，邦國之民約只不過是所有契約中最大的那一個。

〈學案〉強調說，盧梭民約之目的是自由與平等。[103]首先是自由。〈學案〉指出，不同於霍布斯與格勞秀斯所訂之約，盧梭的民約「決非使各人盡入於奴隸之境」，民約是為了人的自由權，而自由權是人最大的責任與道德：「人若無此權，則善惡皆非己出，是人而非人也。」[104]〈學案〉攻擊霍布斯等人的學說，認為那種君主對於臣庶「無一不可命令」而君主卻「無一責任」的契約，根本就不能稱為「約」。這段關於盧梭的民約與權利（特別是自由權）的說法給梁啓超帶來觸動，他在按語中寫道：

> 案：盧氏此論，可謂鐵案不移。夫使我與人立一約，而因此盡捐棄我之權利，是我並守約之權而亦喪之也。果爾，則此約旋成隨毀，當初一切所定條件，皆成泡幻，若是者

101梁啓超，〈學案〉，頁339，或見Alfred Fouillée，《理學沿革史》，卷2，頁566。

102梁啓超，〈學案〉，頁339，或見Alfred Fouillée，《理學沿革史》，卷2，頁566-567。

103梁啓超，〈學案〉，頁339，或見Alfred Fouillée，《理學沿革史》，卷2，頁566。

104梁啓超，〈學案〉，頁339，或見Alfred Fouillée，《理學沿革史》，卷2，頁566。

謂之眞約得乎？[105]

同樣，對於〈學案〉中所強調的爲人父者絕不能強奪其子生而有之的自由權的這一討論，梁啓超也深有感觸，並不禁對中國舊俗發表看法：

> 案：吾中國舊俗，父母得鬻其子女爲人婢僕，又父母殺
>
> 子，其罪減等，是皆不明公理，不尊重人權之所致也。[106]

我們看到，此時的梁啓超將人的權利與自由放在最重要的位置上，相信眞正的民約不會使人喪失權利與自由。可是正如上文所分析的，儘管盧梭高揚人的權利與自由，盧梭的理論卻深受責難，特別是要求每個人都要將自身及自身擁有的所有權利全盤讓渡給共同體這裡。在這一點上，〈學案〉承襲Fouillée的解讀，一方面承認盧梭「全盤讓渡」的段落是《民約論》中「最爲瑕疵」的段落[107]；另一方面認爲盧梭後來自己修正了「全盤」的說法。〈學案〉寫道：「雖然，以盧梭之光明俊偉，豈屑爲自欺欺人者。故既終其說之後，復發一議以自正其誤曰：凡各人爲民約而獻納於國家者，亦有度量分界，不過爲維持邦國所必要之事件，而將己之能力財產與自由權，割愛其中之幾分以供眾用雲耳。由此言之，則盧梭所謂各人捐棄其權利者，非全部而一部也。」[108]

必須指出的是，盧梭《社會契約論》的第二卷第四章，即「論主

105梁啓超，〈學案〉，頁339，或見Alfred Fouillée，《理學沿革史》，卷2，頁568。

106梁啓超，〈學案〉，頁340。

107梁啓超，〈學案〉，頁341，或見Alfred Fouillée，《理學沿革史》，卷2，頁574-576。

108梁啓超，〈學案〉，頁341，或見Alfred Fouillée，《理學沿革史》，卷2，頁577。

權的界限」這一章在理論上十分重要。Fouillée的這種對主權權力界限與全盤讓渡的解讀是一種具有代表性的、在當時較爲常見的解讀。儘管依然有其誤讀盧梭的地方，這一對盧梭主權界限的強調部分地消解了盧梭理論的困難，爲個人的權利與自由留出了空間。[109]

　　除去自由外，民約也爲了平等。〈學案〉寫道：「盧梭又以爲民約之爲物，不獨有益於人人之自由權而已，且爲平等主義之根本也。何以言之？天之生人也，有強弱之別，有智愚之差，一旦民約既成，法律之所視，更無強弱，更無智愚，惟視其正不正何如耳。故曰：民約者，易事勢之不平等而爲道德之平等者也。事勢之不平等何？天然之智愚強弱是也。道德之平等者何？由法律條款所生之義理是也。」民約就是要以法律、道德平等這些人義的平等來代替天然的不平等。[110]

　　總之，1901年的〈學案〉對契約建國論有著堅定的信念，堅信契約是建國的必經途徑。同時，〈學案〉繼承了Fouillée對盧梭「全盤讓渡」的解讀，認爲「盧梭所謂各人捐棄其權利者，非全部而一部也」。民約的本意在於保護人的自由與平等，而民約也能夠保護人的自由與平等。正是站在這樣一種對盧梭理論的解讀上，梁啓超讚賞盧梭，他的兩段按語都是針對人的權利與自由而發，而此時梁啓超最爲在意的，也是人的權利與自由吧。

---

109 在這一點上，我特別感謝北京大學的龐亮老師與我的討論。
110 梁啓超，〈學案〉，頁342，或見Alfred Fouillée，《理學沿革史》，卷2，頁578。

2、公意、主權、法律

〈學案〉接著闡述盧梭的「公意」與「主權」理論。〈學案〉指出，在未訂立社會契約以前，「人人皆自有主權，而此權與自由權合為一體」，社會契約一經達成，主權就不在個人手中而在「公意」手中了。「公意」不是多數人之所欲，而是「全國人之所欲」，其要求「必須得全員之許諾而後可」。[111] 同時，公意「極活潑自由，自發起之，自改正之，自變革之，日征月邁，有進無已，夫乃謂之公意。」[112]

〈學案〉指出，既然公意如此廣博，其必然屬於各人所自有，而不可屬於他人。那麼，作為體現公意的「主權」也必須掌握在國民手中：「故盧梭又言曰：國民之主權，不可讓與者也。」同時，主權還有下列特徵：「盧梭又曰：主權者，合於一而不可分者也。一國之制度，雖有立法、行法之別，各司其職，然主權當常在於國民中而無分離。」[113]

〈學案〉強調說，盧梭認為「眾之所欲與公意自有別。公意者，必常以公益為目的。」它與以私人利益為立足點的「眾之所欲」是兩碼事。[114] 在這樣的基礎上，〈學案〉討論了「法律」。〈學案〉指出，一國的法令只有出於「公意」才能稱為「法律」，若只出於一人或數

---

111 梁啟超，〈學案〉，頁342，或見Alfred Fouillée，《理學沿革史》，卷2，頁579-580。

112 梁啟超，〈學案〉，頁342，或見Alfred Fouillée，《理學沿革史》，卷2，頁580。

113 梁啟超，〈學案〉，頁342-343，或見Alfred Fouillée，《理學沿革史》，卷2，頁580-582。

114 梁啟超，〈學案〉，頁343，或見Alfred Fouillée，《理學沿革史》，卷2，頁580-582。

人之意，則不能成法律。但是，由於在現實中上述操作難以實現，一般的方法是多數決：「以國人會議，三佔從二以決之」而成法律。[115]〈學案〉特別主張要重視法律產生的具體過程，並強調說，「盧梭乃言曰：法律者，以廣博之意欲與廣博之目的相合而成也。」立法權不能只由一人或數人掌握；法律所涉及的內容也必須與眾人相關而不能只是與一人或數人相關。梁啟超對此十分認同，他對這段文字激賞不已，並在按語中忍不住把中國的法律與盧梭的法律作對比：

> 案：此論可謂一針見血，簡而嚴，精而透矣。試一觀我中
> 國之法律，何一非由一人或數人所決定者？何一非僅關係
> 一人或數人之利害者？以此勘之，則謂吾國數千年來未嘗
> 有法律，非過言也。[116]

〈學案〉接著引用盧梭，討論法律應如何制定，以保證其體現公意。〈學案〉強調說，法律究其目的在於為公眾謀最大利益，「而所謂最大利益者，非他，在自由與平等二者之中而已」。假若一人喪失了自由權，就等於這個國家失去一份力量；而如果一國之人不能平等，也就不可能有自由。[117]〈學案〉特別解釋了何為平等：平等不是平均，平等指的是在法律的約束下不存在以勢凌人和以財壓人的現象，尤其是貧富差距過大的現象：「故必當借法律之力，以防制此勢，節中而得其平，則平等自由可以不墜於地。」[118]

---

115 梁啟超，〈學案〉，頁343，或見Alfred Fouillée，《理學沿革史》，卷2，頁584。日文是「國人ノ議多寡」而沒有用「三佔從二」這個說法。

116 梁啟超，〈學案〉，頁343-344。

117 梁啟超，〈學案〉，頁345，或見Alfred Fouillée，《理學沿革史》，卷2，頁587-588。

118 梁啟超，〈學案〉，頁345，或見Alfred Fouillée，《理學沿革史》，卷2，頁588。

綜上所述，1901年的〈學案〉明確解釋了「公意」與「主權」，解釋了怎樣的法律才是真正的「法律」。〈學案〉中的法律觀帶有法國共和主義的鮮明色彩：法律的目的在於為公眾謀最大利益，而最大利益在於平衡自由與平等。〈學案〉同時也討論了法律制定的過程，只有將意志的廣泛性與目標的廣泛性結合在一起，才能制定好的法律；而這也成為這部分最打動梁啟超的地方。

3、政府理論：嚮往聯邦民主制

〈學案〉接著分析了盧梭的政府理論，認為以前的學者都沒能把國民的主權與政府的「主權」（注：應為「權力」[119]）區分開，只有盧梭出現後才把這兩者區別開來：「及盧梭出，始別白之，以為主權者，惟國民獨掌之，若政府則不過承國民之命以行其意欲之委員耳」。〈學案〉引用盧梭的話來定義政府：「政府者何也？即居於掌握主權者**即國民全體**。與服從主權者**即各人**。之中間，而贊助其交際，且施行法律，以防護公眾之自由權者也。更質言之，則國民者，主人也；而官吏者，其所傭之工人而執其役者也。」[120]

〈學案〉接著對這段話進行了闡述，認為政府只不過是受國民委託而執行公意的機關罷了，它有保護國民自由權的責任。不論是何種政府，如果它不能使國民「自行其現時之意欲與將來之意欲」，就是「不正」之政府，就有悖於立國之本。〈學案〉總結說，「盧梭乃斷言

---

119 正如狹間先生所指出的，〈學案〉誤將「政府ノ權」寫為「政府之主權」。見梁啟超，〈學案〉，頁345，或見Alfred Fouillée，《理學沿革史》，卷2，頁589。

120 梁啟超，〈學案〉，頁345，或見Alfred Fouillée，《理學沿革史》，卷2，頁589-590。

曰：凡政體之合於眞理者，惟民主之制爲然耳。」[121]這句話是在回應盧梭在《社會契約論》中的說法：「一切正當的政府都是共和制的。」[122]

〈學案〉強調說，盧梭劃分政府的標準是「施法權」而非「立法權」。立法權必須由全體人民掌握，若非如此就有違訂立社會契約的意旨，更談不上實行何種政體。而依據施法權的分配，可以把政體分爲民主政體、君主政體和少數政體，「或以全國人而施行全國人之所欲，或以一人而施行全國人之所欲，或以若干人而施行全國人之所欲」。[123]對於君主政體與少數政體而言，其施法權者，無論爲一人，爲若干人，只不過是受國民的暫時委託，他們一旦有越軌行爲，國民就可以罷黜他們。對於民主政體而言，則只能在小國中實行，且必須「分諸種之官職，而嚴畫其界限」，才能保證其完善運行。[124]

儘管盧梭在理論上沒有斷定哪種政體爲最佳，但〈學案〉指出，盧梭堅持立法權不可授以他人，並因此明確表達了對「英國所循之政

---

121 梁啓超，〈學案〉，頁345，或見Alfred Fouillée，《理學沿革史》，卷2，頁590。日文是「民主ノ制」。

122 根據盧梭原文及〈學案〉上下文，我認爲這裡講的是共和原則下人民主權的這件事而非政府形式中民主政府的這件事。「惟民主之制爲然耳」這個不太準確的翻譯可能來自於下面兩個原因：一方面，在明治時代的漢文書中，「共和」與「民主」時常混用。另一方面，盧梭本人也曾使用republican一詞形容政府，而這時的republican就是democratic之意。如 *Social Contract* 3.6 的最後一段使用了republican government和republic，講的是政府形式這件事，即與君主政體相對的democratic government和democracy。

123 梁啓超，〈學案〉，頁345-346，或見Alfred Fouillée，《理學沿革史》，卷2，頁590-591。

124 梁啓超，〈學案〉，頁346，或見Alfred Fouillée，《理學沿革史》，卷2，頁592。

體，即所謂代議政體者」的不滿。[125]正是站在立法權必須由國民躬親
自任的這一點上，盧梭相信，對於大國的國民而言，「欲行真民主之
政」、「護國人之自由」，則必須採用保留小國國民躬親自任議定法律
之事的「聯邦民主之制」：「盧梭曰：眾小邦相聯為一，則其勢力外
足以禦暴侮，內足以護國人之自由，故聯邦民主之制，夐乎尚
矣。」[126]讀到此，梁啓超在按語中激動地寫道：

> 案：盧氏此論，可謂精義入神，盛水不漏。今雖未有行之
> 者，然將來必遍於大地，無可疑也。我中國數千年生息於
> 專制政體之下，雖然，民間自治之風最盛焉。誠能博采文
> 明各國地方之制，省省府府，州州縣縣，鄉鄉市市，各為
> 團體，因其地宜以立法律，從其民欲以施政令，則成就一
> 盧梭心目中所想望之國家，其路為最近，而其事為最易
> 焉。果爾，則吾中國之政體，行將為萬國師矣。[127]

此時的梁啓超對中國實行聯邦民主制充滿嚮往。儘管說自己是
「過屠門而大嚼，雖不得肉，固且快意」，是「姑妄言之」並「願天
下讀者勿妄聽之」，他的確在聯邦民主制中看到了大國國民擁有自由
和民主的希望，並盼望利用中國「民間自治之風」以成就盧梭心目中
之國家。

我們看到，1901年的〈學案〉高揚盧梭學說中的自由與平等兩
義：〈學案〉擁有對契約建國論的堅定信念；以讚許的態度介紹了盧

125 梁啓超，〈學案〉，頁346，或見Alfred Fouillée，《理學沿革史》，卷2，頁593。
126 梁啓超，〈學案〉，頁347，或見Alfred Fouillée，《理學沿革史》，卷2，頁595。
127 梁啓超，〈學案〉，頁347。

梭的公意與主權理論，同時將大量篇幅放在了對法律的定義及法律的制定過程上；同時，〈學案〉明確區分了立法權與施法權，強調立法權必須掌握在國民手中。正是站在這種法國共和主義框架下對盧梭解讀的基礎上，梁啟超在按語中表達了自己的盧梭觀：他相信民約的本意在於保護人的自由與權利，他認同盧梭對法律的看法，他嚮往盧梭描述的聯邦民主制，並開始沿著這一方向暢想中國的未來了。此時的梁啟超，依然讚賞盧梭。[128]

第三部分　理解伯倫知理

在理解了盧梭的政治思想與梁啟超1901年的盧梭觀後，讓我們回到伯倫知理的學說上來。在對伯倫知理的先行研究中，一個對伯氏重要的定性就是：在政治上，他是一名認同黑格爾道德國家觀（an ethical Hegelian theory of the state）的德國自由主義者（German liberal）。[129]在學術上，他關心歷史中發生過的具體現象，但同時也欣賞黑格爾的觀念論哲學（idealist philosophy）並希望把它運用到對政治現象的研究中去。他希望將「兩種正確的科學研究方法」結合起來，即歷史的方法（the historical）與哲學的方法（the

---

128 如狹間直樹發現的，在《新民叢報》再次刊載〈學案〉約四個月後，梁啟超在廣智書局的廣告中（《新民叢報》第19號，1902年10月）對《譯書彙編》所載《民約論》的譯文之低劣表達不滿，萌生了自己重新翻譯《民約論》的想法。這說明此時的梁依然認可盧梭學說的價值。見狹間直樹著，袁廣泉譯，〈中江兆民民約譯解的歷史意義：近代東亞文明圈生成史之思想篇〉，收入狹間直樹、石川禎浩主編，《近代東亞翻譯概念的發生與傳播》，頁50。

129 Adcock, Robert, *Liberalism and the Emergence of American Political Science: A Transatlantic Tale.* (Oxford: Oxford University Press, 2014),pp. 53–57.

philosophical），使研究不產生偏頗（no mere empiricism or abstract ideology）。[130]

在學術層面，作爲一名曾經在柏林大學受訓的學者，伯倫知理的思想方法有著自己鮮明的特色。我們知道，在法國大革命中，法國人將對天然權利的追求與切斷過去的行動聯合起來，向舊制度開戰。革命的血腥震撼了整個歐洲。在這樣的情形下，自然法理論被質疑，而歷史主義興起。在拿破崙戰爭結束時的1815年，歷史主義作爲已經成熟了的科學研究方法佔據了柏林大學的講堂，而這也引發了柏林大學的學者對於科學方法論的爭執：這就是黑格爾的哲學學派（the philosophical school of Hegel）與歷史學派（the historical school）的爭論。伯倫知理在目睹了歷史學派與哲學學派的爭論後，希望能夠找到一個新的方法，把二者統一起來。[131]

在政治層面，伯倫知理是在由康德開啓的德國自由主義的脈落下闡述自己的國家學說的。「自由主義」作爲一個政治學概念大約出現於1815-1830年的英國，用來描述英國議會中的激進在野派與保守當權派的對立。[132]根據Robert Adcock的研究，1830年後「自由主義」的用法更加廣泛，英國的John Stuart Mill與法國的Alexis de Tocqueville成爲自由主義學說的代表人物。在此之後，「自由主義」常常被用來說明與此二者類似的觀點。[133]在這一更寬泛的自由主義的定義下，「自

130 Johann Caspar Bluntschli, *The Theory of the State*, p.15.

131 Adcock, Robert, *Liberalism and the Emergence of American Political Science: A Transatlantic Tale*, p. 54.

132 Guillaume de Bertier de Sauvigny, "Liberalism, Nationalism and Socialism: The Birth of Three Words," *Review of Politics* vol. 32 no. 2 (1970), p.150-55.

133 Adcock, Robert, *Liberalism and the Emergence of American Political Science: A Transatlantic Tale*, p.17-18.

由主義」的標籤也被用於更多思想家。而這些思想家共同的特點是：
（一）對於憲政的信念，即要求政府是有限政府；（二）對於代議制
的信念，即要求通過民選代表組成議會、公開討論、共同決策，並要
求這樣的議會在立法上擁有領導地位。[134]根據這一寬泛的定義，康德
與黑格爾的國家學說也屬自由主義的範疇，而伯氏的國家理論也是沿
襲這一脈絡，在黑格爾道德國家觀的影響下娓娓道來的。

第一節　黑格爾的國家理論：合理國家與愛國情操

　　正如伯倫知理所自陳的，無論是在研究方法上還是在國家理論
上，他都受到黑格爾的極大影響。二戰以來，思想界對黑格爾的認識
受到Karl Popper與Bertrand Russell所寫的超級暢銷書的影響，把黑
格爾的政治哲學與德國納粹主義劃上等號。在Popper流傳廣泛的
《開放社會及其敵人》一書中，黑格爾被稱爲開放社會的敵人和極權
主義的先驅，而Russell多次翻印的《西方哲學史》也以同樣的態度
看待黑格爾。[135]在晚近的論著中，黑格爾自由的觀念被重新強調，其
「共和主義」的理論也得到重視。在這一節中，我跟隨蕭高彥對黑格
爾共和理論的解讀，對黑格爾的國家思想進行闡述。

　　正如蕭高彥指出的，對黑格爾而言，國家不是康德式理性的純粹
觀念，也不是近代自然法學者所認爲的原子式的個人通過契約製造出

---

134 Adcock, Robert, *Liberalism and the Emergence of American Political Science: A Transatlantic Tale*, p.18-19.

135 Popper, K. R. *The Open Society and Its Enemies*, (London: G. Routledge & Sons, Ltd., 1945). Bertrand Russell, *History of Western Philosophy*, (London: George Allen and Unwin, 1946).

來的，而是民族精神在歷史中的實現。[136]我們知道，黑格爾的一大理
論創見是其對市民社會（civil society）與國家的區分。市民社會指現
代商業社會（commercial society）在18世紀興起後所形成的社會秩
序，就倫理整合的目的而言，市民社會整合制度所能達到的效果有
限。在這種情況下，「政治國家」（political state）是必要的。[137]

　　黑格爾心目中的「政治國家」有兩個特性：第一，它是合理的現
代國家，必須具備憲政分權（即康德的「共和」）的特徵。黑格爾同
康德一樣，強調立憲與分權的重要，而黑格爾對人民主權的批判也與
康德類似，並非是對盧梭人民主權正當性原則的批評，而是對人民主
權原則實踐時衍生出的直接民主制的批評。承接盧梭的共和原則，黑
格爾同樣要求立法權必須由真正自由理性的公民掌握，強調「規定和
確定普遍物的權力」唯有掌握在公民手中才是政治自由的根源。批評
盧梭的民主原則，黑格爾繼承了康德對於分權的強調，認為這是劃分
國家是否合理最重要的標準。[138]第二，黑格爾「政治國家」中的公民
需要具備一種積極的政治認知，即愛國情操。愛國情操是一種特殊樣
態的信念，一種慣習性的倫理態度，它首先必須建立在真理之上，其
成為倫理習慣之前是一種合理意志，是合理憲政體制的結果。總之，
一個能被稱為理性國家的政治共同體，必會保障公民的福祉與利益；
而能運用理性的公民，亦必肯定與認可理性國家的這種基礎性角色。
這樣的肯定與認可，即愛國情操，也構成了公民與政治共同體緊密結
合的凝聚力。

　　綜上所述，正如蕭高彥所總結的，黑格爾的國家論超越了個體主

---

136 蕭高彥，《西方共和主義思想史論》，頁268。
137 蕭高彥，《西方共和主義思想史論》，頁269-270。
138 蕭高彥，《西方共和主義思想史論》，頁276。

義（individualism）與整體主義（holism）的簡單二分，而蘊含了重要的共和主義的思想要素。[139]而這也成爲伯氏國家學說的基礎。

第二節　伯倫知理的國家理論

1、伯氏國家理論之起點：人之自由與權利、「民人之天性與其志望」

在 *Allgemeines Staatsrecht* 中，伯氏展開了其綜合方法論的實踐。我們先看他歷史（the historical）的方法，看他是如何論述從古至今的「國家之沿革」的。

伯氏對國家的討論從古希臘開始。他認爲，古希臘「惟知有國家而不知有人民。故希臘人民，於其立法與行政，僅有議定之權耳，無復有自由之權。」[140]伯氏認爲，古代羅馬對古代希臘的國家學說多有改進：第一，羅馬人區分法律與道德，明白說明國家之本在法律。第二，區分公法（國法）與私法（民法），使得在私法上政府不能干涉既定之民法，從而使羅馬人得到的自由勝於希臘人。第三，羅馬人是最先領悟政治之「眞義」的民族。他們很早就意識到「國家者，國民之形體也」，「國家有一定共通之民意」，而民意「實爲一切法律之本源」。[141]

在討論「中古之世」時，伯氏認爲，基督教與日爾曼人的崛起是中世紀的兩件大事。他特別強調了日爾曼人在破壞羅馬的霸業後，其

139蕭高彥，《西方共和主義思想史論》，頁279-280。

140Johann Caspar Bluntschli, *The Theory of the State*, p.40. Johann Caspar Bluntschli（著），吾妻兵治（譯），《國家學》，頁2。

141Johann Caspar Bluntschli, *The Theory of the State*, pp.41-42. Johann Caspar Bluntschli（著），吾妻兵治（譯），《國家學》，頁2-3。

民不敢違背天然法理，而以享自由之權爲喜的精神。[142] 在討論近代早期強勢君主建國時，伯氏特別提到了與絕對君主制同時產生的社會契約論，並肯定它在反抗君主壓迫，宣傳自由學說上的積極作用。[143] 在討論現代歷史時，伯氏強調了三件大事。第一是1740年開始的普魯士君主弗雷德里克大帝對德國國家現代化的改革；第二是美利堅人脫離英國並建立代議共和政體的美國革命；第三是法國人「盛倡自由、人權及人類平等之說，遂動干戈以致革命」的法國大革命。他認爲這三件大事帶動了世風，而當今的國家都是因著對自由的追求以成國的。[144]

我們看到，在運用歷史的方法分析國家沿革時，伯氏將自由放在顯著位置，作爲組織論點的準繩。同樣也是因著這一準繩，他強調現代國家與古代國家間巨大的古今之變，認爲只有實行保障公民自由的代議共和政體與代議君主制的現代國家才是合理的、正當的國家。伯氏認可歷史的研究方法，但也認爲這種方法有局限性：它將對國家的思考綁定在特定的民族上（study the state as simply the *body* of this or that nation[145]）而忽視了普遍人性的重要性（overlook or even dispute its human significance[146]）。

伯氏於是從普遍人性出發對國家之主義進行了哲學思辨。首先，

---

[142] Johann Caspar Bluntschli, *The Theory of the State*, pp.43-46. 吾妻兵治（譯），《國家學》，頁3。

[143] Johann Caspar Bluntschli, *The Theory of the State*, pp.48-49. 吾妻兵治（譯），《國家學》，頁4。

[144] Johann Caspar Bluntschli, *The Theory of the State*, pp.53-54. 吾妻兵治（譯），《國家學》，頁5。

[145] Johann Caspar Bluntschli, *The Theory of the State*, p.30. 斜體爲原文所有。

[146] Johann Caspar Bluntschli, *The Theory of the State*, p.67-68.

他看到現代國家與古代國家大不相同：古代國家不承認人的權利（the ancient State did not recognise the personal rights of man）與個人自由權（nor consequently the right of individual freedom）[147]，而現代國家認可每個人的權利（the modern State recognises the rights of man in every one）並以奴隸制、農奴制、及任何形式的世襲服從爲非，因其違背了人之天然自由（the natural freedom of the person）。[148] 其次，他也看到現代國家與中古國家大不相同：在今國家，實生於民人之天性與其志望（the modern state is founded by human means on human nature），國家由人組織並由人治理（the State is an organisation of common life fanned and administered by men），國家之政是人之政而非上帝之政（modern political science does not profess to comprehend the ways of God, but endeavours to understand the State as a human institution）。[149]

　　總之，只有保護各階級公民自由的[150] 合理的憲政國家[151]、只有以立法爲法律主要來源並行使理性的國家[152] 才可稱爲現代國家。伯氏認爲現代國家必須認可人的自主性、人的權利以及人天然自由的特性。這與盧梭在《社會契約論》中的出發點——即《社會契約論》的根本原則就是權利（right）的原則[153]、而其要完成的根本議題即是自由政

[147]Johann Caspar Bluntschli, *The Theory of the State*, p.57.

[148]Johann Caspar Bluntschli, *The Theory of the State*, p.58.

[149]Johann Caspar Bluntschli, *The Theory of the State*, pp.60-61. 中文翻譯來自 Johann Caspar Bluntschli（著），吾妻兵治（譯），《國家學》，頁6。

[150]Johann Caspar Bluntschli, *The Theory of the State*, p.60.

[151]Johann Caspar Bluntschli, *The Theory of the State*, p.61.

[152]Johann Caspar Bluntschli, *The Theory of the State*, p.61-62.

[153]這也是《社會契約論》的副標題 the principles of political right。

制如何創造以及維持——如出一轍。正是在這一點上，伯氏對盧梭的
眞知灼見表達了讚賞：

> In opposition to the theory which sees the State a mere
> product of nature, it (i.e., Rousseau's theory) accentuates the
> truth that human will can determine and influence the
> formation of the State; and in contradiction to a thoughtless
> empiricism, it vindicates the rights of human freedom and the
> rationality of the State.[154]

　　在我看來，這段不起眼的話中隱藏著伯氏對盧梭理論核心價值的
極大致敬。它也說明，盧氏國家論與伯氏國家論的相通之遠遠比我們
想像的要多：比起那種認爲國家可以天然形成的國家觀（a mere
product of nature）以及那種未經思辨的經驗主義國家觀（a thoughtless
empiricism），盧梭對於人的主體性（human will），人的自由權（the
rights of human freedom）以及國家理性（the rationality of the State）
的思考都爲伯倫知理所讚賞。

2、伯氏對盧梭人民主權理論及民主原則的批評

　　伯倫知理對盧梭的人民主權理論有著極其尖銳的批評。他寫道：

> An opinion, widely diffused since Rousseau and the French
> Revolution, assigns sovereignty to the people. Yes; but who
> are the people? According to some, simply the sum of
> individuals united into the State: that is to say, the State is

---

[154]Johann Caspar Bluntschli, *The Theory of the State*, p.242. 括號中的解釋爲筆
者所加。

resolved into its atoms, and supreme power is ascribed to the
unorganized mass, or to the majority of these individuals. This
extreme radical opinion contradicts the very existence of the
State, which is the basis of sovereignty. It is not compatible
with any constitution, not even with the absolute democracy
which it professes to found, for even there it is the ordered
national assembly (*Landsgemeinde*), not the crowd of atoms,
which excised the authority of the state.[155]

伯氏認爲，人民主權學說首先要辨析什麼是人民（who are the
people）。根據盧梭的說法，人民是由個人集合而成的國家（simply
the sum of individuals united into the State），也可以說是可以裂爲原子
的國家（the State is resolved into its atoms）。這樣，國家的最高大權
（supreme power，即主權）要麼交予雜亂無章的人群（unorganized
mass），要麼交予多數人（the majority of these individuals）。

如果我們把國家主權交給雜亂無章的人群，那麼這種主權理論就
是一種無政府主義（anarchical[156]）的理論。這樣雜亂無章的人群，由
散亂的原子式的個人聚集，它根本無法形成任何意志，根本無法與任
何國家與憲法共存。因爲哪怕是在絕對民主制（absolute democracy）
中，國家的權威也是由公民大會（*Landsgemeinde*）而非原子式的個
人的聚集（the crowd of atoms）來掌握的。

如果我們把國家主權交給多數人，那麼這種主權理論就是一種絕
對民主制（absolutely democratical[157]）的理論。而絕對民主制的所有問

---

155 Johann Caspar Bluntschli, *The Theory of the State*, p.391.
156 Johann Caspar Bluntschli, *The Theory of the State*, p.391.
157 Johann Caspar Bluntschli, *The Theory of the State*, p.392. 同時見 p.391: "The

題也會存在。這一理論也就成為一種為民眾恣意推翻政府、毀壞憲法的行為尋找說辭的學說。[158]

3、伯氏國家理論之終點：有機體國家

　　正如上節對人民主權理論的批判所展示的，伯氏對盧氏國家理論打擊的關竅在於「如何成國」的這一議題上。在建立自己國家理論的同時，伯氏花去不少篇幅論證盧梭的契約建國論在歷史和理論中都不合理。

　　從歷史上看，伯氏指出，從未有過國家可以如公司一樣由平等的公民建立（there is no instance in which a State has been formed like a trading or an insurance company by equal citizens），真實的情況是個人被降生在一個國家中（rather do we find that the individual is born as a member of the State），被所在的國家與民族賦予特性（and is begotten, born and educated with the particular characteristics of his nation and his country），而這些特性先於個人的自由意志存在（before he is in a position to have and to express the will of his own）。即便是契約論最有影響力之時（even at the time when the doctrine of social contract was most widely accepted and exercised most influence），少數派也不可能與多數派締結契約而只能接受多數派的權威與絕對統治（the

---

principle of the sovereinty of the people thus understood, and limited to this form of government, has a meaning and a truth: it is exactly the same as Democracy."

[158]Johann Caspar Bluntschli, *The Theory of the State*, p.395. "to imply that the people....is justified in arbitrarily overthrowing the government or destroying the constitution."

minorities did not contract with the majorities, who carried out their will as if it had a superiority and validity of its own）。就算是制憲會議這樣被認為是最廣大地代表了全體公民的時刻（the Constituent Assembly eras indeed regarded as a selection and a representation of all the citizens），契約也非由人人同意而達成（people adopted a fiction of contract, and deceived themselves and others by speaking of the consent of individuals），而是多數派以全體之名對少數派施以權威，甚至是暴政（the majority, as organ of the whole, was exercising an authority which was often an intolerable tyranny）。[159]

　　從理論上看，伯氏指出，契約建國論宣稱締結契約的社會成員擁有自由及平等（it assumes the freedom and the equality of the individuals who conclude the contract），可是政治自由是不能脫離國家而獨存的（but political freedom, which is here presupposed, is only conceivable in the State, not outside it），這種自由也只有在國家的有機自由中實現（this freedom can never be realized, except in the organic freedom of the State）。其次，建國所要求的統治者與被統治者的不平等本身就說明了平等國民契約建國論在理論上的虛妄（if individuals were equal, a State could never come into being, for it implies as a necessary condition political inequality, without which there is neither ruler nor ruled）。[160]

　　在伯氏看來，契約論最大的理論錯誤即在於個人締結的契約永遠是屬私的，而私約造就不出公的國家，個人意志的總和產生不出公共意志，放棄個人權利也帶來不了公義：

159Johann Caspar Bluntschli, *The Theory of the State*, p.241.
160Johann Caspar Bluntschli, *The Theory of the State*, p.241.

If individuals make contracts, private rights are created, but not public rights. What belonged to the individual as such, is his private property, his individual possessions. With that he can deal, one like another can make contracts about it. But contracts cannot have a political character unless there is already a community above individuals, for a contract, if political, does not deal with the private good of individuals, but with the public good of the community. Thus, neither a Nation nor a State can arise out of contract between individuals. A sum of individual wills does not produce a common will. The renunciation of any number of private rights does not produce any public right.[161]

正是在指出私約永遠造就不出公的國家的基礎上，伯氏提出了自己的國家觀：他指出，國家是擁有統一性的國民精神（*Volksgeist*）與國民意志（*Volkswille*）的國民共同體，而國民是國家法律上的人格。伯氏的國家是以國民（*Volk*）為基礎的，與民族（*Nation*）不同。國民作為一個抽象的集合，是有機體國家的人格化（a collective personality）；作為具體的公民，是擁有權利的公民的集合（community of rights），他們參與國家的運作（participation in the conduct of the State），表達共同的訴求（expressing a common will），並在國家創製時獲得適當的組織樣貌（has acquired the proper organs in the constitution of the State）。而與這樣的國民相伴而生的國民精神與國民意志，並非公民個人精神與意志的總和（the mere sum of the spirit and will of the individuals），而

161 Johann Caspar Bluntschli, *The Theory of the State*, p.241-242.

擁有共同精神與公共意志之統一性（it has all the unity of a common spirit and a public will）。[162]

　　在這裡，我們可以明確看到德國自由主義脈絡下的黑格爾道德國家觀對伯倫知理的影響。首先，這個國家必須是合理的，公民必須是有政治權利的，並且他們必須能夠並有途徑表達自己的政治訴求。其次，這個合理國家中的公民擁有統一性的國民精神與國民意志，即黑格爾所說的愛國情操。在繼承黑格爾學說的基礎上，伯氏也發展了他關於有機體國家的特殊理論，特別強調了國家作為活物的這一重要屬性。伯氏指出，國家並非只是提供安全與保護個人權利的機構，國家作為有機體有自己的目的、自己的道德、自己的意志。它要涵育經濟與文化，引導科學與藝術。正是在這個意義上，伯氏寫道：「要麼為了自己的發展，要麼為了未來的人民，國家有必要時不時地對現有的成員發號施令。」[163]

　　我們知道，在伯氏寫作的19世紀中期，他面臨的最大政治現實就是作為後進的德意志諸國應當如何在現代化大潮中存活並壯大。伯氏認為國家必須穩定並且引導現代化的進程。也正是基於此，伯氏把普魯士的弗雷德里克大帝作為德國現代國家開始的標誌性人物，並以1740年他對普魯士行政機構的改造作為起點。伯氏認為，國家可以扮演一個十分積極的角色，在經濟、文化、教育的領域中發揮正面作用。在具體的政府管理中，現代國家需要依靠專業的行政人員與知識

162Johann Caspar Bluntschli, *The Theory of the State*, p.83.

163Johann Caspar Bluntschli, *The Theory of the State*, p.253. "Every now and then the State is compelled, either for its own preservation, or in the interest of future generations, to make heavy demands from its present members, and to impose weighty burdens upon them."

型的官僚進行管理；他們與需要由民意產生的立法部門和政府中的領袖人物不同，適合在自己的崗位中長期任職，從而使行政機關更加現代化。[164]正是在這樣的政治現實中，伯氏認為盧梭的契約建國論實際上是一種無政府主義的理論，實踐這一理論會給國家帶來極大的危險與混亂，所以必須將之排除。[165]

結論：回到張灝先生

梁啓超於1903年在《新民叢報》第38、39合刊號上刊登〈政治學大家伯倫知理之學說〉，宣告「告別共和」，學術界一般據此認為這是梁氏思想轉向的標誌。[166]作為梁氏1903年訪美後「漸變論」最重要的建構者，張灝主張，美國之行和德國國家主義思想的接觸使他堅定了立場，由盧梭的自由思想、民主共和主義轉向了德國國家學、達爾文式的集體主義與國家主義。由於這個論述的有力性和完整性，在當代許多學者的著作中我們依然可以看到其影響。[167]儘管也有學者認

---

[164]Adcock, *Liberalism and the Emergence of American Political Science: A Transatlantic Tale*, p.57; Christian Rosser, "Johann Caspar Bluntschli's Organic Theory of State and Public Administration," *Administrative Theory & Praxis* vol. 36 no. 1 (2014), pp.95-110.

[165]Johann Caspar Bluntschli, *The Theory of the State*, p.242.

[166]如張朋園，《梁啓超與清季革命》（台北：中央研究院近代史研究所，1964）、野村浩一，《近代中國の政治と思想》（東京：築摩書房，1964）、鄭匡民，《梁啓超啓蒙思想的東學背景》（上海：上海書店出版社，2003）、耿雲志、崔志海，《梁啓超》（廣州：廣東人民出版社，1994）都秉持梁啓超1903年訪美後的思想轉向說。

[167]如桑兵，《歷史的原聲：清季民元的「共和」與「漢奸」》（桂林：廣西師範大學出版社，2020），第一章第三節「告別共和」；Hui Wang, "Zhang Taiyan's Concept of the Individual and Modern Chinese Identity," in Wen-hsin

為這樣描述梁氏的思想轉變不太合適：如狹間直樹指出，梁啓超對盧梭的批判是在承認盧梭的歷史意義的基礎上進行的；土屋英雄也認為，在梁氏思想中，盧梭的民約論並未被完全放棄，它不是作為國家的，而是作為建立政府的原理得到了安排；黃克武也主張，自由作為一個選項，並沒有被梁啓超放棄。[168] 這些學者都試圖對張灝的論點做出修正，但是，張灝對梁啓超1903年思想轉向的定性依然佔據主流地位。

　　我們知道，伯氏學說與盧氏學說幾乎是同時進入梁氏視野的。作為一位追隨盧梭多年的思想者，梁啓超需要在理論層面說服自己去徹底服膺伯氏學說。這也是為什麼他決心重新啓動伯氏思想、以超乎尋常的耐心重新闡發伯氏學說義理的原因。如果說以張灝先生為代表的前輩學者已經在梁氏思想轉型的外因上給出了有力解釋，本文則希望能夠深入梁啓超的理論世界，釐清其思想變化背後的思想資源。對於

Yeh, ed., *Becoming Chinese: Passages to Modernity and Beyond* (Berkeley: University of California Press, 2000) p 243.

168狹間直樹，〈《新民說》略論〉，收入狹間直樹（編），《梁啓超‧明治日本‧西方：日本京都大學人文科學研究所共同研究報告》（北京：社會科學文獻出版社，2001），頁68-94；土屋英雄，〈梁啓超的'西洋'攝取與權利自由論〉，收入狹間直樹（編），《梁啓超‧明治日本‧西方：日本京都大學人文科學研究所共同研究報告》（北京：社會科學文獻出版社，2001），頁120-155；黃克武，《一個被放棄的選擇：梁啓超調適思想之研究》（台北：中央研究院近代史研究所，1994），頁33。需要指出的是，孫宏雲教授也曾在〈清季梁啓超的國家論及其相關理論背景〉一文中指出學術界對「以訪美為界作為梁啓超思想轉折標誌」這一觀點的其他看法並舉狹間直樹先生與土屋英雄先生為例。孫宏雲教授一文與本文強調的重點不同：本文從學理上梳理伯氏學說與盧氏學說的異同；孫文則強調梁啓超在這時高調認同伯氏學說並批評盧氏學說另有之用意。孫宏雲，〈清季梁啓超的國家論及其相關理論背景〉，p.185-187。

張灝先生的解讀，本文在前言中提出了三組問題。首先，張灝將伯倫知理的學說劃歸爲達爾文式的集體主義與國家主義，並將之與「西方自由主義」及盧梭的政治理想相對立。這一定性是否成立？盧梭的政治理想是什麼？其與「自由主義」的關係是什麼？伯倫知理的國家思想是什麼？其與「個人主義」、「集體」主義以及「自由主義」的關係是什麼？是否完全背離了盧梭？其次，梁啓超告別的「共和」與「共和政體」究竟是什麼？告別共和政體是否意味著與共和原則的全面訣別？最後，我們應當如何反思張灝先生對於梁氏思想轉向判斷的標準？

對於第一組問題，本文主張：（一）伯氏的國家學說不能被簡單定性爲「達爾文式的集體主義與國家主義」並與「西方自由主義」及盧梭的政治理想相對立。伯氏的國家學說承襲德國自由主義的傳統，蘊含重要的共和主義要素，超越了個人主義與集體主義的簡單二分。（二）盧梭的政治理想在強調平等的同時同樣強調自由。盧梭強調人民主權正當性的共和原則，並在實施人民主權原則時引入民主原則，究其根源，都是爲了實現人之自由（his freedom）。（三）伯氏的有機體國家論接續德國自由主義的國家理論，特別是黑格爾的道德國家觀：首先認爲這個國家必須是合理的，公民必須擁有個人權利與政治自由、能夠並有途徑表達自己的政治訴求；其次認爲這個合理國家中的公民擁有具有統一性的國民精神與國民意志、認爲國家是擁有統一性的國民精神與國民意志的國民共同體；最後，在繼承了黑格爾道德國家觀的基礎上，伯氏也發展了自己的國家有機體論。

的確，伯氏的有機體國家論徹底否定了盧梭的契約建國論，但伯氏學說與盧梭理論的關聯之處遠比我們想像得要多。首先，伯氏國家論的起點與盧梭一致，都認可人的權利與自由。其次，儘管伯氏國家

論接續康德與黑格爾，反對盧梭的民主原則，強調政府運用權力時必須遵守分權的原則，但是必須指出的是，儘管反對盧梭的民主原則，伯氏也通過將盧梭對人民主權正當性原則的堅持轉變爲對公民自我立法這一原則的堅持，延續了盧梭共和原則的重要要素。我們看到，在張灝先生的論述中，的確有一些對盧氏思想、伯氏學說未經審愼的論斷。這也讓他認爲梁啓超社會達爾文式的集體主義世界觀並沒有妨礙他對於傳統自由主義中有關自然權利的讚賞這一現象令人「難以理解」。

對於第二組問題，本文主張：〈學說〉（二）中的梁啓超並沒有告別「共和」的全部。梁啓超在此文中使用的「共和」至少涵攝了三個內容：一是自治的精神與實踐；二是主治權與奉行權相分離；三是具體的實行代議民主制的共和國國家體制（即「共和政體」）。梁啓超讚賞第一個意義上的「共和」；他也不否定第二個意義上的「共和」，並在接下來的政治實踐中努力爲中國建立權力分立的的立憲制度與代議制度。他告別的只是第三個意義上的「共和」，認爲這種無君的共和國國家體制，尤其是以革命的方式實現這一國家體制並不適合中國的現實。儘管告別「共和政體」使得梁啓超在具體的政治道路的抉擇中與革命黨分道揚鑣，但是，這是一個現實中優先序的問題，並不意味著自由平等作爲一種價值被放棄。

在回答了前兩組問題後，我回到第三組問題，也就是張灝先生這裡。重讀張灝先生的著作使我看到，張先生在分析梁氏思想時常會加入一些主觀性很強的概念與框架：如個人主義（individualism）與集體主義（collectivism）的二分，自由主義（liberalism）與國家主義（statism）的對立。這些概念與框架在《過渡》一書的其他部分能夠更爲明顯地體現出來。比如，在解釋中國民主化的失敗上，張灝認

爲，梁啓超關心的不是個人權利而是集體權利與國家權利，其對於個人權利的辯護帶有強烈的集體主義特色，個人主義從沒有深深地根植在中國的自由主義中。與此相關，他認爲梁啓超將民主化看成是近代國家思想的一個必要組成部分，但梁基本是從集體主義和功利主義的觀點看待民主制度的，而不是將它視爲一種保護個人權利和自由的制度。這種集體主義的道德觀導致梁啓超走上了一條道德相對主義的道路。沒有傳統道德價值觀和西方自由價值觀的抑制，僅僅關注國家和國家的民主化，這必然會帶來政治威權主義的可能性。[169]

　　我們應當如何理解張灝先生的個人主義與集體主義的二分、自由主義與國家主義的對立呢？本文主張：張灝先生在潛意識中以英美自由主義爲尺，其強調的是個人自由的這個單一焦點。[170]本文認同張灝先生對梁啓超1903年思想轉向的見地，但在轉向的意義上，本文不

169張灝，《梁啓超與中國思想的過渡》，頁149-150。
170張灝，《梁啓超與中國思想的過渡》，頁143。梁啓超1902年的《論政府與人民之權限》是一篇對於自由概念的重要論述。在解讀此文時，張灝先生站在Friedrich Hayek，Isaiah Berlin，Carl J. Friedrich 等二戰後自由主義學者的後見之明上，認爲梁啓超在介紹自由主義價值觀時「無力把握英國自由主義與法國自由主義的巨大差別」。我們知道，對盧梭的貶低以及討論盧梭是否仍可算作自由主義都是二戰後政治哲學討論的焦點，而Hayek對於英美自由主義與歐陸自由主義的劃分更成爲理解自由主義的「聖經」。這是二戰後歐美學界的主流看法，也是張灝的寫作背景。張灝在這裡的解決辦法是，面對盧梭對梁啓超的影響，認爲梁啓超所感興趣的盧梭自由主義「並不在於盧梭自由主義思想之完美，而在於盧梭自由主義思想的情感感召力」。這意味著，張灝在潛意識中以英美自由主義爲尺，並不認爲盧梭的自由主義思想是完滿的。而所提到「西方」自由主義的時候，時常就指的是「英美」自由主義，強調Isaiah Berlin 提出的negative liberty，強調國家必須不能侵犯個人的權利與自由。儘管張灝沒有清晰地說明「英美」自由主義（有時被說成是「西方」自由主義）與盧梭自由主義的區別究竟是什麼，但從他對二戰後西方自由主義學者的引用中可見一斑。

同意他以英美戰後自由主義的觀點對梁氏共和主義的批評。張灝對自由主義的界定僅限於戰後英美學人，尤其是看重柏林negative liberty的概念。倚重柏林等人，使他不看重伯倫知理所呈現的positive liberty，也不看重伯氏將公民自由與共同體結合在一起的雙焦點的共和主義。由於張灝對梁啓超源自伯倫知理的共和主義認識不足，憑藉外在於梁氏思想脈絡的理論評價梁氏思想的轉向，使其論點失之偏頗。必須指出的是，本文並非一篇對梁氏思想轉型的思想史研究，而是主要針對張灝先生對於梁氏思想的解釋而發，爲探索梁氏思想擴展新的理論可能性。我看到，儘管在特殊的危機時刻梁有「重群體，輕個人」的申明，在建國壓力下也明確說出「自由平等直其次耳」的想法，但是，輕重與告別是兩件事。在梁啓超的思想中，一直閃現著源自盧梭的共和主義的光輝。[171]

---

[171] 本人完全意識到，要討論梁啓超的思想，必須站在充分理解梁氏全部相關作品的基礎上進行。這篇文章並非一篇對於梁啓超思想轉型的完全思想史研究，而是藉助政治哲學，爲我正在進行的梁啓超共和思想的研究廓清概念，從而爲探索梁啓超的思想擴展新的理論可能性。

徵引書目

一、文獻

梁啓超,〈政治學大家伯倫知理之學說〉(一)(1903),收入梁啓超(著),
　　湯志鈞、湯仁澤(編),《梁啓超全集》(北京:中國人民大學出版社,
　　2018),第四集,論著四,頁195-199。

梁啓超,〈政治學大家伯倫知理之學說〉(二)(1903),收入梁啓超(著),
　　湯志鈞、湯仁澤(編),《梁啓超全集》(北京:中國人民大學出版社,
　　2018),第四集,論著四,頁207-225。

梁啓超,〈盧梭 Jean Jacques Rousseau 學案〉(1901),收入梁啓超(著),湯
　　志鈞、湯仁澤(編),《梁啓超全集》(北京:中國人民大學出版社,
　　2018),第二集,論著二,頁336-347。

梁啓超,〈國家論〉(1899),收入梁啓超(著)湯志鈞、湯仁澤(編),《梁
　　啓超全集》(北京:中國人民大學出版社,2018),第十八集,譯文,頁
　　209-246。

Bluntschli, Johann Caspar. *The Theory of the State* (Originally published in
　　German by Stuttgart: J.G. Cotta, 1875 as *Lehre vom modernen Stat*, which is
　　the Sixth German edition of *Allgemeines Staatsrecht*. Authorized English
　　translation based on the Sixth German edition and translated by D. G. Ritchie,
　　P.E. Matheson, and R. Lodge. The edition was published by Kitchener:
　　Batoche Books, 2000.

Bluntschli, Johann Caspar(著),平田東助,平塚定二郎(合譯),《國家論》
　　(東京:春陽堂,1889)。

Bluntschli, Johann Caspar(著),吾妻兵治(譯),《國家學》(東京:善鄰譯
　　書館,1899)。

Fouillée, Alfred(著),中江兆民(譯),《理學沿革史》,全2卷(東京:文部
　　省編輯局,1886)。

Rousseau, Jean-Jacques(著),原田潛(譯),《民約論覆義》(東京:春陽
　　堂,1883)。

Fouillée, Alfred. *Histoire de la Philosophie* (Paris: C. Delagrave, 1875. Reprinted
　　by Franklin Classics, 2018).

Rousseau, Jean-Jacques. *Discourse on the Origin of Inequality* (Originally
　　published by Amsterdam: Marc Michel Rey, 1755). Translated by Donald A.
　　Cress (Indianapolis: Hackett Publishing Company, 1992).

Rousseau, Jean-Jacques. *On the Social Contract* (Originally published by Amsterdam: Marc Michel Rey, 1762). Translated by G. D. H. Cole. (New York: Dover Publications, 2003).

Rousseau, Jean-Jacques. *The Social Contract.* (Originally published by Amsterdam: Marc Michel Rey, 1762). Translated by Jonathan Bennett. Copyright by Jonathan Bennett 2017. https://www.earlymoderntexts.com/assets/pdfs/rousseau1762.pdf

二、論著

李猛，《自然社會：自然法與現代道德世界的形成》（北京：生活‧讀書‧新知三聯書店，2015）。

桑兵，《歷史的原聲：清季民元的「共和」與「漢奸」》（桂林：廣西師範大學出版社，2020）。

耿雲志、崔志海，《梁啓超》（廣州：廣東人民出版社，1994）。

張朋園，《梁啓超與清季革命》（台北：中央研究院近代史研究所，1964）。

張灝（著），崔志海、葛夫平（譯），《梁啓超與中國思想的過渡（1890-1907）》（北京：中央編譯出版社，2016）。

野村浩一，《近代中國の政治と思想》（東京：築摩書房，1964）。

黃克武，《一個被放棄的選擇：梁啓超調適思想之研究》（台北：中央研究院近代史研究所，1994）。

鄭匡民，《梁啓超啟蒙思想的東學背景》（上海：上海書店出版社，2003）。

蕭高彥，《西方共和主義思想史論》（北京：商務印書館，2006）。

Adcock, Robert. *Liberalism and the Emergence of American Political Science: A Transatlantic Tale* (Oxford: Oxford University Press, 2014).

Berlin, Isaiah. *Liberty: Incorporating Four Essays on Liberty* (Oxford: Oxford University Press, 2002).

Chang, Hao. *Liang Ch'i-Ch'ao and Intellectual Transition in China, 1890-1907* (Cambridge, Mass.: Harvard University Press, 1971).

Coker, Francis. *Organismic Theories of the State: Nineteenth Century Interpretations of the State as Organism or as Person* (New York: Columbia Press, 1910).

Hayek, Friedrich. *The Road to Serfdom* (London: G. Routledge & Sons, Ltd., 1944).

Hazareesingh, Sudhir. *Intellectual Founders of the Republic: Five Studies in Nineteenth-Century French Political Thought* (Oxford: Oxford University

Press, 2005).

Popper, K. R. *The Open Society and Its Enemies* (London: G. Routledge & Sons, Ltd., 1945).

三、論文及專文

土屋英雄，〈梁啓超的‘西洋’攝取與權利自由論〉，收入狹間直樹（編），《梁啓超‧明治日本‧西方：日本京都大學人文科學研究所共同研究報告》（北京：社會科學文獻出版社，2001），頁120-155。

川尻文彦，〈梁啓超的政治學—以明治日本的國家學和伯倫知理的受容爲中心〉，《洛陽師範學院學報》，2011年第1期（洛陽：2011），頁1-9。

巴斯蒂，〈中國近代國家觀念溯源—關於伯倫知理〈國家論〉的翻譯〉，《近代史研究》，1997年第4期（北京：1997），頁221-232。

狹間直樹（著），袁廣泉（譯），〈中江兆民民約譯解的歷史意義：近代東亞文明圈生成史之思想篇〉，收入狹間直樹、石川禎浩（主編），《近代東亞翻譯概念的發生與傳播》（北京：社會科學文獻出版社，2015），頁1-62。

狹間直樹，〈〈新民說〉略論〉，收入狹間直樹（編），《梁啓超‧明治日本‧西方：日本京都大學人文科學研究所共同研究報告》（北京：社會科學文獻出版社，2001），頁68-94。

孫宏雲，〈清季梁啓超的國家論及其相關理論背景〉，《澳門理工學報》，2012年第4期（澳門：2012），頁177-189。

孫宏雲，〈汪精衛、梁啓超「革命」論戰的政治學背景〉，《歷史研究》，2004年第5期（北京：2004），頁69-83。

楊雲飛，〈黑格爾的社會契約論批判及其當代意義〉，《倫理學研究》，2023年第6期（北京：2023），頁67-79。

周家瑜，〈盧梭、康德與永久和平〉，《人文及社會科學集刊》，第二十六卷第四期，（臺北：2014），頁621-657。

de Bertier de Sauvigny, Guillaume. "Liberalism, Nationalism and Socialism: The Birth of Three Words." *Review of Politics*, 32:2 (Cambridge: April 1970), pp. 147-166.

Dufourmont, Eddy. "Is Confucianism philosophy? The answers of Inoue Tetsujirō and Nakae Chōmin." In Nakajima Takahiro, ed., *Whither Japanese Philosophy? II Reflections through Other Eyes* (Tokyo: University of Tokyo Center of Philosophy, 2010), pp. 71-90.

Dufourmont, Eddy. "Rousseau in Modern Japan (1868–1889): Nakae Chōmin and the Source of East Asian Democracy." In N. Harris et al., eds., *Rousseau Today: Interdisciplinary Essays (Political Philosophy and Public Purpose)* (Cham: Springer International Publishing: Imprint: Palgrave Macmillan, 2023), pp. 239-259.

Rosser, Christian. "Johann Caspar Bluntschli' s Organic Theory of State and Public Administration." *Administrative Theory & Praxis*, 36:1 (Oxfordshire: March 2014), pp. 95-110.

Wang Hui. "Zhang Taiyan' s Concept of the Individual and Modern Chinese Identity." In Wen-hsin Yeh, (ed.), by *Becoming Chinese: Passages to Modernity and Beyond* (Berkeley: University of California Press, 2000), pp. 231-259.

Farewell to Rousseau? Farewell to "Republicanism"? Reinterpreting Liang Qichao's "The Theory of Political Scientist Bluntschli"

Xiaowei Zheng

Abstract

"The Theory of Political Scientist Bluntschli" (1903) is often regarded an essay that signifies Liang Qichao's switch from Rousseauian democratic republicanism and liberalism to German theory of the state, collectivism, and statism. In this article, I reinterpret this important essay by looking at the political philosophies behind this essay. My main questions include: what exactly was Liang talking about when he used the term "republicanism"? What exactly is the new theory of Bluntschli, and how did Liang understand it? What are the inner connections between Bluntschli and Rousseau, especially regarding the ideas of "freedom," "right," and "human will"?

I argue that Liang uses "republicanism" at least in three senses: the first being the spirit and the practice of self-government, the second referring to representation and the notion of separation of powers and the third being a state system that exercises representative democracy and that has no kings or emperors. Liang only said farewell to "republicanism" in the third sense. I also argue that Bluntschli's theory of the state cannot be simply understood as collectivism or statism. It inherits key notions from Rousseauian republicanism, including the notions of "freedom", "right" and "human will", and the principle that the people should be holding legislative power. Bluntschli's theory of the state also has to be understood in the framework of German liberalism, which emphasizes the importance of constitutionalism, separation of power, and representation, and contains an ethical Hegelian theory of the state.

Therefore, to simply say that Liang by 1903 had parted from republicanism is not an accurate historical understanding of Liang's own thinking. This analysis is colored by a particular kind of liberalism, the one that emerged in the English speaking world after WWII, which focused on negative liberty. As researchers, we have to enter Liang's own theoretical world to better understand his thinking and the decisions he made.

Keywords: Liang Qichao, Rousseau, Bluntschli, Freedom, Republicanism

權利、自由與政治秩序：梁啓超《新民說》的三重政治論述

蕭高彥

中央研究院人文社會科學研究中心特聘研究員，中央研究院院士。學術研究以闡釋政治思想的義理爲職志，同時注重歷史脈絡與當代議題。著作包括《西方共和主義思想史論》、《探索政治現代性：從馬基維利到嚴復》，以及中英文學術論文數十篇。

權利、自由與政治秩序：梁啓超《新民說》的三重政治論述*

蕭高彥

摘　要

　　本文的研究旨趣在於以劍橋學派脈絡主義史家波考克所提出的「語言」與「論述」分析取向，闡釋《新民說》的政治思想。本文首先討論梁啓超思想的基本取向：文明、進化論與民族主義；其次，聚焦在《新民說》各章節中的兩個核心概念：「權利」與「自由」，嘗試分析《新民說》所蘊含的政治秩序構成論。本文爬梳文本，說明在《新民說》複雜的論證中，由於梁啓超論述權利概念的歧義，可以建構出三種由個人主體性所構成但卻迥然不同的政治社群之理想型：強權領袖論、破壞主義（革命進步論），以及積極自由與自治論，闡釋其理論涵義。本文進一步說明《新民說》最後兩節的意識型態化。

關鍵詞：梁啓超、新民說、權利、自由、進化、文明、國家、民族主義

---

* 本文之研究與寫作，承蒙國科會計畫（「近代中國政治論述之形成（1895-1911）」MOST 110-2410-H-001 -040 -MY3）以及中央研究院主題計畫（「帝國與文明 III：戰爭、霸權與正義」AS-TP-113-H03）之補助，作者謹致謝忱。

一、緒論：《新民說》的時代性與理論涵義

梁啓超的《新民說》可以說是清末民初最重要的政治思想論著，[1]由於其理論之新穎，以及任公筆鋒之感情，而在清末民初產生極為重大的影響（黃克武，2006: 52-61）。與梁啓超亦師亦友的黃遵憲在《新民叢報》刊行之初便敏銳的觀察到即將產生的巨大影響及其原因：

> 《清議報》勝《時務報》遠矣，今之《新民叢報》又勝《清議報》百倍矣。（原注：《清議報》所載，如〈國家論〉等篇，理精意博，然言之無文，行而不遠。計此報三年，公在館日少，此不能無憾也。）驚心動魄，一字千金，人人筆下所無，卻為人人意中所有，雖鐵石人亦應感動，從古至今文字之力之大，無過於此者矣。（丁文江、趙豐田，2009: 181）

《新民說》正是《新民叢報》創刊時期的主要理論巨獻，而胡適在其《四十自述》也生動地描述閱讀時所受到的影響與感動：

> 我們在那個時代讀這樣的文字，沒有一個人不受他的震盪感動的。他在那時代主張最激烈，態度最鮮明，感人的力量也最深刻。他很明白的提出一個革命的口號：「破壞亦破壞，不破壞亦破壞！」後來他雖然不堅持這個態度了，而許多少年人衝上前去，可不肯縮回來了。（胡適，1986: 56-57）

---

[1] 本文採用版本為當代版《新民說》，梁啓超著，黃克武導讀，台北：文景，2011。其餘著作，以《飲冰室合集》（梁啓超，1960）之《文集》與《專集》版為主，包括《自由書》與《德育鑑》等。

　　當代思想史的研究對於梁啓超思想已經累積了豐富而深入的討論（如Chang, 1971〔張灝，2006〕; Huang, 1972; 張朋園，1999；黃克武，2006；狹間直樹，2012, 2016, 2021），但相對於《新民說》的內容，當代文獻對其理論涵義的評價轉趨保守。首先，張灝（2006: 130）主張，梁啓超在《新民說》通過公德論介紹自由主義價值觀時，「梁闖入了這樣一個領域——他個人的學識和修養無力為他的讀者指出一個清晰準確的方向」。其原因在於，這些自由主義價值觀乃中國文化傳統所缺乏，而當梁啓超運用公德架構來組織這些價值之後，成為一種以「群」為核心的集體主義概念，從而「毫無疑問，梁在《新民說》中最終提出的那些理想，歸根到底很難稱作自由主義」。[2] 其次，《新民說》的撰述期間為1902年2月至1906年1月，然而，在此過程中，有一個明確的斷裂點：1903年2月至10月，任公訪問美國。這個斷點不僅意味著出版的時間差，依據當代學者的研究，也意味著任公思想的重大轉變（張灝，2006: 163-164；狹間直樹，2021: 159-172）。以目前《新民說》的成書狀態而言，前十七節本論提倡公德，批判傳統文化；最後三節出版時間差距大，且對於中國傳統文化在現代社會所應扮演的角色似乎與前十七節所論產生了根本改變。最後，日本學者狹間直樹發展淺原達郎之考證（狹間直樹，2012: 82，註1），指出清廷宣布預備立憲並派五大臣出洋考察各國憲政時，考察團與梁啓超接觸，促成梁啓超為此團私下代擬了〈制定國是〉與〈改訂官制〉兩個奏摺，並且造成《新民叢報》脫期（狹間直樹，2012: 82-84; 2016: 89-107; 2021: 174-189；丁文江、趙豐田，2009: 230-231）。以《新民說》而言，則最後的〈論民氣〉一節，便

2　相近的評價，可參閱Huang, 1972: 68-77。

成爲任公在這個脈絡中隱微的「輸誠之作」（狹間直樹，2012: 83; 2016: 89-107; 2021: 166-168）。這些複雜的歷史環境與轉變形成了一個關鍵議題：《新民說》是否具有內在統一性？

　　本文的主旨在於以劍橋學派脈絡主義史家波考克（J. G. A. Pocock）所提出的「論述」（discourse）與「語言」（language）的分析取向，闡釋《新民說》的政治思想論述。狹間直樹以梁啓超爲考察團私下代擬奏摺對《新民說》前後論述之轉折所提出的分析，符合史金納（Quentin Skinner）所提出的歷史解釋方法，主張「將文本作爲對其當時的政治辯論一種特定且相當複雜的介入（intervention）」：

> 我指出的是，最適合文本詮釋的語彙是在討論行動（action）時所用的，而不是信念。我認爲進行詮釋不應只聚焦在人們在說什麼，而應更加關注他們在做什麼，什麼可能是他們在說這些話時的潛在目的。用現下流行的用語來說，我主張應該要把焦點放在文本的表現性（the performativity of texts）。（史金納，2014: 29-30）

如同漢普歇爾—蒙克（2010）以及陳正國（2024: 65-75, 166）所指出，這是基於「言語行動」（speech act）理論而提出的歷史解釋方法。相對於史金納以尋求行動者意圖的個人主義歷史解釋，另一位劍橋學派史家波考克則力主將歷史分析的主軸聚焦於歷史行動者所運用的語言（而非行動面向）。對於「語言」（language）或「論述」（discourse），波考克曾界定之爲：

> 一個複雜的結構，它包含了一套特定的語彙、一套特定的語法、一套特定的修辭、一套特定的用法、設定和暗示，這些特定的語彙、語法、修辭、用法、設定和暗示在時間上是共存的，並且爲一個半專業性的語言使用者共同體出

於政治目的而使用（employable by a semi-specific community of language-users for a purposes political）。（Pocock, 1996: 47）

對於《新民說》的「語言」與「論述」，狹間直樹（2012: 73; 2016: 82-83）則提出了「理念投影型態」說，亦即：梁啓超以歐美國家與日本的政治經驗，鑑於中國當時民情與國家狀態，所產生的飛躍性投影，具有「理念性」、「革新性」，與「全體性」三個論述特色。狹間以「民權」與「國家」兩個軸心詮釋《新民說》（狹間直樹，2012: 78），然而，相對於他對《新民說》做為歷史介入與文本表現性之精闢解釋，對該書之「語言」與「論述」之闡釋，則稍嫌簡略。

本文著重於分析、爬梳《新民說》之中複雜的「語言」與「論述」。首先論述梁啓超《新民說》的基本取向：文明、進化論與民族主義；其次，聚焦於其各章節中對政治思想而言最為核心的兩個概念：「權利」與「自由」，嘗試分析《新民說》中的政治秩序構成論。本文還將說明：在《新民說》複雜的論證中，由於梁啓超論述權利概念時出現的歧義，其「個人主體性」之理念竟可以建構出三種迥然不同的政治社群之理想型：強權領袖論、破壞主義（革命進步論），以及積極自由與自治論。最後則進一步闡釋《新民說》末尾兩節（〈論政治能力〉、〈論民氣〉）的意識型態化。

二、《新民說》的出發點：進化論、文明說與民族主義

梁啓超東渡日本時，在政治思想層次，秉持其師康有為的《公羊》三世說以及嚴復所介紹的《天演論》，嘗試結合「民權」以及「國權」。而在《清議報》階段（1898-1901）的論述，則可以明確看

出，其通過「東學」而致的學思發展歷程包含兩大主軸：其一爲摒棄傳統的政治範疇，學習運用日本與西方現代國家理論來理解立憲與國家政體等制度性問題（包括1899年依據加藤弘之文章譯著的〈各國憲法異同論〉以及1901年的〈立憲法議〉）；另一主軸則爲構成現代國家公民所應具備的德性（包括〈國民十大元氣論〉、〈十種德性相反相成義〉，集大成於《新民說》）。而《新民說》則標誌著梁啓超的政治思想從吸收新知轉向爲綜合完成體系，其基本取向包括進化論、文明說，與民族主義三個理論要素。

梁啓超對進化論的初步理解來自嚴復，兩人締交於光緒22年（1896），梁氏因爲《時務報》之編務，需要各種稿件，而通過黃遵憲以及馬良、馬建忠兄弟與嚴復開始來往（黃克武，2002: 8-10）。嚴復應是爲了刊登稿件的問題，寫了二十一頁的長信給梁啓超，其中深入討論了許多重要的學術議題。由於所觸及的議題甚廣，梁氏在幾個月之後才回覆，也就是目前可見《飲冰室文集》中的〈與嚴幼陵先生書〉（1897年春，《文集》1: 107-111），其中透露出康、梁收到《天演論》譯文稿本之後閱讀的反應。梁啓超迅速掌握赫胥黎「倫理自由主義」（cf. 蕭高彥，2020: 585-588）的核心辯證：「天演論云，克己太深而自營盡泯者，其群亦未嘗不敗」（《文集》1: 110），敏銳地反思到進化論運用到人治時將產生的基本困境：個體自由與社會凝聚之間具有辯證關係，過分壓抑個體自營（self-assertion），則所形成之群體的力量會有所不足，[3] 但放任個體自由，亦將使群體渙散。梁啓超在信函結語中告知，他將撰寫〈說群〉一文，發揮最近之所學，綜合康有

3　在《天演論》中，嚴復以「自營」翻譯赫胥黎所運用的 "self-assertion" 一詞。

為「以群為體，以變為用」之論、嚴復的《治功天演論》以及譚嗣同的《仁學》，建立一個群學的體系。這篇文章最終並未完成，只留下序以及第一章（《文集》2: 3-7）。

　　東渡日本後，梁啓超接受日本社會達爾文主義的基本觀念（Huang, 1972: 56-61；鄭匡民，2003: 216-220），強調「生存競爭」、「優勝劣敗」（《自由書》，頁32），「天演家物競天擇、優勝劣敗之公例」（《文集》4: 59）。是以《新民說》第四節便明述「就優勝劣敗之理以證新民之結果」（《新民說》，頁9）。張灝（2006:102-104, 115-119, 129-130）認為，社會達爾文主義運用在「群」的形成時，將會產生集體主義與道德相對主義的結果，並且會過份強調群體凝聚力，而致忽略個人自由的價值。然而，《新民說》所述「**天下未有內不自整，而能與外為競者**」（頁59），顯示出梁啓超並不只是信奉「達爾文式的集體主義」（張灝，2006: 115），而是接受了赫胥黎（「倫理」概念）、嚴復（「治功」概念）所主張的：人類在成立社會之前的「自然自由」（「自營」）與成立共同體之後個人在群體內的「社會自由」二者之間有所不同，甚至是對立的。社會自由意味著為了共同福祉個人的自然自由必須適度削減的「群己權界」論（cf. 蕭高彥，2020: 591）。

　　「文明」概念雖然在《新民說》中並沒有專列一節詳論，但「文明說」構成了梁啓超道德論述之基礎。事實上，在梁氏的《自由書》中，便以〈文野三界之別〉介紹了日本思想家福澤諭吉（1995: 9-11）的「文明階段論」（《自由書》，頁8-9）。以日譯的「蠻野」、「半開」（half-civilized）以及「文明」三個階段，作為「進化之公理」。在這個三階段的文明發展論述中，蠻野人「居無常處，食無常品，逐便利而常群，利盡輒散去」，從事「佃漁以充衣食」，但「不知器械之

用」，而個人則畏天災且仰仗人爲的恩威，「不能操其主權於己身」，形成了蠻野之人的特色。至於「半開之人」，則已經發展農業，而且形成國家，但仍不甚完備；雖有文學以及人際互動，但只具備了模擬的技術，缺乏創造能力，而其社會規則都由「習慣」所形塑。最後階段的文明之人，能夠「自治其身，而不仰仗他人之恩威，自修德性，自闢智慧，而不以古爲限，不以今自畫，有進無退，創闢新法，從事於工商之業」，追求使一切人皆能進入幸福之境。在介紹文野三界之別後，梁啓超詰問讀者，中國於此三者屬於哪一等？雖然他本人並未回答，但「半開之人」的答案躍然紙上（cf. 鄭匡民，2003: 61-72: 石川禎浩，2015: 99-104）。所以梁啓超的結論是，「民智、民力、民德」若不改進，則沒有善政之可能；「故善治國者必先進化其民」，而這恰恰是《新民說》的基本取向。

在《新民說》中第三個居關鍵地位的概念乃是民族主義。本來，在《自由書》介紹文野三界之別時，梁啓超基於康有爲的《公羊》三世說，將「文明」與「太平世」等同起來（《自由書》，頁8）。然而，隨著梁氏對現代思想的學習與發展，這個出發點產生了重大的轉折：文明時代乃是國與國之間基於民族主義發展而產生鬥爭的時代。這個轉折點起自梁啓超吸收德國十九世紀政治理論家伯倫知理（Johann Kaspar Bluntschli, 1808-1881）的國家學之時，其具體內容，則展現在《清議報》所發表的〈國家思想變遷異同論〉（1901年10月；《文集》6: 12-22）。依據伯倫知理對古代、中世紀的傳統國家與近代國家之二元對立的區別，梁啓超模仿其體例，區別「歐洲舊思想」、「中國舊思想」、「歐洲新思想」三種典範，並製作對照表詳加

分析。[4] 而在說明了傳統與現代國家的重大差別後，梁啓超提出一個過去、現在與未來的國家思想變遷軌跡：以過去而言，爲家族主義、酋長主義，以及傳統帝國主義發展的過程；而他所處的時代，則是民族主義過渡到「**民族帝國主義**」（national imperialism）的時代，而將「萬國大同主義」歸結到未來（《文集》6: 18）。換言之，就梁啓超而言，其時代脈絡最重要的特性，便是現代西方文明形成民族帝國主義擴張的趨勢。

　　通過伯倫知理的分析，任公確立了新時代**國家**觀念的核心涵義，包括：國家乃是由國民組成；「全體人民各伸其共有之自由，又各服從其自集之權力」（《文集》6: 15）；如此一來，國家成爲一種有機體（此時，任公使用「活物」一詞；《文集》6: 16），人民爲國家之主體，而君主爲國家之「支體」（應爲 organ 之意）；而「國事自有精神（國民之元氣），有形體（憲制），而成一法人」（《文集》6: 14）。換言之，梁氏此時已經完全從西方政治理論的角度來思考國家、政府與人民的理論議題。

　　不僅如此，梁啓超區分思想界的兩大派：「**平權派**」以及「**強權派**」，前者以盧梭的民約論爲基礎，後者以斯賓塞的進化論爲代表。前者主張天賦人權，後者則認爲並無天授之權利，唯有強者之權力。值得注意的是，梁啓超將這兩派學說分別與十八、九世紀的政治思潮連結起來：平權派乃是民族主義的原動力，而法國大革命的〈人權宣言書〉則是這個民族主義的代表性文件，任公並翻譯了其中的核心條文：「凡以己意欲棲息於同一法律之下之國民，不得由外國人管轄

4　此處的文本根源，見 Bluntschli（1898: 58-63）。然而本表未見於梁啓超此時所依賴的吾妻兵治（1899）之漢文譯本；據陳建守（2021）的考證，源於梁啓超運用松平康國的《世界近世史》中的列表。

之，又其國之全體乃至一部分，不可被分割於外國，蓋國民者，獨立而不可解者也」（《文集》6: 19）。相對地，十九世紀則基於強權派以及進化論，形成了「新帝國主義」。任公主張，「半開」的中國，必須通過民族主義來完成國家建構，才能對抗歐美文明民族帝國主義的侵凌。

　　梁啓超在此基礎上略述了西方文明論自我辯解之說詞：落後民族無法發達其國家的天然力以供人類之用，而文明民族人口增加，供用缺乏，所以「優等民族」應該指揮監督「劣等民族」，使得適宜的政治能普遍於世界，而資本事業能夠在全球的規模上發達；而在思想層次，文明民族「開化」劣等民族更為當盡之義務。梁啓超基於天演論，承認此種「強權之義雖非公理，而不得不成為公理」，但他仍然認為以民族主義完成國家建構是當務之急，而非進一步加入民族帝國主義的競爭行列。[5]

　　在這個脈絡中，《新民說》第二節重述了民族主義做為「各地同種族，同言語，同宗教，同習俗之人，相視如同胞，務獨立自治，組織完備之政府，以謀公益，而御他族是也」（《新民說》，頁4），來對抗新興民族帝國主義；而「惟有我行我民族主義之一策，而欲實行民族主義於中國，舍新民末由。……必其使吾四萬萬民德、民智、民力，皆可與彼相勒，則外自不能為患！」（《新民說》，頁6）。

5　關於民族帝國主義的發展，梁啓超〈論民族競爭之大勢〉（《文集》10: 10-35）自述取材於美國學者靈綬所著《十九世紀末世界之政治》、潔士丁《平民主義與帝國主義》，以及日本學者浮田和民所著《日本帝國主義》以及《帝國主義之理想》等書，並且加以引伸發揮。其內容大體出於靈綬的著作（Paul S. Reinsch, 1900），而依據石川禎浩（2015: 110-112）的考證，梁啓超引述的是日人「獨醒居士」所著《時務三論》。

在進化論、文明說，與民族主義基礎上，梁啓超本於《大學》的
精神提出新民論，強調「新民云者，非新者一人，而新之者又一人
也，則在吾民之各自新而已」（《新民說》，頁4），而要完成這個任
務，「**新之義有二：一曰，淬厲其所本有而新之，二曰，採補其所本
無而新之**」（《新民說》，頁7）；換言之，任公似乎自始便無意要中國
人「盡棄其舊以從人」。然而，《新民說》一至十七節的論述，絕大
部分屬於「採補其所本無」，而需要提出新的德性論述與證成。他的
出發點是：傳統中國人因爲數千年的專制主義，只知天下與朝廷，形
成一種「部民」（部落之民；《新民說》，頁8），而尚未構成「國
民」，自然也未形成一個民族，更遑論構成國家。梁啓超進一步指
出，二者的區別在於：「群族而居，自成風俗者，謂之部民；有國家
思想，能自布政治者，謂之國民」（《新民說》，頁21）。由國民所組
織的民族國家，則需：

> 創代議制度，使人民皆得參預政權，集人民之意以爲公
> 意，合人民之權以爲國權。又能定團體與個人之權限，定
> 中央政府與地方自治之權限，各不相侵。民族全體，得應
> 於時變，以滋長發達。（《新民說》，頁13-14）

在《新民說》中，梁啓超並未對民族國家的政治組織做太多著墨
（這是他在討論立憲政體系列論文中所探討的課題），而著重在討論
如何在中國建立新的「國民性格」（national character）或民族精神，
而使一國能立於世界。

在梁啓超的分析中，當時的世界大勢已經證明了白種人優於他種
人，特別是其中之盎格魯撒克遜人以及條頓人（《新民說》，頁12）；
白種人建立現代文明，並且能傳播於全球，自有其立基的國民性格，
其中的核心，爲中國傳統社會所缺者，在於「**公德**」。任公與嚴復相

同，對於中國舊倫理與西方新倫理做了**二元對立**的比較（cf. Koselleck, 1985: 161-197; 蕭高彥，2020: 572-573）

> 舊倫理之分類，曰君臣，曰父子，曰兄弟，曰夫婦，曰朋
> 友。新倫理之分類，曰家族倫理，曰社會（即人群）倫
> 理，曰國家倫理。（《新民說》，頁16）

梁啟超指出，中國傳統倫理著重私人對私人之關係，所以著重家族倫理，而社會倫理只提到朋友，國家倫理只論君臣，二者都無法窮盡社會與國家的複雜倫理關係。是以，雖然中國傳統早已發展出道德，但「偏於私德，而公德殆闕如」（《新民說》，頁15）。基於這個視野，任公提出了其著名的公德論，作為「新民」或塑造新的國民性格之基礎：「人人獨善其身者，謂之私德；人人相善其群者，謂之公德」（《新民說》，頁15）。[6] 梁啟超進一步說明道德的起源：

> 且論者亦知道德所由起乎？道德之立，所以利群也。故因
> 其群文野之差等，而其所適宜之道德，亦往往不同。而要
> 之以能固其群，善其群，進其群者為歸。（《新民說》，頁
> 19）

任公對公德與道德本源之討論，都預設「**群**」的概念，這也是他從戊戌變法時期便已受康有為、嚴復與譚嗣同影響所產生的核心關懷。在《新民說》中，任公推遲到第十三節才討論合群之議題。不過，從論述的邏輯性而言，群與合群的觀念既為公德甚至道德之基礎，自有必要先行討論。

在〈論合群〉一節中，任公從四個議題切入中國社會何以無法結

6　可參考福澤諭吉（1959: 111-112）的觀點：私德在野蠻時代功用顯著，公德則隨著文明進步而增長。

群，包括：公共觀念之缺乏、對外之界說不分明、無規則，以及忌妒。在論述二、三兩項議題時，任公提出了社群的界限與正當性之根本主張。他指出，人與人交涉時，「內吾身而外他人」，這可稱之為「一身之我」；[7] 而群與群交涉時，也同樣地「內吾群而外他群」，這可名之為「一群之我」。兩者雖同為「我」，但前者為小我，後者為大我。更重要的是，界定「我」時，必須確定「我」之友與敵，而結群之後，群中皆是小我之友，不應該有群內之私敵，而群外則為「公敵」。他指出，「凡集結一群者，必當先明其對外之界說，即與吾群競爭之公敵何在是也」（《新民說》，頁102），不論利民或愛國，都是以「我群」和「敵我區別」為基礎。在提出這個接近施密特（2003）「敵友區別」的政治觀之後，任公接著分析治理群體的正當性基礎。他主張任何群之成立，都必須依賴法律加以維持：

> 其法律或起於命令，或生於契約。以學理言：則由契約出者，謂之正，謂之善；由命令出者，謂之不正，謂之不善。以事勢言，則能有正且善之法律尚也。若其不能，則不正不善之法律，猶勝於無法律。（《新民說》，頁103）

其次，任公指出文明國家的群治，「莫不行少數服從多數之律」以取決眾人之事，而不能以少數人的意見來武斷，雖然仍有必要「委立一首長，使之代表全群，執行事務，授以全權，聽其指揮」（《新民說》，頁103）。換言之，任公從規則的面向上說明了群治必須以契約作為正當性基礎，而且實行少數服從多數，但又有首長代表治理群體，結合了自由與制裁。然而，這個文本蘊含法律可能起於命令或契

7　對「一身之我」，任公還基於中國哲學傳統提出「兩我論」，本文將於第五節討論。

約，從而可能有「正且善」、「不正不善」兩種樣態，其理論歧義將產生重大理論結果，本文以下將析論之。

　　綜合本節所述，梁啓超在進化論、文明，與民族主義取向上，提出新民論述。然而，其反思的出發點，是在中國舊倫理與西方新倫理二元對立之比較中所提出的公德論述，其內涵甚廣，如進取冒險、毅力等，乃屬於國民性格特質；相對地，唯有「權利」與「自由」兩個概念是政治思想的核心理論範疇。[8] 以下將據以解釋任公新民說的理論核心以及潛藏的緊張性，因爲其中蘊含了三種由個人主體性所構成但卻截然不同的政治社群之理想型：權利與強權領袖論、權利與破壞主義，以及積極自由與自治論，以下分節論述之。

三、「權利」的歧義與強權領袖論：《新民說》政治秩序論之一

　　「權利」是現代國家社會核心的法律政治概念，而在梁啓超撰述《新民說》時，此種權利概念也逐漸爲中國知識分子所知曉。依據當時相當通行的《新爾雅》，「凡立憲國完全之國民，有據憲法所得之權利，謂之民之權利」，包括言論自由、出版自由、集會自由、移住自由、信仰自由、產業自由、家宅自由、身體自由，以及書信秘密權等（沈國威，2011: 290）。

　　然而，《新民說》的〈論權利思想〉一節對權利思想的分析，則

8　土屋英雄的〈梁啓超的「西洋」攝取與權利—自由論〉（狹間直樹編，2012: 110-142）一文看似與此議題最爲相關，但他著重分析中村正直翻譯穆勒《自由之理》（《論自由》）一書的問題，並影響到梁啓超〈論政府與人民之權限〉一文的架構，但對《新民說》並未提出系統闡釋。

提升了理論層次，成為人類行動領域的基源性原則。任公大量援引
「德儒依耶陵（Jhering）所著《權利競爭論》」（Jhering, 1915），並說
明「本論要領：大率取材依氏之作」（《新民說》，頁42）。其思想史
背景，乃是批判德國十九世紀以薩維尼（Friedrich Karl von Savigny,
1799-1861）為代表且深具影響力的歷史法學派主張：法律的變遷和
語言相仿，在人不自覺的狀態中產生變化。依耶陵的論旨，則是援引
黑格爾式主奴鬥爭的鬥爭概念，加上十九世紀下半葉的生機主義
（vitalism; cf. Lukacs, 1980: 403ff），主張：法律無論就國家在公法層
次加以落實，或個人在私法層次捍衛其權利，都需要通過「**權利感
覺**」或「**權利情感**」（*Rechtsgefühl*），奮起以對抗侵害。此種權利感
覺界定了當事人「人格的倫理存在條件」，也構成了法律變遷的原動
力（耶林，1996: 51-52）。用任公的話，則是「有權利思想者，一遇
侵壓，則其**痛苦之感情**，直刺焉激焉，動機一發而不能自制，亟亟焉
謀抵抗之以復其本來」（《新民說》，頁41，黑體強調為筆者所加）。

　　依耶陵論述的權利觀念，乃是標準的德國法學傳統中 "*Recht*" 概
念，包括客觀的法律秩序，以及個人的主觀權利。同時代的《譯書彙
編》將之翻譯如下：

> 權利二字，世人所知者，其意義有二，客觀意義，及主觀
> 意義是也。就客觀而言，權利者，指國家所通行諸法律之
> 原則，及人類生存當然之秩序。就主觀而言，權利者，指
> 理想上所有之規則，而人生應盡之職分。（耖崎斌，1966:
> 97）

　　值得注意的是，任公並未援引、討論依耶陵這個解釋 "*Recht*" 雙
重意義的文本，〈論權利思想〉一節也未曾討論國家通行之法律（cf.
安靖如，2012: 177），而是集中論述依耶陵對主觀權利作為「個人責

任」與「社會義務」兩個面向而對權利進行的闡釋（耶林，1996: 56）。任公指出，「人人對於人而有當盡之責任，人人對於我而有當盡之責任」，此謂之權利，而二者均與「群」有直接間接的關係。所謂「我對我之責任」，任公闡釋如下：

> 天生物而賦之以自捍自保之良能，此有血氣者之公例也。而人之所以貴於萬物者，則以其不徒有「形而下」之生存，而更有「形而上」之生存。形而上之生存，其條件不一端，而權利其最要也。故禽獸以保生命爲對我獨一無二之責任。而號稱人類者，則以保生命保權利兩者相倚。然後此責任乃完。（《新民說》，頁41）

在這文本中，清楚地看到任公以孟子的「良能」（人之所不學而能者）來理解依耶陵所轉述西方近代政治思想所論述的**自保**之權利，並將依耶陵所論之權利兩面向中的「精神性」，稱之爲「形而上之生存」，最後綜述爲「大抵人之有權利思想也，天賦之良知良能也」（《新民說》，頁51）。這使得保護生命與權利成爲個人應盡之責任，無法完成者，就喪失了作爲人之資格，而與禽獸無異，並且引入了羅馬法將奴隸與禽獸等同的觀點。其次，任公也完全接受依耶陵將捍衛權利作爲社會義務的主張：「權利思想者，非徒我對於我應盡之義務而已，實亦一私人對於一公群應盡之義務也」（《新民說》，頁48），並以藺相如完璧歸趙的故事說明權利思想之眞義（《新民說》，頁44）。[9] 基於此，任公「權利競爭論」的主要結論是：「權利者，常受外界之侵害而無已時者也，故亦必常出內力之抵抗而無已時，然後權

---

9 《權利競爭論》相應的文學例子是莎士比亞《威尼斯商人》第四幕 Shylock 要求從 Antonio 割取屬於自己的一磅肉的「權利」（耶林，1996: 66-69）。

利始成立。抵抗力厚薄，即為權利強弱比例差」（《新民說》，頁
49）。

　　梁啓超進一步以中國思想傳統來闡釋此種權利「思想」，包括
「仁、義之辨」以及「楊朱為我」論。任公認為，中國傳統推重
「仁」，而西方則倡言「義」。仁的原則在於「我利人，人亦利我」；
而義的原則則是「我不害人，而亦不許人之害我」。他進一步指出，
仁著重「人」，而義則著重「我」。而在當今世界，必須強調義而非
仁。因為中國傳統推重仁政為政體的至善，並期望君上施行仁政；其
結果是：「待仁於人者，則是放棄自由也」，其弊將使「人格日趨卑
下」（《新民說》，頁46-47）。是以，所重在我的義，乃是「救時之至
德要道」（《新民說》，頁46-47）。至於楊朱所謂：「人人不損一毫，
人人不利天下，天下至矣」的說法，梁啓超之前深惡痛絕，因為似乎
是「公德之蟊賊」的利己主義；但任公在權利思想的視野下，察覺到
所謂人人不損一毫，其實正是權利之保障，所以，楊朱的理論雖有雜
駁，但他其實是主張權利的哲學家，因為關鍵不在於爭此「一毫」，
而是爭「人之損我一毫所有權也（所有權即主權）」（《新民說》，頁
48），這正是某種權利思想的原型。[10] 換言之，如安靖如（2012: 159,
180）所指出，梁啓超在闡釋「權利思想」時，將中國傳統思想的要
素加進了依耶陵的權利競爭論之中。

　　值得注意的是，在**權利的根源**議題上，任公引入了強勢的社會達
爾文主義，使得《新民說》的〈論權利思想〉一章產生了重要的歧
義。此論述另有所本，而非基於依耶陵之文本。作為法學家，依耶陵

---

10 任公在〈論政府與人民之權限〉一文則將中國的「仁政」與西方之「自
　由」加以對比，參見《文集》10: 5。

的理論出發點是實存的法律體系及其歷史變遷，並沒有超越歷史以外的權利根源論述（cf. 耶林，1996: 26-27）。但是當梁啓超探問「**權利何自生？曰：生於強**」（《新民說》，頁41）時，便超出了依耶陵的論述，歧入了社會達爾文主義思維，顯現於其文本〈論權利思想〉第三段上半（《新民說》，頁41-42）以及第十三段（《新民說》，頁49-50）；而由任公的自註：「余所著《飲冰室自由書》〈論強權〉一條參觀」（《新民說》，頁49），可知任公在這部分以強、力，或強權作為權利的根源一說，來自於其《自由書》〈論強權〉篇，而此乃援引日本學者加藤弘之的強權論（《自由書》，頁29）。依據此說，「強權」乃是「強者之權利」，亦即英文的 "the right of the strongest"；也就是「強者對於弱者而所施之權力」（《自由書》，頁29）；換言之，「權利」的根源乃在於「權力」，此乃「天演之公例」。只不過從野蠻世界、半文半野世界、到文明世界，權力由體力逐漸轉化為智力，而強者對弱者所施之權力，也由於弱者的對抗，逐漸由「大而猛」之強權，轉變為「溫而良」的強權，形成文明世界的權力特質。

在《新民說》中，任公用強權論解釋權利之根源後指出，每個人都要伸張自己的權利而「無所厭」，既然作為天性，則唯有某甲先放棄其權利，然後某乙才能侵入；而假如每個人都「務自強以自保吾權」，那麼個人的權利就不會被侵奪，群也能夠臻於善（《新民說》，頁42）。另一方面，梁啓超強調，權利競爭以爭立法權為第一要義（《新民說》，頁49），因為立法權乃制定法律以保護其權利之樞紐，這正是由「權力」轉變為「權利」的時刻。是以，當人人都「務為強者」時，「強與強相遇，權與權相衡，於是平和善美之新法律乃成」（《新民說》，頁49）。這個表面上接近於依耶陵舊法與新法的競爭論，實質上乃是加藤的強權論，因為個人或弱者所護衛的，並非自身

基於客觀法律秩序之權利，而是運用自己的力量或權力，爭取立法權，直接改變法律。換言之，在這個議題上，任公採用了加藤的強勢社會達爾文主義。[11]

《新民說》〈論權利思想〉的強權論，其相應的政治秩序構成論，出現在第十六節〈論義務思想〉。在〈論權利思想〉一節開端，人對於自我以及他人有應盡之「責任」，到了第十六節中，此「責任」與權利對待而轉成為**義務**。「人人生而有應得之權利，及人人生而有應盡之義務，二者其量適相均」（《新民說》，頁138），這個看來像是道德哲學基本命題的觀點，馬上被物競天擇的社會達爾文主義重新詮釋：「權利何自起？起於勝而被擇。勝何自起？起於競而獲優。優者何？亦其所盡義務之分量，有以軼於常人耳」（《新民說》，頁138）。這個論述所呈現的次第如下：盡超越常人義務之分量者乃是強者、優者，能夠通過「競而獲優」而得勝，「勝而被擇」之後成為勝者，並獲得其權利。必須強調的是，在社會達爾文主義的權利觀中，所謂的「盡義務之分量」並沒有道德內涵，純粹指是前述「最強者之權利」以及「權力」。因為在相聚成群之後，可以依據「生計學上分勞任工之大例」（也就是社會分工原則），產生不同個體的責任或義務。但任公所論，作為基源力量的義務，乃是可以成為優且勝者之力量而已，他的用語是：「凡天下無論正不正之權利，當其初得之之始，必其曾盡特別之義務，而乃以相償者也」（《新民說》，頁139）。

基於這個觀點，梁啓超提出了一個基於「最強者之權利」的政治

社會形成論：

> 即如世襲之君權，至不正者也。然其始烏乎得之？民初爲
> 群，散漫柔弱，於是時也，有能富於膂力，爲眾人捍禽獸
> 之患，挫外敵之暴者，乃從而君之；又或紀綱混亂，無所
> 統一，於是時也，有能運其心思財力，爲眾人制法立度，
> 調和其爭者，乃從而君之；又或前朝不綱，海宇鼎沸，於
> 是時也，有能以隻手削平大難，使民安其業者，乃從而君
> 之。若是夫彼所盡於一群之義務，固有以異於常人也。故
> 推原其朔，不得謂之不正，不正者，在後此之襲而受之者
> 云爾。（《新民說》，頁139）

　　這個論述，表面上看來是在談世襲君權的由來；但其實質乃是以
最有力量的領袖作爲君權的開端，也是人結群之始。[12] 由此，強權統
治者通過立法權建立法律以保障其自身之權利，便在邏輯上接回了第
八節〈論權利思想〉的權利競爭論（《新民說》，頁49），而法律保障
的，正是最強者盡特別義務後所取得的權利。

---

12 這個開端，幾乎等同於霍布斯（Thomas Hobbes, 1994: 127ff）所分析，相
　對於基於社會契約的「建制的邦國」（commonwealth by institution）以外
　的事實層次之「取得的邦國」（commonwealth by acquisition; cf. 蕭高彥，
　2020: 123-124）。任公在〈霍布斯學案〉中，雖然並未討論此區別，但是
　他已經注意到，依據霍布斯自然狀態之論「則謂強權爲天下諸種權之基本
　可也」（《文集》6: 90）。而由任公在《新民說》以「附記」來説明外族入
　主也是「權利初起皆得自義務」之説的主要例證（《新民說》，頁140），
　可見征服權（right by conquest）也是以強權論爲基礎的義務思想之根源。

四、「權利」的歧義與破壞主義:《新民說》政治秩序論之二

值得注意的是,前節所述梁啟超作爲強權的「權利」觀念在過渡時代卻能推導出完全相反的政治秩序構成論,亦即破壞主義與道德革命論。關鍵在於,「強者的權利」可以反向運用在任公於〈國家思想變遷異同論〉中所稱「平權派」(盧梭主義)爭取權利的方向上,這也正是《新民說》發展出著名的道德革命論與破壞主義之原因。

任公指出,中國之保守與「凝滯」(《新民說》,頁73)的關鍵主因之一是「專制久而民性漓」,並進一步分析:

> **天生人而賦之以權利,且賦之以擴充此權利之智識,保護此權利之能力**,故聽之自由焉,自治焉,則群治必蒸蒸日上。有桎梏之戕賊之者,始焉窒其生機,繼焉失其本性,而人道乃幾乎息矣。故當野蠻時代,團體未固,人智未完,有一二豪傑起而代其責,任其勞,群之利也。過是以往,久假不歸,則利豈足以償其弊哉?(《新民說》,頁76,黑體強調爲筆者所加)

這個關鍵文本一方面呼應了嚴復〈闢韓〉的正當統治論(cf. 蕭高彦,2020: 565-569),前半段論述鋪下了本節「權利與破壞主義」之基礎,但後半段則仍重述前節的「強權領袖論」及其腐化。在進化論與文明論的架構中,當民智未開的野蠻時代,才有前節所述「盡特別之義務」的強者統治起源論。然而,強者所取得的政治權力,在人民的知識發展之後,必然被視之爲「久假不歸」的僭政,而會基於天賦的權利意識自我保護,並驅趕強者「桎梏之戕賊之」的僭政,完成其基於自由的自治。換言之,當人民自身建立權利思想之後,也將通

過競爭或鬥爭的手段來創建新法，這事實上脫離了社會達爾文主義的
強權論，回歸依耶陵的「權利感覺論」，乃是弱者的集體權利思想滋
長後不可避免的發展。這符合任公所追求「過渡時代」的法權變遷論
述，一種可賦予變法正當性的動態歷史觀，但也因此發展出著名的破
壞主義。

　　前已論及，《新民說》所分析「新」之義包含了「淬礪其所本有
而新之」以及「採捕其所本無而新之」兩個面向（《新民說》，頁
7），但在〈論公德〉一節中，開宗明義便將公德列為「我國民所最
缺者」（《新民說》，頁15），如此一來，《新民說》在第十七節以前
關於公德所形成的國民性格之論述，便成為「採捕其所本無而新之」
的取向；而**如何**「**新之**」？遂成為理論與實踐均無法迴避的問題。任
公此時的主張是，「吾輩」在當時，應該綜觀世界大事，考察民族所
適宜，「而發明一種新道德，以求所以固吾群、善吾群、進吾群之
道。未可以前王先哲所罕言者，遂以自畫而不敢進也」（《新民說》，
頁20）。表面上看來，公德即此新道德，而理解了新道德之後就可以
新民；然而，任公進一步指出，當時正值「過渡時代」，青黃不接，
流俗只有相傳簡單之道德，所以不得不研究「**道德革命**」議題。雖然
如此將與流俗之人對立，但做為具有熱忱之心、「愛群愛國愛真理
者」，仍然必須無所懼、不應辭（《新民說》，頁21）；換言之，「**革
命**」觀念已在梁啓超引介「公德」進入中國時，成為改變民情風俗、
國民性格上的有效途徑。

　　梁啓超在《新民說》第十一節〈論進步〉中提出了激進的「**破
壞**」概念。事實上，在〈十種德性相反相成義〉（1901/6）一文便已
經以「破壞」與「成立」總結全文，而且強調「破壞之藥，遂成為今
日第一要件，遂成為今日第一美德」（《文集》5: 50）。他在《自由

書》（頁25-26）亦討論「破壞主義」，指出日本明治維新時，伊藤博
文、大隈重信以及井上馨等愛國志士共同主張破壞主義，又名「突飛
主義」，以激進手段推倒數千年之舊物。而在這個脈絡中，任公指出
破壞主義可貴之處在於遏止一般人戀舊之情，驅之以上進步之途。值
得注意的是，任公指出歐洲「近世醫國之國手」，藥方最適合中國的
乃是盧梭的《民約論》；而其「地球萬國，國國自主，人人獨立」的
核心主張，將成為在中國實現破壞主義之動能。

　　在《新民說》中，梁啓超則以文明進步的架構來說明破壞之必
要。他指出，中國人總認爲「郅治之世」總在古昔，近世則往往是衰
世或亂世，此種觀點，違反進化的公例，所以他也呼應西方文明論者
如穆勒（John Stuart Mill, 1806-1873）所指出的中國的「凝滯之現
象」。任公認爲其原因在於大一統而競爭絕、環蠻族而交通難、言文
分而人智侷、專制久而民性漓，以及學說隘而思想窒等（《新民
說》，頁73-78），在這些歷史解釋之後，他鄭重宣告：

　　新民子曰：吾不欲復作門面語，吾請以古今萬國求進步
　　者，獨一無二不可逃避之公例，正告我國民。其例維何？
　　曰：破壞而已。（《新民說》，頁79）

　　梁啓超引用孟德斯鳩的觀點：「專制之國，其君相動曰輯和萬
民，實則國中常隱然含有擾亂之種子，是苟安也，非輯和也」（《新
民說》，頁80）；更列舉了中國百年以來的動亂（《新民說》，頁86-
87），而指出在這種糜爛局面下，「破壞亦破壞，不破壞亦破壞」
（《新民說》，頁79），所以迴避破壞只不過讓全國的問題愈發嚴重。
事實上，梁啓超強調，不只政治，其他如宗教、學術、思想、人心、
風俗等，都是在破壞之後才產生新的開端，「**隨破壞，隨建設，甲乙
相引，而進化之運，乃遞衍於無窮**」（《新民說》，頁81）。中國若能

如日本行「無血之破壞」最好，但若無法，則如法國行「有血之破壞」也終不可免，「必取數千年橫暴混濁之政體，破碎而齏粉之」，而能至「制憲法，開議會，立責任政府」之境（《新民說》，頁85）。換言之，破壞與建設乃是一體之兩面，是以任公疾呼「非有不忍破壞之仁賢者，不可以言破壞之言。非有能回破壞之手段者，不可以事破壞之事」（頁89）。

事實上，梁啟超在1902年底〈釋革〉（《文集》9: 40-44）一文中，討論了 "reform" 以及 "revolution" 的意義，前者乃指「因其所固有而損益之以遷於善」，後者則意味著「從根柢處掀翻之，而別造一新世界」。而他反對日本人將 "revolution" 翻譯爲「革命」，而力主應翻譯爲「變革」，"reform" 則爲「改革」。這篇文章與《新民說》〈論進步〉一節的破壞主義同時期，精神亦相同。任公贊同「變革云者，一國之民，舉其前此之現象而盡變盡革之」，他稱之爲「國民變革」。他大聲疾呼「此所以 "Revolution" 之事業，即日人所謂革命今我所謂變革，爲今日救中國獨一無二之法門」（《文集》9: 43）。

換言之，**先於革命派**，[13]《新民說》以依耶陵「權利感覺論」所論之權利做爲國民主體性的基礎，在思想與行動上已經推導出道德革命以及破壞主義以求進步的政治秩序構成論與行動主義。

五、《新民說》的理論轉折：私德論

前節所述道德革命以及破壞主義進程的思考方式，在梁啟超1903年遊美歸國後，產生了重大的變化。丁文江在《年譜長編》中

---

13 依據金觀濤、劉青峰（2008: 558-560）的分析，梁啟超最早運用「革命」一詞。

指出：

> 先生從美國歸來後，言論大變。從前所深信的「破壞主
> 義」和「革命排滿」的主張，至是完全放棄，這是先生政
> 治思想的一大轉變，以後幾年內的言論和主張，完全站在
> 這個基礎上立論。（丁文江、趙豐田，2009: 218）

學界對於任公這個重大轉折已多有分析。[14] 筆者主張，第十七節

---

14 梁啓超的轉變，一方面是美國之行的見聞（他在《新大陸遊記》觀察到當
　時華人在海外自由國度仍然「有族民資格而無市民資格」、「有村落思想
　而無國家思想」、「只能受專制不能享自由」、「無高尚之目的」，參見《新
　大陸遊記》，《專集》22: 121-124）；另一方面則是黃遵憲的針砭（張朋
　園，1999: 119-136）。黃氏以〈水蒼雁紅館主人來簡〉爲題撰寫了專文，
　刊登於《新民叢報》第二十四期（1903/1/13）。黃氏指出，梁啓超的學說
　政論，已經「有所向前無人能有惟我獨尊之概」，但正因爲如此，所以責
　任更爲重大（張枬、王忍之，1962, 1.1: 337）。黃氏認爲在《新民説》
　中，權利、自由、自尊、自治、進步、合群等，都是其心中所欲言，但筆
　下所不能言之「精微偉論」；但「冒險進取破壞主義」，則雖然「中國之
　民，不可無此理想，然未可見諸行事也」（張枬、王忍之，1962, 1.1:
　331），並且做出了長篇的針砭之詞。
　一位審查人認爲《年譜長編》未得關鍵要因，因爲梁啓超的轉向應該全緣
　於他當時讀了兩位德國政治學者的國家論（據日文著作）而致之。這是指
　梁啓超在〈政治學大家伯倫知理之學說〉（1903）所述，他雖然心醉於共
　和政體，但在閱讀伯倫知理以及當時柏林大學教授波倫哈克的理論之後，
　「不禁冷水澆背，一旦盡失其所據」，從而「不憚以今日之我與昔日之我挑
　戰」，告別共和理念（《文集》13: 85-86）。誠然，狹間直樹（2021: 43-61,
　168-169）也以伯倫知理的國家論做爲詮釋梁啓超當時政治價值論最重要
　的思想資源。然而，吾人不能忽略，任公引介與吸收伯倫知理思想是有次
　第的。他在《清議報》時期便已經依據日人吾妻兵治的漢文譯本（伯崙知
　理，1899）在修飾後略地以〈國家論〉刊行（未收入《飲冰室文集》，
　請參閱全集版：梁啓超，2018, 18: 207-246；cf. 巴斯蒂，1997）。當時就
　已經節錄了伯倫知理對盧梭共和思想的批判（梁啓超，2018, 18: 222-
　223），但是並未影響梁啓超的共和認同。之後，如前文所述，〈國家思想
　變遷異同論〉也是以伯倫知理的架構討論傳統國家與近代國家的對比。而

〈論尚武〉最後一段回歸如何回應「民族帝國主義」的議題，幾乎可說是《新民說》本論終篇；之後三節（〈論私德〉、〈論政治能力〉及〈論民氣〉）則各自源於新形勢之變化而提出，其實是對本論之自我批判與修正（狹間直樹，2021: 154-172）。本節即先論中國傳統私德觀重新與現代社會新民公德觀接榫所引起的理論變化（包含「新民」主體變革的問題），以及任公對於自己之前破壞主義與道德革命論述的批判反思。

梁啟超在〈論私德〉中，自述其思想改變：「吾疇昔以為中國之舊道德，恐不足以範圍今後之人心也，而渴望發明一新道德以輔助之（參觀第五節〈論公德〉篇）。由今以思，此直理想之言，而決非今日可以見諸實際可也」（《新民說》，頁175）。至於任公思想重大轉變的背景，則與他觀察到當時思想界的劇烈變遷有關：

> 五年以來，海外之新思想，隨列強侵略之勢力已入中國。始為一二人倡之，繼焉千百人和之。彼其倡之者，固非必盡蔑舊學也。以舊學之簡單而不適應於時勢也。而思所以補助之。且廣陳眾義，促思想自由之發達，以求學者之自

在1903年才發生明確的思想轉折：當年5月的〈政治學大家伯倫知理之學說〉（未收入《飲冰室文集》，請參閱全集版，梁啟超，2018, 4: 195-199）以及當年十月相同標題膾人所熟知的〈政治學大家伯倫知理之學說〉，前者署名為「力人」，後者則為「中國之新民」。詳細比對這些文章，方能看出任公思想巨變的主要原因，其實在於革命派引入**民族主義**觀念以排滿，使得任公向來主張之**國民**理想受到衝擊（《文集》13: 74），而必須討論「論國民以及民族之差別及其關係」（《文集》13: 71-77）這個伯倫知理國家理論的核心議題，雖為吾妻兵治漢文譯本的第二卷（伯崙知理，1899: 22-26），但任公之前均未曾引介。換言之，從1899年初開始，伯倫知理就是梁啟超國家思想的主要資源，並非閱讀伯倫知理或波倫哈克促成了其思想之轉變，而是1903年政治形勢轉變後所產生的思想轉向。

擇。*而**不意此久經腐敗之社會，遂非文明學說所遽能移植**。於是自由之說入，不以之增幸福，而以之破秩序；平等之說入，不以之荷義務，而以之蔑制裁；競爭之說入，不以之敵外界，而以之散內團；權利之說入，不以之圖公益，而以之文私見；破壞之說入，不以之箴膏肓，而以之滅國粹。*（《新民說》，頁169，黑體強調為筆者所加）

　　這個重大的知識變動，乃是同時期留日學生創辦雜誌輸入東、西新學說之結果，而且《新民叢報》正是其中之核心媒體（狹間直樹，2021: 155）。然而，遊美歸國後的任公，察覺到在「久經腐敗之社會」移植「文明學說」的結果乃是，「現今學子口頭之自由、平等、權利、破壞」，在受痼甚深的腐化心靈中，反而形成了「緣附其所近受遠受之惡性惡習」的結果。對此，梁啟超甚至產生了「恐後此歐學時代，必將有以行惡為榮者」的深重憂慮（《新民說》，頁170-171）！

　　梁啟超的思想轉變，產生了重要的理論變化。首先，他否定自己之前「新道德」的論述（《新民說》，頁175），回歸嚴復所主張的「德、智、力」三個群治必須之要素，指出其中「惟德最難」，因為要以一種新道德教化國民，並非依賴引介西方之學說所能著力：

　　即盡讀梭格拉底、柏拉圖、康德、黑智兒之書，謂其有「新道德學」也則可，謂其有「新道德」也則不可，何也？道德者，行也，而非言也。*（《新民說》，頁175）*

　　作為行動準則的道德，若不通過社群成員熟悉的語言與概念範疇，很難產生教化的結果；雖然新時代的德育，需要以西方新道德相輔助，但其前提是「國民教育大興之後，而斷非一朝一夕所能獲」（《新民說》，頁175），當然也不是當時過渡時期所能實行者。其次，

他強化了得自於伯倫知理的「機體」概念，並用之反批判其之前破壞主義之主張（《新民說》，頁173-174, 200, 207）。在社會與社會競爭、國民與國民競爭的狀態下，「群學公例，必內固者乃能外競」（《新民說》，頁173），而假如本國之有機體尚未完備，便貿然運用破壞主義，則不待外競，而從內就將瓦解機體（cf. 狹間直樹，2012: 73-78）。他援引嚴復當時新譯的《群學肄言》：「斯賓塞有言：衰世雖有更張，**弊泯於此者，必發於彼；害消於甲者，將長於乙**。合通群而覈之，弊政害端，常自若也。是故民質不結，禍害可以易端，而無由禁絕」（《新民說》，頁170），[15] 完全否定了之前破壞主義的行動格律：「隨破壞，隨建設，甲乙相引，而進化之運，乃遞衍於無窮」（《新民說》，頁81）。

　　在此理論轉向之後，在政治思想層次，任公所提出的主張是重新強調「**私德**」。他認爲，公德和私德，並非「對待」的，而是「相屬」的名詞。他接受《群學肄言》的分析：「凡群者皆一之積也，所以爲群之德，自其一之德而已定」（《新民說》，頁158）。[16] 公德意指團體中人的公共德性，其基礎在於個人之私德，「是故欲鑄國民，必以培養個人之私德爲第一義。欲從事於鑄國民者，必以自培養其個人之私德爲第一義」（《新民說》，頁158），這個全新的主張意味著梁啓超對於教育國民，以及國民之教育者，產生了極爲重要的理論轉

---

15 見嚴復，2014: 22。這是嚴復所固守的政治原則。嚴復與孫逸仙1905年在倫敦曾有如下對話：「時孫中山博士適在英，聞先生之至，特來訪。談次，先生以中國民品之劣、民智之卑，即有改革，害之除於甲者，將見於乙，泯於丙者，將發之於丁。爲今之計，惟急從教育上著手，庶幾逐漸更新乎。博士曰：俟河之清，人壽幾何？君爲思想家，鄙人乃執行家也」（王蘧常，1977: 74-75）。

16 請參考《新民說》，黃克武導論，頁xv-xvii，

向。

　　首先，公與私、公共人與私人，「其客體雖異，其主體則同」，也就是說，「主體」所交涉的對象是其他私人則爲私德，爲公人或團體則爲公德。在主體相同的前提下，任公進一步主張，「**公德者，私德之推也**」，「故養成私德，而德育之事思過半焉已」（《新民說》，頁159）。關鍵在於，假如公德乃私德之「推」，那麼他在《新民說》開卷指出「新」之二義，重點逐由前十七節本論「採捕其所本無而新之」的論述，翻轉爲「淬礪其所本有而新之」，因爲中國的傳統本來就有私德論。而在新的理論架構中，要從私德推出公德，那麼傳統道德就從需要被破壞的對象，翻轉成爲公德之根基。而在說明這個足以作爲德育基礎的私德理論要素時，梁啓超採用了陽明學，標舉三種私德：一曰正本，也就是王陽明之「拔本塞原論」（《新民說》，頁183）；二曰愼獨，也就是《大學》、《中庸》，以及王陽明的致良知之教（《新民說》，頁185）；三曰謹小（《新民說》，頁188）。

　　梁啓超雖然在〈論私德〉一節以這三種私德論做提綱挈領之解釋，與私德成爲公德根源相關的理論轉變，在於所指涉行動主體意義的改變。在《新民說》前十七節本論的論述中，諸種新的公德適用的主體意指所有國民或國民之整體；但在任公的理論轉變之後，他明白指出這樣的行動主體只是「少數人」：

　　　私德者，人人之糧，而不可須臾離者也。雖然，吾之論著，以語諸大多數不讀書、不識字之人，莫予喻也，即以語諸少數讀舊書、識舊字之人，亦莫予聞也。於是吾忠告之所得及，不得不限於少數國民中之最少數者，顧吾信夫此最少數者，其將來勢力所磅礴，足以左右彼大多數者而有餘也。吾爲此喜，吾爲此懼，吾不能已於言。（《新民

說》，頁 173）

面對梁啓超此種重大的思想轉折，認眞的讀者必定會進一步探究《新民說》整體一致性的問題（狹間直樹，2012: 84-85）。對此議題，筆者主張，在《新民說》前十七節本論中，其實其自由論已經蘊含了「私德外推論」的理論基礎，而其轉變將導致重新建構以陽明學主體爲核心的儒家德育論，在其《德育鑑》（1905）可見更細緻複雜的分析，將於下節檢視。

六、「權利」的歧義與「自由」與「自治」：《新民說》的政治秩序論之三

梁啓超最早討論自由觀念，是在 1900 年春致康有爲的信函中所論，此文可以視爲任公理解自由的出發點：

> 弟子之言自由者，非對於壓力而言之，對於奴隸性而言之，壓力屬於施者，奴隸性屬於受者。……中國數千年之腐敗，其禍極於今日，推其大原，皆必自奴隸性來，不除此性，中國萬不能立於世界萬國之間。而自由云者，正使人自知其本性，而不受箝制於他人。今日非施此藥，萬不能癒此病。（丁文江、趙豐田，2009: 153）

而在〈十種德性相反相成義〉中，「自由」與「權利」產生了內部關聯：「自由者，權利之表證也。凡人所以爲人者，有二大要件，一曰生命，二曰權利，二者缺一，實乃非人，故自由者，亦精神界之生命也」（《文集》5: 45）。梁啓超進一步指出自由與制裁的辯證關係：

> 自由之公例曰，人人自由，而以不侵人之自由爲界，制裁

> 者，制此界也，服從者，服此界也，故眞自由之國民，其
> 常要服從之點有三，一曰服從公理，二曰服從本群所自定
> 之法律，三曰服從多數之決議。（《文集》5: 46）

值得注意的是，作爲制定自由界限的「制裁」，而需國民服從
者，源於公理、本群自定的法律，以及多數決，三者基本上反映的是
盧梭式民主共和的基本原則，而爲破壞主義時期任公所服膺者。對梁
啓超而言，「完全之自由權」預設了「鞏固之自治制」，而文明程度
越高，人民的自治能力越強，法律往往愈加繁密，而公民服從法律的
義務也更爲嚴整。在《自由書》〈論強權〉一節中說明了強權或強者
之權利後，任公也主張自由與強權其本質並無差異，因爲「其所主者
在排除他力之妨礙，以得己之所欲」（《自由書》，頁30）。

然而，在《新民說》第九節〈論自由〉中，梁啓超提出了與《自
由書》不同的全新理論分析。該節基本上可以分爲兩大部分：其一爲
基於歷史經驗，對自由所構成的基本議題加以爬梳；之後，再以「個
人自由」與「團體自由」的區別，發展出任公個人獨特的自由哲學。

梁啓超首先從自由與奴隸的相對待，說明西方自由發達史所爭者
有四：政治自由、宗教自由、民族自由，以及生計〔經濟〕自由。他
進一步指出政治自由的三個階段：平民對貴族保其自由、國民全體對
政府保其自由，以及殖民地對其母國保其自由（《新民說》，頁
53）。[17]而自由精神則形成了近代六大議題：四民平等、參政權、屬地
〔殖民地〕自治、信仰自由、民族建國，以及工群〔勞動或社會〕問
題（《新民說》，頁54）。值得注意的是，梁啓超這個歷史分析的結
論，在於「今日吾中國所最急者，惟第二之參政問題，與第四之民族

---

17 政治自由的前二議題，應該源於穆勒《論自由》開卷所論。

建國問題而已」，並認定「此二者事本同源」，進入了對自由概念的理論分析。

　　任公重述自由之界說：人人自由而以不侵人之自由爲界；然後進一步以野蠻時代與文明時代的歷史軸線，區別「團體之自由」與「個人之自由」：「野蠻時代，個人之自由勝，而團體之自由亡；文明時代，團體之自由強，而個人之自由減。斯二者蓋有一定之比例，而分毫不容忒者焉」（《新民說》，頁58）。在這個議題上，任公回到了「自由」與「制裁」的辯證關係。如本文第二節所述，基於天演公例，「天下未有內不自整，而能與外爲競者」，而在外部競爭的環境下，假如個人濫用自由，侵奪其他人的自由，甚至侵奪團體自由，那麼此群將無法自立，而成爲他群之奴隸（《新民說》，頁59）。是以，「自由之國」中，「文明自由者，自由於法律之下，其一舉一動，如機器之節膝；其一進一退，如軍隊之步武」。深知論者必將有所質疑，所以任公提前說明了權利在社會責任面向上，恰恰如軍隊之紀律，並進一步說明：「故眞自由者必能服從。服從者何？服法律也。法律者，我所制定之，以保護我自由，而亦以箝束我自由者也。」（《新民說》，頁59）

　　在這個基礎上，任公主張「自由云者，團體之自由，非個人之自由也」（《新民說》，頁58），但他也指出，雖然當時的要務乃進中國的「群」以及「國」於自由之境，優先於一己之自由；但由於「團體自由者，個人自由之積也」，所以仍然必須深入探求個人自由的眞義（《新民說》，頁60）。基於此，梁啓超對個人自由或**一身自由**，提出基於中國傳統思想之分析（cf. 張灝，2006:139）：

　　　　一身自由云者，我之自由也。雖然，人莫不有**兩我**焉：其
　　　　一與眾生對待之我，昂昂七尺，立於人間者是也。其二則

> 與七尺對待之我，瑩瑩一點存於靈臺者是也。（孟子曰：
> 「物交物，則引之而已矣」。物者，我之對待也。上物指
> 眾生，下物指七尺〔即耳目之官〕。要之，皆物而非我
> 也。我者何？心之官是已。先立乎其大者，則其小者不能
> 奪也。惟我爲大。而兩界之物皆小也。小不奪大，則自由
> 之極軌焉矣）。（《新民說》，頁61，黑體字爲筆者所加）

任公在《德育鑑》第四章論「存養」時，對此議題則提出如下的
說明：

> 莊生曰：「與接爲構，日與心鬥。」吾人終其身皆立於物
> 我劇戰之地位（以己身對於他人之身，則己身爲我，而他
> 人爲物；以己之心靈對於己之軀殼，則心靈爲我，而軀殼
> 爲物。故言「我」者，有廣義之我，有狹義之我。此文之
> 「我」，即指其狹義者。孟子曰：「耳目之官不思，而蔽於
> 物，物交物，則引之而已矣。」上「物」指社會種種外境
> 界，下「物」指耳目之官，以心靈之我對之，則兩者皆物
> 也。此文之「物」，兼指兩種物而言），而能得最後之戰
> 利者，千無一焉。（《德育鑑》，頁55）

在這兩個關鍵文本中，任公運用孟子與莊子的理論，建構了「兩
我說」：第一個「昂昂七尺，立於人間」之「我」，是作爲「物」的
我，亦即人之軀殼與耳目之官，它與眾生或社會種種外境界的他物相
對待，而容易被吸引過去而蔽於物。而與此相對的則是存於「靈臺」
之「我」，亦即「心之官」。必須「先立乎其大者」亦即後一個
「我」，才不會被耳目之官與外物牽引而去。此「物我劇戰」乃持續
不止之過程，而唯有靈臺之「我」得最後之戰利者，方達到「自由之
極軌」。在物我劇戰中，耳目之官的「我」被外物牽引而去者，則是

役於外物之奴隸狀態（《德育鑑》，頁55）。

任公接著分析「心中之奴隸」的狀態，包括：爲古人之奴隸、爲世俗之奴隸、爲境遇之奴隸，以及爲情慾之奴隸（《新民說》，頁62-65）。其中最重要的分析乃是最後一項，自由意味著勿爲情慾之奴隸，因爲如此一來「心爲形役」：「形無一日而不與心爲緣，則將終其生趑趄瑟縮於六根六塵之下，而自由權之萌蘗俱斷矣」（《新民說》，頁65）。不僅如此，凡是有過人之才者，往往有過人之欲，假如「無過人之道德心以自主之」，則他的才幹僅能成爲其慾望之奴隸，而無法成就大事業（《新民說》，頁65）。

梁啓超的兩我說以及通過存養以克制外物牽引之德育觀，相當接近康德的道德主體論。[18] 是以在回歸王學，主張私德推出論時，任公指出「故以良知爲本體，以愼獨爲致之之功。此在泰東之姚江，泰西之康德，百餘年間，桴鼓相應，若合符節。斯所謂東海、西海有聖人，此心同，此理同。」（《新民說》，頁186）。在〈近世第一大哲康德之學說〉中，梁啓超如此分析康德道德哲學：

> 人之生命蓋有二種：其一則五官肉體之生命，被畫於一方
> 域一時代而與空間時間相倚者也。其有所動作，亦不過一
> 現象，與凡百庶物之現象同，皆有不可避之理而不能自
> 肆。（案：疲而不得不息，飢而不得不食者，皆所謂不可
> 避之理也。此舉其最粗者，凡百皆如是。）雖然，吾人於

---

18 鄭匡民（2003: 150-169）主張梁啓超積極自由論是受到中江兆民的影響，特別是後者的「心思之自由」（*la libertè morale*）觀念（鄭匡民，2003: 156），而 *la libertè morale* 則是源於盧梭《社會契約論》第一卷第八章所述 natural liberty, civil liberty 及 moral liberty；中江兆民分別翻譯爲「天命之自由」、「人義之自由」與「心思之自由」（鄭匡民，2003: 154）。

此下等生命之外，復有其高等生命者存，高等生命者即本
質也，即真我也。此真我者常超然立於時間空間之外，爲
自由活潑之一物，而非他之所能牽縛。故曰自由之理與不
可避之理常並存而不悖者，此也。（《文集》，13: 59）[19]

　　換言之，道德自主性乃是任公論個人自由或「一身自由」的核心
主張，也印證了柏林（Isaiah Berlin, 1909-1997）關於「兩種自由概
念」之當代分析。[20]

---

19 值得注意的是，任公撰寫〈近世第一大哲康德之學説〉（《文集》之十
　三：47-66）時，特別強調「道〔德〕學爲哲學之本」，「申論道〔德〕學
　可以證自由」，以及「論自由與道德法律之關係」等議題。其中〈申論道
　〔德〕學可以證自由〉一節並未收入《飲冰室文集》版，請參見全集版
　（梁啓超，2018, 4: 138-140）。以時序而言，〈近世第一大哲康德之學説〉
　最後一節「論自由與道德法律之關係」發表於《新民叢報》46/47/48號，
　與〈論私德〉最後一部分同時刊行（狹間直樹，2012: 425），二者有密切
　的理論關連。關於梁啓超對康德之引介及影響，請參見黃克武（1998）深
　入的分析與考證：政治哲學涵義，則可參閲楊貞德，2009: 111-138。
20 當代關於自由概念之分析，最重要的首推柏林所提出「消極自由」
　（negative freedom）以及「積極自由」（positive freedom）的著名區分
　（Berlin, 1969: 118-172）。對柏林而言，消極自由乃是針對「行動者在何種
　限度以內應被允許不受他人干涉？」此一問題所提出的答案；而積極自由
　則牽涉到「行動者應如何做出選擇？」這個完全不同的議題（Berlin,
　1969: 121-122）。在其後的文獻討論中，這兩種自由觀被統稱爲免於被干
　涉之消極自由以及追求自我作主（self-mastery）之積極自由。柏林進一步
　主張積極自由的自主觀念意味著將人性區分爲「高等、自律之自我」與
　「經驗、他律之自我」兩個部分，前者應當依據理性原則來指導後者
　（Berlin, 1969: 132）。對柏林而言，積極自由所蘊含的「形上學核心」乃
　是康德所主張通過理性的認知了解並服從道德法則（Berlin, 1969: 136-
　137）。任公所提出的「兩我説」，幾乎完全印證了柏林對於「積極自由」
　中兩個自我的分析。必須強調的是，柏林的理論建構乃冷戰時期對抗集體
　主義的產物，容易導致對梁啓超的自由觀念與自由主義消極自由的概念不
　相容的疑慮（cf. 張灝，2006: 140）；然而，若從近來史金納更爲寬廣的歷

　　自由的核心既在於道德自主，而〈論自由〉的政治秩序構成論則在緊接著的〈論自治〉一節加以闡釋。任公將「自治力」作爲文明人成熟的能力，並以盎格魯薩克遜人爲例，其自治力使得少數英國人在野蠻或「半開」的國土上，有能力形成獨立之國度，而統轄他國之人。值得注意的是，在論述自治與人性的關係，以及自治的源起時，梁啓超提出了以下的論述：

> 故夫人之性質，萬有不齊，駁雜而無紀，苟順是焉，則將橫溢亂動，相觸相閱而不可以相群。於是不可不以人爲之力，設法律而制裁之。然此法律者，非由外鑠也，非有一人首出，制之以律群生也。蓋發於人人心中良知所同然；以爲必如是乃適於人道，乃足保我自由，而亦不侵人自由。故不待勸勉，不待逼迫，而能自置於規矩繩墨之間。若是者，謂之自治，自治之極者，其身如一機器然。
> （《新民說》，頁67-68）

　　這個文本的重要性在於闡釋社會的起源，不但應該與前引〈論義務思想〉一節以君權之形成爲取向的社會起源論，也必須與嚴復《天演論》中關於「群約」的論述加以對比（cf. 蕭高彥，2020: 579-585）。表面上看來，任公在此主張法律制裁必須基於「力」，因而有可能被理解爲強者的權力。然而，他接下來的說明卻轉向了對立面之理論：法律是發於每個人心中所相同的「良知」，而基於此之人道必須確保個人之自由，並不得侵奪別人之自由。這樣所形成的法律，既非「外鑠」，更非「有一人首出，制之以律群生」，所以否定了本文

史視野所提出的「三種自由觀念」（Skinner, 2002），則可以較爲客觀的分析任公自由觀的內在邏輯與涵義。當然，這個比較思想史的議題已超出本文之範圍。

前述「強權領袖論」以及「破壞主義」兩種政治秩序構成論；**並通過積極自由與自治論，結合前節所述「私德推出論」，成為第三種政治秩序構成論**。

　　觀諸任公對於此種社群以及個人的行動所提出的描述：一生之志業如何實踐，皆自訂之；一日之行事，皆自訂之；稟氣之習慣有害個人德性者都必須加以克制……等例證，可以明確看出，任公所描述的自治乃是每個群體的成員都服從自己所參與建立的法律並依此行為準則行事，而任公也點出了其政治性以及當代意義：「國有憲法，國民之自治也。州郡鄉市有議會，地方之自治也。凡良善之政體，未有不從自治來也」（《新民說》，頁70）。恰恰在這個重要的結論中可以看出，唯有自由／自治論述可以產生規範意義之「**良善政體**」，並且呼應了第十三節〈論合群〉所述「法律必須出於契約才謂之正、謂之善」的正當性論述。

　　綜合第本文五、六節所論，《新民說》**後期**的「私德推出論」，在基本取向上其實與**前期**的「自由」概念相同，均以王學的良知說為本，強調存養與復性，並形成自由／自治論，構成了《新民說》第三種政治秩序構成論。所以若從「自由」概念加以觀察，《新民說》前後期仍有一貫之理論元素。

七、意識型態時代的降臨

　　前述〈論私德〉的巨大理論轉變，雖然源於美國之行的所見所聞，但是1903年「《蘇報》案」以後革命派力量的崛起（丁文江、趙豐田，2009: 214-215），以及在師友的規勸下，任公終於放棄激進的革命與破壞主義，回歸立憲改革，之後不但投入清末立憲運動，而且

擔當了與革命派意識型態論戰的舵手。

　　〈論私德〉之後，《新民說》僅有兩節，而與目前通行本的順序相反，第二十節的〈論政治能力〉撰寫於1904年6月至1905年2月；而第十九節〈論民氣〉，則在1906年1月刊行（狹間直樹，2012: 425-427）。在閱讀上有必要依循這個時序，方可理解任公之用意。基本上，〈論政治能力〉還試圖調解立憲派與革命派的衝突，〈論民氣〉則是在清廷宣布預備立憲時的輸誠之作（狹間直樹，2012: 83; 2016: 89-107; 2021: 166-168）。

　　在撰述〈論政治能力〉一節時，已經發生鄒容《革命軍》的散布以及《蘇報》案（1903），所以在這一節，任公一方面指責「朝廷一紙僞改革之詔書」以及「所謂變科舉、開學堂、獎游學，諸僞改革事業」（《新民說》，頁214）；另一方面，他希望「立憲、革命兩主義」能夠互相協助而非互相爭鬥，因爲立憲、革命之爭，「其事本非相反，其效乃眞相成」（《新民說》，頁213），所以天地之大，前途之寬，「實有容此兩主義並行不悖之餘地」，如同文明國家的政黨，雖各持主義，但並不互相摧毀，所以不須互相冷嘲熱罵、陰謀傾軋以求勝（《新民說》，頁215）。

　　在這個背景下，任公強調與思想有異的「政治能力」，並引用亞里士多德「人也者，政治之動物也」之說法，說明人類政治能力乃其天性（《新民說》，頁202）。但在中國則由於專制政體、家族制度、生計〔經濟〕問題以及喪亂頻仍，導致中國人政治能力不發達，也無法建立國家之有機體（《新民說》，頁207）。在這個脈絡中，他提出了「**市民**」概念，而與之前的「國民」概念有所不同：

> 故吾常謂中國有族民資格，而無市民資格，蓋西語所謂市
> 民Citizen一名詞，吾中國亘古未嘗有也。市民與族民，

其相異之點安在？市民之長尚賢，其任之也以投票選舉；
族民之長尚齒，其任之也，以年資洊升。投票選舉，則物
競行，而被選者自必立於有責任之地位；年資洊升者反
是。夫是以泰西之自治制度，爲政治能力之濫觴，中國之
自治制度，爲政治能力之煬竈也。（《新民說》，頁205）

　　細心的讀者不免問，「市民資格」與前節所述之「私德」有何關
係？而從這個文本的說明可以看出，任公以「自治」作爲培養政治能
力的基礎，其制度乃是代議政治，而投票選舉的結果是「尚賢」，而
使被選上之代表負有責任。換言之，前節所述的私德乃是此處賢者的
德性，而一般平民的政治能力則只需要選出長於治理之賢者。

　　任公以下的文本，更說明了其「政治能力」所立基的政治觀：

國民者其所養之**客體**也，而必更有其能養之**主體**。苟不爾
者，漫言曰養之、養之，其道無由，主體何在？不在強有
力之當道，不在大多數之小民，而在既有思想之中等社
會，此舉國所同認，無待詞費也，國民所以無能力，則由
中等社會之無能力，實有以致之。故本論所研究之範圍，
不曰**吾輩**當從何途始可推能力以度諸人也，曰**吾輩**當從何
途始可積能力以有諸己而已。（《新民說》，頁205，黑體
強調爲筆者所加）

　　此處的「主體」以及「中等社會」，正是任公所欲說服的讀者
（「吾輩」），也就是具有知識的仕紳階層，而非「大多數之小民」；這
也正是立憲派與革命派所致力爭取支持的對象和主戰場（cf. 狹間直
樹，2021: 163-164）。

　　至於完成於1906年1月的〈論民氣〉，更已經是《民報》發刊
（1905）之後，表面的脈絡似乎是1905年底「東京學界爭所謂取締問

題」所引起的「東京罷學事件」（《新民說》，頁198），乃至陳天華
在東京蹈海自殺的悲劇。[21] 真正的脈絡，則是在清廷宣布預備立憲
（1905年）並派五大臣出洋考察各國憲政的時刻，考察團與梁啟超接
觸，任公就其意願發出之信號（狹間直樹，2012: 83），而且使得
1906年6、7月梁啟超為此考察團（端方或戴鴻慈）私下代擬了〈制
定國是〉與〈改訂官制〉兩個奏摺，甚至造成《新民叢報》脫期（丁
文江、趙豐田，2009: 230-231；狹間直樹，2012: 82-84; 2016: 89-107;
2021: 174-189）。這意味著因為清廷宣布預備立憲，以及革命黨的鼓
動民氣風潮，使得梁啟超與後者愈行愈遠，並捲入意識型態的論爭，
終極導致《新民叢報》與《民報》的大論辯。

　　然而，形成〈論民氣〉的理論脈絡乃是1903年10、11月刊載於
《浙江潮》第八、九期，署名「飛生」的〈近時二大學說之評論〉。[22]
他評論「新民論」以及「立憲論」兩派學說：前者主張國乃積民而
成，所以沒有民風惡陋而國猶能獨立者；後者主張民權弱則國危，民
權昌則國強，而民權則在於議院以及憲法。事實上，這兩大學說應該
都是梁啟超的主張，雖然對後者「飛生」並未明指其倡議之人為何。
基於革命派的思想取向，「飛生」認為梁啟超新民論犯了邏輯上的謬
誤，倒果為因，因為假如說要全體人民都已經「自新」，才能變置政
府，實屬不易，而不如先變置政府，再創造新的公民。不僅如此，
「飛生」認為梁啟超新民說的潛台詞乃是免除了國民課責於政府改革
之責任。而「飛生」也用類似的邏輯辯駁立憲論者期望現行的當道者
能夠改革。值得注意的是，相對於這兩派學說，「飛生」引用嚴復在

---

21 任公另外著有〈記東京學界公憤事並述余之意見〉，未收錄於《飲冰室合
　　集》，見梁啟超，2005: 289-312；梁啟超，2018: 181-207。
22「飛生」據考證為蔣百里，參閱黃克武，2006: 58-59。

〈原強〉卷尾的主張:「歸其本於智、德、力而救急則歸於一震」(張
枬、王忍之,1962, 1.1: 520),因為人民智、德、力之進步自有其
道,但當前的要務仍然在於「一震撼雷霆之舉」,也就是革命。

　　值得注意的是,嚴復〈原強〉一文,並無「飛生」所引之文句;
比較接近飛生所引的或許是嚴復最後指出「夫為知此,而後知處今之
日挽救中國之至難。亦為知其難,而後為知有已依乎天理,批大郤而
導大窾也」(嚴復,2014, 3: 23)。嚴復引用莊子〈養生主〉庖丁解牛
之喻的結論,但並非主張「一震撼雷霆之舉」,而是找到對的脈絡著
手改變。依據梁啟超的回應看來,任公也沒有發覺其實嚴復〈原強〉
並未提出此革命式的主張。

　　梁啟超在〈答飛生〉的回應中(《文集》11: 40-45)[23] 明白指出:
「新民」與「新政府」何者為先,其實就如同時勢與英雄的關係一
般,[24] 互為因果,很難說何者為較優越的開端啟新之始,[25] 故而他也用
「倒果為因」回敬飛生。然而,具有理論意涵的議題,乃是任公之針
對飛生所引嚴復之「一震之語」。梁啟超指出這是「近來最有力之一
學說也」,並且強調「去年一年之《新民叢報》,其與『震』主義之
關係深淺若何,讀者皆能言之」(《文集》11: 43)。這一方面表示任

---

23 〈答飛生〉一文在新版《梁啟超全集》中,收入《自由書》,見梁啟超,
　　2018, 2: 158-162。
24 在百日維新、戊戌政變之後,梁啟超對於英雄與時勢、近因與遠因的關係
　　便相當關注,在《自由書》有相當多的討論(《自由書》,頁9-11, 84-
　　86)。這個論述來自福澤諭吉(1959: 12-14)。
25 更不必說梁啟超認為「新」或「新民」之開端,乃是「自新」,但既然公
　　德為舊傳統所無,那麼「自新」的途徑何在?這是政治創新論中「開端啟
　　新」(new beginning)的議題,對此梁啟超應有深刻的體悟,也才會對其
　　理論在提出後,又做出重大的修正。

公並未意識到嚴復並無此語，但也意味著自承前一年的《新民叢報》，也就是《新民說》前半部的破壞主義，恰恰與此「震主義」的精神相符。然而，此時的任公已經自破壞主義後退，所以他繼續討論飛生的核心主張：「單易直截以鼓其前進之氣」，認爲這是「飛生全論之主腦，亦近時報界之趨向」（《文集》11: 44）。梁啓超強調，他之前也主張「鼓氣主義」，但最近數月以來方覺氣之「未盡可以恃」，而必須以智、德、力三者相應。

換言之，梁啓超在1903年末，他已經開始了對「鼓氣主義」的批判，但完整的理論反思，則在1906年初於〈論民氣〉才進一步做出理論分析，並與革命派徹底斬斷關係。任公將民氣界定爲：「一國中大多數人，對於國家之尊榮及公眾之**權利**，爲嚴重之保障，常凜然有介冑不可犯之色，若是者謂之**民氣**」（《新民說》，頁191，黑體強調爲筆者所加）。他指出，民氣是國家自存的一個要素，卻不是充分條件，因爲民氣必須「有所待」才能發揮效力。而任公接著將此「所待」關連回「民智、民德、民力」三者，主張唯有後三者齊備，民氣才能有所用，甚至提出了四個「公例」來說明民氣之爲物以及其運用（《新民說》，頁197），特別強調它並非絕對獨立，而僅有補助性質，所以不可作爲唯一手段。任公的用意乃是警戒當時「百數十少年號呼焉，以三數報館鼓吹焉，不一月而舉國狂矣」（《新民說》，頁198）的情況。

最值得注意的是〈論民氣〉定義中的「**權利**」一詞，因爲任公不僅完全否定破壞主義與革命進步論，連之前他所極力倡議依耶陵的「權利感覺」與權利競爭論等基本主張都加以揚棄。《新民說》最後的結論是，只有「民力、民智、民德三者既進，則其民自能自認其天職，自主張其權利，故民氣不期而自進」（《新民說》，頁198）。換

言之，只有當人民的智、德、力發展完備之後，才能體察天職而主張權利，權利成爲最後形成的結果，而非基源性的競爭力量。

梁啓超將〈論民氣〉與〈論政治能力〉放進《新民說》作爲《新民叢報》代表性的「論說欄」，但最終於73號起改由「開明專制」登場（狹間直樹，2012: 82），放棄「新民」之啓蒙。而且，在致康有爲書信中宣稱「今者我黨，與政府死戰，猶是第二義；與革黨死戰，乃是第一義。有彼則無我，有我則無彼」（狹間直樹，2012: 85；丁文江、趙豐田，2009: 245），似乎忘記了他曾主張界定「我群」時，必須確定「我」之友與敵，而結群之後，群中皆是小我之友，不應該有群內之私敵，唯有群外方爲「公敵」（如本文第二節所述）。當然，革命派也對此措意，立憲派與革命派之敵對化，開啓了意識型態論辯的時代。

八、結語：《新民說》的三重政治論述

基於本文的分析，《新民說》雖然是梁啓超在其所稱過渡時代完成的著作，但任公以其過人的學養，用「權利」與「自由」兩個核心的政治思想概念，建構了由個人主體性構成政治社群三種迥異的理想型，形成清末民初政治語言與論述最重要的基源文本，影響極深且巨。權利論因其概念歧義，可區分爲「強權領袖論」以及「破壞主義」（革命進步論）二者；關鍵在於，如張灝（2006: 102-104）所述，進化論與集體主義蘊含著一種道德相對主義，可以依據不同脈絡加以運用。在《新民說》中，「強者的權利」則被運用於「強權派」（加藤弘之）或「平權派」（盧梭主義）兩種迥然有異的爭取權利、爭取立法權，建立政治秩序之方式。最後，「積極自由與自治論」構

成第三種理想型，且與較後期的〈論私德〉一起建立了王學的存養論、積極自由和自治間之緊密關連。換言之，經過《新民說》高強度的概念化、理論化工作，述梁啓超也逐漸脫離了文明、進化論與民族主義的原始取向，建立自己成熟期的文化理論。

　　隨著現實政治的快速變遷，梁啓超完全放棄破壞主義，其結果是只以「強權領袖論」為主，並通過伯倫知理的主權論加以改良。如前所述，任公〈近世第一大哲康德之學說〉最後一節「論自由與道德法律之關係」發表於《新民叢報》46/47/48號，與〈論私德〉最後一部分同時刊行（狹間直樹，2012: 425），其中有一任公案語可觀察到他運用伯倫知理的方式：

> 案：康德所說自由界說甚精嚴，其梗概已略具前節，即以自由之發源全歸於良心（即真我）是也。大抵**康氏良心說與國家論者之主權說**絕相類。主權者絕對者也，無上者也，命令的而非受命的者也。凡人民之自由，皆以是為原泉，人民皆自由於國家主權所賦與之自由範圍內，而不可不服從主權。良心亦然。為絕對的，為無上的，為命令的。吾人自由之權理所以能成立者，恃良心故，恃真我故，故不可不服從良心，服從真我。服從主權，則個人對於國家之責任所從出也，服從良心，則軀殼之我對於真我之責任所從出也，故字之曰道德之責任。由是言之，則自由必與服從為緣。國民不服從主權，必將喪失夫主權所賦與我之自由；（若人人如是，則并有主權的國家而消滅之，而自由更無著矣。）人而不服從良心，則是我所固有之絕對無上的命令不能行於我，此正我喪我之自由也。故真尊重自由者，不可不尊重良心之自由。若小人無忌憚之

自由，良心爲人欲所制，眞我爲軀殼之我所制，則是天囚
也。與康德所謂自由，正立於反對的地位也。（《文集》
13: 92-93，黑體字爲筆者所加）。

在這個關鍵文本中，與「康氏良心說」絕相類的「國家論者之主
權說」，其實正是伯倫知理之論，而且成爲平行的兩條理論進程。這
樣的發展，已經預示了之後，他在與革命派的意識型態論戰中，〈**開
明專制論**〉一文通過一系列界說：「發表其權力於形式，以束縛人一
部分之自由謂之『制』」、「由專斷而以良的形式發表其權力，謂之
『開明專制』」、「凡專制者，以能專制之主體的利益爲標準謂之野蠻
專制，以所專制之客體的利益爲標準謂之開明專制」（《文集》17: 21-
22），完成一種領袖高居法律之上，能夠理解國民利益而實施專制的
「國家理性論」（張灝，2006: 175）。

其次，「破壞主義」並未因爲梁啓超的放棄而式微。除了如任公
所自承，影響了當時的革命派之外，[26] 而由本文緒論所引胡適《四十
自述》可看出，也深刻影響到下一代五四運動的激烈反傳統主義。[27]

至於「積極自由與自治論」，梁啓超其實繼承並發展了赫胥黎和
嚴復的「倫理自由主義」。在《德育鑑》的案語中，任公指出省克論
與天演論「人治」觀念的內在關連：

侯官嚴氏譯赫胥黎之《天演論》曰：「人治有功，在反天
行。」又曰：「人力既施之後，是天行者時時在在欲毀其

---

26 具體的例證是陳天華，〈國民必讀——奉勸一般國民要爭權利義務〉
（1905/10，生前未刊），見陳天華，2011: 179-198，以及1903年春《直說》
第二期之〈權利篇〉（張枬、王忍之，1962, 1.1: 479-484）。
27 參閱黃進興，2013: 100-121；雖然張灝（2006: 153）與林毓生（2019:
127-128）對梁啓超是否影響五四運動的激烈反傳統主義有所保留。

成功，務使復還舊觀而後已。倘不能常目存之，則歷久之
餘，其成績必歸於烏有。」此言也，近世稍涉獵新學者所
誦爲口頭禪也。吾以爲治心、治身之道，盡於是矣。先儒
示學者以用力，最重克己。己者，天行也；克之者，人治
也。以社會論，苟任天行之肆虐，而不加人治，則必反於
野蠻。以人身論，苟任天行之橫流，而不加人治，則必近
於禽獸。然人治者，又非一施而遂奏全勝也。彼天行者，
有萬鈞之力，日夜壓迫於吾旁，非刻刻如臨大敵，則不足
以禦之。（《德育鑑》，頁96）

　　梁啓超結合了中國孟子與陽明心學傳統以及西方道德自主性與政
治正當性諸要素所形成的政治秩序論，雖然是一個初步的嘗試，但奠
基於傳統，影響極爲深遠。[28]直接及於梁漱溟思想的形成（陳來，
2013: 71），如梁漱溟曾謂：「溟年十四五以迄十八九間，留心時事，
向志事功，讀新會梁氏所爲《新民說》、《德育鑑》，輒日記，以自勉
勵。」（梁漱溟，2011: 399），並指出：

　　任公先生同時在報上有許多介紹外國某家某家學說的著
　　作，使我得以領會近代西洋思想不少。他還有關於古時周
　　秦諸子以至近世明清大儒的許多論述，意趣新而筆調健，
　　皆足以感發人。此外有《德育鑑》一書，以立志、省察、
　　克己、涵養等分門別類，輯錄先儒格言（以宋明爲多），
　　而任公自加按語跋識。我對於中國古人學問之最初接觸，
　　實資於此……，在當年卻給我的助益很大。（梁漱溟，
　　2005: 682）。

---

28 亦可參考張灝（1990: 21-22, 59-60）所提出儒家傳統中的「生命二元論」。

　　長期而言，則可說是新儒家思想模式的根源（黃克武，2006: 183），甚至爲當代新儒家「民主開出論」結合傳統與現代政治制度的論述模式之先河。[29]

---

29 最具代表性的，首推牟宗三、徐復觀、張君勱、唐君毅四位新儒家主要學者所發表的《爲中國文化敬告世界人士宣言》（1958）。此宣言陳述了以心學爲本之儒家哲學，以及如何由之開出認知主體（科學）與政治主體（民主）的論述（收錄於唐君毅，1974；請參閱蕭高彥，2014）。

徵引書目

Berlin, Isaiah
　　1969　*Four Essays on Liberty*, Oxford: Oxford University Press.
Bluntschli, Johann K.
　　1971（1895）　*The Theory of the State*, Freeport: Books for Libraries Press.
Fogel, Joshua A.（edit）
　　2004　*The Role of Japan in Liang Qichao's Introduction of Modern Western Civilization to China*, Berkeley, CA: Institute of East Asian Studies, University of California Berkeley, Center for Chinese Studies.
Hampsher-Monk, Iain, Karin Tilmans, Frank van Vree
　　1998　*History of Concept: Comparative Perspectives*, Amsterdam: Amsterdam University Press.
Huang, Philip C.（黃宗智）
　　1972　*Liang Ch'i-ch'ao and Modern Chinese Liberalism*, Seattle: University of Washington Press.
Hobbes, Thomas
　　1994　*Leviathan, with Selected Variants from the Latin edition of 1668*, ed. E. Curley. Indianapolis: Hackett.
Jhering, Rudolf von
　　1997　*The Struggle for Law*, translated from the 5th German ed. by John J. Lalor; with an introduction by Albert Kocourek, Union, N.J.: Lawbook Exchange.
Koselleck, Reinhart
　　1985　*Futures Past: On the Semantics of Historical Time*, tran. K. Tribe. Cambridge, Mass.: MIT Press.
Lukács, György
　　1980　*The Destruction of Reason*, translated by Peter Palmer, London: Merlin.
Pocock, J. G. A
　　1996　"Concepts and Discourses: A Difference in Culture? - Comment on a Paper by Melvin Richter," in *The Meaning of Historical Terms and Concepts – New Studies on* Begriffsgeschichte, ed. Hartmut Lehmann & Melvin Richter, Washington: German Historical Institute, pp. 47-70.
Reinsch, Paul Samuel

1972（1900）　*World Politics at the End of the Nineteenth Century: as Influenced by the Oriental Situation*, Wilmington, Del.: Scholarly Resources.

Skinner, Quentin.

 2002　"A Third Concept of Liberty," *Proceedings of the British Academy*, vol. 117, pp. 237-268.

Tseng, Roy（曾國祥）

 2023　*Confucian Liberalism: Mou Zongsan and Hegelian Liberalism*, New York: State University of New York Press.

丁文江、趙豐田編

 2009　《梁啓超年譜長編》，上海：上海人民出版社。

王蘧常

 1977　《嚴幾道年譜》，臺北：臺灣商務印書館。

巴斯蒂

 1997　〈中國近代國家觀念溯源——關於伯倫知理《國家論》的翻譯〉，《近代史研究》，1997年第4期，頁221-232。

石川禎浩

 2015　《中國近代歷史的表與裡》，袁廣泉譯，北京：北京大學出版社。

史金納（Quentin Skinner）

 2014　《政治價值的系譜》（*The Genealogy of Political Values*），蕭高彥編，台北：聯經出版公司。

安靖如（Angle, Stephen C.）

 2012　《人權與中國思想：一種跨文化的探索》，黃金榮, 黃斌譯，北京：中國人民大學出版社。

伯崙〔倫〕知理著，吾妻兵治譯

 1899　《國家學》，東京：善鄰譯書館。

阪崎斌（編）

 1966　《譯書彙編》，臺北：臺灣學生書局。

沈國威編著

 2011　《新爾雅，附解題・索引》，上海：上海辭書出版社。

林毓生

 2019　《中國激進思潮的起源與後果》，臺北：聯經出版公司。

金觀濤、劉青峰

 2008　《觀念史研究：中國現代重要政治術語的形成》，香港：香港中文大學。

施米〔密〕特（Carl Schmitt）

2003　《政治的概念》，劉宗坤等譯，上海：上海人民出版社。

狹間直樹
2012　（編）《梁啓超・明治日本・西方：日本京都大學人文科學研究
　　　所共同研究報告》修訂版，北京：社會科學文獻出版社。
2016　《亞近代文明史上的梁啓超》，狹間直樹主講、張勇評議，高瑩瑩
　　　譯，清華大學國學研究院主編，上海市：上海人民出版社。
2021　《梁啓超：東亞文明史的轉換》，高瑩瑩譯，北京：北京大學出版
　　　社。

耶林（依耶陵）（Rudolf von Jhering）
1996　《爲權利而抗爭》，林文雄譯，臺北：協志工業叢書出版股份有限
　　　公司。

胡適
1986　《四十自述》，臺北：遠流出版公司

張枬，王忍之編
1960-1978　《辛亥革命前十年間時論選集》，五冊，北京：三聯書店。

張灝
1990　《幽暗意識與民主傳統》，臺北：聯經出版公司。
2006　《梁啓超與中國思想的過渡（1890-1907）》，崔志海，葛夫平譯，
　　　北京：新星出版社。

張朋園
1999　《梁啓超與清季革命》，臺北：中央研究院近代史研究所。

唐君毅
1974　《説中華民族之花果飄零》，臺北：三民書局。

梁啓超
1960　《飲冰室合集》，林志鈞編，臺北：臺灣中華書局。
2011　《新民說》，黃克武導讀，臺北：文景書局。
2018　《梁啓超全集》，20冊，湯志鈞、湯仁澤編，北京：中國人民大學
　　　出版社。

梁漱溟
2005　《我的自學小史》，中國文化書院學術委員會編，《梁漱溟全集》
　　　第2卷，濟南：山東人民出版社，頁659-699。
2011　〈思親記〉，《我生有涯願無盡：梁漱溟自述文錄》，北京：中國
　　　人民大學出版社，頁399-402。

福澤諭吉
1959　《文明論概略》，北京編譯社譯，北京：商務印書館。

陳天華

　　2011　《陳天華集》，劉晴波、彭國興編，饒懷民補訂，湖南：湖南人民
　　　　　出版社。
陳正國
　　2024　《什麼是思想史》，台北：聯經出版公司。
陳來
　　2013　〈梁啓超的「私德」論及其儒學特質〉，《清華大學學報》（哲學
　　　　　社會科學版），2013年第1期，頁52-71。
陳建守
　　2021　〈被遺忘的篇章：梁啓超與《世界近世史》研究〉，發表於「《探
　　　　　索政治現代性》學術研討會」，臺北：中央研究院人文社會科學
　　　　　研究中心，2021-10-07～2021-10-08。
黃克武
　　1998　〈梁啓超與康德〉，《近代史研究所集刊》，30期，頁101-148。
　　2002　〈嚴復與梁啓超〉，《臺大文史哲學報》，56期，頁29-68。
　　2006　《一個被放棄的選擇：梁啓超調適思想之研究》，臺北：中央研究
　　　　　院近代史研究所。
黃進興
　　2013　《從理學到倫理學：清末民初道德意識的轉化》，臺北：允晨文
　　　　　化。
楊貞德
　　2009　《轉向自我：近代中國政治思想上的個人》，臺北：中央研究院中
　　　　　國文哲研究所。
鄭匡民
　　2003　《梁啓超啓蒙思想的東學背景》，上海：上海書店出版社。
漢普歇爾－蒙克（Iain Hampsher-Monk）
　　2010　《比較視野中的概念史》，周保巍譯，上海：華東師範大學出版
　　　　　社。
蕭高彥
　　2014　〈五○年代臺灣自由觀念的系譜：張佛泉、《自由中國》與新儒
　　　　　家〉，《人文及社會科學集刊》，第26卷第3期，2014年9月，頁
　　　　　387- 425。
　　2020　《探索政治現代性：從馬基維利到嚴復》，臺北：聯經出版公司。
嚴復
　　2014　《嚴復全集》，十一冊，汪征魯、方寶川、馬勇主編，福州：福建
　　　　　教育出版社。

Rights, Freedom, and Political Order: The Threefold Political Discourse in Liang Qichao's *Xinmin Shuo*

Carl K. Y. Shaw

Abstract

The aim of this study is to employ the methodology of "language" and "discourse" analysis, as proposed by the contextualist historian J.G.A. Pocock of the Cambridge School, to interpret the political thought in *Xinmin Shuo*. This article first discusses the fundamental orientations of Liang Qichao's thought: civilization, evolutionism, and nationalism. It then focuses on two core concepts in the various chapters of *Xinmin Shuo*: "rights" and "liberty," and attempts to analyze the notion of political order underpinned in the text. Through a careful textual analysis, this article argues that, due to the ambiguity in Liang Qichao's analysis of rights, three distinct ideal types of political community -- each constructed around different forms of individual subjectivity -- can be identified: a theory of authoritarian leadership, destructivism (or revolutionary progressivism), and a theory of positive liberty and self-government. The article further explains the ideological transmutes present in the final two sections of *Xinmin Shuo*.

Keywords: Liang Qichao, *Xinmin Shuo*, rights, liberty, evolution, civilization, state, nationalism

Scholarship and Politics in the World of Gu Jiegang

張傳遠

美國威斯康辛大學歷史系博士。現任新加坡南洋理工大學中文
系助理教授。主要研究的範圍爲中國近現代思想史,中西比較
政治哲學。

Scholarship and Politics in the World of Gu Jiegang

張傳遠

摘　要

　　本文以二十世紀著名史學家顧頡剛（1893-1980）爲主軸，進而分析近代中國學人對學術和政治的看法。雖然顧頡剛經常強調學術與政治應該分開，並認爲學術的目的只是在研究學術本身，但他卻最終陷入自我矛盾的困境。一如歷史上很多中國的知識份子，顧頡剛對政治無法置身事外。因此，他的學術研究處處體現出對當時國事的關懷。本文也會探討史學家錢穆（1895-1990），并將他跟顧頡剛進行比較，以便更加理解他們所處時代的中國學術氛圍。

關鍵詞：顧頡剛、近現代中國、知識分子、政治、錢穆

1. Introduction

Scholarship and politics share a complicated relationship in mainstream Chinese tradition. It was, after all, Confucius's disciple Zixia 子夏 who famously proclaimed in the *Analects* that "when an official has spare time after performing his duties, he should study; when a student has spare time after his studies, he should seek political office."[1] The two aspects were often intertwined in imperial China: studying Confucianism was indispensable to a career in officialdom. The educated elite were expected to pay attention to the state of the empire and be involved in politics. Despite the abolition of the civil service examination in 1905, the ties between politics and intellectuals remained strong. Ruminating on the intellectual tenor of his time in the late 1920s, the historian Qian Mu 錢穆 (1895-1990) determined it as one of *jiuguo baozhong* 救國保種 (saving the nation and preserving the race).[2] In a similar language, the late Li Zehou 李澤厚 (1930-2021), building on the ideas formulated in the late 1970s, wrote in 1986 that despite their initial push for intellectual exploration, the political turmoil in the twentieth century had left many modern Chinese intellectuals inclined to save the nation rather than pursue intellectual enlightenment. In other words, for these writers, political concerns surpassed intellectual pursuit.[3] The political, therefore, never

---

1 Confucius, *Lunyu* 論語, "Zizhang" 子張.
2 Qian Mu 錢穆, *Guoxue gailun* 國學概論 in *Qian binsi xiangsheng quanji* vol.1 錢賓四先生全集 1 (Taipei: Lianjing chuban shiye gongsi, 1994), pp. 399, 410.
3 Li Zehou 李澤厚, *Zhongguo xiandai sixiangshi lun* 中國現代思想史論

severed its ties with intellectual learning.

This essay seeks to examine the connection between scholarship and politics in the mind of one prominent scholar of the twentieth century, the iconoclastic historian Gu Jiegang 顧頡剛 (1893-1980). We will focus on his research and writings during the republican period, when the relationship between his scholarship and politics is the most interesting. As a scholar, Gu is famously known to be the driving force behind *Gushi bian* 古史辨 (Debates on Ancient History, 1926-1941). This seven-volume collection is composed of essays that were written by leading historians and classicists of the day on China's ancient past, four of which were executed under Gu's editorship. The primary focus of this collection was a discussion of the facts and fictions of various historical figures and entities, often with a radical bend. As a prominent iconoclast, Gu spared no effort at attempting to tear apart the various "myths" and "untruths" of ancient China. However, *Gushi bian* also included essays from traditionalists who defended China's cultural heritage and who, in turn, had criticized Gu. For this reason, the collection is one of the most prominent historical works in modern China and has been studied by many scholars.[4] As for Gu, he became the subject of various scholarly inquiries, among which are two major biographical studies, one in English, the other in Chinese.[5]

(Beijing: Sanlian shudian, 2008), pp. 1-46.

4　See for example, Chen Qitai 陳其泰 and Zhang Jinghua 張京華, eds., *Gushi bian xueshuo pingjia taolunji (1949-2000)* 古史辨學說評價討論集 (1949-2000) (Beijing: Jinghua chubanshe, 2000).

5　See Laurence Schneider, *Ku Chieh-kang and China's New History: Nationalism*

Despite the numerous studies on Gu' s academic writings and his thinking on the relationship between scholarship and politics, there is still room for a more detailed analysis.[6] For example, it has been suggested

---

and the Quest for Alternative Traditions (Berkeley: University of California Press, 1971); Liu Qiyu 劉起釪, *Gu Jiegang xiansheng xueshu* 顧頡剛先生學述 (Beijing: Zhonghua Shuju, 1986).

6   There are quite a few studies on Gu Jiegang. American sinologist Arthur Hummel was among the first to talk about Gu in the English language. He published a translation and annotation of Gu' s autobiography from volume one of the *Gushi bian* in 1931, see Hummel, *The Autobiography of a Chinese Historian: Being the Preface to a Symposium on Ancient Chinese History (Ku Shih Pien)* (Taipei: Ch' eng Wen Publishing Company, 1966). Furthermore, he also wrote two essays introducing the compendium, "Ku Shih Pien (Discussions in Ancient Chinese History) Volume One" (1926) and "What Chinese Historians are Doing in Their Own History" (1929). Both have been included in volume two of the compendium, which also included a Chinese version of the latter piece, see Gu Jiegang 顧頡剛 eds., *Gushi bian* vol.2 古史辨 第二冊 (Hong Kong: Taiping Shuju, 1962), pp. 364-369, 421-454. Scholars have also studied Hummel' s own work on Gu as well, see Brian Moloughney, "Arthur W. Hummel and Gu Jiegang: Translation in the Making of Modern China Studies," *Twentieth-Century China* 42:1 (January 2017), pp. 97-109. Other English language studies on Gu include Ursula Richter, "Historical Scepticism in the New Culture Era: Gu Jiegang and the 'Debate on Ancient History,' " *The Bulletin of the Institute of Modern History, Academia Sinica* 23 II (June 1994), pp. 355-388; Hon Tze-ki, "Ethnic and Cultural Pluralism: Gu Jiegang' s Vision of a New China in his Studies of Ancient History," *Modern China* 22.3 (July 1996), pp. 315-339; Brian Moloughney, "Myth and the Making of History: Gu Jiegang and the Gushi bian Debates" in Brian Moloughney and Peter Zarrow eds., *Transforming History: The Making of a Modern Academic Discipline in Twentieth-Century China* (Hong Kong: The Chinese University Press, 2011), pp. 241-270. As for the Chinese side, an in-depth analysis of Gu' s new approach to history can be found in Xu Guansan 許冠三, *Xinshixue jiushinian 1900-* Vol.I 新史學九十年 1900- 上冊 (Hong Kong: Zhongwen daxue

that Gu sought to separate scholarship from politics in his early years. By
the 1930s and 40s, however, the Japanese invasion had led Gu to change
his mind.[7] A more recent study similarly argues that Gu had a steadfast
support for "knowledge for knowledge's sake" and had believed in the
separation of academic research and politics in his early years. But this
disposition began to change in the 1930s due to the brewing national crisis.
Gu then became increasingly nationalistic in his approach to scholarship
and was also more protective of Chinese national identity.[8] Similarly,
another recent study recognizes that throughout his career, Gu's research
was inextricably linked to the political events of the day, but it apparently
does not question the premise that he was genuinely pursuing knowledge
for its own sake earlier in his career.[9]

　　As my analysis will demonstrate, this tension between scholarship

chubanshe, 1986), pp. 173-204. While Xu does mention the issue of Gu's
scholarship as it relates to his politics, it is brief and not the focus of his study.
An interesting analysis of Gu's various personal and social relationships,
including romantic interests, can be found in Yu Yingshi 余英時, *Weijin de
caiqing: cong "Gu Jiegang riji" kan Gu Jiegang de neixin shijie* 未盡的才情：
從 "顧頡剛日記" 看顧頡剛的內心世界 (Taipei: Lianjing chuban shiye
gongsi, 2007).

7　Laurence Schneider, *Ku Chieh-kang and China's New History: Nationalism and
the Quest for Alternative Traditions*, pp. 5-6, 258-259.

8　Chan Hok Yin 陳學然. "'Chongqi luzao': minzu weiji yu Gu Jiegang xueshu
sixiang de zhuanbian"「重起鑪竈」：民族危機與顧頡剛學術思想的轉變,
Zhongguo wenhua yanjiusuo xuebao 中國文化研究所學報 62 (January 2016),
pp.165-202.

9　Ge Zhaoguang 葛兆光, "Paihuai dao jiujie-Gu Jiegang guanyu 'zhongguo' yu
'zhonghua minzu' de lishi jianjie" 徘徊到糾結—顧頡剛關於 "中國" 與 "中
華民族" 的歷史見解, *Shucheng* 書城 (May 2015), pp. 5-11.

and politics is present throughout Gu's entire academic career – a conflicting disposition that can be traced to his college days at Peking University. Indeed, one reason why Gu became well-known as a scholar is because of his systematic critique of the Warring States and of early imperial scholars for mixing scholarship with politics. Yet, as we shall see, the irony is that Gu himself was unable to escape such an inclination as well. Despite Gu's supposed belief and many pronouncements that he was seeking "knowledge for knowledge's sake," his motive behind studying Chinese history and culture was in fact highly political. In his mind, China had to reexamine her inglorious past and purge its continuous pernicious influence if the nation wanted to move forward. The fate of modern China was at stake. This mode of thinking was common among Chinese intellectuals of Gu's times. Examining Gu's scholarship, therefore, provides a conduit for exploring the modern Chinese intellectual world and its struggle with politics.

In order to explore Gu's intellectual milieu more effectively, however, this article will not only examine Gu, but also provide a brief discussion of his contemporary Qian Mu. Qian will be used as a foil to illustrate a somewhat different approach to comprehending the relationship between scholarship and the political. Like Gu, Qian was also deeply influenced by this interaction and had also criticized the ancients for mixing social concerns with intellectual pursuits. However, he was also able to show more willingness to engage with historical materials, by coming to terms with the fusion of politics and scholarship in the ancient period. In other words, on this issue at least, Qian presented a fuller picture of the past than Gu. Of course, this is not to suggest that Gu had no understanding of the ancient period, but rather to illustrate a different pathway of studying ancient China in the early republican period. Either way, as both men's works shall illustrate, the interconnection between scholarship and politics remained strong in the Chinese intellectual world from the ancient period down to the modern era.

The outline for this paper is as follows: I briefly discuss, first, Gu's background as pertaining to his scholarship. I continue the analysis with an examination of his writings, focusing in particular on his accusation that the ancients infuse politics with scholarship. I will then offer an analysis of the connection between the political and Gu's intellectual project and the paradox it presents. Finally, I discuss Qian Mu and the contrast he offers.

2. Gu Jiegang the Scholar

Gu wrote a few autobiographical sketches throughout his career. In addition, he kept a diary. The most important of these writings is his preface to volume one of *Gushi bian,* published in 1926. This is a detailed autobiography that offers insights into Gu as a person and a scholar. In the autobiography, Gu recalled that he acquired an independent and inquisitive mind at a young age. Despite having studied the classics first with family and friends and later acquired the new knowledge at Western style schools, Gu indicated that he was dissatisfied with past scholarship on the classics and the teachers in his new schools.[10] It was not until 1913, when, as a student at the college preparatory school for Peking University, Gu met Zhang Taiyan 章太炎 (1869-1936) at one of his public lectures. Gu revealed that he immediately felt that he had met someone who could truly inspire him, declaring that "at the time, after hearing Master Taiyan's lectures, [he] felt that [Zhang's] words were profound and systematic, with a clear purpose and critique. [He] had never met such a teacher before. [He] was utterly impressed." [11]

Thus, when Zhang opposed the idea of making Confucianism into a religion, Gu consequently became convinced that Zhang's target, the Jinwen xuepai 今文學派 (New Text School) that was represented at that time by Kang Youwei 康有為 (1858-1927), was unreliable. Gu was persuaded by the position of Zhang and the Guwen xuepai 古文學派 (Old Text School) that the Confucian *Liujing* 六經 should be read as historical texts and that Confucius should be viewed as a philosopher and a historian, rather than a spiritual leader of a religion as claimed by the New Text School.[12] Gu also agreed with Zhang's critique of the position of the New Text School, namely, that one should understand the classics "in order to utilize them for practical purposes" (*tongjing zhiyong* 通經致用).[13] This approach to the classics was a position occupied by imperial Confucians,

---

10 Gu Jiegang, *Gushi bian* vol.1 (preface) 古史辨 第一冊 (自序) (Hong Kong: Taiping Shuju. 1962), pp. 8-16.
11 Gu Jiegang, *Gushi bian* vol.1 (preface), p. 23.
12 Gu Jiegang, *Gushi bian* vol.1 (preface), p. 24.
13 Gu Jiegang, *Gushi bian* vol.1 (preface), pp.25-26.

who would often use the classics to justify various socio-political activities. Gu had adamantly opposed this type of thinking – I will expound on this position more in the next section.

It was also during this time Gu began to reach a new understanding of "learning" and "knowledge." At first, he perceived that learning was a mere functionality, that is, it was to be used to "guide one' s life." But after a while, he began to realize that in order to seek "true knowledge," one must liberate oneself from the confines of one' s daily lives. Therefore, instead of simply applying knowledge for utilitarian purposes, where a distinction between "useful" and "useless" needs to be made, one should pursue and seek knowledge for knowledge' s own sake. Put simply, when it comes to knowledge, the only question one should ask is whether something is "true or not true," rather than whether "it is useful or not." While knowledge may be used for practical purposes, Gu declared that practicality should be the natural outcome of learning and knowledge, not their goals.[14] From this point onward, Gu revealed that he had grown audacious in performing "useless" research, breaking the conventional concept of seeking knowledge for utilitarian matters. Gu considered this awakening to not only be the most "memorable" moment in his life but also the source of his later success.[15] Here, Gu strongly suggested that knowledge should be pursued for its own sake without outside interference. Nonetheless, as we shall see, this was something that he was

14 Gu Jiegang, *Gushi bian* vol.1 (preface), p.25.
15 Gu Jiegang, *Gushi bian* vol.1 (preface), pp.25-26.

ultimately unable to truly accomplish throughout his illustrious career.

Despite Gu' s admiration of Zhang Taiyan, he could not change his critical disposition and his habit of reading widely. As a result, instead of simply being a blind follower of Zhang, Gu decided to investigate the other side. After reading Kang Youwei' s major writings, *Xinxue weijing kao* 新學僞經考 (An Examination of the Forged Classics in the Xin Dynasty, 1891) and the first chapter of *Kongzi gaizhi kao* 孔子改制考 (An Examination of Confucius as a Reformer of Political Institutions, 1898), Gu, impressed by Kang' s argument, which was based on historical evidence, was convinced that Kang was right to cast doubt on the verities of ancient history.[16] He then realized that the Old Text' s critique of the New Text was highly partisan – an inclination that applied to Zhang as well. Following this revelation, Gu began to lose enthusiasm for Zhang' s practices.[17] While Gu admitted that his motivation for overthrowing the established view of ancient history based on forged historical materials stemmed from reading Kang' s writings, he insisted that this act was not indicative of his switch in parties. In fact, he had also criticized Kang and his supporters for not pursuing true knowledge for its own sake:

> I felt that they were only using the identification of forgeries
> as a means to achieve their own ends, which was political
> reforms. They were trying to utilize their findings for policy

16 On Kang Youwei' s influences on Gu, see Wang Fan-sen 王汎森, *Gushi bian yungdong de xingqi: yi ge sixiangshi de fenxi* [xiudingban] 古史辨運動的興起：一個思想史的分析 [修訂版] (Taipei: Wangda shuwei chuban, 2016).

17 Gu Jiegang, *Gushi bian* vol.1 (preface), pp. 26-27.

purposes and not studying ancient history for the sake of knowledge itself.[18]

Gu then attacked traditional scholars for slavishly following the commentaries written by the exegetes in the Han dynasty while voluntarily disregarding their own rational judgment. It was a shame, Gu declared, that he did not have the same tolerance to be bullied by the Han exegetes. Indeed, "we have our own work, and our means and ends are the same!" Gu wrote.[19]

Ironically, despite Gu's ideal of neutral scholarship without political interference, politics did shape Gu's academic career from the very beginning. Indeed, the first sign of the intertwined nature of learning and politics in Gu's life may be traced to the eve of him becoming a student at Peking University. Here, Gu indicated that he became interested in philosophy due to the aftermath of the 1911 revolution. As he wrote in his autobiography, the post-revolution period was not exactly a paradise. The revolutionary spirit was fading, while the cruelty of Yuan Shikai 袁世凱 (1859-1916) and the return of other reactionary forces all significantly dampened Gu's spirit. Still, rather than giving up, this chaos fueled Gu's impetus toward understanding and solving the many problems that confronted him. He further revealed that he wanted to understand and organize all the knowledge in the world in a more systematic fashion. With these goals in mind, Gu ultimately decided that philosophy was the only

---

[18] Gu Jiegang, *Gushi bian* vol.1 (preface), p. 43.
[19] Gu Jiegang, *Gushi bian* vol.1 (preface), p.44.

academic discipline that would help him accomplish his goals.[20] Socio-political concerns, not pure intellectual pursuit, were therefore the main driving force behind Gu's academic study in college.

Gu soon found himself not only concerned about the post-imperial chaos that was present in republican China but also the stifled atmosphere that he initially experienced at Peking University. Neo-Confucianism had maintained its influence in 1916, the year he started college as a philosophy major. He was not particularly satisfied with the situation as he dismissed the Neo-Confucian tenets as preposterous. As a first-year student of philosophy, Gu took the survey course, Zhongguo zhexueshi 中國哲學史 (History of Chinese Philosophy). The course was initially taught by Chen Hanzhang 陳漢章 (1864-1938), a prominent classicist. Chen's syllabus began with the epoch of the sage king Fuxi 伏羲 and ended with the "Hongfan" 洪範 chapter of the Shangshu 尚書. Gu wrote that thanks to Kang Youwei, he knew most of the course's materials were probably later forgeries, but because he had admired Chen's erudition, Gu did not feel he should criticize Chen.[21]

In the meantime, the so-called repressive atmosphere was beginning to dissipate when Cai Yuanpei 蔡元培 (1868-1940) became the new president of the university in 1917. Under his leadership, a new generation of scholars began to arrive on the scene and take over teaching duties. Among them was Hu Shi 胡適 (1891-1962). Gu first met Hu in 1917. The

---

20 Gu Jiegang, Gushi bian vol.1 (preface), pp. 32-33.
21 Gu Jiegang, Gushi bian vol.1 (preface), p. 36.

latter had just returned from the United States after studying at Columbia. Hu was asked to teach the history of Chinese philosophy course that Gu had been taking. Since Hu received his education in America, many students doubted his ability to teach such a demanding course, Gu included. Nevertheless, Hu left an indelible impression on Gu after the very first lecture: instead of sticking to the old method of teaching the legendary sage rulers of Sanhuang wudi 三皇五帝 like Chen Hanzhang did, Hu began his lecture with King Xuan of Zhou 周宣王 and used *Shijing* 詩經 as a primary text to discuss the beginning of Chinese philosophy. This shift in the syllabus created an instant sensation as students including Gu himself were totally shocked by this new approach. Gu became so impressed by Hu's teachings that he invited his roommate, Fu Sinian 傅斯年 (1896-1950), to attend a lecture. Gu reported in his diary that Fu was likewise fascinated by Hu's lessons. Indeed, Gu himself related that he was able to gain extraordinary insights from Hu on the issues of China's ancient history. Hu's new approach coupled with Kang Youwei's influences prompted Gu to conclude that actual ancient history was significantly different from the information provided by the existing historical records, which he found unreliable.[22]

Gu and his friends were not the only ones who felt Hu Shi's influence: his impact on the early republican Chinese intellectual landscape was overwhelming.[23] On the other hand, the well-being of the Chinese

---

22　Gu Jiegang, *Gushi bian* vol.1 (preface), p. 36.

23　On Hu's influence on modern Chinese intellectuals, see Yu Yingshi, *Zhongguo jindai sixiangshi shang de Hu Shi* 中國近代思想史上的胡適 (Taipei: Lianjing nation was also at the heart of Hu's intellectual concerns. While still a student in America, Hu expressed his intent to transform China's modern condition. He eventually cited his concern for the fatherland as the reason he switched his studies from agriculture to literature and philosophy. For Hu, studying the humanities would help develop China better than enquiring knowledge in farming.[24] His decision reflected the fact that, once again, scholarship and politics were intimately connected to one another in the mind of a Chinese intellectual.

In his autobiography, Gu expressed his admiration for Hu's "scientific method" of studying ancient history, which boiled down to organizing the many historical materials and finding the various relationships and connections surrounding a single historical event.[25] Hu, of course, had also contributed directly to *Gushi bian*.[26] His political and cultural aspirations undoubtedly reflected and guided the intellectual milieu at the time, shaping Gu's worldview as well.

chuban shiye gongsi, 1984); Luo Zhitian 羅志田, *Zaizao wenming de changshi: Hu Shi zhuan (1891-1929)* 再造文明的嘗試: 胡適傳 (1891-1929) (Beijing: Zhonghua shuju, 2006); Zhai Zhicheng 翟志成, *Wulun Feng Youlan 五論馮友蘭* (Taipei: Shangwu yinshuguan, 2008) pp. 1-16.

24 Luo Zhitian, *Zaizao wenming de changshi: Hu Shi zhuan (1891-1929)*, pp. 68-69.

25 Gu Jiegang, *Gushi bian* vol.1 (preface), pp. 3, 94-95. Gu suspected that the so-called "scientific method" was probably far more complicated than what he stated here. Therefore, he was willing to really criticize and examine his own work to make sure his approach was truly "scientific." On Hu's "new" approach, see Zhai Zhicheng, *Wulun Feng Youlan*, pp. 7-16.

26 See for example, volume one of the compendium, which has included multiple articles from Hu.

Besides Gu's personal experiences, we should also note that his quest for a more "authentic" ancient China was not just a modern Chinese phenomenon. There were many who doubted various aspects of antiquity in the imperial era. The key difference between Gu and these individuals is that their works on doubting antiquity did not generate the same degree of influence that Gu's writings did. Gu himself had commended the Qing scholars and their studies of ancient texts. Furthermore, he had acknowledged the influence of numerous imperial era scholars in his project, such as Liu Zhiji 劉知幾 (661-721), Sima Guang 司馬光 (1019-1086), Zheng Qiao 鄭樵 (1104-1162), Zhu Xi 朱熹 (1130-1200), Yao Jiheng 姚際恆 (circa 1647-1715), Cui Shu 崔述 (1740-1816) and many others.[27] Some of these writers, such as Sima Guang and Zhu Xi, are orthodox scholars. This, however, is not surprising: to question and authenticate the classics was part of Confucianism in the imperial times. Yet their approach did not match the radical belief that Gu supported, that is, that the entire ancient ideals of the sage kings needed to be supplanted altogether. This iconoclasm indeed marked a modern event.

Still, it may be said that textual scholarship and philology had become especially prominent in the Qing, when Confucian scholars were searching for the true meaning of the master's teachings, an attempt the late Yu Yingshi 余英時 (1930-2021) had clearly demonstrated.[28] By the early

---

[27] Gu Jiegang, *Gushi bian* vol.1 (preface), pp. 77-78.

[28] Yu Yingshi, *Lun Dai Zhen yu Zhang Xuecheng-qingdai zhongqi xueshu sixiangshi yanjiu* 論戴震與章學誠 - 清代中期學術思想史研究 (Beijing: Sanlian shudian, 2005), pp. 322-356.

republican era, as part of the trend of validating the past, the dating and identification of various ancient texts and thinkers became of great interest to scholars.[29] In addition, from the late Qing onward, classical studies began to subside when the rise of history as a modern discipline began to be seen as connected to the fate of the Chinese nation.[30] Even more than during the imperial period, "history" was now perceived to be able to contribute to the wealth and power of the Chinese state. As I shall argue, Gu' s own enterprise of exposing past historiography was also, figuratively speaking, a form of "modern state-building." Gu seemed to believe that by cleansing the falsehood of the past, a new foundation could be better established.

In the end, the many intellectual exercises mentioned above are all highly political in nature, including the search for a true Confucian way in the Qing or studying traditional history using the modern Western scientific method in the republican period. *Gushi bian* is therefore no exception. Indeed, despite its diverse and radical nature, the compendium is a product of its time. In other words, it is a text with political goals. The combination of Gu' s individual experience, the intellectual landscape at the time, and the historical precedent of his research project, all laid the foundation for his intellectual output and the contradictions that come with

---

[29] Wang Fan-sen, *Jindai zhongguo de shijia yu shixue* 近代中國的史家與史學 (Shanghai: Fudan daxue chubanshe, 2010), pp. 153-154.

[30] See the various analyses in Brian Moloughney and Peter Zarrow, eds., *Transforming History: The Making of a Modern Academic Discipline in Twentieth-Century China* (Hong Kong: The Chinese University Press, 2011).

it.

3. Gu Jiegang's Scholarship

Gu's ideas, such as "to do away with the notion of the past as a golden age" are well-known and influential.[31] Here, Gu argued against the dominant notion of the imperial era that the ancient past of Yao, Shun, and the Three Dynasties was a paradise on earth. According to Gu, the term "king" originally only referred to nobility and did not denote a sense of goodness. However, during the Warring States period, a group of thinkers decided to make ancient kings possessors of supreme virtue to repudiate contemporary rulers. Contrary to this claim, Gu attested that the ancient period was not a paradise at all. The so-called sage kings from the Shang and Zhou dynasties suppressed the people in the name of heaven and ancestors, and they would punish the masses harshly if they did not follow orders. Furthermore, as all the lands belonged to the aristocracy, the common people were slaves to the nobles. Finally, constant warfare and conquests were a common part of life in these ancient times, which indicated that the terror of death was ever-present among the people. It is precisely for this reason that Gu asked, "how could there be happiness in the ancient past?" [32]

---

[31] Gu Jiegang, "Da Liu Hu liangxiansheng shu" 答劉胡兩先生書 in Gu Jiegang eds., *Gushi bian* vol.1 古史辨 第一冊 (Hong Kong: Taiping Shuju, 1962), pp. 101-102.

[32] Gu Jiegang, "Da Liu Hu liangxiansheng shu," p. 101.

These opinions led Gu to conclude that the so-called "historical records" that painted a picture of a utopian past were the fabrications of scholars during and after the Warring States period. They had sought to create a perfect image of the ancient period in hope that their lords would model themselves after the sage kings of the erstwhile past by restoring peace. These narratives were in fact political acts that became political ideologies.

A key component of the fabricated past was the Confucian classics, for they were the agents for transmitting this false and often wonderful image. It was therefore Gu's primary task to expose these classics as forgeries. In his 1935 work, *Handai xueshu shilue* 漢代學術史略 (Outline of Academic Learning in the Han Dynasty), Gu indicated that the original motivation behind the fabrication of Chinese history was not intentional. He suggested that during the Shang period, all daily events were inscribed on oracle bones. Later, the ancients began to record information on bronze vessels. By the time of the Warring States, woods, textile materials, and fabrics were used to transmit information. As technology progressed, more information was recorded and left to posterity. Hence, people began to forget about the progression of technology; they assumed that information was abundant from the earliest of times. This view resulted in a strong faith in the relevance of historical records, which illuminated the path to recreating the past. As Gu wrote:

> If the situation were like nowadays, where excavation affords
> an access to ancient artifacts and thus gives way to several
> volumes of studies on ancient history, then that would be

ideal. However, they (people of the past) did not think like this. All they were capable of doing was believing whatever they heard as ancient history, to the extent that they counted anything they could think of as ancient history. The people then put what they heard and what they thought into writing and regarded it as an authentic account of the ancient past. Hence, even though people of the earliest times could not leave much information to their descendants, their offspring could complete their stories for them in a neat and organized fashion.[33]

Gu considered these lived realities of the past as a key reason why, despite not being intentional, the classics were inaccurate in the first place. As we shall see below, eventually textual forgeries became intentional, as political motivations prompted the making of faked materials.

Besides spurious texts, another problem was that early thinkers misunderstood and misused historical knowledge. They failed to study history as an end in itself or the past on its own terms. Gu therefore criticized scholars from the Pre-Qin era to the Han for lacking the proper concept of history.[34] This included prominent thinkers like Mencius, who

---

33 Gu Jiegang, *Gu Jiegang juan* 顧頡剛卷 (Shijiazhuang: Hebei jiaoyu chubanshe, 1996), p. 40.
34 See for example, Gu Jiegang, "Zhanguo qinhan jian ren de zaowei yu bianwei" 戰國秦漢間人的造偽與辨偽 in Lu Siman 呂思勉 and Tong Shuye 童書業, eds., *Gushi bian* vol.7 古史辨 第七冊 (Hong Kong: Taiping Shuju, 1963), pp. 2-5, 44.

used the classics for political purposes, namely, to advocate for his own political thought by projecting his ideal back to the ancients. Gu declared that Mencius knew little about ancient history as it happened. In fact, according to Gu, "Mencius absolutely loved to talk about the ancient past, but he possessed the least common sense when it came to geography and history." [35] Certainly, the idea of using the ancients to speak on one's behalf was ubiquitous in ancient China. Most writers of the Pre-Qin period would cite some legendary sages, including the Yellow Emperor, as their spokesmen. Even Confucius was cited by different thinkers to argue and support their positions. What this suggests is that an accurate rendition of the past was not the most important matter for these Pre-Qin writers. Gu clearly understood this tendency and repudiated it. After all, Gu wanted to restore "factual history." [36] But, as someone who disparaged the ancients for their bad historical knowledge and maintained the need to seek knowledge as an end in itself, Gu's position here begs the question of whether he really wanted to understand the ancients for who they were and how they saw themselves, which of course is also a part of "factual history."

Gu's thinking eventually culminated in his assertion that a "state-sponsored" reinvention of history took place in the Han dynasty. The Han elite believed that all timeless truths resided in the classics. As Gu described it: "'if heaven does not change, neither does the way.' Since the

---

35 Gu Jiegang, "Zhanguo qinhan jian ren de zaowei yu bianwei," p. 27.
36 See for example, Gu Jiegang, "Zhanguo qinhan jian ren de zaowei yu bianwei," pp. 62-63; Gu Jiegang, *Gu Jiegang juan*, pp. 54-55.

classics recorded the way, they will not change either." [37] For this reason, an individual, particularly the emperor, had to seek legitimacy and consult the classics for any action. Politics had grown inextricably linked to academic learning and vice versa.

From the middle period of the Western Han dynasty, Gu argued, interest in learning about the classics became more prominent than when the dynasty was first founded.[38] The Confucian ministers who were controlling the government, were enthusiastically involved in collating and editing the Confucian classics. In the later part of the dynasty, Emperor Cheng 成帝 commissioned the minister Liu Xiang 劉向 (77BC-6BC) to work on the classics. Liu Xiang was soon succeeded by his son, Liu Xin劉 歆 (circa 50BC-23BC). Gu believed that because of his background and position, Liu Xin could have contributed greatly to academic research by studying history neutrally and presenting his findings objectively. Unfortunately, as he was born in a time when seeking legitimacy from the past was the norm, his actions were influenced and limited by this intellectual culture.[39] Any important findings from the classics in the Han had to be utilized to serve the present, a concept known as *tuogu gaizhi* 托 古改制 (making reforms based on the ways of the ancients). This notion is directly connected to *tongjing zhiyong*, an idea I alluded to earlier.

In this environment, Gu, following the argument of Kang Youwei,

---

[37] Gu Jiegang, *Gu Jiegang juan*, p. 55.

[38] Gu Jiegang, *Gushi bian* vol.5 (preface) 古史辨第五冊 (自序) (Hong Kong: Taiping Shuju. 1963), pp. 5-6.

[39] Gu Jiegang, *Gushi bian* vol.5 (preface), p. 6.

asserted that Liu Xin forged a new textual tradition that would later be known as the "Old Text," where documents were written in scripts that were used before the Han. Gu compared this practice to the "New Text" tradition, in which texts were written using the Han script. The two schools not only differed in scripts but also involved different texts and interpretations. For example, when it came to the *Chunqiu* 春秋, the Old Text school supported the *Zuozhuan* 左傳 while the New Text advocated for the *Gongyang* 公羊 and *Guliang* 穀梁. What, then, is the relationship between Liu Xin and the Old Text? During the reign of Emperor Wu 武帝, King Lugong 魯恭王 of the Han royal house sought to expand his residence in Qufu 曲阜. When he took apart Confucius's old residence that was located on-site, he found copies of various Confucian classics hidden within the walls. These old script texts were then presented to and kept by the royal court. They only became public knowledge, Gu surmised, when Liu Xin became interested in them. Gu thus argued that Liu Xin and his vast number of aids helped prop up the Old Text.[40] One predominant example of this effort, Gu discerned, was the emergence of the *Zuozhuan*.

What is the story behind the *Zuozhuan*? Gu told us that when Liu Xin

40 Gu Jiegang, "Wude zhongshishuo xia de zhengzhi he lishi" 五德終始說下的政治和歷史, *Qinghua xuebabo* 清華學報 6.1 (June 1930), pp. 179-191; Gu Jiegang, *Gushi bian* vol.5 (preface), pp. 5-20; Gu Jiegang, *Gu Jiegang juan*, pp. 49-54. A revised version of the Wude article can be found in Gu Jiegang eds., *Gushi bian* vol.5 古史辨 第五冊 (Hong Kong: Taiping Shuju, 1963), pp. 404-617.

was in charge of the imperial archives, he found a book written in the old script called *Guoyu* 國語, which detailed events that occurred in the Spring and Autumn period. Liu really liked this book and, as a result, Gu revealed, he edited the book and introduced it to the world. Liu, Gu claimed, stated that the book's author, Zuo Qiuming 左丘明 (circa 6th-5th century BC) met Confucius personally, and his views were exactly the same as Confucius. Hence to Liu, when it came to understanding Confucius' s *Chunqiu*, this *zhuan* (commentary) served as the most reliable source, perhaps even rivalling the prestige of *Chunqiu* itself, given Zuo Qiuming's relationship with Confucius. But according to Gu, despite *Guoyu*'s status as an authentic historical text, it is historically inaccurate as a commentary to the *Chunqiu*. Therefore, Liu was putting Confucius' s imprimatur onto the *Guoyu* to give the impression that it was more authoritative than it actually was.[41] More importantly, Gu asserted that *Guoyu* was in fact the *Zuozhuan*, but after Liu' s editorship, it had become two different texts, with *Zuozhuan* becoming the authoritative commentary of the *Chunqiu*.[42]

Like Kang Youwei before him, Gu averred that Liu Xin eventually used his forgeries based on the Old Text to help the influential minister,

---

[41] Gu Jiegang, *Gushi bian* vol.5 (preface), pp. 7-8; Gu Jiegang, *Gu Jiegang juan*, pp. 50-52.

[42] Gu Jiegang, *Gu Jiegang juan*, pp. 50-52. Gu' s own student Yang Xiangkui 楊向奎 (1910-2000) has questioned the view that *Guoyu* and *Zuozhuan* are the same book. See his *Yishizhai xueshu wenji* 繹史齋學術文集 (Shanghai: Shanghai renmin chubanshe, 1983), pp. 174-214. It does seem that most scholars today believe they are separate entities to begin with.

Wang Mang 王莽 (45BC-23AD), take over the Han dynasty. Liu and Wang were old colleagues and Gu implied that this was the reason why the former was willing to support the latter.[43] When Wang was trying to usurp the throne, he realized that he needed to seek legitimacy from the cultural heritage. Accordingly, whenever he did something, a similar historical precedent would "appear" in the classics. For example, Gu wrote that when Wang became the emperor regent, the term *she* 攝 (regent) appeared in the opening passage of the *Zuozhuan*. Similarly, when Wang wanted to legitimatize himself as a successor to the Han court, he followed the *wuxing* 五行 (Five Elements) theory by anointing himself as belonging to the earth element and as a descendent of the sage king Shun. Unsurprisingly, passages in the *Zuozhuan* appeared to support his claim.[44] Gu's argument here is that Liu had committed *weicuan* 偽竄 (forgeries) in the *Zuozhuan* and other texts in an effort to give validity to Wang's actions and help him to found a new dynasty.[45] Gu further declared that the ideology Liu helped to establish had survived Wang's downfall: the

---

43 Gu Jiegang, *Gu Jiegang juan*, p. 77.
44 Gu Jiegang, *Gushi bian* vol.5 (preface), pp. 10-11. There are two components in the second example that supposedly worked in Wang's favor. First, that the Han court was thought to be a carrier of the fire element. Given that, according to the Five Elements theory, earth is supposed to follow fire, Wang naturally wanted to be represented by the earth element. Second, that the Han royal house was also thought to be the descendent of the sage king Yao. Since Yao abdicated his throne in favor of Shun, Wang of course wanted to use this historical precedent by presenting himself as the descendent of Shun, so that he could legitimately get the throne from the Han.
45 Gu Jiegang, *Gushi bian* vol.5 (preface), pp. 7-11.

various texts and historical figures related to the Five Elements theory continued to be interpreted by Liu's followers in support of the newly established Eastern Han regime.[46]

Politics, therefore, was at the heart of Confucian scholarship in the Han dynasty, as Gu ascertained. There was a deliberate attempt by a small cadre of elites to reformulate the classics to correspond with contemporary political needs, that is, to legitimatize those who were in power. Gu had clearly demonstrated the connection between scholarship and politics in early China, but what about his interpretations of these events? Did they really support his claim? Gu's eminent contemporary Qian Mu had other ideas. Before turning to Qian Mu, we will first examine the contradiction exhibited by Gu in the matter of politics and scholarship. As we shall see, Gu's intellectual concerns were inextricably linked to the political since his college days.

4. The Political Factor

Despite his concern for current affairs, Gu was not political in the sense that he was willing to engage in the power struggle of politics. As a teenager, Gu joined the China Socialist Party (Zhongguo Shehui Dang 中國社會黨) that was founded by Jiang Kanghu 江亢虎 (1883-1954). However, he quickly became aware that he had no talent in actual political organizing. Furthermore, Gu realized that, because of his independent

---

[46] Gu Jiegang, *Gushi bian* vol.5 (preface), pp. 11-20.

spirit, he was not willing to be a part of someone's entourage nor have followers himself.[47] Gu's personal struggle with politics at the practical level was a constant theme throughout his adult life, for he held complicated and, at times, tragic relationships with both the Nationalists and the Communists.[48] When it came to the issue of merging the political and scholarship, however, Gu's story took a different turn.

In 1919, Gu, still a college student at the time, wrote an article titled "Zhongguo jinlai xueshu sixiangjie de bianqianguan" 中國近來學術思想界的變遷觀 (Recent Changes in China's Academic and Intellectual World). In this piece, written in January of that year but only published later in 1984, Gu listed many of the pitfalls of contemporary intellectual development, including his fellow intellectuals for not engaging seriously in their studies so that they may gain a better understanding of the world. Here, Gu wanted his colleagues to seek knowledge so that a new horizon may be achieved. Interestingly, he concluded the essay with a final plea, asking "' how does one use knowledge to reform society?' My dear sirs! If you see our society needs to be reformed, then you should better seek knowledge diligently!"[49] It is fair to say that whatever Gu had in mind about "seeking knowledge for knowledge's sake," there is always a strong socio-political component to his thinking. Nonetheless, if Gu wanted to

---

47 Gu Jiegang, *Gushi bian* vol.1 (preface), pp. 17-18.
48 Gu Jjegang, *Gu Jiegang zizhuan* 顧頡剛自傳 (Beijing: Beijing daxue chubanshe, 2012), pp. 112-123; Yu Yingshi, *Weijin de caiqing: cong "Gu Jiegang riji" kan Gu Jiegang de neixin shijie*, pp. 52-105.
49 Gu Jiegang, *Gu Jiegang juan*, p. 758.

transform society by applying individual knowledge, especially in his case, the knowledge of the humanities, then his position was perhaps much closer to someone like Liu Xin than he realized. Or, perhaps, this essay, written when Gu was about to graduate from college, is an anomaly?

We have already seen that Gu mentioned in his 1926 autobiography that the chaotic aftermath of 1911 played a pivotal role in his decision to pursue philosophy in college. But in the autobiography, Gu also divulged something else related to his academic research: many people had requested for him to compile a general history of China. Although he did not commit to the task, he did have a very important historical question in his mind, a line of inquiry that would form the backbone of a survey history of China. Gu asked, "has the Chinese ethnicity become decrepit or is it still in its prime?" [50] Even though there appeared to be a consensus that the Chinese people had indeed become decrepit, it was still a difficult issue to resolve. Gu declared that the Warring States period had resulted in the amalgamation of many new ethnicities, which, in turn, had invigorated the Chinese people. However, the autocracy of the imperial house and the monopoly of Confucianism had caused the Chinese to become listless and lifeless. Gu suggested that if new blood had not been introduced by the various tribal invasions, such as the Mongols, the Han Chinese may not have survived. In the end, Gu opined that studying this issue was the only way for him to help China and fulfill his duty as a citizen. [51]

---

[50] Gu Jiegang, *Gushi bian* vol.1 (preface), p. 89.
[51] Gu Jiegang, *Gushi bian* vol.1 (preface), pp. 89-90.

While the general history project was stillborn, the very fact that Gu had expressed such a sentiment clearly revealed the political nature of his scholarship. Even more, it shows Gu was very much concerned about the fate of modern China. Although Gu had declared that he did not want his academic activities to be related to politics, this ideal ultimately fell short, for the compilation of *Gushi bian* was indeed political in nature.[52]

In many ways, a strong argument can be made for *Gushi bian* standing as a good example of "pure" scholarship: essay after essay in this compendium discuss ancient history without meandering too much into current affairs. Furthermore, Gu specifically urged scholars in the preface to the third volume of *Gushi bian* (1931) to pursue whichever topic they were curious about and not adopt a utilitarian approach when deciding which issue to examine.[53] This was also in line with some of Gu's other writings from the same period, in which he asserted the importance of separating scholarship from political influence.[54] But given what we have already witnessed, is it possible Gu was taking the paradoxical position of engaging with politics yet staying away from it at the same time? Interestingly, *Gushi bian* did become utilitarian and political in the end, since Gu had eventually suggested that this was its nature. This is clearly evidenced in Gu's 1933 preface to the fourth volume of *Gushi bian*.

---

52 Gu Jiegang, *Gushi bian* vol.1 (preface), p. 90.
53 Gu Jiegang, *Gushi bian* vol.3 (preface) 古史辨 第三冊 (自序) (Hong Kong: Taiping Shuju, 1963), p. 9.
54 Chan Hok Yin, " 'Chongqi luzao' : minzu weiji yu Gu Jiegang xueshu sixiang de zhuanbian," *Zhongguo wenhua yanjiusuo xuebao* 62, pp. 172-176.

Speaking about the need to destroy past "idols," such as the Confucian way, Gu asserted:

> We do not even need to talk about the ancient times. Just look at the present day with all its revolutionary fervors, even these revolutionary figures want to build a philosophical foundation by following the lineage of the ways of Yao, Shun and Confucius. Therefore, the power of tradition is still strong. Yet one of the most important reasons that our ethnicity is still slumbering in this air of listlessness, losing our creativity and self-esteem, unable to react to challenges and defend against the great powers is, I dare to say, because of this kind of thought – it has poisoned us. Everyone thinks only the sages possess great virtues and accomplish great deeds, which makes oneself feel small. Everyone does not feel up to it and this leads to the willingness to abandons one's own capabilities. People think that the golden age is in the past and therefore feel that there is no hope for the future. If there was truly a golden age in the past, then our passive nature of today is at least worth it. Regrettably, it is just all imagination.[55]

The past, then, is part of the present: they are inseparable. Despite all the new concepts imported from the West, China remained connected to her tradition. This is a view Gu had already expressed back in his 1919

---

[55] Gu Jiegang, *Gushi bian* vol.4 (Gu's preface) 古史辨 第四冊 顧序 (Hong Kong: Taiping Shuju, 1963), p. 13.

article.[56] Due to the veneration of ancestors and tradition, Gu determined that China was unable to move forward. In times of crisis, this problem grew especially acute. A radical remaking of Chinese thought, Gu insisted, had to be undertaken:

> Hence, those of us who want to pursue scholarship for the truth or for the purpose of saving our ethnicity, once we discover these issues, we must tear down this falsified system and its accompanied decorations. We must restore the ancient history's true condition of diverse outlooks. We must let our people see the true image of the ancient past and realize that the glory of our ethnicity is not in the past but in the future. We must let the ancients be the ancients and not let them become the leaders of today. We must let ancient history be ancient history and not serve as the ethical rules for today, to let history books be history books and not the exalted law books of the present. This is a huge destruction but without it, our ethnicity cannot find a way to survive.[57]

Gu went on to argue that we must return the ancients to their respective times, which, for the moderns, meant a return of these figures to the museums. As for ancient ethics and wisdom, he believed they should be kept only if they serve contemporary needs. Even then, these ideologies should not be blindly adopted, but should be adjusted to correspond with

---

56 Gu Jiegang, *Gu Jiegang juan*, pp. 737-738.
57 Gu Jiegang, *Gushi bian* vol.4 (Gu's preface), p. 13.

modern political demands.[58]

In Gu's mind, it seems that there is little tension between pursuing scholarship purely for knowledge's sake and using that knowledge for socio-political needs. As he had stated, even for scholars "who want to pursue scholarship for the truth," the ultimate goal of their research should still be to help creating a brighter future for the Chinese people. More importantly, for Gu, the fate of the Chinese people and, as one may indeed infer, the well-being of the Chinese nation, relies on the perception that modern scholars have on the past. Gu used concepts like national survival, a concern that many Chinese intellectuals of that period shared, to stress his point. Once more, like many Chinese intellectuals, Gu struggled with enlightening the mind with knowledge and national salvation. Indeed, by emphasizing the importance of saving the nation, he may have unwittingly subverted his goal of achieving a neutral knowledge-based approach to scholarship. Additionally, Gu had bought into the prevalent idea of the period that history develops in a linear manner where a better time resides in the future.[59] This, of course, is a repudiation of the dominant traditional view of the past as a golden age. Gu perceived that modern China would not be able to succeed or even legitimatize itself without destroying the falsehood of the past. This perception, again, was shared by many of Gu's

---

[58] Gu Jiegang, *Gushi bian* vol.4 (Gu's preface), p. 13.

[59] Prasenjit Duara, *Rescuing History from the Nation: Questioning Narratives of Modern China* (Chicago: University of Chicago Press, 1995); Wang Fan-sen, Jindai zhongguo de shijia yu shixue, pp. 29-68; Thomas Fröhlich and Axel Schneider eds., *Chinese Visions of Progress, 1895 to 1949* (Leiden: Brill, 2020).

contemporaries, such as Chen Duxiu 陳獨秀 (1879-1942), who had famously asserted that in order to accept "science" and "democracy," the Chinese must reject their Confucian past.[60]

Gu Jiegang would offer the same argument again two years later in his *Handai xueshu shilue* about the need to study ancient history so we can understand the past but, at the same time, use scholarship to repudiate historical falsehoods in order to satisfy contemporary political needs.[61] So, why then did Gu and other like-minded intellectuals believe that the progress of modern China lay in the clarification of its relationship with the Confucian heritage, particularly its various legends and teachings? Was the renunciation of such myths truly necessary? Perhaps, given the practical approach to issues that many Chinese are accustomed to, worrying about institutional reforms might be more important. Obviously, Gu, as an intellectual and a historian, was concerned with the impact of ideas. But something else was at work too. In his study of iconoclastic modern Chinese intellectuals, Lin Yu-sheng has argued that that many radical thinkers and writers in the May Fourth era adopted a "cultural-intellectualistic approach" to solve China's problems. The concept, which has its roots in Chinese tradition, states that society could only be truly transformed if people were taught to think differently. Rather than reforming institutions, then, enriching the minds of citizens took

---

60 See his "Benzhi zuian zhi dabian shu" 本誌罪案之答辯書 (A Defense of Our Magazine's Crimes) in the *Xinqingnian* 新青年 (New Youth), dated January 15, 1919.

61 Gu Jiegang, *Gu Jiegang juan*, pp. 112, 101.

precedence.[62] While this approach might not apply to all modern Chinese intellectuals, it certainly works well for describing Gu. However, Gu was also unable to extricate himself from the tradition that he had persistently criticized. How ironic is it that just like the Confucians in the imperial times, who wanted to use scholarship to rein in bad rulers and influence politics, Gu wanted to do something similar? The difference to note here is that while literati like Liu Xin sought to establish the legitimacy of the present by connecting it to the past, Gu believed in legitimatizing the present by disconnecting it with the past, at least the "fake past," which he perceived would hurt the cause of the present. He attempted to show how politics affected academic research in the past, an influence he understood as unethical. Yet Gu's effort to release China from the burden of her cultural heritage was affected and hindered by the same impulse. The tension between pure scholarship and using it to transform the nation was simply too complex to be fully resolved.

It should be clear by now that, despite the burgeoning political crisis in China at that time, there was no major shift in Gu's scholarship from pursuing knowledge for its own sake to more practical matters in the 1930s. It is probably true that Gu did grow more politically conscious in the 1930s. He began to devote himself toward studying issues such as China's borders and their history and the makeup of Chinese ethnicity. The latter project has prompted some scholars to debate Gu's view on the

---

62 Lin Yu-sheng, *The Crisis of Chinese Consciousness: Radical Antitraditionalism in the May Fourth Era* (Madison: University of Wisconsin Press, 1979), pp. 26-55.

formation of Chinese identity and its implications.[63] Gu's "practicality" may also be recognized in a lecture he gave in 1948 at the Academia Sinica. In his talk, Gu declared his desire to give back to the nation and its people: he had also been educating the masses and working in the frontiers like Tibet.[64] Still, considering what we have discussed, these engagements were certainly not entirely new, as Gu was already concerned about politics and social issues when he was in college. It may be, then, that Gu had simply become more action-orientated in the 1930s and 40s. Nonetheless, it is clear that his mindset had not changed much from his earlier days.

Finally, given the rise of national sentiment around this period, Qian Mu, for one, had implied that Gu may have also grown skeptical of his earlier stance on China's antiquity.[65] However, even if this were the case,

---

63 Hon Tze-ki, "Ethnic and Cultural Pluralism: Gu Jiegang's Vision of a New China in his Studies of Ancient History," *Modern China* 22.3, pp. 315-339; Ge Zhaoguang "Paihuai dao jiujie-Gu Jiegang guanyu 'zhongguo' yu 'zhonghua minzu' de lishi jianjie," *Shucheng,* pp. 5-11; Chan Hok Yin "'Chongqi luzao' : minzu weiji yu Gu Jiegang xueshu sixiang de zhuanbian," *Zhongguo wenhua yanjiusuo xuebao* 62, pp. 165-202; Leigh Jenco, "Can the Chinese Nation Be One? Gu Jiegang, Chinese Muslims, and the Reworking of Culturalism," *Modern China* 45.6 (November 2019), pp. 595-628.

64 Gu Jiegang, "Wo de shiye kumen" 我的事業苦悶, *Guancha zazhi* 觀察雜誌 3.24 (1948), pp. 29-30.

65 Liao Mingchun 廖名春, "Shilun guishibian yundong xingqi de sixiang laiyuan" 試論古史辨運動興起的思想來源 in Chen Qitai and Zhang Jinghua, eds., *Gushi bian xueshuo pingjia taolunji (1949-2000),* p. 268; Chan Hok Yin "'Chongqi luzao' : minzu weiji yu Gu Jiegang xueshu sixiang de zhuanbian," *Zhongguo wenhua yanjiusuo xuebao* 62, pp. 165-202.

it may simply be a matter of Gu reassessing his political priorities. Before the conflict with Japan became widespread, Gu had felt the need to defeat the "enemy" within, that is, China's cultural baggage. But now that a new adversary had presented itself, he felt it was time to defend China against the "enemy" without. Either way, modern China's integrity had to be preserved.

5. Qian Mu's Alternative Approach

We will now turn to Qian Mu and offer him as a foil to Gu Jiegang. Qian was, for the most part, an autodidact. Although he had received some modern, secondary education, Qian, unlike Gu, never went to college. Qian began his teaching career at the secondary level, and, thanks to Gu, ultimately became a university professor in Beijing. Gu was probably the first to recognize Qian's talent: after reading the latter's draft of *Xianqin zhuzi xinian* 先秦諸子繫年 (Chronology of the Pre-Qin Masters, 1935), he recommended Qian for a teaching position at Yanjing University in Beijing in 1930.[66] Here, one may perceive an aspect of the intellectual landscape at work that has previously been discussed. Namely, that the primary reason for Qian's rise in influence was that *Xianqian zhuzi xinian* is a work that investigates and verifies the dates of ancient thinkers, which, as previously mentioned, was a hot topic of intellectual engagement at the

---

[66] Qian Mu, *Bashi yi shuangqin shiyou zaiyi hekan* 八十憶雙親師友雜憶合刊 in *Qian Binsi xiansheng quanji* vol. 51 (Taipei: Lianjing chuban shiye gongsi, 1998), pp. 148-149, 154.

time.[67]

While Gu could certainly be perceived as Qian's benefactor, the two men did not always see eye to eye. For one, Qian had criticized Kang Youwei's argument that Liu Xin had forged the classics to create the Old Text tradition in a seminal article, providing many examples that demonstrated the improbability of Liu's ability to forge the classics on such a massive scale. Although Qian's essay was primarily a critique of Kang, it was also a response to Gu. In his review of Gu's "Wude zhongshi shuo xia de zhengzhi he lishi" 五德終始說下的政治和歷史 (Politics and History under the Concept of the Five Virtues, 1930), Qian questioned some of Gu's views.[68] In response to Qian's arguments, Gu, despite acknowledging Qian's criticism and contribution, maintained his position.[69] Nonetheless, Gu chose to include a revised version of Qian's seminal article, "Liu Xiangxin fuzi nianpu" 劉向歆父子年譜 (The Chronologies of the Father and Son of Liu Xiang and Liu Xin, 1930) and his review of the Wude article in the fifth volume of *Gushi bian*.[70] What this act suggests is that Gu had regarded both issues as worthy of debate.

---

67 Wang Fan-sen, *Jindai zhongguo de shijia yu shixue*, pp. 153-154.

68 Qian Mu, "Ping Gu Jiegang 'Wude zhongshishuo xia de zhengzhi he lishi '" 評 顧頡剛 "五德終始說下的政治和歷史" in Gu Jiegang eds., *Gushi bian* vol.5, pp. 617-630.

69 Gu Jiegang, "Wude zhongshishuo xia de zhengzhi he lishi," *Qinghua xuebabo* 6.1, p. 140; Gu Jiegang, "Ba Qian Mu ping 'Wude zhongshishuo xia de zhengzhi he lishi'" 跋錢穆評 "五德終始說下的政治和歷史" in Gu Jiegang eds., *Gushi bian* vol.5, pp. 631-636.

70 Gu Jiegang eds., *Gushi bian* vol.5, pp. 101-249, 617-630.

Qian, on the other hand, described Gu and a few others as "perceptive" in casting doubt on the traditional account of ancient history in his book, *Guoxue gailun* 國學概論 (A Survey of National Learning, 1931).[71] It appears, then, that Qian was largely supportive of Gu's work, at least in the early 1930s.[72]

　　Qian Mu is known for his passionate defense of China's cultural heritage. Nevertheless, in his earlier days, his emotional attachment toward traditional China was perhaps not as strong as in the post-Japanese invasion years.[73] Given that our focus on Gu is primarily from the late 1920s to the mid-1930s, we shall examine Qian's scholarship around the same period. The most obvious work to consider is the aforementioned *Guoxue gailun.* The book was published in 1931, when Qian began his career as a professor in Beijing. It is a general survey of Chinese learning from the beginning until Qian's own time, based on his lectures as a

---

[71] Qian Mu, *Guoxue gailun* in *Qian binsi xiangsheng quanji* vol.1, pp. 372-374.

[72] Interestingly, on some of these issues, recent scholarship tends to agree with Qian and disagree with Gu, such as the latter's idea that Liu Xin "authored" the *Zuozhuan.* See for example, Stephen Durrant, Li Wai-yee and David Schaberg trans., *Zuo Tradition / Zuozhuan: Commentary on the "Spring and Autumn Annals"* (Seattle: University of Washington Press, 2016), pp. LVII, LXIX. Additionally, for a brief account on the relationship between Gu and Qian, see Liu Shuhui 劉書惠 and Yang Dong 楊棟, "Gu Jiegang yu Qian Mu xueshu jiaoyou kao" 顧頡剛與錢穆學術交遊考, *Zhongguo wenzhe yanjiu tongxun* 中國文哲研究通訊 27.2 (June 2017), pp. 83-97.

[73] For a treatment on this matter, see Wang Qingjia 王晴佳, "Qian Mu yu kexue shixue lihe guanxi" 錢穆與科學史學離合關系, *Taida lishi xuebao* 臺大歷史學報 26 (December 2000), pp. 121-149.

secondary school teacher in the 1920s.[74]

We shall concentrate our analysis on Qian's discussion of the interaction between scholarship and politics in early China. As Qian had stated in *Guoxue gailun,* in the ancient period, academic learning was a state enterprise, rather than a private practice that took place among the populace. The corruption of the elite, which began in the Zhou period, resulted in the separation between the royal court and scholarship.[75] Still, this did not mean that learning and the political were no longer connected. On the contrary, Confucius himself, with his insistence on the importance of rites, *li* 禮 and his desire to restore the Zhou world order, saw to it that learning and politics went hand in hand in ancient China.[76] Qian observed that Pre-Qin thought could therefore be divided into three intellectual stages, with the first being Confucius and Mozi 墨子, who focused on the problem of *li.* The second stage was one of serving in government, *shi* 仕. This was when thinkers such as Mencius and Zhuangzi 莊子 discussed how the literati should deal with the ruling class. The last stage was on the question of governance *zhi* 治, as the rise of the non-aristocratic elite and

---

74 There does not appear to be too many scholarly works devoted to this particular book. Most of the scholarship on Qian seems to focus on his mature writings such as *Guoshi dagang,* for example, Wang Fan-sen and others, *Chongfan "Guoshi dagang"* 重返 "國史大綱" (Taipei: Taiwan shangwu yinshuguan gufen youxian gongsi, 2023). For a recent, major collection of scholarly articles on Qian Mu, see Li Fan 李帆, Huang Zhaoqiang 黃兆強 and Ou Zhijian 區志堅 eds., *Chongfang Qian Mu* 重訪錢穆 (2 vols) (Taipei: Xiuwei zixun keji gufen youxian gongsi, 2021).

75 Qian Mu, *Guoxue gailun* in *Qian binsi xiangsheng quanji* vol.1, pp. 33-34.

76 Qian Mu, *Guoxue gailun* in *Qian binsi xiangsheng quanji* vol.1, pp. 44-45.

its various collateral changes led to the question of how to restore order.[77]

One may perceive here Qian's approach to explain the reason behind historical change and at the same time, analyze the problem of historical authenticity, an issue Gu was concerned with. On the dating of Laozi 老子 for example, Qian insisted that Laozi and his text were a product of the late Warring States period, due to their various views, such as the support of anarchism and the condemnation of knowledge. According to Qian, both views could have only occurred in the late Warring States period.[78] Here, Qian was engaging not only in explaining history but also trying to verify it at the same time.

In the chapter on the "burning books and burying scholars" in the Qin, Qian demonstrated this approach of analyzing and verifying once more. Qian commented on how "scholarship changed course due to politics" (*xueshu sui zhengzhi er zhuanyi* 學術隨政治而轉移) by indicating how the *Lushi chunqiu* 呂氏春秋 actually represented the effort to homogenize scholarship in order to establish a new orthodoxy. This later led to the action of prime minister Li Si 李斯 (circa 284BC-208BC), who was able to stifle the openness of the Pre-Qin era.[79] Accordingly, "The Hundred Masters" flourished because those down below were employing academic learning to fight against politics. But, their decline also had to do with those from above, who managed to use power to defeat

---

[77] Qian Mu, *Guoxue gailun* in *Qian binsi xiangsheng quanji* vol.1, pp. 58-59.

[78] Qian Mu, *Guoxue gailun* in *Qian binsi xiangsheng quanji* vol.1, pp. 59-62.

[79] Qian Mu, *Guoxue gailun* in *Qian binsi xiangsheng quanji* vol.1, p. 73-74.

intellectualism.[80] Qian also attacked the Qing scholar Zhang Xuecheng 章
學誠 (1738-1801) for not understanding the issue of intellectual freedom,
as the latter had asserted that the Qin policy of establishing government
officials as academic teachers was really modelled after the Three
Dynasties. Qian criticized Zhang's position, arguing instead that such
"tradition" should not be followed, since academic learning could be
improved by separating it from politics and becoming independent.[81] In the
end, the Qin court ultimately sought to control the thoughts of men, by
burning books and burying scholars.

Book burning and the burial of scholars are famous incidents in
Chinese history. We shall not get into the nitty-gritty of the debate
regarding the authenticity of the two events. The analysis here, rather, is on
how Qian tackled the issue of historical facts. Citing a variety of texts,
both ancient and modern, Qian concluded that book burning was only
limited to the *Five Classics* but not the works of the masters, *zhuzi* 諸子.
On the other hand, even if the *Five Classics* were preserved, it was done so
by the imperial libraries only. This meant that private ownership was not
allowed.[82]

As for the burial of scholars, Qian, like before, showed that while the
Qin emperor did commit such a crime, it did not indicate that every single
Confucian was persecuted as a result.[83] Still, regardless of the

---

80 Qian Mu, *Guoxue gailun* in *Qian binsi xiangsheng quanji* vol.1, pp. 76-77.
81 Qian Mu, *Guoxue gailun* in *Qian binsi xiangsheng quanji* vol.1, pp. 76-77.
82 Qian Mu, *Guoxue gailun* in *Qian binsi xiangsheng quanji* vol.1, pp. 77-82.
83 Qian Mu, *Guoxue gailun* in *Qian binsi xiangsheng quanji* vol.1, pp. 86-88.

authenticities of these events, Qian stressed, Qin's policies of "thought control" originated from Xunzi 荀子 and Han Fei 韓非, whose thought pointed to the unification of politics and learning, *zhengxue heyi* (政學合一), a movement that Zhang Xuecheng had also supported.

> The Qin advocated for one school of thought and practiced the ancient way of institutionalizing the unification of politics and learning. But they did not completely wipe out intellectual learning and make it non-existence... However, the hundred masters existed because of the separation of politics from learning. For this reason, the Qin, by combining them back together, ended the vitals of the hundred masters.[84]

This "restoration" of tradition, Qian noted, led to the demise of the intellectual exuberance of the Spring and Autumn and the Warring States periods. The difference in the intellectual milieu between the Pre-Qin period and the Han dynasty was influenced by the Qin.[85]

What else did Qian have to say about Qin-Han intellectual history? As shown above, Qian had made a name for himself with his influential essay on the father and son duo of Liu Xiang and Liu Xin, which repudiated Gu's claim that Liu Xin forged various Confucian classics. Consequently, Qian did not neglect what Gu considered to be the most important task: identifying falsehood in historical records. On the other hand, Qian spent more time discussing the overall zeitgeist of the Han. In

---

[84] Qian Mu, *Guoxue gailun* in *Qian binsi xiangsheng quanji* vol.1, p. 89.
[85] Qian Mu, *Guoxue gailun* in *Qian binsi xiangsheng quanji* vol.1, pp. 77-90.

Guoxue gailun, Qian specifically mentioned that the battle between the Old Text and the New Text was directly related to political opportunism rather than a dispute over real, scholarly matters. Political power played an important role in determining which school had the upper hand in cultural influence. The battle between the two sides, Qian wrote, was another reminder of the Qin' s policy of unification between politics and learning.[86]

Still, there is a reason why the Han court was enamored with historical texts. As Gu Jiegang had shown, once peace had been established, many people wanted to pursue knowledge and the Han court, now with money in its coffers, sought to establish cultural institutions. Consequently, Confucian classics grew indispensable, for there were no other cultural entities to consider. This meant that scholarship and politics became inseparable.[87] Similarly, Qian also indicated that the Han court' s fascination with the golden ages of the past became natural once peace had been achieved since the royal house was now strong enough to pursue lofty ambitions. Among the educated, only the Confucians professed a strong knowledge of past institutions and artifacts, so they naturally became the ideal allies to the court' s ambition of strengthening the empire.[88]

Like Gu, then, Qian had also noted that Confucians in the early Han, especially the likes of Dong Zhongshu 董仲舒 (179BC-104BC), purposely aligned their scholarship to suit contemporary political needs. This is

86 Qian Mu, *Guoxue gailun* in *Qian binsi xiangsheng quanji* vol.1, p. 92.
87 Gu Jiegang, *Gushi bian* vol.5 (preface), p. 5.
88 Qian Mu, *Guoxue gailun* in *Qian binsi xiangsheng quanji* vol.1, p. 100.

especially true with the Old Text, as people felt that it was more "authentic" so that its rendition of ancient culture was more trustworthy. Nevertheless, according to Qian, this did not mean that "Confucianism" was being promoted, since Dong' s interpretation of the teaching was quite different from the Pre-Qin version. Specifically, Dong insisted on the connection between heaven and men, as human affairs were directly linked with the gods. Therefore, when evil men were in charge, heaven unleased disasters upon humankind as a warning. If there was no reformation, additional punishments would be levied.[89]

Qian further opined that Dong was following the *yinyang* 陰陽 theory, which originated from the Daoists. In Confucianism and Mohism, humans are considered to be noble, but according to *yinyang*, nature superseded the importance of men. What Dong did, Qian showed, was to put a "Confucian" face on *yinyang* theory and therefore managed to beat the various intellectual offspring of *yinyang* at their own game by winning the hearts of the emperors.[90]

This does not mean, however, that *yinyang* theory has no positive value whatsoever. Qian argued that the *yinyang* theory broke apart "divine rights" (*shenquan* 神權) and sought the causality of the world in other matters, which could be perceived as laying the ground for science.[91] Similarity, despite its various pitfalls, the Old Text versus the New Text could ultimately be seen as a microcosm of the entire Chinese intellectual

89 Qian Mu, *Guoxue gailun* in *Qian binsi xiangsheng quanji* vol.1, pp. 97-106.
90 Qian Mu, *Guoxue gailun* in *Qian binsi xiangsheng quanji* vol.1, pp. 106-107.
91 Qian Mu, *Guoxue gailun* in *Qian binsi xiangsheng quanji* vol.1, p. 108.

history. Based on Qian's understanding, from Confucius to the modern period, scholars have often pitted the "new (present)" against the "old" and vice versa. Confucius himself had used the "old" to criticize the "new" in his time. Conversely, the Qin later employed the "new" to battle the "old." This trend continued down to the modern period, when Kang Youwei and Liang Qichao 梁啟超 (1873-1929) used the "new" to confront the "old." Qian further surmised that his contemporaries would eventually follow the same pattern by utilizing the "old" to combat the "new." [92] In the end, in spite of his misgivings toward Qin's cultural policies, Qian, compared to Gu, demonstrated more willingness to engage with ancient history, especially on the topic of scholarship and politics. What Qian shows in *Guoxue gailun* is another way of analyzing ancient history, which is a more comprehensive approach.

It should be no surprise then to see that in the final chapter of *Guoxue gailun*, Qian also explored the relationship between scholarship and politics during his own times. Other than categorizing the mindset of early twentieth century Chinese intellectuals as one of *jiuguo baozhong,* he also analyzed the thoughts of various thinkers such as Hu Shi, Chen Duxiu, and as we have seen, Gu himself. Here, Qian was more comfortable in arguing that intellectual ideas should be connected to current affairs. Like in his mature years, Qian gave high praises to Sun Yat-sen's "Three People's Principles." To him, Sun's ideas would help to invigorate China's spirit and restore her confidence, which was necessary for the nation to get back

---

92 Qian Mu, *Guoxue gailun* in *Qian binsi xiangsheng quanji* vol.1, pp. 135-137.

on its feet.[93] Toward the end of the book, Qian stressed that, going forward, the intellectual zeitgeist should be a confluence of "elevating the spirit of the Chinese people" (*minzu jingshen zhi fayang* 民族精神之發揚) and "understanding material science" (*wuzhi kexue zhi renshi* 物質科學之認識).[94] The intermixing between intellectual matters and political concerns is unmistakable.

To be sure, the interfusion between scholarship and politics is also a major theme in Qian's mature works. While it could be said that his writings had become more "nationalistic," the basic view toward this issue remained relatively the same. In his 1940 magnum opus, *Guoshi dagang* 國史大綱 (An Outline of National History), Qian specifically mentioned in the book's prolegomenon (*yinlun* 引論) that in ancient China, scholarship managed to separate itself from the grasp of religion and politics. Though scholarship had become independent and free, it still had a duty of guiding the political.[95] Indeed, Qian recognized the urgency to educate the average Chinese citizens about their own history so that the nation could go forward.[96] *Guoshi dagang* was, Qian hoped, a small guide to the greater cause of writing a new national history, so that the Chinese people could be educated.[97] *Guoshi dagang*, therefore, is itself a fusion of

---

[93] Qian Mu, *Guoxue gailun* in *Qian binsi xiangsheng quanji* vol.1, pp. 402-408.

[94] Qian Mu, *Guoxue gailun* in *Qian binsi xiangsheng quanji* vol.1, p. 411.

[95] Qian Mu. *Guoshi dagang* I 國史大綱 (上) in *Qian binsi xiangsheng quanji* vol.27 (Taipei: Lianjing chuban shiye gongsi, 1995), *yinlun*, p. 40.

[96] Qian Mu, *Guoshi dagang* I in *Qian binsi xiangsheng quanji* vol.27, preface/ reader's guide, p. 19.

[97] Qian Mu, *Guoshi dagang* I in *Qian binsi xiangsheng quanji* vol.27, *yinlun*, p.

scholarship and politics. It does appear that Qian felt less agitated by the joining of academic learning and politics than Gu. As long as scholarship could serve as a guide for the political, then it should be encouraged. Like Gu, Qian's mature work like *Guoshi dagang* was also inevitably connected to the condition of modern China. But unlike his colleague, because Qian did not see the interaction as all negative, his scholarship suffered less internal contradiction.

Perhaps one should be charitable in comparing Qian and Gu. Like Qian, Gu Jiegang understood what the Han and later imperial writers were hoping to accomplish, that is, to bring order to the empire by seeking Confucian legitimation from the past. But he was unable to judge them in the more complex manner that his colleague did. In this way, Gu was an iconoclast who had attempted to tear down the cultural edifice that he perceived to be false. He believed this task to be his primary role, for without destruction, there could be no rebuilding.[98] Gu also acknowledged that constructing "true" ancient history was more important than mere destruction. However, as he noted, in modern scholarship, division of labor was necessary. Consequently, people should not expect him to do all the heavy lifting in early China studies; instead other and later scholars should build on the foundation he had laid.[99] In the end, for Gu, understanding the ancients on their own terms was only part of his goal, but not the main one.

59.

[98] Gu Jiegang, *Gushi bian* vol.3 (preface), pp. 2-3.

[99] Gu Jiegang, *Gushi bian* vol.3 (preface), pp. 6-9.

However, it is likely that true understanding and knowledge require a degree of sympathy for the object of study. This inclination is what Qian Mu is known for, especially during his mature years, though one may say that he showed too much sympathy towards traditional Chinese culture.[100] The same cannot be said of Gu. As we have already seen, Gu did not display much compassion towards the Warring States and Han scholars who he was criticizing even though he ultimately made similar "mistakes." Obviously, Gu's methods and goals were somewhat different from the ancients. Yet the significance behind his action is so remarkably similar to these historical figures that one cannot but notice the irony and paradoxical nature of Gu's intellectual enterprise.

6. Conclusion

Despite Gu's academic pedigree and his independent streak, he was still unable to completely resist societal expectations placed upon Chinese intellectuals, namely, to be involved with current affairs in some fashion. Despite believing himself to be a scholar who attempted to restore "historical facts," Gu's scholarship was ultimately political in nature. Within the intellectual circles, Gu's personal struggle with scholarship and politics is perhaps the most acute, given that he had repeatedly voiced his opinion on this issue. The conflict between learning, knowledge, and the political intensified after 1949, and Gu was unable to extricate himself

---

[100]See Qian Mu, *Guoshi dagang* I in *Qian binsi xiangsheng quanji* vol.27, preface/ reader's guide, p. 19.

from that tension as well.[101]

It is very possible that Gu was unaware of the inherent contradictions in his approach. After co-founding the geographical journal, *Yugong* 禹貢 (Tribute of Yu) in 1934, a work intended to combat the misunderstanding of China's geography caused by Japanese influence, Gu indicated that in times of peace, scholars are able to pursue knowledge for its own sake. However, in times of chaos, when the country's fate is at stake, scholarship should reflect on more practical concerns.[102] It was proper for academic research to serve different goals at different times, Gu suggested. Nevertheless, given that modern China had never truly experienced a time of peace, one wonders if scholarship must always be utilitarian. If this is the case, then the pursuit of knowledge is only valuable because of its ability to initiate national salvation. "Pure" scholarship could therefore never be achieved in the chaos that was modern China. It is for this reason that we might speculate that Gu may not have detected a contradiction in his thinking. But even if he did, in his mind, it probably did not matter in the grand scheme of things. As Gu's own actions showed, he thought using scholarship to build a prosperous modern Chinese nation outweighed all other considerations, including "pure" research for the sake of knowledge.

For current observers, however, the contradiction in Gu's thought is

---

[101]For Gu's post-49 issues with politics, see Yu Yingshi, *Weijin de caiqing: cong "Gu Jiegang riji" kan Gu Jiegang de neixin shijie*, pp. 66-105.

[102]Ge Zhaoguang, "Paihuai dao jiujie-Gu Jiegang guanyu 'zhongguo' yu 'zhonghua minzu' de lishi jianjie," *Shucheng*, p. 6.

obvious. His story is like the tales of many other Chinese intellectuals of his time who are likewise unable to separate intellectual research from politics. Still, not everyone was "fearful" of the connection between intellectual learning and the political. Qian Mu, as I have shown, fully recognized the importance of the issue, and offered a different approach to studying ancient China.

Yet, Gu's story is also extremely human, as the struggle with paradoxes is a common theme in the narrative of humanity. In this conflict between scholarship and politics, it is likely that the so-called "knowledge for knowledge's sake" approach is ultimately a fallacy. The pursuit of knowledge is more often than not to benefit humanity. This, of course, strongly indicates that seeking knowledge cannot be a purely intellectual pursuit, but rather, it serves a means to an end – and a very political one at that. The struggle between learning and politics cuts across all human societies throughout history. In this light, Gu Jiegang's story is not just his personal tale, it is our story as well.

Bibliography

Chan Hok Yin 陳學然. "'Chongqi luzao': minzu weiji yu Gu Jiegang xueshu sixiang de zhuanbian"「重起爐竈」：民族危機與顧頡剛學術思想的轉變. *Zhongguo wenhua yanjiusuo xuebao* 中國文化研究所學報 62, January 2016, pp.165-202.

Chen Qitai 陳其泰 and Zhang Jinghua 張京華 eds., *Gushi bian xueshuo pingjia taolunji (1949-2000)*. 古史辨學說評價討論集 (1949-2000). Beijing: Jinghua chubanshe, 2000.

Ge Zhaoguang 葛兆光. "Paihuai dao jiujie-Gu Jiegang guanyu 'zhongguo' yu 'zhonghua minzu' de lishi jianjie" 徘徊到糾結—顧頡剛關於 "中國" 與 "中華民族" 的歷史見解. *Shucheng* 書城, May 2015, pp. 5-11.

Gu Jiegang 顧頡剛. "Wude zhongshishuo xia de zhengzhi he lishi" 五德終始說下的政治和歷史. *Qinghua xuebabo* 清華學報, 6.1, June 1930, pp. 71-268.

Gu Jiegang. "Wo de shiye kumen" 我的事業苦悶. *Guancha zazhi* 觀察雜誌, 3.24, 1948, pp. 29-30.

Gu Jjegang. *Gushi bian* vol.1 (preface) 古史辨 第一冊（自序）. Hong Kong: Taiping Shuju, 1962.

Gu Jiegang. "Da Liu Hu liangxiansheng shu" 答劉胡兩先生書 in Gu Jiegang eds., *Gushi bian* vol.1 古史辨 第一冊.Hong Kong: Taiping Shuju, 1962, pp. 96-102.

Gu Jiegang eds., *Gushi bian* vol.2 古史辨 第二冊. Hong Kong: Taiping Shuju, 1962.

Gu Jiegang. *Gushi bian* vol.3 (preface) 古史辨 第三冊（自序）.Hong Kong: Taiping Shuju, 1963.

Gu Jiegang. *Gushi bian* vol.4 (Gu' s preface) 古史辨 第四冊（顧序）. Hong Kong: Taiping Shuju, 1963.

Gu Jiegang. *Gushi bian* vol.5 (preface) 古史辨 第五冊（自序）. Hong Kong: Taiping Shuju, 1963.

Gu Jiegang. "Ba Qian Mu ping 'Wude zhongshishuo xia de zhengzhi he lishi'" 跋錢穆評 "五德終始說下的政治和歷史" in Gu Jiegang eds., *Gushi bian* vol.5 古史辨 第五冊. Hong Kong: Taiping Shuju, 1963, pp. 631-636.

Gu Jiegang eds., *Gushi bian* vol.5 古史辨 第五冊. Hong Kong: Taiping Shuju, 1963.

Gu Jiegang. "Zhanguo qinhan jian ren de zaowei yu bianwei." 戰國秦漢間人的造

僞與辯僞 in Lu Siman 呂思勉 and Tong Shuye 童書業, eds., *Gushi bian* vol.7 古史辨 第七冊. Hong Kong: Taiping Shuju, 1963, pp. 1-64.

Gu Jiegang. *Gu Jiegang juan* 顧頡剛卷. Shijiazhuang: Hebei jiaoyu chubanshe, 1996.

Gu Jiegang. *Gu Jiegang zizhuan* 顧頡剛自傳. Beijing: Beijing daxue chubanshe, 2012.

Li Fan 李帆, Huang Zhaoqiang 黃兆強 and Ou Zhijian 區志堅 eds., *Chongfang Qian Mu* 重訪錢穆 (2 vols). Taipei: Xiuwei zixun keji gufen youxian gongsi, 2021.

Li Zehou 李澤厚. *Zhongguo xiandai sixiangshi lun* 中國現代思想史論. Beijing: Sanlian shudian, 2008.

Liao Mingchun 廖名春. "Shilun guishibian yundong xingqi de sixiang laiyuan" 試論古史辨運動興起的思想來源 in Chen Qitai and Zhang Jinghua eds., *Gushi bian xueshuo pingjia taolunji (1949-2000)*. Beijing: Jinghua chubanshe, 2000, pp. 253-269.

Liu Qiyu 劉起釪. *Gu Jiegang xiansheng xueshu* 顧頡剛先生學述. Beijing: Zhonghua Shuju, 1986.

Liu Shuhui 劉書惠 and Yang Dong 楊棟. "Gu Jiegang yu Qian Mu xueshu jiaoyou kao" 顧頡剛與錢穆學術交遊考. *Zhongguo wenzhe yanjiu tongxun* 中國文哲研究通訊, 27.2, June 2017, pp. 83-97.

Luo Zhitian. 羅志田. *Zaizao wenming de changshi: Hu Shi zhuan (1891-1929)*. 再造文明的嘗試: 胡適傳 (1891-1929). Beijing: Zhonghua shuju, 2006.

Qian Mu 錢穆. "Liu Xiangxin fuzi nianpu" 劉向歆父子年譜 in Gu Jiegang eds., *Gushi bian* vol.5 古史辨 第五冊. Hong Kong: Taiping Shuju, 1963, pp. 101-249

Qian Mu. "Ping Gu Jiegang 'Wude zhongshishuo xia de zhengzhi he lishi '" 評顧頡剛 "五德終始說下的政治和歷史" in Gu Jiegang eds., *Gushi bian* vol.5 古史辨 第五冊. Hong Kong: Taiping Shuju, 1963, pp. 617-630.

Qian Mu. *Guoxue gailun* 國學概論 in *Qian binsi xiangsheng quanji* vol.1 錢賓四先生全集 1. Taipei: Lianjing chuban shiye gongsi, 1994.

Qian Mu. *Guoshi dagang* I 國史大綱 (上) in *Qian binsi xiangsheng quanji* vol.27 錢賓四先生全集 27. Taipei: Lianjing chuban shiye gongsi. 1995.

Qian Mu. *Bashi yi shuangqin shiyou zaiyi hekan* 八十憶雙親師友雜憶合刊 in *Qian Binsi xiansheng quanji* vol. 51 錢賓四先生全集 51. Taipei: Lianjing chuban shiye gongsi, 1998.

Wang Fan-sen 王汎森. *Jindai zhongguo de shijia yu shixue* 近代中國的史家與史

學. Shanghai: Fudan daxue chubanshe, 2010.

Wang Fan-sen. *Gushi bian yungdong de xingqi: yi ge sixiangshi de fenxi* [xiudingban] 古史辨運動的興起：一個思想史的分析 [修訂版]. Taipei: Wangda shuwei chuban, 2016.

Wang Fan-sen and others. *Chongfan "Guoshi dagang"* 重返 "國史大綱." Taipei: Taiwan shangwu yinshuguan gufen youxian gongsi, 2023.

Wang Qingjia 王晴佳. "Qian Mu yu kexue shixue lihe guanxi" 錢穆與科學史學離合關系. *Taida lishi xuebao* 臺大歷史學報 26, December 2000, pp. 121-149.

Xu Guansan 許冠三. *Xinshixue jiushinian 1900-* Vol.I. 新史學九十年 1900- 上冊. Hong Kong: Zhongwen daxue chubanshe, 1986.

Yang Xiangkui. 楊向奎. *Yishizhai xueshu wenji* 繹史齋學術文集. Shanghai: Shanghai renmin chubanshe, 1983.

Yu Yingshi. 余英時. *Zhongguo jindai sixiangshi shang de Hu Shi.* 中國近代思想史上的胡適. Taipei: Lianjing chuban shiye gongsi, 1984.

Yu Yingshi. *Lun Dai Zhen yu Zhang Xuecheng-qingdai zhongqi xueshu sixiangshi yanjiu* 論戴震與章學誠 - 清代中期學術思想史研究. Beijing: Sanlian shudian, 2005.

Yu Yingshi. *Weijin de caiqing: cong "Gu Jiegang riji" kan Gu Jiegang de neixin shijie* 未盡的才情：從 "顧頡剛日記" 看顧頡剛的內心世界. Taipei: Lianjing chuban shiye gongsi, 2007.

Zhai Zhicheng. 翟志成. *Wulun Feng Youlan* 五論馮友蘭. Taipei: Shangwu yinshuguan, 2008.

Duara, Prasenjit. *Rescuing History from the Nation: Questioning Narratives of Modern China.* Chicago: University of Chicago Press, 1995.

Durrant, Stephen and Li, Wai-yee and Schaberg, David trans., *Zuo Tradition / Zuozhuan: Commentary on the "Spring and Autumn Annals."* Seattle: University of Washington Press, 2016.

Fröhlich, Thomas and Schneider, Axel eds., *Chinese Visions of Progress, 1895 to 1949.* Leiden: Brill, 2020.

Hon, Tze-ki. "Ethnic and Cultural Pluralism: Gu Jiegang' s Vision of a New China in his Studies of Ancient History." *Modern China* 22.3, July 1996, pp. 315-339.

Hummel, Arthur. "Ku Shih Pien (Discussions in Ancient Chinese History) Volume One." *China Journal of Science and Arts,* vol.v, no. 5, November 1926 in Gu Jiegang eds., *Gushi bian* vol.2. Hong Kong: Taiping Shuju, 1962, pp. 364-

369.

Hummel, Arthur. "What Chinese Historians are Doing in their Own History." *The American Historical Review,* vol.xxxiv, no.4, July 1929 in Gu Jiegang eds., *Gushi bian* vol.2. Hong Kong: Taiping Shuju, 1962, pp. 421-443.

Hummel, Arthur. *The Autobiography of a Chinese Historian: Being the Preface to a Symposium on Ancient Chinese History (Ku Shih Pien).* Taipei: Ch' eng Wen Publishing Company, 1966.

Jenco, Leigh. "Can the Chinese Nation Be One? Gu Jiegang, Chinese Muslims, and the Reworking of Culturalism." *Modern China* 45.6, November 2019, pp. 595-628.

Lin, Yu-sheng. *The Crisis of Chinese Consciousness: Radical Antitraditionalism in the May Fourth Era.* Madison: University of Wisconsin Press, 1979.

Moloughney, Brian. "Myth and the Making of History: Gu Jiegang and the Gushi bian Debates" in Brian Moloughney and Peter Zarrow, eds., *Transforming History: The Making of a Modern Academic Discipline in Twentieth-Century China.* Hong Kong: The Chinese University Press, 2011, pp. 241-270.

Moloughney, Brian. "Arthur W. Hummel and Gu Jiegang: Translation in the Making of Modern China Studies." *Twentieth-Century China* 42.1, January 2017, pp. 97-109.

Moloughney, Brian and Zarrow, Peter eds., *Transforming History: The Making of a Modern Academic Discipline in Twentieth-Century China.* Hong Kong: The Chinese University Press, 2011.

Richter, Ursula. "Historical Scepticism in the New Culture Era: Gu Jiegang and the 'Debate on Ancient History.' " *The Bulletin of the Institute of Modern History, Academia Sinica* 23 II, June 1994, pp. 355-388.

Schneider, Laurence. *Ku Chieh-kang and China's New History: Nationalism and the Quest for Alternative Traditions.* Berkeley: University of California Press, 1971.

Scholarship and Politics in the World of Gu Jiegang

Yuan Chang

Abstract

This article examines the relationship between scholarship and politics in the minds of modern Chinese intellectuals. Specifically, it will center on the prominent twentieth- century historian Gu Jiegang (1893-1980). The article will show that while Gu stresses that intellectual pursuit should be freed from political interference, he ends up contradicting himself. Like many Chinese intellectuals throughout the ages, Gu is unable to stay away from the current affairs of the day, and his scholarship illustrates a deep concern for the well-being of modern China. This article will also briefly compare Gu's thinking on this matter with that of Qian Mu (1895-1990), which will help us better understand the overall intellectual tenor of early twentieth-century China.

Keywords: Gu Jiegang, Modern China, Intellectuals, Politics, Qian Mu

【新書介紹】

作為近代知識的日本漢文：《近代日本漢文文獻叢刊》序

章清、陳力衛*

引言

「日本能決然舍去數千年之衣冠以從西衣冠，我國不能舍去二百年之衣冠以從西人，度量相越，豈不遠哉！」（宋恕，〈致錢念劬書〉，1895年7月25日，胡珠生（編），《宋恕集》上冊（北京：中華書局，1993），頁535-536。宋恕1895年這番話，道出了晚清讀書人共同的心聲。晚清士人強烈感受到「三千年未有之大變局」已然降臨，也主要受到來自日本的衝擊。正是中日兩國步入「近代」不同的遭際，使日本成為晚清最為重視的「鏡像」。有了「亞洲」意識的晚清士人，也有「借鏡於人國，自同洲之國始」的看法，甚至傳遞出這樣的認識：「觀於日本，吾國人可以興也。」（〈亞細亞洲總序〉，袁宗濂、晏志清輯，《西學三通·西史通志》，上海文盛堂，1902年，頁1；〈最新國文教科書〉，（初等小學堂課本）第9冊（上海：商務印書館，1904），頁4-5。今之研究者，對於來自日本的影響，也寄

---

* 章清，復旦大學歷史系教授；陳力衛，日本成城大學經濟系教授。

予了極大的關注。任達（Douglas R. Reynolds）就指出：「中國在
1898至1910這12年間，思想和體制的轉化都取得令人注目的成就。
但在整個過程中，如果沒有日本在每一步都作爲中國的樣本和積極參
與者，這些成就便無從取得。」（任達（著），李仲賢（譯），《新政
革命與日本：中國，1898-1912》（南京，江蘇人民出版社，1998
年），頁7。）這方面積累的研究，不僅注重展現數量眾多的留日學生
扮演的重要角色，還從多個維度揭示日本影響之廣：有的著眼於中譯
日本書籍揭示其中的變化；有的聚焦於語言層面探討「和制漢語」的
影響；梁啓超等人的「東學背景」，則構成揭示日本如何影響於晚清
的重要案例。凡此種種，皆表明日本這一渠道對於晚清中國產生了廣
泛而深遠的影響。

　　由章清、陳力衛任主編，張明傑、陳捷、陳繼東任副主編的《近
代日本漢文文獻叢刊》第一輯（28冊31種）已由上海古籍出版社出
版，如書名所示，該《叢刊》所收集的漢文文獻側重於影響日本近代
化進程的近代西學著作以及晚清中國知識人閱讀體驗中的日本漢籍，
還有甲午戰爭後日本爲中國所翻譯的「實用」類的著作。這些文獻的
整理和出版有益於我們加深理解近代日本的走向和中日文化交流史的
各個細節，同時也給翻譯史以及概念史研究提供了詳實豐富多的素材
和基本資料，本叢刊主要彙集的是近代日本士人用漢文撰寫、譯述的
各類文獻，試圖發掘在以往的研究中利用還不夠充分的文獻，以展現
中日文化交流中的另一面。兩種文明的交流，往往憑藉書刊這樣的出
版物，並且主要通過翻譯的方式推進，中日之間的交流，在進入近代
以後，仍能通過漢文撰寫的文獻展開，無疑是文化交流中頗爲特殊的
事例，值得高度重視。各冊目錄及整理者如下：

　　1-2 日本外史（樂敏）；3-4國史評林（陳力衛）；5 近古史談 近世

史談 近史偶論（陳力衛）；6-8 日本名家經史論存（李華雨、陳捷）；9 鴉片始末 洋外紀略 遠西紀略 隔鞾論（章清）；10 尊攘紀事 訂正尊攘紀事補遺（陳捷）；11-12 西洋史記（陳力衛）；13 繙譯米利堅志 法蘭西志（陳捷）；14-15 萬國史記（章清）；16 萬國通典（喬志航）；17 元明清史略（陳繼東）；18 增補元明清史略（陳繼東）；19 清史攬要 滿清史略（陳捷）；20-21 清朝史略（章清）；22 支那通史（曹南屏）；23 新編東亞三國地志 五大洲志 萬國地理課本（張明傑）；24 法越交兵記（張明傑）；25 近世大戰紀略 歐亞風雲録 最近支那史（孫青）；26 大日本維新史 西國新史（曹南屏）；27-28 東洋新報（章清）。

　　此類文獻產生的背景，以及對於近代中日文化交流產生了怎樣的影響，在此也有必要略加說明。重點在於，以漢文作爲表達的「載體」，實際牽涉出一系列問題，既需要瞭解日本人的漢文書寫的歷史脈絡，也有必要解析此類文獻在中日文化交流中發揮了怎樣的影響。

一、日本漢文的歷史脈絡

　　眾所週知，中國有著光輝燦爛的古代文明，在其影響下，周圍的朝鮮半島、日本及越南都接受了漢字、漢語，用漢文寫作成爲士人的基本教養。從歷史上看，日本早在八世紀就有史書《古事記》和《日本書紀》以及各地的《風土記》，都是用漢文寫就的，其中的作者當然也有可能是來自大陸的歸化人。從八世紀末年的平安京遷都到十世紀初的百余年間，日本朝廷積極汲取唐朝文化，漢詩漢文的創作達到了最爲興盛的時代。《凌雲集》《文華秀麗集》《經國集》等漢文詩集都是這一時代的產物；連後來被稱爲「學問之神」的菅原道眞，所留

下的都是漢詩漢文著述。而平安時代的高僧圓仁所寫的《入唐求法巡禮行記》（838-847），現在也是被當作反映當時的漢語口語資料而受到廣泛重視。自894年日本取消了遣唐使的派遣以後，中日相互間的交流才日趨減少。進入十世紀後，伴隨著假名的發明，日本的和文逐漸形成並運用開來，《古今和歌集》的編纂使得和歌再次興起，宮廷女性文學也得以發展，湧現出《源氏物語》《枕草子》等優秀作品，漢文則普遍用於正式文章和歷史記錄等方面。自十一世紀到十三世紀，兩宋時期渡海來華的日本僧侶，所書寫的漢文開始佔主導地位，正如「五山文學」所體現的那樣，已經開始形成一種獨特的漢文世界，呈現出專業化的寫作風格；也出現了道元（1200-1253）《正法眼藏‧正法眼藏隨聞記》這類堪比正宗的漢文著作。

　　到了江戶時代（1603-1868），隨著朱子學在日本蓬勃興起，加快了四書五経等儒學基本經典的學習步伐。正如漢學家宇野哲人所說：「漢學的傳來雖遠在上古，但其最為盛大的時代則是德川幕府的三百年間。」（宇野哲人，《漢學者傳記集成‧序》（東京：關書院，1928）。）各地方藩校等都從學習漢文入手，對漢文文章的理解也逐步加深；日本人的漢文寫作水平整體得到提高，頗有一種漢文盛世再來之感。特別是對朱子學持批評態度的荻生徂徠一派，認為日本傳統的漢文訓讀是一種翻譯，主張學習同時代的中文，否則無法真正理解朱子學的神髓。他們跟岡島冠山學習唐話（即中國話），這股精神的發揚光大，使得原本僅限於通商貿易口譯的唐話，從偏居一隅的長崎解放出來，波及到近畿及江戶。由此，日本的漢文在文章修辭等方面也開始與中華同步，達到一個新的水準。黃遵憲在《日本雜事詩》（1879）中，就頗為稱贊物茂卿（荻生徂徠）的漢文水平：「蓋東人天性善屬文，使如物茂卿之言，以漢音順讀之，誠不難攀躋中土，高

麗、安南何論焉。」（黃遵憲，《日本雜事詩》（長沙：嶽麓書社院，
2003），頁672-673。）

這一熱潮同時波及到文化方面，除了直接學習漢語口語外，白話
小說作爲教材開始被大量閱讀，其情節構成與描寫手法在日本得以消
化、吸收，以至於在長崎的唐通事周文次右衛門，也開始將日文净
璃劇本《假名手本忠臣藏》漢譯爲白話體的《忠臣藏演義》，後又改
名爲《海外奇談》刊刻，廣爲流傳。有趣的是，同時代的日本作家山
東京傳，還巧妙采納《忠臣藏演義》和《水滸傳》這兩種白話文本，
重新創作出日文小說《忠臣水滸傳》，使得該作品的情節描寫具有更
鮮活的時代氣息和漢語表達特色。

同樣值得重視的是，早在十八世紀，日本就開始通过荷蘭這一渠
道汲取西洋文明，形成所謂「蘭學」。正如黑住眞所指出的那樣，
「近世的日本的漢學家們不光擅長經學，同時在兵學、自然學、歷
史、日本史等其他學問方面亦有廣泛的拓展。」（「漢學—その書記、
生成、權威」，《近世日本社會と儒教》，ぺりかん社，2003年）。關
鍵在於，日本在通過荷蘭直接汲取近代科學技術時，也是以漢文形式
進行翻譯並出版傳播的。比如今日視爲解剖學的《解體新書》
（1774）、本草學的《六物新志》（1786）以及物理學的《氣海觀瀾》
（1827）等，都是漢文體。

爲何要譯成漢文？宇野哲人在前述序文中有這樣的解釋：

　　蘭學本是各自醫家最早研究的，幕府末期，屢屢出現在漢
　　學家裡，如箕作紫川、大槻磐水，都是有漢學素養而轉入
　　蘭學研究的。再如安井息軒，也是於天文、地理、工技、
　　算數上多取洋學之說，其他學者也有不少人涉及這一領
　　域。明治初年，中村敬宇能譯出西洋道德之精髓，其學說

> 穩健妥當之處，正是因其學養基礎在漢學，此乃世人所周
> 知……當時的知識階級，能靠漢學來磨鍊頭腦，所以待到
> 接觸西洋文明時，也不至於周章狼狽，能夠咀嚼之、消化
> 之，並採長補短，使我國民順應大勢所趨，不至於被誤導
> 也。（宇野哲人，《漢學者傳記集成・序》（東京：關書
> 院，1928）。）

這就是漢文的力量所在，這一傳統一直持續到明治中期。

進入十九世紀中葉，隨著中國在鴉片戰爭（1840）中的失敗，又逢佩里（Matthew Calbraith Perry）艦隊叩關，日本士人倍感危機，不得不積極主動地收集有關西洋的情報。溝口雄三曾指明，在對待鴉片戰爭後中國的困境或慘狀方面，日本與中國在認識上或心情上具有共同的地方。這是一個「只要走錯一步或許就會落到本國頭上的事件」，也因此，「鴉片戰爭給幕府末期人士的西歐觀帶來的影響是巨大的」（溝口雄三（著）王瑞根（譯），孫歌（校），〈代跋〉，《中國的衝擊》（北京：生活・讀書・新知三聯書店，2011），頁235-236。）渡邊浩也言及，鴉片戰爭後，中國被描寫爲因名不符實的尊大而自滅的反面教員，日本開始「蔑視不願學或不學習西洋的其他亞洲國家，這種思維構圖在明治維新前已經形成」（渡邊浩（著），區建英（譯），《東亞的王權與思想》（上海：上海古籍出版社，2016），頁136。）安政二年（1854）的《鴉片始末》、六年（1858）的《隔鞾論》都是因此而作，前者是廣汎流傳的漢文手抄本，後者則是鹽谷世弘（宕陰）的刊本。《隔鞾論》不僅關注鴉片戰爭後的中國現狀，還就日本今後的方向進行了探討，並提出了明確的建議。這一點也博得了當時中國士人王韜的贊賞和共鳴：「嗚呼！毋謂日本之無人也。我嘗讀其國近人所著《隔靴論》，皆論我國中外交涉之事，直

不啻咨嗟太息以言之，顧猶未若今之已甚也。」尤其還表示：「今者泰西通商之局亦大啓乎東瀛，傳教之士盛行於國中。然西人卒不敢挾制凌侮之者，何哉？以一切西法無不講求，雖未能奪其所恃，亦已效其所長，而其尤善者，則在能自爲之也。」（王韜，〈書日人《隔鞾論》後〉，《弢園文錄外編》（上海：上海書店出版社，2002），頁233-234。）

　　同時，晚清用中文編寫的各種西學新書和英華字典之類，也成爲日本人加快瞭解西洋的一種便捷的手段，因以往的蘭學或荷蘭語不足以應付歐美傳播的新知識。日本的士人憑藉著他們深厚的漢文功底，能夠通過直接閱讀中國已出版的漢文西學新書來汲取西洋文明，其中不僅包括耶穌會士留下的《職方外紀》《坤輿圖說》等歷史、地理著作，還有基督教新教徒的《博物新編》《大美聯邦志略》《萬國公法》等介紹科學、政體、法律的著作，連同出自晚清士人之手的《海國圖誌》《瀛寰志略》等，也都一並傳入日本，被翻刻出版，受到士人的廣泛重視。在爲慕威廉（William Muirhead）的《地理全志》翻刻本做序時，鹽谷宕陰就強調瞭解世界知識的重要性：「今也夷欲罔厭，海運日熟，彼之來者歲益多，而我亦將有事於四瀛焉，則文治武經不得不俱資於地志也。」他還將該書與《海國圖志》《瀛寰志略》二書進行了比較，指明「《圖志》失於雜，《志略》主於事蹟，皆未能悉於方輿」。爲此也說明，儘管《地理全志》一書所記日本的情況，「確多疎謬」，但「瀏覽三日，略足以瞭五州之大勢，則講地理者，安得不以此爲捷徑焉哉！」（鹽谷宕陰，〈《地理全志》序〉，慕威廉，《地理全志》（江戶：山城屋佐兵衛，1859年））

　　這一時期前後有三十年左右，從中國引進翻刻的書籍達百餘種，涉及天文、地理、醫學、化學以及政治體制等各個領域。通過這種系

統地引進中文書刊和辭書的方式，日本也建立起一條經由中國漢文文
獻吸收西洋文明的管道。

　　除了漢文書以外，江戶至明治時期的日文書籍的序跋也多用漢文
寫就。而且，只要稍微有點漢文底子的人，都敢於用漢文書寫。比
如，服部誠一描寫文明開化初期東京風俗的《東京新繁昌記》（明治
七年[1874]），其文体和形式就承襲江戶時代寺門静軒所作《江戶繁
盛記》（天保二年[1831]），較之純粹漢學家的文體來說，似乎更爲一
般日本讀者所接受。其銷售量堪與福澤諭吉《西洋事情》《世界國
盡》相比，達到一万數千部，而且引發出一系列漢文体「～繁昌記」
的誕生。服部誠一隨後還發行週刊《東京新誌》（1876-1883），仍是
以漢文爲主，兼收日文雜文。該刊因喜歡揭露名人的隱私醜聞和諷刺
批評當時的政治，收穫大量讀者的同時，也多次受到發禁處分。服部
誠一之後又接著發行《吾妻新誌》（1883-1887），同樣受到好評。

　　通過這一系列對漢文的吸收和創作，到明治維新以後，具有漢文
素養的日本士人已頗具規模，他們不僅從荷蘭語、法語，還從德語、
英語直接將西洋近代文明轉譯成漢文，既創造了一批新詞來對應新概
念，又使漢文著作成爲新知識的載體，實現在東亞的流通。

二、重視歷史書

　　對歷史和史書的重視，不獨中國如此，也可以說是日本近世以來
的一大特徵。丸山眞男在論及中日儒學之不同時說：較之經學重視歷
史是日本儒學的特徵，所以，一直到明治二十年左右，歷史書的翻譯
居多（丸山眞男、加藤周一，《翻訳と日本の近代》（東京：岩波新
書，1998年），頁63-70。）當時的日本漢學家不光閱讀中國的正史

和野史,各藩校也流行以歷史書爲教材,教授學生。比如《十八史略》,就是在「室町時代後期傳来日本,到江戶時代開始流行,慶安元年(1648)的立齋先生標題解注音釋本就有十幾種版本。明治以降又作爲中國史教科書或漢文教本使用,稱得上是至今最爲普及的中國史書」(池田溫,「十八史略」,《國史大辭典》7卷(東京:吉川弘文館,1997),頁297。)在明治時期出版的《標註十八史略》(東崖堂藏,1883)序文中,川田甕江還這樣寫道:「今上中興,更張學制,置文部省,開史館。府縣又有大中小學之設,生徒講習,業分数科。而史學入門,大抵自《十八史略》始。」完全把它作爲歷史入門書來看。賴山陽的《日本外史》(1836-1837),更是堪稱近世日本漢文的代表作。其「経由幕末再到明治初年,風靡一世。其版本多樣,木活字(至少五種)、川越版(十四回改刻)、賴氏正本(四種系列、各系列一再改刻)、唐本(三種),不勝枚舉」(《國史大辭典》11卷,賴惟勤執筆「日本外史」,吉川弘文館,頁118),不僅成爲當時最爲流行的歷史書,也爲日本近代文學的敘述形式奠定了基礎。

　　對西洋史的關注也起步很早,1850年代中期,以箕作紫川(阮甫)爲首的蘭學家開始學習並翻譯西洋史,比如,嘉永四年刊行的《八紘通誌》(1851)可以算是一本系統的西洋史概述。而明治三年(1870)由村上英俊(1811-1890)漢譯的《西洋史記》,講的是歐洲通史,使用的底本是法國人駝懦屢(Jacques Louis Daniel)出版的編年體世界史概論 *Abrégé chronollogique de l'histoire universelle*(1865),譯者村上在自敘中先講史書之重要,稱之「可謂國家大典也」,然後說明此書編譯的緣由:「皇朝有《古事記》《日本史》《國史略》《日本外史》等全備焉。漢土有《春秋》《左傳》《史記》《漢書》及歷代史,以盡其詳矣。然至萬國史記,未有其全備者。故有志

之士，不能見西洋諸國歷代之事跡。因余譯佛蘭西人著述萬國史，名
曰《西洋史記》，聊補其缺。後進閱此書，少可足窺西洋諸國上自天
地開闢下至近世之事跡大略。」（《西洋史記 上古史》達理堂藏版，
卷一「自敘」頁2）指明該書填補了西洋史這一空白。

　　《西洋史記》的序言用「萬國史記」指稱世界史，這一說法不久
便直接用於書名，即明治十二年（1879）出版的岡本監輔的《萬國史
記》。岡千仞的序文寫道：該書乃「輯和漢近人譯書數十部，撰萬國
史數十萬言。」該書凡例亦云：「此篇就翻譯諸書摘錄其要，欲使蒙
士博通萬國事蹟、民情風俗。其文雖用漢字，其體反仿泰西史例。」
此反映的即是晚清出版物以漢文加訓點的「和刻」形式在日本流行，
也影響到日本學者。如果將該書與徐繼畬《瀛環志略》相對照，就可
發現，對歐洲沿革的敘述，幾乎全抄徐文，區別只是《萬國史記》開
篇即謂「上古」，而徐文則用中國的朝代紀年。所謂「其體反仿泰西
史例」，展現的是將東洋也納入西洋歷史演進的模式中進行認識。岡
千仞的序文就指出，西史分稱三古──上古、中古、近古，不獨「明
古今明暗之別也」，同時這樣的「世運歲進」，也是萬國常態，「與地
球始終者矣」。相較而言，「東洋國俗，是古非今，談時事輒曰世運
日降，論人道輒曰風俗不古，其不求進益，與西洋中古教法為弊時略
相似宜矣」（岡本監輔（著）、中村正直（校閱），《萬國史記》（申
報館，1880）。）

　　漢文體的《萬國史記》，文筆流暢，不僅在日本被廣泛閱讀，而
且在中國以多個版本流通，頗為暢銷。王韜對此也大加讚賞：「蒐羅
頗廣，有志於泰西掌故者，不可不觀，固必傳之鉅製，不朽之盛業
也。況日邦近尚西學，得此書著其情偽，則尤切於用」（王韜，《扶
桑遊記》（長沙：嶽麓書社，1985），頁453。）黃遵憲在與岡千仞筆

談時，述及《萬國史記》也表示：「吾土自《瀛環志略》之外，述西事者甚少，故喜而刻之。」（劉雨珍（編），《清代首屆駐日公使館員筆談資料彙編》下冊（天津：天津人民出版社，2010年），頁639。）其所撰寫的《評〈萬國史記序〉》還闡明：「以漢文作歐米史者，編輯宏富，終以此書爲嚆矢。」（陳錚（編），《黃遵憲全集》上冊（北京：中華書局，2005），頁246。）之後冠以「萬國」的世界史書在日本驟增，也當源於此。

　　在近代東亞知識階層，通過漢文相互交流，是一種常態。那麼，對於處在近代轉型期的中國士人來說，面對「數千年未有之變局」，同屬於漢字文化圈的日本人用漢文翻譯的西學書籍、用漢文傳播的近代知識，無疑成爲瞭解世界的一個不可或缺的「知識資源」。王汎森說過：在一個對世界了解的資源非常有限的時代，史書所提供的各種知識，爲人們開啓了一扇天窗，是人們模仿、擷取、批評自己的歷史文化最重要的素材。日本人岡本監輔的《萬國史記》等書，披露了一些陌生卻先進的國家的歷史，即向讀書人思索、批判現實提供了最具體的依據。1880年代以來，在中國出現的一批政治評論書籍，到處有世界史教科書的影子。（王汎森，〈歷史教科書與歷史記憶〉，《思想》，第9期（台北：聯經出版公司，2008年5月），頁123-139。）的確，如宋恕等讀書人所展示的那樣，一系列在當時看來極爲犀利的論評，每每是從岡本監輔的《萬國史記》中得到啓發，在給友人信中，宋就道明《萬國史記》，「不可不細看一過，並宜廣勸朋友、門生讀之！」原因無他，「此書於地球萬國古今政教源流，言之極有條理，我國人所不能爲也」。（宋恕，《致貴翰香書》，1895年7月，胡珠生（編）《宋恕集》上冊（北京：中華書局，1993），頁533-535）孫寶瑄、唐才常、劉師培等人對於《萬國史記》一書也頗爲推崇，而

在晚清出版的各種西學彙編資料中，《萬國史記》一書也以各種方式
被收入各種文本中。（章清：《晚清西學「彙編」與本土回應》，《復
旦大學學報》，2009年第6期（上海：復旦大學，2009年），頁48-
57）

　　至少可以說，在甲午戰爭之前，日本能夠讀寫漢文的士人還是頗
爲可觀的。但隨著全面西化的推進，這種漢文書刊雜誌在日本也逐步
開始走下坡路，中國則作爲書刊銷售市場浮出水面。在此推動下，中
日的近代新學便通過「同文」得以相互溝通。不僅王韜的《普法戰
紀》在日本被廣泛閱讀，成爲瞭解國際形勢的重要依據，岡千仞的
《米利堅志》《法蘭西志》也流傳到中國，各地均有不少翻刻版本，
梁啓超1896年出版的《西學書目表》，就輯錄了岡本監輔的《萬國史
記》（上海排印本）與岡千仞的《米利堅志》（日本排印本）。中江兆
民漢譯的盧梭（Jean-Jacques Rousseau）《民約譯解》（1882），也成
爲近代中國廣泛重視的讀物之一，爲宣傳西方近代思想起到了積極的
作用。這種日本漢文版書籍，只要除去日文訓點就可直接翻刻爲中文
出版，成爲引進知識的一種短平快方式。前面所舉的《西洋史記》的
中文版，就是以這種形式於光緒二十八年（1902）由上洋會文譯書社
出版，更名爲《西洋通史前編》。

三、對華翻譯事業的啓動

　　從中日交流史來看，《日清修好條規》締結後，明治十一年
（1878）清公使館的設置，更促成雙方的文化交流得以大力推進。這
也給明治以後的日本漢學帶來了新的刺激，文人之間通過漢文的交流
不斷加深，一直到甲午戰爭爲止，可以說是盛況空前的。岡千仞在爲

黃遵憲《日本雜事詩》撰寫的跋文中，就稱贊黃汲取日本知識的態度說：「君器識宏遠，不妄言笑，尤用心我邦風俗政治治亂沿革之跡。無論《六國史》《日本史》，近世諸儒所撰著，一再涉獵，皆盡其源委。」((陳捷，《人物往來與書籍流轉》(北京：中華書局，2012)，頁102。) 而中村敬宇主持的《同人社文學雜誌》(1876-1883)則構築了一個交流的平臺，其文章以和文漢文書寫，各占一半。在中村敬宇周圍，既有學生輩的中島雄、安藤勝任、信夫恕軒、吾妻兵治、大野太衛等，也有重野安繹、井上哲次郎、津田仙、柳田信大、西村茂樹、栗本鋤雲、副島種臣、末松謙澄、東條世三等政界、學界的重要人物。當然漢學家大槻盤溪、岡千仞、岡本監輔、內藤恥叟、三島中洲、龜谷省軒、森春濤、廣部精等都在該雜誌上撰文，形成一個與中國相關聯的圈子。早期在東京的中國人(王治本)、清國公使館員(何如璋、張斯桂、黃遵憲、黎庶昌、姚文棟、陳允頤)，以及朝鮮人(俞吉濬、尹致昊)等，都通過漢詩、漢文在此交匯。可以說，經由筆談、詩文所促進的共同理解，成爲中日韓文化交流史上的一個亮點。而相對於這種和文、漢文兼顧的《同人社文學雜誌》，同年創刊的岡本監輔主編的《東洋新報》(1876-1878)，則全部采用漢文，該刊之《凡例》對此就說明：「此編譯以漢文者，欲使我同文國老措大頑如余者，察宇內之形勢，悉當世之時務，所謂當仁不讓師之意，多見其不知量也。名曰東洋，亦爲此耳。」明確希望「與亞細亞洲內同好之士共之」。《東洋新報》主要按照「內報」「外報」「論說」「文苑雜識」四個欄目彙集各方面的信息，「外報」的信息，不乏來自《申報》與《萬國公報》的文章；《萬國公報》也曾轉錄來自《東洋新報》的文字。相應的，以「漢文」爲媒介的《東洋新報》，也搭建起東亞文化交流的平臺。其作者不但包括上述漢學家，甚至連不甚擅

長漢文寫作的福澤諭吉也在其中；中國官員、士人的詩文在該刊也多
有登載。

　　受《萬國史記》等書籍在華成功銷售的刺激，甲午戰爭之後，日
本打著「亞洲主義」的旗幟，專門針對中國展開活動，翻譯出版了眾
多的中文書刊。所謂「亞洲主義」，一般多指甲午戰爭以後出現的政
治思想動向，而其萌芽，實際發端於上述以中村正直爲首的中日韓之
間人士的接觸和交往。如善鄰協會的翻譯工作便是如此。《清議報》
第二冊（1899年1月2日）揭載有1898年11月由岡本監輔執筆的
《善鄰協會主旨》：「欲提供日本経験支援鄰國，依此而成立株式會社
善鄰譯書館」，這是因爲「支那之維新業已萌芽……首先要普及我新
書以啓彼知見」。此即道明日本維新後，靠外國書而左右了「國民的
腦力」，而這一方法也準備向清國普及，並且強調「吾館新書普及之
日，則是剔去空文虛禮、鼓吹新知實學之時」，清國的督撫道臺等，
亦當「大贊吾館之美舉」。由善鄰譯書館翻譯推出的重野安繹《大日
本維新史》、吾妻兵治《國家學》等在中國出版發行，並且極爲暢
銷。狹間直樹對此就指出：善鄰譯書館的設立，可看作「經過這種以
興亞爲目的、追求語言凝聚力的文化實踐，岡本監輔和吾妻兵治在十
幾年後，雖幾經間隔，終於構想出設立善鄰譯書館這樣一個機構，以
把有意義的書籍通過作爲東亞共同語言的漢文譯書的方式提供爲清、
韓兩國的改革」（狹間直樹，《日本的亞細亞主義與善鄰譯書館》，
《近代中國與世界》，第二卷（北京：社會科學文獻出版社，2003），
頁7-8。）

　　當然，這種開拓性的工作具體實施起來也困難重重。首先，在中
國進行書籍販賣遇到的問題之一便是版權法未制定，參與其中的人，
就主張嚴令禁止翻刻，才會有一個雙贏的局面。内藤湖南寫於1899

年的《燕山楚水》，記錄了一段中日讀書人的對話，頗能說明此：

> 蔣：把貴國的書籍翻譯成中文是非常有益的事情，不但可
> 以開啓中國的文明，而且貴國也從中獲得利益。比如最近
> 的《萬國史記》《支那通史》，有很多中國人購買。可惜
> 的是，這類書翻譯成中文的太少，所以我很希望貴國人把
> 日語的書籍翻譯過來。貴國維新時的歷史，以及學堂的好
> 教材之類，都很有益。先生以爲我說的對不對呢？
> 內藤：我國現在設有善鄰譯書館，吾妻某氏和岡本監輔翁
> 等人一起正從事翻譯。聽說貴國的李公使也很贊成這事。
> 但我國人辛辛苦苦譯出來，上海的書肆馬上翻刻出售，我
> 國人精力的結晶就徒然地被射利之徒掠取。貴國政府對此
> 應該嚴屬查辦。貴國的石印書籍價格極爲便宜，這是我國
> 無法匹敵的地方。《萬國史記》就是岡本翁的著作，《支
> 那通史》是那珂通世所著，兩位先生我都認識。岡本氏曾
> 遊歷貴國，訪問了闕里先聖的故址。那珂是我的同鄉前
> 輩。（內藤湖南（著），吳衛峰（譯），《燕山楚水》（北
> 京：中華書局，2007年），頁80-81。）

　　不幸的是，與岡本監輔一起創辦善鄰譯書館的中村正直的學生吾妻兵治，因在華遭遇兵亂，事業受阻，鎩羽而歸，反倒欠下一身債務，抑鬱而逝。

　　不過，在這一翻譯大潮的影響下，由伊澤修二主持的泰東同文局仍應運而生，出版有《日本學制大綱》《萬國地理課本》《五大洲志》《教育學》等書籍。緊接著由井上哲次郎任會長的普通學講習會（以富山房、東亞公司等出版社爲後盾）又相繼跟進，翻譯出版了《最新生理學及衛生學》《物理學課本》，以及《（清國家庭及學堂用）家政

學》《最新電氣學》《家畜飼養各論》《養蠶論》等「實學」中文書。
據《普通學講習會創立趣旨》（1907）云：

> 今世界至切要者莫如學矣。世界日進而善變，學日新而不
> 窮……中國古大邦也，文物典章，燦於歷史。近年以存競
> 相驅，豁然曉守舊無益，乃凡百更新，急需世界今日之
> 學……夫日本之與中國，輔車唇齒，厥誼固古，矧我前日
> 之學得諸中國之舊學，而今以新學相報，正是其時也。因
> 請我國知名學者，講說普通學全科，譯成漢文，名爲漢文
> 普通學講義錄。以平易之筆，出深遠之理，或加圖解，或
> 應質疑……（吳秀三，《最新生理學及衛生學》（東京：富
> 山房，1907 年），附錄頁 2。）

其宗旨與《清議報》刊登的《善鄰協會主旨》基本相同，只不過
是把同時代在日的中國留學生也作爲閱讀對象了。這批新學譯書逾百
種，對廢除科舉後積極推廣新式學校的中國來說，卻是最爲極需的新
學知識，也是新式教育開始後需要使用的基礎課本。

既然要翻譯成中文，相應的當時日本人的中文能力與翻譯水平也
成爲重要問題，很多日本人與其說是在做中文翻譯，不如說是憑著自
己的日文語感，顛倒動賓結構，用漢字語詞重構出一種漢文，前面所
舉的《東京新繁昌記》以及福澤諭吉的漢文都有這種傾向。黃遵憲
1879 年 12 月 18 日與石川鴻齋的筆談中，就指明日本文人所作的漢詩
文存在的缺點：

> 日本文人之弊，一曰不讀書，一曰器小，一曰氣弱，一曰
> 字冗，是皆通患，悉除之，則善矣。（劉雨珍（編校），
> 《清代首屆駐日公使館員筆談資料彙編》，上冊，頁 298）

前述《西洋史記》因爲譯自法語，「字冗」之弊病就極爲明顯。

再者，該書在人名、地名上往往依據法語逐字音譯，沒有延續中文傳統（如《海國圖志》、《瀛寰志略》等）的譯法，偏離了當時一般人的基本知識，固有「艱澀可厭」之感。反過來說，日本漢文版本來的音譯漢字都標有日文的片假名讀音，容易區別一般語詞與固有名詞，而中文版捨去讀音標記後，反倒不易斷句閱讀了。事實上，就連當時的日本人也認爲這些洋學家們翻譯的書不堪卒讀。1879年3月岡千仞在與黃遵憲筆談時，就傳遞了這樣的看法：

> 陋邦洋學盛行以來，譯書汗牛充棟（皆以伊呂波者）。而洋學者未曾學作文，故其書鬱澀不可讀（黃旁注：中村正直言不通漢學不能譯洋書，洵然）。故其書隨刊隨滅（蓋無讀之者），其能行於四方者無幾何。眞乎哉，文章之難！所謂辭之不文，不可以傳久者。（劉雨珍（編校），《清代首屆駐日使館員筆談資料彙編》，下冊，頁639）

盡管如此，在明治中期，日本還是把精通和、漢、洋三種語言作爲當時知識人的教養準則。比如，明治十九年（1886）爲莘莘學子編輯的作文書《文法指南》（土居通豫（編），*Elementary Composition with Various Examples and Many Useful Words*），就選取穆勒（John Stuart Mill）對 Utilitarianism（功利主義）的闡述，與西周譯成爲漢文體的《利學》加以對照，用來作爲英譯漢的範本。此外，該書還同時收錄了《大學》、《中庸》的兩段文章來對譯英文，作爲漢英對照的樣本。（土居通予（編），《文法指南》（嵩山堂，1886），卷下，頁1-6。）據該書《凡例》說明，這是因爲某校開設英文科，需要爲學生選編一些英漢對譯作品作爲範本。可見早在1886年，日本的學校已嘗試將英漢、漢英對譯作爲學生的作文練習之一。這種翻譯訓練，自然也促進了用漢語翻譯西文文獻的趨勢。

　　甲午戰爭後，亞洲各國特別是中國和朝鮮，開始以日本爲榜樣，派遣大量的留學生去日本學習。在「廣譯日書」的號召下，他們通過直接翻譯日語來汲取近代知識，逐步替代了上述由日本人承擔的大部分工作。隨著日本近代漢籍的逐步淡出，近代百科詞典以及接納各個學科知識所需的專業翻譯，對中國接受近代知識、推進新式教育，愈發重要起來。但無論是日本人用漢文翻譯介紹的西學知識，還是中國士人通過日本這一渠道所翻譯介紹的「東學」、「新學」，都是瞭解近代中日文化交流重要的資料。針對這些資料的研究和利用，既是翻譯史上不可回避的問題，也是更好把握「西學東漸」不可忽視的重要資料。

四、由西學到東學

　　「東學」這一名稱的出現，也是富於意味的，表明晚清「采西學」已發生方向性的轉變。1898年康有爲在一份奏摺中就指出：「日本與我同文也，其變法至今三十年，凡歐美政治、文學、武備新識之佳書，咸譯矣。」而且，「譯日本之書，爲我文字者十之八，其成事至少，其費日無多也」。爲此康也主張在京師設立譯書局，「妙選通人主之，聽其延辟通學，專選日本政治書之佳者，先分科程並譯之，不歲月後，日本佳書可大略皆譯也」。（康有爲，〈請廣譯日本書派遊學折〉，1898年6月1日，姜義華、張榮華（編校），《康有爲全集》（北京：中國人民大學出版社），第4集，頁67-68。）張之洞《勸學篇》也道出：「西書甚繁，凡西學不切要者，東人已刪節而酌改之。中東情勢風俗相近，易仿行，事半功倍，無過於此。」（張之洞，《勸學篇·《遊學第二》，苑書義等（主編），《張之洞全集》（石家莊：

河北人民出版社，1998），冊12，頁9738。）梁啓超流亡日本後，更是注意到：「日本自維新三十年來，廣求智識於寰宇，其所譯所著有用之書，不下數千種，而尤詳於政治學、資生學（即理財學，日本謂之經濟學）、智學（日本謂之哲學）、群學（日本謂之社會學）等，皆開民智強國基之急務也。」反觀中國，治西學者固微，而譯出各書，皆「偏重於兵學藝學，而政治資生等本原之學，幾無一書焉」（梁啓超，《論學日本文之益》，《清議報》，第10冊，1899年4月1日）。

　　晚清出版的彙編新知，旨在提示「西學門徑」的各類文本，也展示出其中的轉變。最初出版的西學彙編資料，來自日本的論著還較爲稀少，如前面提及的梁啓超1896年出版的《西學書目表》，就只輯錄了兩三部日本著作。之後出版的彙編資料，「西學」之外，就有了「東學」之名，西學書也轉變爲東西學書，顯示出19、20世紀之交，日本漸成中國攝取新知更爲重要的國度。出版於1897年之《東西學書錄總敘》，算得上較早以「東西學」命名的著述。1899年徐維則輯成的《東西學書錄》，特別談到譯日本書之重要性：「日本步武泰西，通俗教育，其書美備。近今各省學堂林立，多授幼學，宜盡譯日本小學校諸書，任其購擇，一洗舊習。獲效既速，教法大同。」還指出：「日本講求西學，年精一年，聘其通中西文明專門學者，翻譯諸書，厥資較廉，各省書局盍創行之。」（徐維則，《例目》，徐維則（輯）《東西學書錄》，署「光緒二十五年三月局印」，頁1-2）。該書後由顧燮光增補，改名《增版東西學書錄》，也輯錄了更多來自日本的著述。各種以「新學」爲名編就的資料，也主要取法日本，最具代表性的是1903年出版的《新學大叢書》。俞樾以之與《富強叢書》、《時務通考》之類的書籍相較，對該書讚譽有加：

日本地居五島，叢爾微區，而自明治維新三十餘年來，講
求西法，輯譯成書，以資考驗，故今日得於文明之列，而
中國地大物博反不如也。（俞樾，〈序〉，明夷（編），
《新學大叢書》，上海積山喬記書局，1903年，頁1）

　　尤其突出的是，晚清在新式教育醞釀、規劃之際，日本所發揮的
重要影響，也有具體的呈現。陶行知《中國建設新學制的歷史》就勾
勒出這一進程：

[光緒]二十四年的學堂章程，日本教育的勢力還未侵入。
但日本之所以強，究竟不能不加以注意，漸漸的就有人到
日本去考察。日本離中國近，仿效日本，也是一種自然的
趨勢。後來加以庚子失敗的激刺，更覺得興學為救國要
圖，不容稍緩。但擬訂學制，自然要參考各國的成法。日
本學制，因那時國情及文字關係，最易仿行，故光緒二十
八年的學制，特受日本學制的影響。張百熙的奏章，雖說
他曾參考各國的學制，但除日本的外，他對於那時各國的
學制所說的話，簡直是沒有根據。二十九年學制，對於日
本學制，更加抄得完備，雖修改七次，終少獨立精神。
（陶知行，〈中國建設新學制的歷史〉，《新教育》，第4卷
第2期，1922年1月）

　　實際上，這是晚清朝野上下主動選擇的結果。繆荃孫交代了其中
的轉變：當今積弊之世，「補救之法，亦惟作人於學而已」，「近數十
年，取法於泰西，觀型於瀛東，而日本以同文接壤，變法自強，革故
鼎新之跡向可追尋，帆影輪聲，往遊日眾，記載亦日出」。（繆荃
孫，〈自序〉，《日遊彙編》，鐘叔河（主編），《走向世界叢書》（長
沙：嶽麓書社，2016），頁5。）其中述及留下記錄的羅振玉、李宗

棠、關穎人、陶嬾林、吳汝綸等人，即是受各級官員的派遣，東渡日本考察教育。各級官員之所以重視日本經驗，也是試圖解決辦學遇到的具體困難。繆荃孫赴日前，張之洞就反復叮囑：「求學於他國，固當先取吾國所當效法者，尤當先取吾國近今所能效法者。毋好奇，毋躐等，循循善誘，以底于成，庶有益乎！」（繆荃孫，〈自序〉，《日遊彙編》，鐘叔河（主編），《走向世界叢書》，頁5-6。）

　　關注的重點，除日本各級學制的安排外，尤其注意各科所用教科書。在致張百熙電文中，張之洞即表示編纂教科書事，日本的經驗值得參考，「自應由尊處主持裁定。惟開辦之始，其途不妨稍寬」，「准外省編書呈候核定行用」（張之洞，〈致京張治秋尚書〉，1902年3月23日，苑書義等（主編），《張之洞全集》，冊8，頁8751-8752。）在此之前，張之洞已致電羅振玉，委其率眾赴日，在教科書方面多下功夫：「此教育根基，關係極重，著手極難，非親往日本以目擊爲考定不可，似非專恃購來圖書所能模仿。」（張之洞，〈致上海羅叔芸〉，1901年11月10日，苑書義等（主編），《張之洞全集》，冊8，頁8642）張之洞之選擇羅振玉，是因爲羅早已關注如何編纂合適的教科書的問題。1901年5月羅振玉發起創辦於上海的《教育世界》，對於振興教育，除提出設學部、定規制、明等級等主張外，羅特別就「編書籍」做了這樣的闡述：「學堂既立，學科既分，則課書必須預備。」「學部中宜設編輯局，訂定格式，招天下之士，令編譯小學、中學等課書」。（羅振玉，《教育私議》，《教育世界》，第1號，1901年5月）在日本考察學務期間，羅又撰文進一步闡述了對此的見解：學科既定，乃能編譯課書，內分三類，即師範用書、教科書、參考書，「宜合朝野之力，時時取東西各國新出之書，隨時譯出，逐漸將舊本改良，以資應用」。（羅振玉，《教育贅言八則》，《教育世界》，第21號，

1902年3月）此時，羅所規劃的，還是以「東西各國」教科書爲藍本，稍後言及此，就強調「悉以日本教科書爲藍本」。（羅振玉，《學制私議》，《教育世界》，第24號，1902年4月）蔡元培對此也表示：

> 此雜誌中所譯各學教科書，多采自日本。考各種教科書，有可通用者（如動、植、理、化之類），有須特撰者（如讀本、地理、歷史之類）。茲譯日本教科書爲藍本，海內學人若據此編潤成中國合用之書，則幸甚。（王世儒（編），《蔡元培日記（上）》（北京：北京大學出版社，2010），頁169。）

上述來自日本的著作，並非完全用漢文寫作，有的也是晚清士人譯自日文的。無論如何，從京師大學堂1902年刊佈的《暫定各學堂應用書目》不難看出，過渡時期的教材範圍甚廣，一個顯著的特徵就是大量採用日本課本，而且，日本士人用漢語撰寫或翻譯的，影響也更爲昭著。那珂通世的《支那通史》和桑原騭藏的《中等東洋史》，對於重新認識中國歷史，曾產生廣泛影響，前者因用漢文寫作，影響就更爲直接，後者則有多個譯本流通。（周予同，〈五十年來中國之新史學〉，朱維錚（編），《周予同經學史論著選集》（上海：上海人民出版社，1996），頁535-536。）連帶著還影響到史觀。論者揭示出，對明治時期的知識人來說，文明史觀呈現的「文明（開化）/野蠻」「進步/停滯」的二元認識，既是認識西洋世界、確定日本以歐美爲典範的「文明開化」的指針，也是重新認識中國的坐標軸。所書寫的「支那史」，「正是歐洲文明史教科書影響下重新書寫中國歷史的產物」（黃東蘭，〈書寫中國——明治時期日本支那史‧東洋史教科書的中國敘述〉，黃東蘭（主編），《新史學‧第4卷》（北京：中華書局，2010），頁130。）

結語

　　近代日本留下的漢文著述，主題豐富，曾在晚清廣爲流傳。其中多是在東西文化碰撞交流的時代廣受關注的史地、政法、哲學著作，亦有不少日人撰寫的遊記類作品。對此進行研究，不僅可藉此觀察當時日本學術及思想的變遷，亦是瞭解中日間文化、知識、術語、觀念相互影響的珍貴史料。換言之，這既是把握日本「現代性」成長的資源，也可據此瞭解近代中國在「轉型時代」對於新知的採集，如何發生由「西學」到「東學」「新學」的轉變，又有哪些影響。

　　首先，從人物交流與思想史的角度看，通過收集和整理產生於近代的這類資料，既能從中找到當時清國公使館員黃遵憲未曾收錄於《全集》的文章，也能通過中日學者間的交流關係，發現章炳麟未被收錄的序跋。這意味著通過整理這些在日本產生的漢文文獻，可以輯錄研究近代中國思想家的新資料，有利於加深和完善思想史方面的研究。就連被批判爲主張「脫亞入歐」的福澤諭吉，也曾在《東洋新報》第35號上用漢文發表《論支那通交之益》（1878），指明「我邦富強，莫若知支那事情」，主張日本應該「仿學歐米之方，學支那語，讀支那書，遣學生就其地學習，且迎教師設支那語學校於各大學區，使世人知支那情態，則庶乎其可矣。」這實際爲研究其早期的亞洲主義思想即「亞洲連帶論」，提供了重要線索。

　　再從上述人物的交流看，透過這些資料還可以發現，主要是跟中村敬宇關繫密切的人物，如岡本監輔、吾妻兵治以及重野安繹、井上哲次郎等在推進對華的翻譯事業。他們不僅將在華傳教士的著作（漢文、英文）翻譯成日文，也把用歐美語言寫作的詩歌、西諺、格言或西方名人傳記翻譯成漢文，還翻譯有不少科技教育類作品。弄清楚這

一時期開展的翻譯活動，以及各種文本流傳的範圍，不僅可以爲瞭解日本的近代化過程找到具體的證據，也可以更好把握近代中國士人如何通過日本獲得汲取新知的捷徑，使各學科知識的介紹及新式教育的推進，有了重要的參照。從翻譯史的角度來看，近代知識的發生，當然要通過翻譯。對東亞各國來說，譯成漢文無疑更便於流通。這批日本人翻譯的漢籍，不僅有譯自西文的，而且譯自日文的也逐年增多。相應的，這些譯著自然構成翻譯史研究的重要資源。然而，實際情況卻是，有關譯者的選定及中國讀者的評價，特別是針對這批書籍的選題及翻譯過程的研究，所受到的重視，卻遠遠不夠，尚有很多問題值得研究。

最後，從詞彙及概念史的角度看，漢文資料成爲最爲直接的傳播媒介，也奠定了檢討相關問題的基礎。20世紀以後，西方概念與東亞的「接軌」是通過語詞的翻譯來實現的，在譯書活動中創出「新名詞」與「新概念」，也難以避免。這是由接受新知所帶來的變化，如王國維闡明的，「新思想之輸入，即新言語輸入之意味也」。（王國維，〈論新學語之輸入〉，《教育世界》第96號，1905年4月）1913年上海美華書館出版的一本小冊子，還直接傳遞出這樣的意思——「新名詞」產生於對「新觀念」的引介（A. H. Mateer, *New Term for New Ideas: A Study of the Chinese Newspaper*, Shanghai: American Presbyterian Mission Press, 1913）。故此，從詞彙交流史上看，分析原本與翻譯之間的差異，也尤爲重要。通過對這類材料的研究，既能看到日本人創造和改造新詞的努力，也可把握經由日本間接地吸收了哪些西方知識，以及由此導致的新詞向中國及亞洲其他國家擴散、定型的問題（陳力衛，《東往東來：近代中日之間的語詞概念》（北京：社會科學文獻出版社，2019），〈第十三章：概念史研究的課題與方

法〉，頁301-308。）這是近代中國語詞概念擴充完善的一個重要環節，也是我們研究概念史必須直面的資料群。

當然，值得重視的還有這些漢文資料在日本的地位問題。研究日語中的漢語語史時，往往會發現，漢語詞的用例在近世和近代之間明顯存在一個斷層，比如從中世的語料《日葡辭書》（1604）一下子就跳到明治時代的《明六雜誌》（1874-1875），也就是說漢文最爲盛行的江戶後期和明治前期，反倒成了空白狀態。這是因爲近世以降原本是和漢一體的學問，隨著日本國學意識的高揚，逐漸將兩者相對化；明治以後又在向西學一邊倒的情況下，漢文的地位變得模糊起來，比如學界最爲重視的「日本古典文學大系」中，漢文文獻所佔的比例極低，無法由此描繪出日語變化的整體形像。現在能加以利用的幾個主要的數據庫，也都存在這一問題。如前面提到明治前期的漢文的興盛程度，然而在日本國立國語研究所製作的「日本語歷史數據庫」中，卻主要收錄了明治期的近代雜誌，漢文材料作爲另類，根本沒有收錄。爲了彌補這一缺陷，只有將近代日本的漢文資料分門別類加以整理，才能夠反映近代漢語在東亞傳播的實際狀況。

基於上述種種情況，整理出版日本近代漢籍文獻（甚至建構數據庫）也成爲當務之急。不可迴避的問題是，自江戶時代以後，漢文著作汗牛充棟，難以全面展開，因此，我們重點選擇了19世紀以後到昭和初期止的百年間具有代表性的日本近代漢文著作及刊物。在收錄方針和原則上，主要基於以下四點：

1. 影響日本近代化進程的漢文著作。

2. 中國知識人閱讀體驗中的日本漢籍，以及加有中國人序跋，點評的日本漢籍。

3. 日本人漢譯的近代西學著作。

4. 甲午戰爭後爲中國所翻譯的「實用」類的著作。

影響近代日本的漢文著作，如《日本外史》、《近世古談》等雖然多是面對本國人的，但同時也是中國人瞭解日本的第一手資料。黃遵憲的《日本國志》就大量參閱了這類資料。而加有中國人序跋，所點評的日本漢籍，則反映出當時中日文化交流的實際狀況。近代西學的漢譯，尤其是「實用」類著作的翻譯，都是先在日本受到好評後，再轉向中國的，皆與當年中國士人的閱讀需求以及欲瞭解西方及日本的意願相關。

然而，令人遺憾的是，這些書刊當下卻很難查找，更不要說把它們匯總在一起，做整體的概觀。因爲我們多年關注這方面的問題，自然積累了不少相關文獻，也在日本各地舊書店購買了不少不同的版本。除了我們收集到的書刊外，這裡要特別感謝日本國立國會圖書館、東京大學、早稻田大學、關西大學的協助，以及京都大學名譽教授狹間直樹先生提供的資料。中國國家圖書館、復旦大學圖書館等機構，也提供了部分資料，對此同樣要表達我們的謝意。

本叢書在具體編輯上每種書都分爲原本影印、目錄及解說。依內容的多少予以適當調整影印圖像的大小，大體以500頁左右爲一冊。由此當然也會出現數種作品合集的情況，這一點完全由各卷編者自行判斷。本集主要以史地爲主，編輯爲31種28冊，今後還將推出政法、哲學、文學和遊記以及科技教育類文獻資料，也選編一些個人文集，如漢學家重野成齋，川田甕江、島田重禮、鈴木虎雄等；佛教徒小栗栖香頂，以及放眼西洋的西周、中村正直、井上哲次郎等；當然還要加上直接關注中國近代化的有賀長雄、服部宇之吉、白岩龍平、佐倉孫三等，供大家參考、利用。

思想史

思想史 13 一衣帶水：近代日中思想文化互涉史專號

2024年12月初版　　　　　　　　　　　　定價：新臺幣780元
有著作權・翻印必究
Printed in Taiwan.

編　　　著	思想史編委會
叢書主編	沙　淑　芬
內文排版	菩　薩　蠻
封面設計	陳　芳　儀

出　版　者	聯經出版事業股份有限公司	總務編監	陳　逸　華
地　　　址	新北市汐止區大同路一段369號1樓	總編輯	涂　豐　恩
叢書主編電話	(02)86925588轉5310	總經理	陳　芝　宇
台北聯經書房	台北市新生南路三段94號	社　長	羅　國　俊
電　　　話	(02)23620308	發行人	林　載　爵
郵政劃撥帳戶第0100559-3號			
郵撥電話	(02)23620308		
印　刷　者	世和印製企業有限公司		
總　經　銷	聯合發行股份有限公司		
發　行　所	新北市新店區寶橋路235巷6弄6號2樓		
電　　　話	(02)29178022		

行政院新聞局出版事業登記證局版臺業字第0130號

本書如有缺頁，破損，倒裝請寄回台北聯經書房更換。　　ISBN　978-957-08-7549-2 (平裝)
聯經網址：www.linkingbooks.com.tw
電子信箱：linking@udngroup.com

國家圖書館出版品預行編目資料

思想史 13 一衣帶水：近代日中思想文化互涉史專號/
思想史編委會編著．初版．新北市．聯經．2024年12月．500面．
14.8×21公分（思想史：13）
ISBN 978-957-08-7549-2（平裝）

1.CST：思想史　2.CST：文集

110.7　　　　　　　　　　　　　　　　　113017527